LETTRES PARISIENNES.

TYP. LACRAMPE ET COMP., RUE DAMIETTE, 2.

LETTRES
PARISIENNES

PAR

MADAME ÉMILE DE GIRARDIN.

PARIS,
CHARPENTIER, LIBRAIRE-ÉDITEUR
29, RUE DE SEINE.

1843.

La correspondance publiée dans le journal *la Presse* sous le titre de Courrier de Paris, par le vicomte Charles de Launay, après avoir servi de modèle aux innombrables imitations que le succès en a fait faire, méritait, par ce succès même, de rester comme un souvenir fidèle de l'esprit, des mœurs, des usages, des modes, des ridicules, des prétentions et des travers de notre temps. Quelle vogue aurait aujourd'hui la réimpression d'une pareille correspondance écrite à diverses époques! C'est cette pensée qui nous a déterminé à publier sous ce nouveau titre : Lettres parisiennes, et avec le véritable nom de l'auteur, madame Émile de Girardin, cette correspondance si variée, tour à tour si légère et si profonde, toujours vraie, toujours sensée, et qui forme, avec le beau volume de poésies que renferme déjà notre collection, un contraste qui atteste à quel degré l'auteur de *Madeleine* et du *Lorgnon*, de *l'École des Journalistes* et de *Judith*, peut allier la flexibilité de l'esprit à la puissance de l'imagination.

L'ÉDITEUR.

Paris, 15 juillet 1845.

LETTRES PARISIENNES.

ANNÉE 1836.

LETTRE PREMIÈRE.

28 septembre 1836.

Événements du jour. — Paris provincial. — L'Ennuyeux et l'Ennuyé. — Esméralda. — Thémistocle et Scipion l'Africain dénoncés au commandant de la garde nationale.

Il n'est rien arrivé de bien extraordinaire cette semaine : une révolution en Portugal, une apparition de république en Espagne, une nomination de ministres à Paris, une baisse considérable à la Bourse, un ballet nouveau à l'Opéra, et deux capotes de satin blanc aux Tuileries.

La révolution de Portugal était prévue, la quasi-république était depuis longtemps prédite, le ministère d'avance était jugé, la baisse était exploitée, le ballet nouveau était affiché depuis trois semaines ; il n'y a donc de vraiment remarquable que les capotes de satin blanc, parce qu'elles sont prématurées ; le temps ne méritait pas cette injure. Qu'on fasse du feu au mois de septembre quand il fait froid, bien, cela est raisonnable ; mais que l'on commence à porter du satin avant l'hiver, cela n'est pas dans la nature.

Les spectacles et les promenades, voilà ce qui occupe la capitale en ce moment. Dieu merci, les courses sont terminées; la dernière n'était point brillante : toujours les mêmes femmes, toujours les mêmes chevaux; et puis toujours ce même et ennuyeux incident, ce cheval forcé de courir tout seul; et l'on vous condamne à regarder niaisement ce lutteur sans adversaire, ce triomphateur sans rival. Depuis longtemps le *solo équestre* nous a paru la plus ingénieuse des mystifications. Bref, tout cela était médiocre et faisait dire aux mauvais plaisants que cette pauvre *Société d'encouragement* était toute découragée.

On prétend que Paris est ennuyeux, il nous semble au contraire fort agréable à habiter en ce moment : on n'y connaît personne, c'est la province qui le peuple. On s'y trouve comme en voyage pour l'indépendance, et l'on y est à l'aise en sa demeure pour toutes les nonchalances de la vie. Quand on étudie Paris dans cette saison, on l'aime, car on n'y rencontre que des personnes qui l'admirent; c'est une population de badauds émus qui fait plaisir à regarder : badauds d'outre-mer, badauds d'outre-monts, badauds d'outre-Rhin, excepté pourtant badauds d'outre-tombe, comme dirait M. le vicomte de Chateaubriand, et encore ne jurerions-nous pas que, dans le nombre, il ne se soit glissé quelqu'un de ces derniers.

Enfin Paris se renouvelle pour quelque temps; le monde y est plus bienveillant; les gens blasés en sont partis, les ennuyés l'ont déserté. L'air semble plus léger, l'espace est plus libre. Un ENNUYÉ prend tant de place! sa présence rend l'atmosphère si pesante! il absorbe tant d'air vital quand il soupire et quand il bâille! — Maintenant l'ENNUYÉ est absent, il chasse avec l'ENNUYEUX qui lui raconte son gibier, et tous deux médisent de Paris, que leur absence rend aimable. Comme ils ont de la vanité, ils envoient leur gibier à Paris, et ils restent à la campagne tous les deux, l'ENNUYÉ et l'ENNUYEUX. — Oh! l'automne est une belle saison pour Paris! — Les théâtres renaissent, le public rajeunit; ce n'est plus ce parterre usé et *jugeur* de l'hiver, ce public hostile, ce tyran jaloux de ceux qu'il paie pour l'amuser, que tout scandalise, et que rien n'enflamme; ce public saturé de plaisir, grandi dans les corridors de théâtres; ce vieux bellâtre de foyer, qui n'ose sourire parce qu'il n'a plus de dents; cette vieille coquette de galeries, qui ne veut point pleurer, de peur de sillonner son rouge. — C'est un public naïf, joyeux et dispos, à la fois juge et complice, qui vous aide franchement à le faire rire, qui vous entraîne à l'émouvoir; un public bon enfant, qui ne se formalise pas de ce qu'on l'amuse; un public enfin qui croit au plaisir.

Aussi l'on se dépêche de lui offrir toutes les nouveautés de l'année, comme un plaideur se hâte de faire venir sa cause quand le président du tribunal est son ami.

L'Opéra presse les répétitions de l'ouvrage de M. Victor Hugo et de mademoiselle Bertin.

Plusieurs morceaux de la musique sont déjà cités avec éloge. Les uns disent : Vraiment, c'est fort beau ! — Et l'on répond : Je le crois, c'est de Berlioz. — Les autres s'écrient : La musique est admirable !—On leur répond : Sans doute, elle est de Rossini.

A quoi nous répliquons cela :

Si la musique est mauvaise, elle est de M. Berlioz ; si elle est bonne, elle est de Rossini. Si elle est admirable, comme on le dit, elle sera de mademoiselle Bertin.

Et voici comment nous nous expliquerions :

Si M. Berlioz a fait la musique d'*Esméralda*, comme il n'entre pour lui aucun espoir de vanité dans ce travail, il l'aura fait avec négligence ; et toutes les belles idées qu'il a, il les aura gardées pour lui.

Si la musique est de Rossini, elle sera bonne, parce que les négligences de Rossini sont encore des beautés.

Enfin, si la musique est admirable, elle est de mademoiselle Bertin elle-même, en dépit de tous les *teinturiers* qu'on lui prête ; car nous ne connaissons pas un seul auteur assez fou pour *donner sottement ses chefs-d'œuvre aux autres*.

Les riches d'esprit ne sont pas plus généreux que les riches d'argent, et quelle que soit la puissance d'un journal, nous ne croyons pas qu'elle aille jamais jusqu'à obtenir d'un grand compositeur l'aumône de son génie.

En fait de nouveautés, le Théâtre-Français nous a offert *Tartufe* et *les Jeux de l'Amour et du Hasard*, joués par mademoiselle Mars. Eh bien ! il y avait beaucoup de monde. O bon public de septembre, je te reconnais là ! — Une douce voix peut encore te séduire, parce que tu ne l'as pas trop entendue la veille.

Les œuvres littéraires n'offrent rien de nouveau ; il y a disette dans les cabinets de lecture. George Sand se repose de ses procès ; M. de Lamartine préside le conseil-général de son département. Muses, pardonnez-lui ! Jules Janin s'en est allé paisiblement à la campagne ; semblable à saint Louis, il rend la justice assis au pied d'un chêne : c'est de là qu'il juge les pièces nouvelles qu'on représente à Paris, au Gymnase, à l'Ambigu, au Vaudeville. Là, ses arrêts ne sont influencés par rien, pas même par la présence de ceux qu'il condamne, et ses feuilletons n'en sont ni moins justes, ni moins piquants. Que l'on dise, après cela, que cet homme manque d'imagination! Alfred de Musset fume et se promène; Hyacinthe de Latouche cherche l'ombre des bois; tous les esprits sont en vacances. Quant à nos élégants, les jours où il pleut, ils s'amusent à parier, à jouer. L'un d'eux a, dit-on, gagné 150,000 francs la semaine dernière. Pauvre jeune homme!

Le monde élégant n'est pas encore organisé pour les plaisirs. Les ambassadrices ne sont encore revenues que pour leurs amis. Quelques maîtresses de maison influentes sont déjà de retour, mais chez elles point de grandes réunions. Les rideaux des grands salons ne sont pas encore posés, les lustres sont toujours voilés, la housse mélancolique cache toujours les fauteuils d'or; le papillon est encore dans sa chrysalide; mais patience, voici venir les fêtes, la fatigue et l'ennui. Les causeries intimes sont nos seuls plaisirs de salon. Des récits de voyages, des questions empressées, des réponses distraites sont les seuls aliments de la conversation. — Madame une telle est-elle de retour? — Oui, elle est arrivée hier, je l'ai vue; elle est noircie, elle est affreuse. — Et sa sœur? — Sa sœur est toujours jolie; cependant elle est engraissée; cela ne lui sied pas. — Je voulais en revenant de Nisbaden m'arrêter à B... chez Clémentine; mais je n'ai pas pu, j'étais en retard. — Ne le regrettez pas, elle est à Paris. — Déjà? mais elle n'y revient jamais avant le mois de janvier. — Cette année, elle prétend qu'elle est malade et vient consulter toute la Faculté de Paris. Si vous la voyiez, vous ne le croiriez pas ; elle est fraîche et jolie comme un ange ; elle se dit mourante pour revenir deux mois plus tôt, c'est ingénieux.

Voilà à peu près ce qu'on se dit, ce qui est assez insignifiant ; puis l'on se montre les robes, les niaiseries qu'on a rapportées de ses voyages ; on *s'invente* quelque aventure pendant la route ; on a toujours été à deux doigts d'un précipice quelconque ; on parle des gens aimables qu'on a rencontrés aux eaux, en France ou en Allemagne ; de Charles X à qui l'on est allé rendre hommage en passant, que l'on a trouvé rajeuni ; de M. le duc de Bordeaux qui se porte à merveille et qui embellit tous les ans. Remarquez bien ceci, les voyageuses seules sont de retour, les châtelaines sont immobiles, il n'est point question d'elles maintenant. On parle aussi des livres qui ont paru cet été ; les lecteurs en retard se font prêter toute une bibliothèque de romans nouveaux. On babille ainsi toute la soirée, ou bien l'on chante quelques romances, *la Fuite*, par madame Duchambge, *le Rêve*, par mademoiselle Puget ; on joue au whist ou au reversi, puis à minuit on se sépare : c'est la vie du château à Paris.

Excepté les boulevards que les provinciaux envahissent, les promenades publiques sont presque aussi inanimées que les salons ; l'aspect des Tuileries est triste ; les fleurs sont à demi cachées par les feuilles qui tombent : les femmes y sont laides et parées ; elles ont froid et ne veulent pas en convenir. Beaucoup d'Anglaises avec des chapeaux à trois ruches de tulle, tulle fané et languissant, tulle voyageur et plein de souvenirs, qui pleure encore le brouillard de la Tamise, qu'attriste encore le charbon de la cité ; ornement inutile qui forme autour du visage une neige grise qui n'est pas avantageuse. Ces Anglaises sont des Anglaises du troisième ordre, qu'un bateau à vapeur à bas prix transvase par flots sur le continent ; ce n'est pas encore la saison des jolies Anglaises au teint rose, aux cheveux flottants, qui viennent apprendre à nos femmes élégantes à être fraîches et jolies, et qui changent la rue de la Paix en une allée de Hyde-Park. O belles filles du Nord ! dans un mois, vous reviendrez, n'est-ce pas, remplacer vos indignes compatriotes? vous avez des choses bien étranges à nous faire oublier. Les Anglais admirent beaucoup les statues des Tuileries, mais, comme nous, ils s'étonnent du peu de soin qu'on prend pour les entretenir ; en effet, il nous semble qu'avec peu de frais on pourrait les empêcher de se noircir. Le Roi qui emploie, dit-on, tant d'argent à faire mutiler ses orangers, pourrait bien en consacrer la moitié à faire débarbouiller ses dieux. Phaétuse est déjà si noire qu'on ne sait si elle est changée en négresse ou en peuplier ; Vénus a beau se laver les pieds depuis trente ou quarante ans, il n'y paraît pas ; quant à Thémistocle, vainqueur de Salamine, et à Scipion l'Africain, vainqueur de Zama, nous les dénonçons à M. le maréchal commandant de la garde nationale ; leurs buffleteries sont dans le plus mauvais état. Du reste, le jardin des Tuileries a toujours des cygnes blancs et des poissons rouges dans ses bassins, des enfants et des cerceaux dans toutes ses allées ; l'horloge du château est toujours fort exacte et son drapeau est toujours tricolore ; ceci n'est qu'un détail, mais il ne manque pas d'importance dans les circonstances où nous nous trouvons.

LETTRE II.

19 octobre 1836

Les déménagements d'automne. — Marie. — Portrait de M. Vat.....

Les grands événements de la semaine sont les déménagements ; ce qu'on a transporté depuis quelques jours de pendules, de pianos, de lits et de commodes est inimaginable : Paris est un magasin de meubles ambulant ; les habitants de la Chaussée-d'Antin semblent fuir vers le Marais, les hôtes du Marais semblent descendre dans la Chaussée-d'Antin. C'est un immense *chassé-croisé*. On ne peut faire un pas sans être arrêté par une voiture de déménagement ; on ne peut traverser une rue sans rencontrer un secrétaire et une commode, ou bien un canapé renversé, garni de toutes ses chaises ; chaises menaçantes, suspendues merveilleusement dans les airs. Vous tournez une rue... et vous vous trouvez nez à nez avec un buste de grand homme, qui marche à reculons ; à droite, s'avance un piano avec son tabouret, sa lyre et ses pédales démontées ; à gauche, parait un guéridon qui semble demander pourquoi son marbre ne l'a pas suivi. Le croira-t-on ? hier nous avons surpris un innocent jeune homme rajustant sa cravate devant une grande et belle glace qui marchait à pas mesurés devant lui ; cette toilette ambulante nous a fait rire. Les commissionnaires doivent être bien fatigués ce mois-ci ; le mois d'octobre est un bon mois pour eux. 15 octobre, jour affreux ! est-il un jour plus

triste que celui d'un déménagement? — Oui, la veille!
— Car il n'est rien de plus amer que cette pensée:
Demain, à cette heure-ci, il y aura indubitablement
quelque chose de cassé dans tout cela. Alors, admirant
une coupe élégante, vous lui dites : Peut-être ce sera
toi! Puis, examinant quelques vieux fauteuils fanés et
mal rajustés, votre cœur leur crie avec pitié : Pauvres
amis! à votre âge, il est cruel de se déranger! Le mari
s'endort en songeant qu'il lui faudra remplacer bien des
choses dans son mobilier; la femme s'endort en se rappelant tous les chagrins qu'elle a éprouvés depuis six
ans dans cet appartement qu'elle quitte. Peut-être se
dit-elle : Serai-je plus heureuse dans l'autre? Va,
déménage, pauvre femme, fais tous les quartiers de
Paris, tes chagrins te suivront avec tes meubles, ton
argenterie, ta batterie de cuisine; un malheur de six
ans n'est pas dans les événements, il est dans les caractères, et ton mari et toi, vous aurez le même caractère dans tous les pays, dans toutes les rues et dans
tous les appartements. Cependant, il est des chagrins de
localités que nous devons reconnaître. Un appartement
mal distribué peut amener de graves ennuis : deux
chambres qui se *commandent* peuvent susciter les plus
violentes querelles; nous ne répondrions pas de l'avenir d'une femme qui ne pourrait faire de feu dans sa
chambre à coucher. Une salle à manger trop petite peut
ruiner un homme d'affaires; un salon trop vaste peut
conduire un honnête rentier à l'hôpital. Nous connaissons de nouveaux mariés qui nous ont avoué sérieusement qu'ils ne désiraient point d'enfants, parce que
leur appartement était trop petit. Nous dénonçons ces inconvénients aux personnes qui déménagent, afin qu'elles

évitent dans tous ces ennuis celui qu'elles redoutent le plus.

Le monde fashionable revient; cela est incontestable : les théâtres et les boulevards, depuis huit jours, ont changé d'aspect. Les rues de Paris sont redevenues parisiennes. On n'y rencontre plus ces figures étranges, ces parures bigarrées dont l'*inharmonie* irritait le regard. Ce sont de jolis visages qu'on aime à reconnaître, d'élégantes beautés qu'on se plaît à nommer à voix basse, et dont on est fier d'être salué. « Ah ! vous connaissez madame de X...? dit votre voisin envieux. — Oui, je l'ai rencontrée, il y a trois mois, aux eaux de Neris; » et malgré soi, on prend un air plus gracieux, on se tient plus droit, on se grandit de quatre lignes. Si peu de vanité qu'on ait, on se sent glorieux. Il est toujours flatteur d'être salué par une jolie femme. C'est un plaisir dont plus d'un élégant a pu jouir l'autre soir à la Comédie-Française. La dernière représentation de *Marie* était brillante de *retours*. De belles voyageuses y faisaient aussi leur rentrée; l'enthousiasme et l'émotion les embellissaient; elles prenaient pour elles toutes les vertus de *Marie;* les jeunes femmes croyaient, de bonne foi, être généreuses et dévouées comme madame *Forestier*; les autres se trouvaient encore jeunes et jolies comme mademoiselle Mars. Il y avait des illusions pour tout le monde. Le grand succès qu'obtient chaque jour l'ouvrage de madame Ancelot nous confirme plus que jamais dans cette remarque que nous avons faite depuis longtemps, que le public français est de tous les rois celui qui exige le plus qu'on le flatte, et que le peintre le plus habile est celui qui fait de lui le portrait le moins ressemblant. Le public français a horreur du vrai. Ce qui le séduit, ce sont les monstruosités en tous genres, monstruosités vertueuses, monstruosités criminelles. Il ne veut point qu'on lui dépeigne les gens tels qu'ils sont dans la vie, versatiles et inconséquents. Non, il lui faut des êtres parfaits en bien ou en mal : un notaire qui est un *ange* pendant cinq actes, un duc qui est un démon pendant le même espace de temps, cela seul fait le succès de la *Duchesse de la Vaubalière*; et quand au cinquième acte le notaire recommence ce qu'il a fait pendant les quatre premiers actes, le parterre trépigne d'admiration : C'est bien lui, dit-il, c'est bien le même; il a fait cela, il a dit cela tout à l'heure ; c'est toujours la même chose; vertueux notaire, je te reconnais ; parfait notaire, c'est bien toi ! Bravo'! — Car pour le parterre, la vérité dramatique, c'est une donnée fausse qu'on lui fait accepter au premier acte et que l'on traîne jusqu'à la fin. Ainsi en est-il de la comédie de madame Ancelot. Non pas que nous voulions faire entendre que le charmant caractère de *Marie* soit un mensonge ; nous savons, au contraire, que la vie de plus d'une femme n'a été qu'un long et pur sacrifice ; mais nous disons que la peinture de cette vertu sublime n'est pas une vérité absolue, c'est une vérité d'exception : vérité immorale, en ce qu'elle est trompeuse; vérité fatale, en ce qu'elle dégoûte de l'autre ; vérité stérile, en ce qu'elle livre notre âme à des rêves impuissants, à des recherches inutiles; vérité coupable, en ce qu'elle nous rend ingrats envers des êtres *quasi-vertueux* qui nous entourent, et que nous dédaignons pour les héros imaginaires qu'elle nous a promis ; vérité servile et flatteuse, et par cela même la seule vérité reçue au théâtre, la seule que le public veuille reconnaître. Aussi entendez-vous tous les journaux vertueux s'écrier : Voilà la bonne, la vraie comédie; ce n'est plus le crime échevelé, la femme coupable et misérable des drames de l'école moderne : c'est le monde tel qu'il est. Entendez-vous tous les bons maris se réjouir, en voyant madame *Forestier* sacrifier l'amour de *d'Arbelle* au bonheur de son époux, et s'écrier avec confiance : C'est bien cela ! sans faire attention aux différents *d'Arbelle* qui sont dans leur loge, — et les susdits d'Arbelle, eux-mêmes, en voyant qu'on ose inventer un homme fidèle à la même femme pendant dix-sept ans, répéter sur le même ton : C'est bien cela !... O comédie ! ô comédie ! La bonne comédie, la voilà !.... Elle est dans la salle quand il se donne un drame vertueux. Ah ! madame Ancelot est une femme d'esprit, nous le savions déjà, mais elle l'a prouvé dans son œuvre : c'est la femme de France qui sait le mieux ce qu'il faut dire pour plaire et pour flatter. Elle a traité le public comme ses amis. Elle est bien trop habile pour lui dire ce qu'elle sait : elle veut réussir ; elle connaît trop bien le monde pour le peindre comme elle le voit.

Oui, pauvre vieux public ! il te faut des *Néron* et des *Agrippine*, parce que tu ne crains pas les applications, ou bien des notaires héroïques ou des épouses magnanimes, parce que tu te fais à toi-même de douces et caressantes allusions. Molière, sans Louis XIV, n'aurait rien osé te dire ; il a fallu un roi plus puissant que toi pour te faire entendre la *vraie* vérité ; tu n'aimes que les fictions, et l'on te sert selon tes vœux ; le miroir qui réfléchirait tes traits te ferait horreur, la voix qui t'appellerait par ton nom véritable te ferait fuir ; tu maudirais le génie qui t'apprendrait ce que tu es ; tu le traiterais en ennemi, et tu aurais raison : se connaître, cela est triste.

Ce qui nous plaît dans tout ceci, c'est que les mères de famille vont se hâter de mener leurs filles voir *Marie*, et que dans un mois toutes les jeunes filles de Paris auront dans l'âme cette conviction : que leurs petits cousins ou voisins, Charles, Ernest et Alfred, les aimeront pendant dix-sept ans, quels que soient les événements ; mais vous rirez bien, vous, Charles, Ernest et Alfred, en répétant : le Théâtre est le miroir des mœurs.

Cependant les femmes sont en train de sacrifices. Au spectacle, elles portent presque toutes des bonnets pour laisser mieux voir la scène aux hommes placés derrière elles. Cela est généreux ; car, de loin, un bonnet sied moins qu'un chapeau. Nous n'avons rien à dire contre les bonnets ornés de fleurs, c'est une coiffure élégante; mais nous attaquons impitoyablement les bonnets à rubans. Dans un salon, sans doute, ils ont de la coquetterie ; mais de loin, ils ont l'air de bonnets du matin. Au spectacle, une femme qui porte une douillette de soie brune et un bonnet de tulle à ruban rose a l'air d'une ouvreuse de loges égarée illégalement dans la salle ; on est en droit de lui demander un petit banc. De loin, tous les bonnets se ressemblent ; on ne peut savoir si le tulle est de soie ou de coton, du matin ou du soir ; il n'y a que les fleurs qui puissent donner de l'élégance à un bonnet lointain. Car enfin, qu'est-ce qu'un bonnet sans fleurs? une perruque de dentelle, et voilà tout. Or, sans préjugé, la perruque est une chose qu'en général il faut éviter.

La mode, la semaine dernière, était de porter ses vieilles robes et ses chapeaux fanés; cette mode a passé comme les autres : on s'occupe de la remplacer.

Nous avons attaqué le faux vrai du théâtre, nous ferons apprécier aussi la véracité des journaux. Il y a quelques jours, un des plus francs moqueurs entre les journalistes, spirituel et barbare s'il en fut, rencontra chez un jeune député de ses amis M. Vat..., qu'il avait longtemps poursuivi de ses épigrammes, mais qu'il ne connaissait point. La conversation était fort animée; les questions étaient fort importantes, et chacun, par la sympathie des idées, se trouvait entraîné à dire sa pensée avec une franchise dont il était surpris. C'était une de ces conversations où les hommes se jugent, tant par ce qu'ils osent dire, que par ce qu'ils ne disent pas. Après une grande heure, M. Vat... se retira. A peine avait-il fermé la porte : —Voilà, ma foi, un homme qui me plait, s'écria le journaliste; toutes ses idées sont les miennes. C'est un homme d'esprit. Comment l'appelez-vous? — C'est M. Vat... — Quoi! c'est là Vat... sur qui j'ai dit tant de folies! — Et le journaliste se mit à rire, et puis il ajouta finement : — Eh bien! ce n'est pas du tout comme cela que je me le serais figuré d'après le portrait..... que j'ai fait de lui.

LETTRE III.

9 novembre 1836.

Récit anticipé d'une réception à l'Académie. — Modes. — Un nouveau roman de M. de Latouche. — Le prince Louis Bonaparte.

Demain jeudi, à l'heure où nous écrivons, aura lieu, pour la réception de M. Dupaty, la séance solennelle dont nous nous empressons de rendre compte; l'assemblée aura été nombreuse, une foule de femmes célèbres s'y sera fait remarquer. Les femmes *auteures* auront sorti leurs petits chapeaux à petites plumes qui ne voient le jour que lorsque les quatre Classes se réunissent, et leurs petites pèlerines soi-disant garnies de dentelles, mantelets de fantaisies, qui suffisent à la science. M. Dupaty, revêtu de l'habit tout neuf d'académicien, heureux de son feuillage, aura été modeste trois fois. Il aura parlé à l'Académie de son *sein* et de l'honneur qu'il y a d'être reçu dans ce *sein;* il aura été spirituel, nous l'affirmons. Nous connaissons M. Dupaty depuis longtemps pour un homme loyal, qui n'a jamais manqué d'esprit ni de parole, et nous ne craignons point de nous engager pour lui.

M. Duval lui aura répondu avec bienveillance, puis aura glissé dans son discours quelques malices contre les romantiques, et quelques phrases de mélancolie et de découragement; car le patriarche du drame français ne pardonne point à nos *Duval* modernes les belles scènes qu'ils ont puisées dans ses ouvrages; c'est un mauvais père qui ne veut pas reconnaître ses enfants. Enfin, le *bosquet* académique, seule verdure qui survive à l'automne, se dispersera, et les gens de province s'en retourneront chez eux avec empressement pour écrire la lettre suivante : « Nous avons assisté ce matin à une « séance de l'Académie-Française, etc. » Tout est plaisir pour un cœur de Bergerac, de Riberac ou de Quimper-Corentin.

L'hiver s'annonce comme devant être le plus beau des hivers; on pense sérieusement à s'amuser. La politique est un loisir d'infirmes qu'on laisse aux petits esprits ; d'ailleurs, les grands hommes d'État ont toujours allié les affaires et les plaisirs. De nos jours, on recommence à découvrir que pédanterie n'est pas science; les ennuyeux tout-puissants naguère, perdent beaucoup de leur crédit; leur magnétisme a moins d'empire depuis que l'on n'a plus la foi ; on ne leur laisse plus le temps de vous endormir ; de là vient que leur influence a pâli. M. de Metternich a prouvé qu'on pouvait être ensemble homme aimable et ministre habile ; le comte de Medem, le baron de Meyendorff, savent unir la grâce de l'esprit à la gravité d'une mission importante ; bref, l'esprit français nous est rendu par les étrangers ; en venant l'étudier parmi nous, ils nous forcent à le retrouver.

Le Théâtre-Italien a l'air d'un congrès. Il n'est pas un des spectateurs qui ne soit un peu ambassadeur ou homme d'État ; chacun d'eux a été ministre quelque temps et quelque part. C'est un coup d'œil curieux que l'aspect de ce théâtre : samedi dernier surtout, jour des *Puritains*, la salle était resplendissante d'illustrations et de beautés.

Il y a dans ce moment à Paris une quantité de jolies femmes effrayante pour le repos de la capitale : jolies Anglaises, belles Italiennes chassées vers nous par le choléra, brunes Espagnoles que nous envoie la guerre civile. O les charmants fléaux qui nous valent ce beau coup d'œil ! Dans le nombre, il y a aussi de jolies Françaises ; car les Françaises se remettent depuis quelques années à être jolies comme les Français se remettent à être rieurs et aimables. Sous l'Empire, les femmes étaient toutes belles, puis il y a eu interruption. Sous la Restauration, les minois, les traits douteux, ont pris le haut du pavé. Excepté une ou deux étoiles lumineuses, les femmes de cette époque étaient plutôt agréables que belles ; et par instinct, par esprit (et elles n'en manquaient pas), elles avançaient leurs jolis pieds quand on regardait trop longtemps leur visage. Alors ce n'était pas la mode d'être belle ; aujourd'hui cette mode est revenue, et l'on peut citer beaucoup de femmes qui la suivent exactement.

Les manches tombantes, arrêtées en haut par un bracelet qu'on a le grand tort d'appeler poignet, sont les plus généralement adoptées ; les manches bouffantes en haut et *justes* à partir du coude, sont abandonnées ; on les laisse aux geôliers de mélodrame et *au tuteur des Folies amoureuses*, dont elles ont fait jusqu'à ce jour le plus bel ornement.

Les nouveaux mouchoirs sont irrésistibles ; cette large *rivière de jours* qui les bordait l'année dernière, est, cette année, séparée par un entre-deux de broderie, et quelle broderie ! délicate, imperceptible, fine, légère, gracieuse à en radoter. On fait bien aussi de riches bordures en relief semées d'oiseaux, de paons, de perroquets brodés d'un travail merveilleux, mais ce sont des mouchoirs de caprice qui ne peuvent servir tous les jours ; si l'on est triste, par exemple, le moyen d'avoir recours à un perroquet pour essuyer ses larmes ! Les autres mouchoirs à petits entre-deux, garnis de valenciennes, nous semblent bien préférables ; ils plaisent à toutes les heures de la vie, heures de plaisir ou de chagrin ; bien plus encore, ils sont si jolis, qu'une femme, au moment de pleurer, se console en les regardant.

Les *marabouts* (duvet léger qu'il ne faut confondre ni avec les prêtres, ni avec les cafetières du Levant), sont redevenus à la mode ; pourquoi ? veut-on le savoir ? C'est que voilà dix ans qu'ils n'y étaient plus ; car la Mode, comme la Fortune, a une roue qui tourne sans cesse et ramène alternativement les mêmes choses. Avoir été est une raison pour *redevenir*. Voyez plutôt les marabouts et les ministres.

L'automne littéraire, comme l'automne de la nature, va récolter les fruits que l'été a produits. M. Sue va publier le quatrième volume de l'*Histoire de la Marine*. Nous engageons les personnes qui reprochent à M. Sue le point de vue malveillant qu'il a choisi pour regarder le cœur humain, à lire dans le chapitre X du troisième volume, la peinture de la vie intérieure de Ruyter. Rien de plus suave que ce tableau, digne de Girard-Dow. Le portrait de Ruyter est tracé de main de maître. Et le croira-t-on ? cinquante pages sans malice, sans ironie ! Une grande vertu dépeinte sérieusement par l'auteur de *la Salamandre !* Il est vrai qu'il se dédommage un peu plus loin de cet effort en nous disant les folies de Vivonne, et que là l'esprit d'Atar-Gull reparaît dans toute la candeur de sa perversité.

Les auteurs changent de caractère maintenant : tandis que l'incrédule conteur de la *Cucaratcha* parle avec bonne foi d'une belle action, le paresseux historien de *Grangeneuve*, le rêveur *paysan* d'Aulnay, l'homme aux fraîches et poétiques émotions, que le bruit d'un ruisseau, le parfum d'une fleur, font vivre tout un jour..... travaille !..... On vante encore son dernier roman, *France et Marie*, et déjà un nouveau livre se prépare. Le découragement patriotique est depuis quelques années la muse de M. de Latouche. *Grangeneuve* est victime de son dévouement inutile aux croyances républicaines; *Roger* est victime de sa fidélité aux croyances monarchiques; le héros du roman futur est, dit-on, victime de l'absence de ces deux croyances. Cette misère dépeint bien le temps où nous vivons. Un de nos amis a eu l'indiscrétion de copier, sur la table de l'écrivain distrait, les lignes suivantes, qui sont la pensée du livre : « Il appartenait à ce siècle de créer pour la « jeunesse une mélancolie plus dévorante que les re- « grets de Werther, un ennui plus rongeur que le mal de « René : c'est le supplice de sentir inhumer dans son âme « toute passion enthousiaste. A Werther, il manquait « l'amour ; à René, la poésie ; c'était une patrie qui man- « quait à Aymar. »

Cette dernière phrase nous fait penser à ce jeune prince, prisonnier à Strasbourg, dont nous étions loin de prévoir l'audacieuse entreprise. Louis Bonaparte est plein de loyauté et de bon sens ; l'ennui seul de l'exil a pu lui inspirer la folle idée de venir être empereur en France. Le pauvre jeune homme, il a mieux aimé risquer d'être captif dans sa patrie que de rester libre chez l'étranger. L'oisiveté est lourde quand on porte un pareil nom, quand on nourrit dans ses veines un pareil sang. Si on lui avait donné en France droit de citoyen, il s'en serait peut-être contenté. Nous lui avons souvent entendu dire que toute son ambition était d'être officier français et de gagner ses grades dans notre armée; qu'un régiment le séduirait plus qu'un trône. Eh ! mon Dieu, ce n'est pas un royaume qu'il venait chercher, c'est une patrie !

Souvent nous l'avons vu rire de l'éducation royale qu'on lui avait donnée. Il nous contait un jour avec gaieté que lorsqu'il était enfant, son grand plaisir était d'arroser des fleurs, et que madame de B..., sa gouvernante, dans la crainte qu'il ne s'enrhumât, faisait remplir d'eau chaude les arrosoirs : « Mes pauvres fleurs, disait le prince, la fraîcheur des eaux leur était inconnue; j'étais bien enfant, et déjà ce soin me paraissait ridicule. » Il ne pouvait parler de la France sans attendrissement; c'est un rapport qu'il a avec le duc de Bordeaux. Nous étions ensemble à Rome lorsqu'on nous apprit la mort de Talma; chacun alors de déplorer cette perte, chacun de se rappeler le rôle dans lequel il avait vu Talma pour la dernière fois. En écoutant tous ces regrets, le prince Louis, qui n'avait pas encore seize ans, frappa du pied avec impatience ; puis il s'écria les larmes aux yeux : Quand je pense que je suis Français et que je n'ai jamais vu Talma !

On raconte que le jour de son apparition à Strasbourg, le prince Louis, enivré du succès de la première heure, envoya un courrier à sa mère pour lui annoncer qu'il était maître de Strasbourg, et qu'il marchait sur Paris ; trois jours après, il reçut dans sa prison la réponse de la duchesse de Saint-Leu, qui, le croyant déjà vainqueur, lui recommandait de préserver contre la fureur de ses partisans la famille royale, et de traiter le roi avec tous les égards qui lui sont dus. Cela prouve jusqu'où peuvent aller les illusions de ceux qui vivent loin de nous, et que les princes exilés sont trompés comme les autres.

Les bonapartistes purs ont vu avec indignation l'expédition du prince Louis. Notre Empereur *légitime*, s'écrièrent-ils avec enthousiasme, c'est Joseph. Le mot *légitime* est charmant à propos d'un Bonaparte! Ils ne savent donc pas que Napoléon n'était pas un roi! c'était un héros. Le fils d'un héros peut lui succéder, la gloire du père a des reflets qui rejaillissent sur le fils; mais les rayons de ce soleil ne s'étendent point jusque sur les neveux. Le duc de Reichstadt était légitime non par la force d'un droit, mais par la toute-puissance d'un prestige. Hélas! ce prestige est mort avec lui, des parents ne peuvent le faire revivre. Les successions de gloire ne se chiffrent pas; il n'est pas de notaire pour enregistrer les lauriers. Un aigle a des aiglons et n'a point de collatéraux.

Grande nouvelle que personne ne soupçonne encore! grande surprise pour les fêtes du premier jour de l'an! Artistes, réjouissez-vous; braves vétérans, relevez vos moustaches; conducteurs de Gondoles, de Coucous et d'Accélérées, cochers de Parisiennes, de Lutéciennes, d'Éoliennes, de Sylphides, de Zéphirines, de Citadines, d'Atalantes, de Vigilantes et d'Obligeantes, préparez vos fouets, vos phrases et votre avoine, la route est belle; vous la ferez plus d'une fois! Nobles étrangers, qui ne veniez voir que Paris, réjouissez-vous, nous avons maintenant deux capitales! La ville de Louis XIV va retrouver sa splendeur; le roi donne aux Français de magnifiques étrennes cette année! Un beau keepsake dont chaque page est une flatterie ! un riche album dont chaque dessin est une de nos victoires ! C'est bien connaître son pays que de le prendre ainsi par son orgueil et de lui faire un tel présent ! Aujourd'hui, vivent les rois pour savoir flatter ! Cette grande nouvelle, la voici :

LE MUSÉE DE VERSAILLES SERA OUVERT LE PREMIER JANVIER 1837.

LETTRE IV.

25 novembre 1856.

Charles X. — Il voulait régner, sous prétexte qu'il était roi. — La cour ne porte point le deuil.

Quand un palmier tombe au désert frappé de la foudre, toute la tribu le regrette; chacun pleure en lui ce qu'il aimait, chacun lui rend l'hommage d'un souvenir, et ces regrets, d'accord dans leur ensemble, sont différents dans leur sujet; l'un s'écrie : C'était l'orgueil de la montagne; l'autre dit : Son ombre venait jusqu'à nous! — Celui-ci reprend : Il abritait l'eau de la source; —celui-là : Il servait de guide au voyageur perdu! Et chacun explique sa douleur par une plainte motivée, tandis que les petits enfants, sans comprendre l'étendue de la perte qu'on apprécie, ignorants de leurs propres regrets, cherchent en vain sur le sable stérile les dattes savoureuses qui n'y tombent plus. Ainsi, tandis que les partis politiques qui divisent la France proclamant la mort de Charles X, déplorent leurs prétentions évanouies, et calculent les résultats de cet événement, nous, enfants de l'élégance et de l'harmonie, que les querelles fatiguent et que la politique endort, nous pleurons pour nous-mêmes et sans prétention le roi de la vieille France, de la France chevaleresque, brillante et poétique, de la France dame de qualité, de la France enfin qui n'est plus; et, comme les enfants qui ne savent pas si le palmier tombé était utile par sa hauteur et par son ombre, nous regrettons ses fruits; et nous cherchons en vain dans la France bourgeoise cette fleur de courtoisie, ce parfum de royauté, cette majestueuse bienveillance, qui tombaient de l'arbre monarchique et que nous ne retrouverons plus.

Les bonnes actions ont, dit-on, remplacé les belles manières, et cela vaut mieux. Le roi-citoyen convient plus à nos mœurs que le roi *gentleman*. Le *vaisseau de l'État* n'est plus un superbe navire aux voiles dépendantes que les vents capricieux font voguer au hasard; c'est un lourd bateau à vapeur, chargé de charbon et de pommes de terre, partant à heure fixe, arrivant à jour fixe au port qui lui est assigné. Il ne dit pas, comme Agamemnon :

« Mais tout dort, et l'armée, et les vents, et Neptune! »

Que lui importe à lui? tant que le charbon brûle et que les patates cuisent, il *roule*, car le vaisseau de l'État ne vogue plus. Cela vaut mieux sans doute pour le passager et pour tout le monde, pour vous surtout qui vivez de petits amendements et de longs rapports, vous qu'une loi de tabac et de betteraves intéresse des mois entiers; mais pour nous, qui n'aimons que les arts et les plaisirs, nous regrettons le beau navire et le vieux monarque des temps passés, parce qu'il emporte avec lui nos souvenirs, parce que nul ne savait mieux dire une gracieuse parole et faire plus à propos un noble présent, parce qu'il était éminemment royal, ce qui était quelque chose dans sa position, parce qu'enfin il avait *la tradition*, comme on dit au théâtre, et que la tradition se perd avec lui.

Maintenant que Charles X est mort, on lui rend justice ; on comprend que ses fautes si sévèrement punies n'étaient que nobles qualités ; par malheur, ces qualités n'étaient plus de notre époque, et ce fut là son crime ; car c'est une vérité misérable qu'il faut bien avouer : comme les habits, les vertus subissent la mode, cela ferait croire qu'elles ne sont que des parures. Il est telle vertu surannée qui peut nuire à un galant homme ; jadis la fermeté était une vertu de roi, aujourd'hui cela s'appelle une tendance arbitraire ; jadis la clémence était belle toujours, aujourd'hui on en fait une faute politique, et le plus insignifiant ministre ne pardonne pas à un roi de faire grâce malgré ses avis. Le bien et le mal ne se devinent pas par instinct comme autrefois, maintenant c'est une étude qui demande toute la vie, et encore voit-on de nobles âmes s'y tromper. A l'âge de Charles X il était bien tard pour revenir sur ses idées et pour se refaire des croyances nouvelles. Nous n'étions pas pour lui un peuple éclairé qui réclame ses droits, nous étions des sujets révoltés dont il fallait réprimer l'insolence. Que voulez-vous? il n'avait point perdu l'illusion des « fidèles sujets, » il ne comprenait rien aux légales insurrections des Chambres, il avait encore le préjugé de la couronne ; en un mot il voulait régner sous prétexte qu'il était roi. C'est pourquoi il est mort comme il a vécu : dans l'exil. Oh! c'est triste de voir toujours les rois proscrits, guillotinés, assassinés pour des malentendus de peuples! Autrefois un homme déplaisait au prince qui l'envoyait à la Bastille ; aujourd'hui c'est le prince qui déplaît au peuple, et le peuple absolu le proscrit. La terre de l'exil est donc la Bastille des rois.

Un journal qui voudrait être méchant, et qui n'est que tendre, publie dans son dernier numéro une lettre ou plutôt un article signé MARIE-CAROLINE, que nous n'avons pu lire sans étonnement ; en effet, nous ne comprenons pas quelle influence peut encore exercer sur le parti légitimiste, madame la princesse de Lucchesi Palli. Depuis son mariage, le rôle de madame la duchesse de Berri est, à nos yeux, entièrement changé. MARIE-CAROLINE, veuve d'un prince français assassiné parmi nous, couverte encore du noble sang de son mari, était une exilée française dont le malheur nous inspirait la plus religieuse pitié ; MARIE-CAROLINE, femme de M. de Lucchesi Palli, n'est plus maintenant pour nous qu'une princesse étrangère, une nouvelle mariée heureuse, dont nous admirons toujours le courage et l'héroïsme, mais dont nous n'avons plus le droit de nous occuper. Il nous semble que si le duc de Bordeaux doit toujours voir en elle sa mère bien-aimée, sa mère politique est maintenant madame la duchesse d'Angoulême, dont le caractère est une sainte garantie : Madame la dauphine attend noblement de la Providence ce que d'autres demandent à la guerre civile ; dans ses malheurs elle s'est toujours souvenue qu'elle était fille de France ; nous ferons comme elle, nous ne l'oublierons jamais.

La cour ne porte point le deuil, ce qui nous paraît assez étrange. Les légitimistes le porteront pendant six mois, pour trois raisons : ceux-ci par religion pour une perte réellement sentie ; ceux-là par politique et pour se compter, les autres par économie. Quant aux gens d'esprit indépendants qui ont trop de bonne foi pour se faire remorquer par aucun parti, qui ne vont point à la cour parce que les révérences les ennuient, qui s'entourent de toutes les opinions parce que l'esprit de tous les amuse, sans être *en deuil*, ils se mettent *en noir* pour ne choquer personne. Quelle différence voyez-vous là dedans? dira-t-on. La nuance est très-grande, nous pouvons le prouver. C'est la différence du crêpe au satin, d'une profonde douleur à une douce mélancolie, d'une affectation malveillante à une convenance délicatement observée. Une femme en grand deuil de Charles X (quand nul devoir de position ne l'y oblige) nous fait aujourd'hui le même effet que nous faisait en 1830 une femme couverte de rubans tricolores; en général, nous n'aimons pas la politique des chiffons.

LETTRE V.

30 novembre 1836.

Commérage. — Les Jeunes Filles ambitieuses. — Junie épouserait Néron. — Virginie épouserait M. de Labourdonnaie.

On a *comméré* cette semaine sur toutes sortes de sujets. Beaucoup de fausses nouvelles nées subitement et plaisamment démenties ; quelqu'un disait-il : Berryer est parti hier pour Goritz. — Au même instant la porte du salon s'ouvrait, et l'on voyait entrer M. Berryer. — Savez-vous la nouvelle, lui disait-on ? Berryer est parti pour Goritz. — Et M. Berryer affectait un air d'incrédulité. — Puis on parlait de la session prochaine, de la majorité, de la minorité. Les badauds politiques se frottent les mains et se réjouissent : la session sera fort intéressante, disent-ils ; les gens sages haussent les épaules : Tant pis, répondent-ils, nous n'aimons pas les sessions *amusantes ;* nous préférons de bonnes lois *ennuyeuses* à d'éloquentes querelles inutiles. Les députés ne sont pas faits pour divertir le pays, volontairement du moins. — Nous pensons comme ces gens-là, et nous avons vu avec peine qu'en Angleterre on voulait accorder aux femmes la permission d'assister aux séances du Parlement. Nous croyons que tout ce qui donne l'air *théâtre* à la représentation nationale lui ôte de sa dignité. Les personnes qui assistent aux séances des Chambres sont de simples témoins, nous ne voulons pas que l'on en fasse un public de *galeries*, en y joignant des femmes plus ou moins parées. Les Anglais ont tort de nous imiter. A quoi servent les *brillantes* assemblées ? à faire de la tribune un tréteau parlementaire ; au lieu de députés qui discutent, vous avez des acteurs qui posent ; au lieu d'hommes d'affaires qui expriment consciencieusement et sans prétention les idées qu'ils doivent à leur expérience, vous avez des orateurs *brillants* qui choisissent dans leurs convictions, et quelquefois au delà, la *phrase brillante* qui doit produire le plus d'effet sur une *brillante assemblée*. Nous ne croyons pas que ces *brillants* succès rendent la situation du pays plus *brillante*.

On parle aussi de la guerre que l'ancien président du conseil va déclarer au ministère d'aujourd'hui. Les grands exploiteurs de petites haines font déjà leurs préparatifs ; déjà les hostilités commencent grâce à leurs soins ; ils courent chez M. Guizot. — Thiers, disent-ils, va vous attaquer vigoureusement : il se propose de dire *ceci, ceci* ; de dévoiler *ça, ça* — Puis ils reviennent chez M. Thiers : « Ah ! disent-ils, le ministère fait le brave ; il s'attend à tout, il se prépare à vous répondre fièrement ; il répliquera *ceci, ceci* ; il expliquera *ça, ça*... » Et c'est pitié de voir la supériorité de deux hommes de talent que des circonstances passagères ont pu séparer un moment, mais qui pourraient encore s'entendre si l'intérêt général l'exigeait, misérablement exploitée par les médiocrités les plus obscures.—Et cela s'appelle faire de la politique ? Soit... Nous connaissons de *vieilles commères* qui n'emploient pas d'autres moyens pour *révolutionner* tout le quartier.

On parle encore, mais sévèrement, de la plaisante

raison que les gens du gouvernement vous donnent quand on leur demande pourquoi la famille royale ne porte point le deuil de Charles X. C'est une raison politique. Vous ne savez point cela. C'est dans la crainte de déplaire à la classe bourgeoise. La classe bourgeoise, dit-on, verrait d'un mauvais œil cette concession aux idées monarchiques. La classe bourgeoise, messieurs, porte le deuil de ses parents, et c'est une flatterie singulière qui la touchera peu, que de faire une chose inconvenante pour lui plaire. Que penseriez-vous d'un homme qui ne porterait point le deuil de son oncle, parce que son oncle l'aurait déshérité en mourant? Or, si l'on doit porter le deuil des parents dont on n'hérite pas, à plus forte raison doit-on porter le deuil de ceux dont on a hérité par anticipation. La peur de déplaire n'est pas une peur plus noble que les autres; il nous semble d'ailleurs que voilà assez longtemps que la peur sert de prétexte aux actes du gouvernement. Ce prétexte est un peu usé; ne pourrait-on pas en changer?

Le roi s'occupe toujours assidûment des travaux du Musée de Versailles. Il passe des heures entières à parcourir ses immenses galeries, et les personnes de sa suite, qu'une aussi vive exaltation ne soutient pas, sont parfois exténuées de fatigue. Quand la nuit vient, les promenades dans le palais se continuent aux flambeaux; des candélabres ambulants, c'est-à-dire des bougies réunies sur un même plateau, auquel tient un long manche que termine un valet de pied, suivent le roi dans tous ses mouvements, et se placent en cercle autour de lui quand il s'arrête devant un tableau. Ces cariatides vagabondes, cette procession lumineuse est d'un effet magique dans ces galeries qui sont admirables. Le Musée de Versailles est une des merveilles du monde.

Le nouveau roman de Paul de Kock a pour titre *Zizine*; ce nom est d'un bon présage. La réputation de Paul de Kock grandit chaque jour, malgré les dédains de nos auteurs à prétentions. Pour nous qui croyons que le commun du genre ne nuit pas à la supériorité du talent, nous préférons un beau Téniers à une mauvaise imitation de Mignard. Nous préférons une grisette qui parle *purement* son langage à une princesse du Gymnase qui parle comme une ravaudeuse. Nous préférons enfin le petit monde peint avec vérité au faux grand monde, à *la bonne société* qu'inventent nos auteurs à la mode, et nous leur dirons franchement qu'ils n'ont pas assez d'imagination pour peindre la bonne compagnie.

M. Janin a fait un article fort amusant sur le nouveau drame de MM. Ancelot et Paul Foucher, représenté dernièrement au Vaudeville. M. Janin reproche à M. de Balzac d'avoir inspiré : 1º la comédie de madame Ancelot ; 2º le drame de M. Ancelot ; 3º l'amour de toutes les femmes de quarante ans. C'est bien dur ! Selon lui, on doit à M. de Balzac la découverte de la femme de quarante ans ; il l'appelle le Christophe Colomb de la femme de quarante ans. « La femme de
« trente à quarante ans, dit-il, était autrefois une terre
« à peu près perdue pour la passion, c'est-à-dire pour
« le roman et pour le drame ; mais aujourd'hui, grâce
« à ces riantes découvertes, la femme de quarante ans
« règne seule dans le roman et dans le drame. Cette
« fois le nouveau monde a supprimé l'ancien monde,
« la femme de quarante ans l'emporte sur la jeune fille

« de seize ans. — Qui frappe? s'écrie le drame de sa
« grosse voix. — Qui est là? s'écrie le roman de sa voix
« flûtée. — C'est moi, répond en tremblant la seizième
« année aux dents de perle, au sein de neige, aux doux
« contours, au frais sourire, au doux regard : c'est
« moi ! J'ai l'âge de la Junie de Racine, de la Desde-
« mona de Shakspere, de l'Agnès de Molière, de la
« Zaïre de Voltaire, de la Manon Lescaut de Prévost,
« de la Virginie de Bernardin de Saint-Pierre. C'est
« moi ! j'ai l'âge, le bel âge fugitif et enchanté de toutes
« les jeunes filles de l'Arioste, de Le Sage, de lord By-
« ron et de Walter Scott. C'est moi ! je suis la jeunesse
« qui espère, qui est innocente, qui jette sans peur
« dans l'avenir un regard beau comme le ciel ! J'ai
« l'âge de Cymodocée et d'Atala, l'âge d'Eucharis et de
« Chimène ! J'ai l'âge de tous les chastes penchants,
« de tous les nobles instincts, l'âge de la fierté et de
« l'innocence. Donnez-moi place, monseigneur ! Ainsi
« parle le bel âge de seize ans aux romanciers et aux
« dramaturges ; mais aussitôt romanciers et drama-
« turges de répondre : Nous sommes occupés avec
« votre mère, mon enfant ; repassez dans une ving-
« taine d'années, et nous verrons si nous pouvons faire
« de vous quelque chose. »

Eh ! mon Dieu ! est-ce la faute de M. de Balzac, si
l'âge de trente ans est aujourd'hui l'âge de l'amour?
M. de Balzac est bien forcé de peindre la passion où il
la trouve ; et certes, on ne la trouve plus dans un cœur
de seize ans. Autrefois, une jeune fille se faisait enlever
par un mousquetaire ; elle s'enfuyait du couvent par-
dessus le mur, à l'aide d'une échelle ; et les romans de
cette époque étaient remplis de couvents, de mousque-

taires, d'échelles et d'enlèvements. *Julie* aimait *Saint-Preux* à dix-huit ans ; à vingt-deux, elle épousait par obéissance M. de Volmar : c'était le siècle. Dans ce temps-là, le cœur parlait à seize ans ; mais aujourd'hui le cœur attend plus tard pour s'attendrir. Aujourd'hui *Julie*, ambitieuse et vaine, commence par épouser volontairement, à dix-huit ans, M. de *Volmar*, puis à vingt-cinq ans, revenue des illusions de la vanité, elle s'enfuit avec *Saint-Preux*, par amour. Car les rêves du jeune âge maintenant sont des rêves d'orgueil. Une jeune fille n'épouse un jeune homme qu'à la condition qu'il lui donne un rang dans le monde, une belle fortune, une bonne maison. Un jeune homme qui n'a que des *espérances* est refusé ; on lui préférerait un vieillard qui n'a plus rien à espérer. Vous parlez des auteurs anciens, ils peignaient leur temps. Laissez M. de Balzac peindre le nôtre. La *Junie* de Racine ! dites-vous ? — Mais, aujourd'hui, elle choisirait bien vite *Néron* pour être impératrice. — Manon Lescaut ? — mais vous la voyez mettre à la porte *Desgrieux* pour un vieux maréchal de l'empire. — Virginie ? — quitterait Paul pour épouser M. de Labourdonnaie. — Atala ? — Atala, elle-même, préférerait au beau Chactas le père Aubry, si le vieillard n'avait fait vœu de pauvreté. — Mais voyez donc un peu les femmes passionnées qui, de nos jours, font parler d'elles ; toutes ont commencé par un mariage d'ambition, toutes ont voulu être riches, comtesses, marquises et duchesses avant d'être aimées. Ce n'est qu'après avoir reconnu les *vanités* de la vanité qu'elles se sont résolues à l'amour ; il en est même qui ont recouru naïvement après le passé, et qui, à vingt-huit ou trente ans, se dévouent avec passion au jeune homme obscur qu'à dix-sept ans elles avaient refusé d'aimer. M. de Balzac a donc raison de peindre la passion où il la trouve, c'est-à-dire hors d'âge. M. Janin a raison aussi de dire que cela est fort ennuyeux ; mais si cela est fort ennuyeux pour les lecteurs de romans, c'est bien plus triste encore pour les jeunes hommes qui rêvent l'amour, et qui en sont réduits à s'écrier dans leurs transports : « Que je l'aime ! Oh ! qu'elle a dû être belle ! »

1837.

LETTRE PREMIÈRE.

11 janvier 1837.

L'Ascension de M. Green. — Bal de l'ambassade d'Autriche. — Bal sournois du faubourg Saint-Germain. — Bal Musard.

La dernière ascension de M. Green et le grand bal de l'ambassade d'Autriche sont les événements de la semaine qui ont le plus occupé le monde parisien; plus d'une *merveilleuse* a joui de ces deux plaisirs. Le matin assister au départ d'un ballon pour les cieux, et le soir briller dans l'une des plus belles fêtes de l'année! C'est là de l'élégance s'il en fut jamais. On raconte même qu'un des voyageurs aériens, jeune valseur fort à la mode, a commencé ses invitations du haut de la nacelle; ayant reconnu parmi les spectateurs la belle duchesse de S....., il l'a, dit-on, priée à valser pour le bal du soir, et il s'est envolé en disant : La première valse, madame, ne l'oubliez pas. — Et le soir même il était au bal; et certes, en le voyant valser d'un air si paisible, on n'aurait jamais deviné qu'il eût pris un si long chemin pour aller se promener à Bondy.

Un autre voyageur du ballon avait eu une idée moins élégante, celle de jeter de l'eau sur la tête des spectateurs au moment de l'ascension ; mais le prince P.... arrive du *Saut du Niagara ;* c'est un petit souvenir de cascade qu'il faut lui pardonner. Quand la nacelle a frappé contre un pan de mur, le cri de la foule a été superbe ; c'était un bel effroi unanime ; ceux qui n'avaient pu voir le danger étaient aussi effrayés que les autres, tant l'émotion était communicative ; mais elle fut bientôt dissipée : on vit M. Green agiter son drapeau, et puis on ne vit plus rien du tout. Et les spectateurs assis sur les toits, sur les murs, se retirèrent, et la foule qui remplissait la cour de la *Caserne Poissonnière,* où avait eu lieu l'ascension, s'écoula lentement, oh ! très-lentement, car il nous fallut attendre notre voiture au moins une demi-heure. Les soldats de la caserne retournèrent dans *leurs appartements ;* l'un d'eux nous avait fort amusés un moment avant l'ascension : Tiens! tiens! s'était-il écrié, une dame à ma fenêtre ! dans ma petite chambre ! Et sa joie était si vive qu'elle était fort plaisante. Nous pensons qu'il a été un des premiers à remonter dans son *appartement.* Mais que tout cela était mal arrangé ! quelle boue dans la cour de la caserne ! quel désordre pour y entrer, pour en sortir ! que de jolis pieds mouillés, que de douces voix enrouées, que de peines pour un plaisir ! on dirait toujours qu'à Paris les entrepreneurs de fêtes sont associés avec les médecins.

Cette dernière ascension de huit voyageurs nous rappelle la première de ce genre qui eut lieu en 1784, et qui mit en rumeur toute la ville de Lyon. Le 9 janvier, Joseph Montgolfier, le prince de Ligne, le comte de Laurencin, le marquis de Dampierre et M. Lenoir montèrent aux Brotteaux, rive gauche du Rhône, dans une *montgolfière* gonflée à la fumée. Le ballon, composé d'un réseau de ficelles, collé intérieurement et extérieurement de papier, fut soumis pendant vingt jours, par un temps affreux, à une série d'expériences auxquelles toute la population de la ville s'intéressa. Le ballon s'éleva enfin en présence de plus de deux cent mille personnes accourues de trente lieues à la ronde; car c'était un événement alors que l'ascension d'un ballon. Un incident étrange faillit compromettre la vie des voyageurs. Un jeune homme de dix-neuf ans, nommé Fontaine, intimement lié avec la famille Montgolfier, avait en vain sollicité l'honneur d'être du voyage; M. Joseph Montgolfier l'avait impitoyablement refusé. Le jeune homme eut alors recours à un moyen désespéré, ruse effrayante de hardiesse, mais admirable puisqu'elle réussit : il alla se percher sur le point le plus élevé de l'enceinte; et lorsque le ballon, en quittant la terre, passa près de lui, il se précipita dans la nacelle par un élan prodigieux, et tomba juste au milieu des voyageurs, fort étonnés de cette manière nouvelle de *rattraper* la diligence; l'ébranlement que le ballon reçut alors détermina la rupture de quelques mailles du filet. Le mouvement d'ascension n'en continuait pas moins ; mais la rupture augmentant toujours, les voyageurs se voyaient au moment de tomber dans le Rhône, dont ils suivaient le cours; la nacelle aérienne tremblait de devenir aquatique, et la foule inquiète les contemplait avec effroi : au même instant, sans un ordre, sans une parole, par un mouvement spontané et unanime, le Rhône se couvrit de barques dans toute son étendue; et l'on vit chaque batelier, immobile, épier dans les airs ceux qu'il s'apprêtait déjà à sauver dans l'eau. Pendant ce temps,

Joseph Montgolfier et le jeune Fontaine, au milieu de la consternation de leurs compagnons, se hâtaient d'activer le feu de paille dans la nacelle pour maintenir l'équilibre du ballon avec la masse d'air. Arrivés au confluent du Rhône et de la Saône, un coup de vent, venant du bassin de la Saône, les poussa vers les marais de Genissieux, où ils allèrent tomber rudement. M. de Laurencin eut un bras foulé, M. de Montgolfier eut trois dents cassées, les autres voyageurs reçurent des contusions plus ou moins fortes. Ramenés en triomphe à Lyon, ils parurent tous le soir au spectacle dans la loge du gouverneur; ils furent accueillis avec un enthousiasme qui tenait du délire. Le frère de M. de Montgolfier, qui était au parterre, ayant été reconnu, les spectateurs lui firent subir à son tour une ascension triomphale, et l'élevèrent dans leurs bras jusqu'à la loge du gouverneur, où on le força de s'asseoir avec les héros de la journée. Ce qui n'empêcha point les mauvais plaisants du pays de faire sur cette aventure plus d'une chanson, que les *canuts* savent encore, et où l'on tourne en ridicule ces *audacieux partis pour les cieux*, qui n'ont pu sauter plus haut que *les grenouilles dans les marais de Genissieux*.

Maintenant que nous en avons fini avec les ballons de 1837 et de 1784, disons que le bal de l'ambassade d'Autriche était éblouissant de diamants. Les diamants et les cheveux sont redevenus à la mode. Des diamants! on en met tant qu'on en a et même plus qu'on n'en a; des cheveux! on en porte à profusion, on fait valoir tous ses cheveux et même aussi ceux des autres. Pendant le bal, on ne parlait que des magnifiques diamants de la duchesse de S..... Les avez-vous vus?

disait-on, elle en a au moins pour deux millions sur la tête; et l'on partait, et l'on traversait la salle de danse et les salons pour aller voir le magnifique diadème; et l'on se pressait et l'on entourait madame la duchesse de S....., dont les beaux yeux et le charmant visage donnaient bien des distractions à ceux qui étaient venus pour admirer sa parure.

Paris danse, Paris saute, Paris s'amuse de tous côtés; et il se hâte, car le mercredi des cendres est à la porte. Tous les quartiers sont en émoi; le faubourg Saint-Honoré saute, vous le savez; c'est un effet du gaz déjà connu, mais il danse aussi maintenant, les grands bals commencent. Le faubourg Saint-Germain ne saute pas, lui, il croule; mais il valse aussi, car il a jugé convenable de faire trêve au deuil de cour et de cœur en faveur des jeunes personnes. On donne de petites soirées modestes qui évitent tout ce qui ressemble à un bal, la danse par exemple: on n'y danse pas, mais on y valse; c'est plus triste, c'est plus convenable, cela semble un hasard. Quelqu'un se met au piano, joue une valse pour elle-même, parce qu'elle est jolie; alors chacun l'admire; on la fait répéter, on l'admire encore; puis, à force de l'apprécier, on finit par lui rendre la seule justice que demande un air de valse, c'est-à-dire de valser en mesure en l'écoutant; et la soirée se passe ainsi en plaisir de contrebande : on n'a point donné de bal, on n'a pas fait d'invitations, les mères étaient toutes en deuil, seulement les jeunes personnes, vêtues de robes blanches, ont fait quelques tours de valse pendant que MM. de X. ou Léon de B. étaient au piano. On a beau dire, l'esprit de parti a des ressources que les autres esprits n'ont pas.

Quant au quartier du centre de Paris, il ne valse ni ne danse, il ne saute ni ne croule ; il tourne, il roule, il tombe, il se rue, il se précipite, il s'abîme, il tourbillonne, il fond comme une armée, il vous enveloppe comme une trombe, il vous entraîne comme une avalanche, il vous emporte comme le *seymoun* ; c'est l'enfer qui se déchaîne, ce sont les démons en congé ; c'est Charenton qui jouit de la vie ; c'est le Juif-Errant parti pour sa course éternelle ; c'est Mazeppa lancé sur un cheval sauvage ; c'est Lénor enlevée par son amant funèbre à travers les forêts, les rochers, les déserts, et ne devant s'arrêter que pour mourir ; c'est une apparition un jour de fièvre, c'est un cauchemar, c'est le sabbat, c'est enfin un plaisir terrible qu'on nomme le *galop de Musard*. Les bals masqués de la rue Saint-Honoré sont cette année aussi à la mode que l'année dernière. Notre situation... notre... deuil ne nous permet pas d'y aller ; mais nous pouvons raconter ce qui s'y passe... c'est-à-dire, non, nous ne le pouvons pas, mais nous pouvons à peu près répéter ce qu'on en dit. Le quadrille des *Huguenots* est d'un effet merveilleux, rien de plus fantastique ; les lumières de la salle pâlissent et font place à une clarté rougeâtre qui veut imiter un incendie ; et c'est alors un étrange spectacle que ces figures joyeuses, que ces déguisements de toutes couleurs, de toutes gaietés, se dessinant dans ces lueurs funèbres. Tous ces fantômes bruyants, démons de joie et de folie, s'ébranlent par colonnes, s'élancent par torrents, et tout cela tourne, tourne, roule, roule, s'avance, s'avance, se presse, se pousse, se heurte, se choque, recule, revient, passe, repasse toujours, toujours et toujours, et jamais ne s'arrête, et le tocsin sonne, le tam-tam retentit, et l'orchestre est implacable, il hâte la mesure, il ne laisse pas le temps de respirer, et la fusillade est parfaitement imitée; et l'on entend des cris, des plaintes et des rires; c'est la guerre civile, c'est un massacre enfin : l'illusion est complète. Vous voyez bien que l'on s'amuse toujours à Paris : les uns tristement, les autres pompeusement, et ceux-là franchement; chacun à sa manière, mais chacun s'amuse, excepté cependant ceux qui s'ennuient de s'amuser.

LETTRE II.

26 janvier 1837.

Vite une fausse nouvelle! une niaiserie! un mensonge! la conversation se meurt! il faut la soutenir à tout prix.

Excepté la *grippe*, fléau du troisième ordre, récemment débarqué de Londres, et qui commence ses ravages à Paris, rien de nouveau cette semaine; mais comme n'avoir rien à dire chez nous, n'est pas une raison pour ne point parler, quand il n'y a pas de nouvelles on en invente. Une fausse nouvelle, à Paris, peut hardiment compter sur huit jours d'existence, non pas d'une existence générale, universelle, car elle est déjà un peu morte dans le quartier qui l'a vu naître, quand elle commence à vivre dans celui où elle doit mourir; mais enfin elle n'est complétement démentie qu'au bout de huit jours, et l'on ne risque jamais rien de faire courir un bruit qui a huit grands jours d'avenir. Cette année, l'imagination des Parisiens est peu variée, elle ne nous paraît pas très-riante non plus. Des morts, de fausses morts, voilà tout ce qu'elle invente; jusqu'à ce pauvre Musard, qu'on a tué aussi pour se distraire : on ne respecte pas même le plaisir. Et ce qu'il y a d'admirable, ce qui prouve que cette ville est immense, c'est que les gens tués ont beau réclamer, ont beau prouver qu'ils vivent, le bruit de leur mort n'en circule pas moins, une fois lancé on ne peut plus l'arrêter : la fausse nouvelle a germé partout, il faut des efforts inouïs pour l'arracher du sol embourbé des intelligences, il vous faudra faire des actions éclatantes pour persuader aux êtres qui vous pleurent que vous faites encore partie des vivants; et peut-être même cela ne suffirait-il pas, il y aura encore des entêtés qui, en vous voyant, aimeront mieux vous dire ressuscité que d'avouer qu'ils se trompaient en racontant tous les détails de votre mort. Oh! Paris est une grande ville pour les vastes imaginations; en province, on ne jouit pas de tels avantages : on est obligé de faire venir ses fausses nouvelles de Paris, avec ses chapeaux, ses rubans et ses fusils de chasse; on ne peut pas tuer un habitant d'une petite ville sans qu'il y paraisse. Si vous disiez : « M. un tel est mort, » au bout de cinq minutes, vous le verriez paraître *sur la promenade*, et cela n'aurait aucun sel; on en est réduit à broder sur la vérité, ce qui est peu de chose; car la vérité en province se réduit aux plus simples événements : la mort d'un chat, la naissance de plusieurs serins, une omelette manquée, un dîner que doit donner le sous-préfet, un voyageur inconnu qui a traversé la ville sans s'arrêter, un chien qui est tombé dans une citerne, une *dame* qui a fait blanchir les rideaux de son salon, une *demoiselle* qui a paru à l'église avec une robe neuve, les Bourginot qui ont fait venir un piano de Paris, mesdemoiselles de P*** qui portent déjà des *manches justes*, et toutes choses de cette force dont il faut bien parler, puisque ce sont les nouvelles du jour. Les gens de province en rient eux-mêmes et vous disent avec esprit : « Tout cela est un événement chez nous; nous avons si peu de chose à dire. » Mais alors, pourquoi parlez-vous? Parler pour parler, c'est de la démence. Vous ne chantez pas quand vous n'avez point de voix, alors pourquoi causer si vous n'avez pas de sujet de conversation ? Ah ! nous avons en France cette manie funeste qui cause une foule de malheurs, ce besoin plus ruineux que le luxe le plus insatiable, cette nécessité fatigante de toujours soutenir la conversation ; une conversation qui languit est un supplice, un déshonneur pour une maîtresse de maison ; il faut qu'elle la réveille à tout prix. Dans un si grand péril tout lui est permis, tout lui devient secours ; elle ira jusqu'à se compromettre, elle racontera ses souvenirs les plus intimes, elle trahira son secret, elle dira ce qu'elle pense... plutôt que de laisser tomber la conversation. Si elle a le malheur de n'avoir pas de secret à elle, elle vous questionnera pour avoir le vôtre ; elle inventera vingt mensonges ; elle fera dire aux personnes qui sortaient de chez elle quand vous y êtes venu toutes sortes de choses dont elles n'ont jamais parlé. Puis elle ajoutera : Comprenez-vous que madame une telle ose dire cela ? Ou bien : Madame de X...... me disait tout à l'heure telle malice à propos de vous ; car elle compromettra ses meilleurs amis sans scrupule, le danger menaçant est son excuse, la conversation allait tomber !!! . . . . Nous connaissons une femme si profondément attachée à ses devoirs de maîtresse de maison, et si parfaitement résolue à se dévouer au maintien de la conversation, en tout et partout, que, non contente *d'exercer* chez elle, elle va soutenir les conversations *en ville*. Sa fille, nouvelle mariée, pleine de simplicité et de modestie, la seconde peu dans ses succès brillants ; aussi lui adresse-t-elle les plus graves reproches. — Parlez donc, lui disait-elle un jour, après une assez longue visite où la jeune femme n'avait pas ouvert la bouche. — Mais, ma mère, je n'avais rien à dire. — N'importe, on invente; on raconte une aventure quelconque. Dites qu'un omnibus a accroché votre voiture, ou bien que dans la rue vous avez vu un homme qu'on venait d'arrêter; ou deux hommes qui se querellaient; que vous avez rencontré un superbe enterrement; qu'on vous a volé un châle; enfin tout ce qui vous passera par la tête; mais enfin parlez, ou je ne vous emmène plus avec moi. Une nouvelle mariée de seize ans, qui n'aime pas son mari et que sa mère gronde, pleure facilement. Donc la jeune femme pleura. Ce dialogue avait lieu entre deux visites de cérémonie. La voiture s'arrêta devant un magnifique hôtel; le valet de pied ayant demandé si madame la baronne de *** était visible, on vit la porte cochère bâiller solennellement. Nous avons du malheur, pensa la jeune femme, personne n'est sorti; le soleil est pourtant bien beau aujourd'hui; et puis elle essuya ses yeux. — Que vous êtes pâle, ma chère Valentine, s'écria la baronne de ***; avez-vous été malade? La mère jeta un regard foudroyant à sa fille, regard qui voulait dire : Parleras-tu, malheureuse? La pauvre enfant se rappela les histoires qu'il fallait inventer : — Non, madame, dit-elle, mais j'ai eu bien peur tout à l'heure. Nous avons failli verser. — Ah ! mon Dieu, s'écria la baronne; et comment cela? — La mère triomphait, sa fille était digne d'elle. — Un omnibus a accroché notre voiture, continua la jeune femme, comme nous passions sur le *pont des Arts*. — Le pont des Arts ! s'écria la baronne. — Le pont Louis XVI, interrompit la mère avec une présence d'esprit admirable; puis elle improvisa une superbe aventure. On calma la baronne, et la conversation continua. — Vous avez là un bien beau châle, ma chère Valentine, dit madame de ***. — La jeune femme ne comptait rien répondre, sa mère lui lança un coup d'œil terrifiant. Valentine s'inspire. — J'avais un autre châle bien plus beau, dit-elle, mais on me l'a volé hier. — Vraiment, s'écria la baronne, qui ne cessait de *s'écrier*, mais il faut absolument le retrouver. Le préfet de police est mon ami, et je vais lui écrire à l'instant..... — Oh! ce n'est pas la peine, madame, dit Valentine. — Comment ce n'est pas la peine? s'écria toujours la baronne. Mais je vous trouve bien insouciante; un châle de ce prix-là! — Ma fille veut dire, interrompit la mère (car la mère interrompait toujours aussi), que mon gendre a déjà fait toutes les démarches nécessaires. — On parla d'autre chose, Valentine retomba dans ses rêveries. — Vraiment, disait sa mère, le monde devient bien insignifiant. Cette institution de clubs a désorganisé la société; plus de conversation, plus d'esprit; les hommes passent leur matinée à jouer, à fumer, et leur nuit à boire. Je plains les jeunes femmes de ce temps-ci; le monde n'a jamais été plus ennuyeux. — Valentine n'est pas de votre avis, je gage, reprit la baronne; je ne crois pas qu'elle ait rien à reprocher aux clubs. Valentine n'avait pas écouté, elle ne disait rien. — Valentine, dit sa mère avec aigreur, répondez donc, madame vous parle. — Mais elle ne sait peut-être pas ce que c'est qu'un club, reprit gracieusement la baronne, tâchant d'adoucir la mère en courroux; je crois qu'elle n'a rien à redouter des fureurs du jeu. — Valentine leva les yeux sur sa mère, et, la voyant si mécontente, elle sentit qu'il fallait parler. — Moi, madame? dit-elle, si vraiment, j'ai souvent entendu parler du Jockey's-Club ; on nous contait encore tout à l'heure une querelle qui avait eu lieu hier à ce club, et qui pouvait avoir des suites fâcheuses. — Une querelle de jeu ? demanda la baronne dans la plus vive inquiétude. — Oui, madame. — On ne vous a pas dit le nom des joueurs ? — M. de H....., je crois. — A ce nom, la mère implacable lança un troisième regard que la pauvre enfant interpréta tout de travers. — Oui, M. de H....., dit-elle, précisément. — Ah, mon Dieu ! s'écria la baronne, c'est cela ! Et elle s'élança vers la cheminée, s'empara du cordon de la sonnette, mais elle tomba évanouie.

Valentine ne comprenait rien à ce trouble ; elle avait nommé M. de H..... parce que c'était le héros du club, sans savoir que c'était aussi celui de madame de ***. Depuis deux jours il n'était pas venu chez la baronne, qui avait attribué cette absence à un dépit ; mais cette querelle, cette querelle changeait toutes ses idées, et son inquiétude faisait pitié. Il fallut la laisser seule ; on s'éloigna.

— En vérité, ma fille, vous êtes folle, dit à la pauvre Valentine sa mère complétement découragée ; aller nommer M. de H.....! — Mais, maman, je ne savais pas... — Quand on vit dans le monde, il faut tout savoir. Et puis, aller dire que cela vous est indifférent d'avoir perdu un châle de mille écus ! — Mais, maman, puisqu'elle allait écrire au préfet de police. — Petite sotte, vous croyez bonnement qu'elle lui aurait écrit ? c'était une phrase de politesse. Et puis le pont des Arts ! dire que votre voiture a versé sur le pont des Arts, où les voitures ne passent point ! c'est absurde ! — Maman, vous le voyez bien, reprit la pauvre enfant, il vaut mieux que je ne parle pas. — Oh ! maintenant, je vous conseille de ne plus dire un mot.

Eh bien ! nous donnerons aussi ce conseil à tous les débiteurs de fausses nouvelles qui tuent leurs amis, calomnient leurs adversaires, compromettent leurs amours, pour alimenter la conversation. Nous leur dirons franchement : Il vaut mieux que vous ne parliez pas. Les Anglais, les vrais Anglais du moins, vont se voir pour le plaisir d'être ensemble, ils ne se croient pas obligés de babiller pendant une heure pour vous avertir qu'ils sont là ; les Espagnols fument et se taisent ; les Allemands se réunissent pour rêver ; les Orientaux trouvent d'ineffables délices dans un beau silence, ils ne parlent même pas pour donner un ordre : un regard, un signe, et l'on obéit. Vingt esclaves sont là pour comprendre. On n'a même pas besoin de les appeler : un signe, et l'esclave vous apporte une pipe ; un signe, et l'esclave que cela regarde vous amène une odalisque aux voiles d'or !... un signe, et le sabre reluit, et la tête d'un homme est tranchée ! La parole n'est pas plus prompte ni plus précise ; la parole aux Orientaux est inutile, ils ont de quoi s'en passer ; ils ont un esclave pour chacun de leurs désirs ; chaque homme représente une de leurs idées, et se charge pour eux de l'exprimer. Le silence est donc une des richesses de l'Orient, et certes ce n'est pas en cela qu'on peut nous reprocher d'étaler en France un luxe asiatique ! — Mais nous découvrons une chose, c'est que nous-mêmes, aujourd'hui, nous ne parlons de tout cela que parce que nous-mêmes nous n'avons rien à dire ; n'importe, nous tenons tellement à nos idées, que nous consentons à les faire valoir même à nos dépens.

LETTRE III.

8 février 1837.

Bal masqué de l'Opéra; plaisir d'imagination. — Les femmes ne dansent plus, elles improvisent. — Triomphe de Musard.

Voici le carnaval passé à la satisfaction de tout le monde. Ceux qui l'ont célébré s'en réjouissent, car le repos leur devenait urgent; ceux qui n'en ont point goûté les plaisirs s'en félicitent, parce qu'au moins ils n'en entendront plus le bruit, et le bruit qu'on ne fait pas est toujours fatigant.

Nous avons eu peu de bals *costumés* cette année dans le monde, et presque point de masques sur les boulevards. Tous les travestissements étaient réservés pour les bals de Jullien et des petits théâtres. Les bals masqués de l'Opéra étaient tristes comme une assemblée de famille; tout ce que l'on essaie depuis trois ans pour les ranimer, ne peut y parvenir; *les tombola*, les châles de cachemire, les bracelets, *les jeunes filles* même mises en loterie, les danses espagnoles, les pas allemands, rien ne peut leur rendre la vie. Les hommes s'y promènent entre eux, et les femmes, s'il y en avait, ne trouveraient rien à leur dire. Eh! messieurs, de quoi voulez-vous qu'on vous parle? Sur quel sujet peut-on vous intriguer, quel mystère y a-t-il dans votre vie, qu'on puisse découvrir, et dont il soit hardi de vous entretenir? avec quels sentiments cachés peut-on vous émouvoir? Vous parlera-t-on de la petite une telle?..... Vous ne la quittez pas ; là, point de mystère, pas la moindre prétention d'amour. Vous dira-t-on qu'elle vous trompe ?..... vous le savez ; là, point de jalousie, il n'y a pas même prétention de propriété. Quant aux autres liens, ce sont des arrangements de convenances, si froids, si indifférents, auxquels vous attachez si peu d'importance, qu'on ne songe pas à vous en plaisanter. Un amour maintenant est une affaire d'occasion ; on aime celui ou celle qu'on voit naturellement le plus souvent, sans difficulté ; on choisit dans son petit cercle, on ne se hasarde pas à chercher plus loin. Deux personnes qui se plairaient passionnément, qui se sentiraient attirées l'une vers l'autre par une tendre sympathie, mais qui seraient chacune d'une société différente, resteraient toute leur vie séparées, parce que leurs relations ne seraient ni commodes ni convenables. Nous avions les mariages d'intérêts, aujourd'hui nous avons de plus les amours de convenances, ce qui est fort triste, et ce qui fait aussi que l'on n'a rien à dire aux jeunes gens au bal de l'Opéra ; car on ne saurait les agiter en leur parlant d'une personne qui leur est presque indifférente. Le premier aliment d'un bal masqué c'est, non pas l'esprit, c'est l'*imagination*, c'est cette belle faculté de l'intelligence de s'enflammer pour une idée, c'est cette action de la pensée qui donne de la vie à tout. Figurez-vous un bal où chacun arriverait avec une brûlante préoccupation de colère, de bonheur, d'ambition, d'amour, n'importe ; mais enfin, figurez-vous une foule de cerveaux en travail, de cœurs en émoi, d'esprits en fermentation, et figurez-vous un petit domino venant dire à chacun un mot, un seul mot sur le sujet qui le préoccupe ; oh !

vous verriez alors tous ces êtres immobiles s'agiter soudain comme des fous, s'attacher à ce domino, le tourmenter, le poursuivre, l'assaillir de questions : — Qui t'a dit cela ? Comment le sais-tu ? — Est-ce que tu l'as vue ? Est-tu venue avec elle ? Sont-ils ici ? — Quel jour ? — A quelle heure ? — Depuis quand ? — Et on ne lui laissera pas un moment de repos. Certes on ne s'ennuierait pas. — Eh bien, au lieu d'un seul, figurez-vous trois cents dominos produisant le même effet, et vous aurez l'idée de ce que doit être un véritable bal de l'Opéra.

Depuis longtemps on se demande pourquoi les bals de l'Opéra sont passés de mode : on se rappelle quels succès ils obtenaient autrefois, tout ce que les femmes les plus sages imaginaient de ruses pour y aller, le plaisir qu'elles y trouvaient, les ravages qu'y faisait leur malice, le trouble séducteur où elles jetaient tous les esprits, le succès qu'y obtenaient les hommes élégants, les mauvais tours joués aux sots et aux ennuyeux, enfin toutes ces folies du carnaval de l'esprit ; et l'on s'étonne qu'il ne reste plus rien de ce plaisir, rien que le souvenir moqueur des héros de ces anciennes fêtes qui, regardant avec dédain nos bals masqués d'aujourd'hui, disent en soupirant : « Ce n'est plus cela. » Et pourquoi n'est-ce plus cela ? Des philosophes ont dit : « Cela vient de la trop grande liberté de nos mœurs. Quand les gens qui s'aiment peuvent se voir tous les jours à leur aise à visage découvert, ils n'ont pas besoin de se déguiser, de se cacher sous un masque pour se rencontrer et se parler de leur amour. » Comme on n'a rien répondu à ceux qui ont dit cela, ils persistent dans leur opinion, et pourtant ce n'est pas là le vrai motif de cette grande décadence des bals de l'Opéra ; car les pays où les passions sont le plus naïves, où les liens qu'il faudrait cacher sont le plus loyalement avoués, sont précisément ceux où les bals masqués ont le plus de vogue. D'ailleurs les personnes qui allaient au bal de l'Opéra pour s'y rencontrer, étaient en petit nombre. La majorité y allait pour y être intriguée, et on n'*intrigue* bien que les gens qui ont dans l'esprit ou dans le cœur un vif intérêt, ou qui sont susceptibles d'en avoir. Un jeune homme qui aime sérieusement une femme a beau la voir tous les jours et savoir tout ce qu'elle fait, le moindre mot que vous lui direz à propos d'elle l'agitera ; le véritable amour est ombrageux ; la chose la plus insignifiante, la plus improbable le trouble. Vous lui dites : Je l'ai *rencontrée* ce matin ; il sait qu'*elle* n'est point sortie, qu'elle est malade ; il l'a vue lui-même très-souffrante. N'importe, ce mot le trouble ; vingt suppositions plus absurdes les unes que les autres viennent l'assaillir ; il n'aura pas de repos qu'il n'ait couru chez *elle* savoir la vérité. Vous voyez donc bien que ce n'est pas la liberté de l'amour qui fait que les bals de l'Opéra sont ennuyeux ; c'est l'indifférence de cet amour. Nous le répétons ; le premier aliment d'un bal masqué c'est l'imagination, et ce qui nous empêche d'avoir de l'imagination c'est notre égoïsme ; car l'imagination est toujours une distraction de soi-même : malheureusement nous conservons tous, en cela, une très-belle présence d'esprit. Que les hommes manquent d'imagination, cela peut encore se comprendre, mais que les femmes en soient complétement dépourvues, c'est ce que nous ne pouvons expliquer. Si elles étaient plus sages on ne s'en plaindrait pas ; mais la morale n'y gagne rien, et les plaisirs seuls y perdent.

Une femme égoïste, non-seulement de cœur, mais d'esprit, ne peut donc être aimable au bal de l'Opéra : pour y paraître piquante, il faut d'abord s'y déguiser, et une femme égoïste ne peut pas sortir d'elle-même. Le *moi* est *indélébile* chez elle. Une véritable égoïste ne sait même pas être fausse, et puis enfin, pour intriguer quelqu'un, il faut encore s'être occupé de lui, et c'est une peine qu'on ne veut prendre aujourd'hui qu'autant qu'elle ne doit pas être inutile. Les bals masqués, enfin, sont un plaisir d'imagination, et comme nous sommes trop égoïstes pour avoir de l'imagination, nous n'avons plus de bals masqués.

A propos des femmes, la grippe vient de leur jouer un tour perfide : sur six cents personnes priées l'autre soir à une de nos élégantes fêtes, deux cents personnes seulement sont venues. La grippe retenait les quatre cents autres dans leur lit, ou auprès du lit d'un malade ; il en est résulté une facilité de circulation dans les contre-danses qui a fort déconcerté les danseuses ; on venait les regarder *ne pas* danser ; et cette mode de glisser sur le parquet en contemplant ses pieds, mode qui convient parfaitement à ces combats avec accompagnement de violons, de contre-basses et de coups de fouet qu'on appelle une contredanse française, à cette lutte avec la foule, qu'on appelle danser, paraissait fort risible avec tant d'espace et avec une si grande liberté dans les mouvements. La grippe sera l'occasion d'une réforme dans la danse. Les femmes finiront par ne plus voir un ridicule dans ce qui fut autrefois un talent. Les femmes se privent sottement de beaucoup de succès et de plaisirs qu'elles ne remplacent pas ; et puis, elles font du désenchantement, elles s'étonnent que tout les ennuie. Une très-jolie personne nous disait l'autre jour : Ma mère me dit qu'à mon âge, rien ne l'amusait plus que de danser ; eh bien, moi j'avoue que je n'aime pas la danse. — Vous n'en savez rien, lui avons-nous dit, vous n'avez jamais dansé. — Comment, mais hier encore... — Oh! vous appelez cela danser ; faire trois pas en avant, avec les pieds en dedans, le corps penché et les épaules arrondies ; puis hasarder une glissade à droite sans quitter terre, et comme si vous étiez fixée au parquet ; puis, peu satisfaite de ce que vous trouvez à droite, essayer à gauche une glissade parallèle ; puis, n'ayant pu encore trouver ce que vous semblez chercher, vous décider tout à coup à traverser pour aller voir ce qui se passe en face de vous ; là, recommencer le même manége, un pas à droite, un pas à gauche, le même, toujours le même, car si vous faisiez un pas différent, on vous prendrait pour une femme de quarante ans. Au bal, l'âge se reconnaît au pied plus encore qu'au visage ; une femme qui danse les pieds en dehors avoue trente ans ; celle qui *tourne* en faisant *dos à dos* en avoue quarante ; celle qui fait un pas de Basque ou un pas de bourrée *confesse* cinquante ans ; celle qui hasarderait un *pas de zéphyr* en trahirait soixante, si elle était capable de le faire. Vous marchez en mesure, mais vous ne dansez pas, et vous ne pouvez savoir si vous aimez la danse. Autrefois, la danse était un exercice, car il fallait travailler pour arriver à bien faire tous ces pas, aujourd'hui tant méprisés ; c'était un plaisir aussi, parce que c'était une promesse de succès. Une jeune fille qui dansait bien avait un avenir.

Les mariages se faisaient au bal; un *solo* bien étudié valait une dot. Aujourd'hui, savoir danser serait un ridicule, et les maîtres de danse en sont réduits à se faire professeurs d'histoire et de géographie. Le célèbre M. Levi a bien compris son époque; son école de danse languissait, il en a fait une école d'improvisation; il a changé sa *boîte de danse* en chaire d'éloquence. Il apprend aux petites filles à *parler* des heures entières, sans se reposer, sur le *lever du soleil*, sur l'*amour filial*, sur la mort d'un grand homme quelconque. Si elles n'ont point d'esprit, elles acquerront au moins de l'aplomb, c'est toujours cela; et les parents s'en vont chez eux très-fiers, car ils ont une fille qui improvise : cela est merveilleux vraiment! Mais après ce grand progrès nous expliquera-t-on une chose : jadis les femmes ne savaient point l'orthographe et elles savaient parfaitement bien danser; les hommes étaient toujours auprès d'elles. — Aujourd'hui les femmes sont fort instruites; elles parlent l'anglais, l'italien; elles improvisent en français; elles lisent la *Revue britannique*, les histoires de M. Mignet, et même les discours de la Chambre; elles sont fort en état de soutenir la conversation avec les hommes... et pourtant les hommes les laissent seules faire valoir entre elles cette brillante éducation; ils se réunissent dans des clubs, dans des cafés, ou bien, ce qui est plus outrageant, dans des bals suspects où ces femmes si bien élevées, si savantes ne vont pas, et où celles qu'on y va chercher n'ont d'autres prétentions que des succès de danse; danse bizarre, il est vrai, danse prohibée sans doute, mais enfin, qui prouve encore ce que nous disions, c'est que le besoin d'une réforme dans la danse se fait généralement sentir. O les femmes! les femmes! Elles ne comprennent point leur vocation; elles ne savent point que leur premier intérêt, leur premier devoir, est d'être séduisantes. Qu'elles s'instruisent..... bien, mais qu'elles ne négligent pas pour s'instruire ce qui doit faire leur véritable attrait; qu'elles lisent, mais qu'elles chantent; qu'elles sachent parler l'anglais comme une Anglaise, mais qu'elles sachent porter un chapeau à la Française; qu'elles fassent des vers, si elles peuvent, mais qu'elles sachent rire et danser, plaire enfin, plaire avant tout. L'*homme* ne demande pas à sa *compagne* de partager ses travaux, il lui demande de l'en distraire; l'instruction pour les femmes c'est le luxe; le nécessaire, c'est la grâce, la gentillesse, la séduction : les femmes sont un ornement dans la vie, et la loi de tout ornement est de paraître fin, léger, délicat et coquet; ce qui ne l'empêche pas d'être en cuivre ou en pierre, en or ou en marbre.

Le nouveau *Cercle des Arts* est en pleine prospérité; brillantes admissions, sévères et capricieuses omissions, tout s'accorde pour en faire une assemblée dont chacun voudra faire partie. Quelques-uns de ses membres, qui ne sont pas encore à la hauteur du siècle, avaient proposé de *black bouler* M. de B..., sous prétexte qu'il était prince; l'un d'eux s'était, dit-on, écrié : « Ah bien! nous, si nous *tombons* dans les princes, je n'en suis plus. » Il paraît que cette menace n'a effrayé personne, et le prince de B... a été reçu à une très-forte majorité; mais les rebelles soutiennent encore que c'est comme artiste qu'on l'a reçu, et que son beau talent a pu seul faire pardonner son titre de prince. Avis aux grands seigneurs qui ne savent ni peindre ni chanter;

messieurs les artistes, voyez-vous, sont de bons enfants qui n'ont point de préjugés; en voici la preuve. Cependant il est assez simple que des jeunes gens qui se réunissent pour mettre en commun leurs talents, ne se soucient point de faire de frais pour des spectateurs inutiles, pour des ennuyeux dédaigneux, d'amuser enfin des gens qui ne pourraient pas le leur rendre; car le *Cercle des Arts* n'est pas seulement comme les autres cercles de Paris, un club où l'on vient jouer au whist, et dîner à une grande table; c'est de plus une salle de concert où nos voix les plus célèbres se font entendre; c'est de plus un musée où les tableaux de nos meilleurs peintres seront exposés. Or, dans une assemblée où chacun paie de sa personne, on a le droit de regarder comme ennemis tous ceux qui n'y sauraient rien faire; il est vrai que ceux-là ont la ressource de fumer. La passion du cigare devient si générale, que nous connaissons des maisons fashionables où l'on fait arranger *une salle à fumer*, comme on a une salle à manger. Au *Cercle des Arts* un des salons est exclusivement consacré à cet exercice. Nous avons entendu, à propos de cela, un dialogue assez amusant. — Eh bien, mon cher, pourquoi ne viens-tu jamais à notre cercle? on y est très-bien, tu as tort. — Moi, mais j'y vais tous les jours, et je ne t'y ai pas encore vu; où donc te caches-tu? — Je ne me cache pas, je vais fumer là le soir mon cigare après dîner. — Et moi aussi, te dis-je. — Eh bien, alors... Ah! c'est la fumée; le fait est qu'on n'y voit pas. — Cela est exact, nous n'inventons rien, nous l'avons entendu, et les personnes qui ont eu un ami à chercher dans ces ténèbres de fumée, nous croiront facilement.

Nous avons lu dans un nouveau journal la phrase suivante : « Rossini a épuisé *la source* des lauriers, c'est ce qui fait que nous ne pouvons pas en vouloir au nouveau compositeur s'il n'a pas pu en trouver quelques-uns à *cueillir*. » La phrase n'est certainement pas élégante, mais l'image est si nouvelle, comment n'en être pas frappé ! La *source des lauriers*, quelle admirable expression ! comme elle vous donne tout de suite le droit de dire *les racines de mes larmes !*

Les animaux commencent à jouer un rôle sur nos théâtres ; on avait essayé un effet de chèvre dans *la Esméralda*, mais la pauvre bête n'a jamais pu apprendre son rôle ; dans *le Mari de la Dame de Chœurs*, il y a une affreuse chienne, nommée Rosette, qu'on peut regarder comme l'héroïne de la pièce, et voici maintenant qu'on prépare un ballet dans lequel mademoiselle Elssler et une chatte blanche doivent rivaliser de grâce et de souplesse. Feu le chien de Montargis doit être bien jaloux.

On nous écrit à l'instant : « Je regrette bien que votre *grippe* vous ait empêché de venir hier soir au bal Musard, à l'Opéra. C'était une fête dont rien ne peut donner l'idée : six mille personnes dans la salle, et deux mille à la porte, qui n'ont pu entrer. Toutes les loges prises ; celles du roi, de M. le duc d'Orléans, envahies par des gens qui ne savaient où se réfugier. Les costumes les plus pittoresques, les danses les plus vives, les plus passionnées. La police point taquine, et pas le moindre désordre ; mais ce qu'il y a eu de remarquable, l'événement de la nuit, c'est le triomphe de Musard, porté sur les épaules de six des plus beaux danseurs, et promené dans toute la salle, aux acclamations, aux applaudissements de toute la foule. La figure de Musard était rayonnante ; c'était le roi des ribauds.

Pardon, si je vous écris si tard, je viens de me réveiller. »

Dix heures du soir.

Une autre personne nous écrit : « Vous avez bien fait de ne pas venir avec nous hier au bal Musard, à l'Opéra. C'était une cohue épouvantable ; on ne comprend pas qu'on puisse s'amuser à de pareils plaisirs. Il y a eu bien des batailles où l'on courait moins de dangers. Un jeune homme est tombé au milieu du galop, tout le *galop* lui a passé sur le corps ; on l'a relevé dans un état affreux ; puis les danses les plus scandaleuses, un désordre épouvantable. J'ai eu, pour ma part, un pan de mon habit emporté. Je ne vous ai pas écrit plus tôt ces détails sur ce bal de fous, parce que je crois qu'il vaut mieux que vous n'en parliez pas. »

Voilà Paris, voilà le monde ; lequel de ces deux juges faut-il croire ?... Peut-être tous les deux.

LETTRE IV.

8 mars 1857.

Les nymphes affamées. — L'enfantillage des hommes chauves. — L'alliance de M. de Lamennais et de George Sand.

Est-il bien vrai? l'on s'est aperçu de notre silence, et l'on a daigné s'en plaindre, et nous avons là, sous les yeux, des lettres bienveillantes, beaucoup de lettres, plus de trente, qui demandent compte au directeur de ce journal de notre paresse, et qui prétendent que lorsque l'espace vient à manquer dans ses graves colonnes, ce n'est pas nous qu'il faut sacrifier. Quoi de plus flatteur, et en même temps de plus décourageant ; comment continuer un succès que l'on ne croit pas mériter, et qu'on ne s'explique pas? nous n'avions qu'une valeur, qu'une humble supériorité, celle de n'avoir point de prétention, et voilà que le succès nous gâte; voilà que l'on fait de nous un auteur, et que nous allons tomber, malgré nous peut-être, dans toutes sortes de recherches, dans d'invincibles prétentions. Une vanité sourde nous envahit déjà, déjà nous avons perdu cette fleur d'insouciance qui faisait tout notre charme. C'est l'enfant qui s'aperçoit qu'on le regarde jouer, et qui exagère ses gentillesses; c'est la jeune fille qui sait qu'elle est belle, et qui se pose avec fierté; c'est bien plus encore, c'est la jeune fille qui sait qu'elle est innocente, et qui se préoccupe de ce qu'elle ignore. Adieu, *laisser-aller* gracieux; adieu, franches pensées jetées au hasard; adieu, nonchalance pleine de dignité; adieu, belle et noble indépendance; nous sommes vaincu par le succès, corrompu par le besoin de le maintenir. Nous ne parlerons plus pour dire, mais pour plaire. En écrivant, nous songerons au lecteur, auquel nous n'avions jamais songé, et, malgré nous, demain nous demanderons à nos amis : « Comment avez-vous trouvé le *Courrier de Paris?* » Quelques éloges auront su faire d'un bavard assez amusant un auteur prétentieux. Nous croyons sincèrement que les trop prompts succès ont détruit plus de talents que les plus injustes revers.

Le carême est fort brillant cette année, il lutte de plaisirs avec le carnaval; c'est affreux à dire, mais il faut bien l'avouer, puisque cela est. On danse, on danse avec ardeur, comme on devrait prier, et certes on ne jeûne pas. Si vous voyiez souper nos élégantes, si vous saviez comme toutes ces nymphes mangent, vous ne vous croiriez point aux jours des privations pieuses; vous ne comprendriez pas non plus pourquoi ces jeunes femmes sont si maigres. Vrai, quand on a assisté à l'un de nos grands soupers de bal, quand on a vu ces frêles beautés à l'ouvrage, quand on a mesuré de l'œil ce qu'elles ont englouti de jambons, de pâtés, de volailles, de sautés de perdreaux et de gâteaux de toutes espèces, on a le droit d'exiger d'elles des bras plus ronds et des épaules mieux *réussies*. Pauvres sylphides! en retournant chez elles, leur âme retrouve donc bien des chagrins!... car il faut plus d'une peine pour neutraliser les bienfaits nutritifs de pareils repas! Un homme d'esprit a dit : Les femmes ne savent pas le tort qu'elles se font en mangeant. Et il a bien raison ; rien de plus désenchantant que de voir une femme belle et parée manger sérieusement. L'appétit n'est permis aux femmes qu'en voyage. Dans un salon, il faut qu'elles soient petites-maîtresses avant tout ; et une petite-maîtresse ne doit prendre au bal que des glaces, ne doit choisir que des fruits et des friandises. Cela nous rappelle ce mot d'un enfant qui entendait sa mère retenir à déjeuner son maître d'écriture, et qui voulait l'inviter aussi à sa manière : « Oh ! restez, monsieur, disait-elle (c'était une petite fille), je vous en prie, je n'ai jamais vu manger un maître d'écriture ! » Sans doute, elle se figurait qu'un maître d'écriture devait manger des choses extraordinaires, des pains à cacheter peut-être, ou toute autre chose de son art. Eh bien ! nous, nous sommes un peu comme elle, il nous semble qu'une élégante ne doit se nourrir à *l'œil*, que de parfums, de fruits et de fleurs.

Oh ! vous auriez ri lundi dernier, si vous aviez vu la consternation des spectateurs de l'Opéra mis à la porte si impitoyablement ; cette foule déconcertée descendant l'escalier, s'écoulant dans les corridors, s'agitant dans le vestibule avant, bien avant l'heure où elle comptait voir se terminer ses plaisirs ; ces deux mille personnes disant toutes la même chose, ayant toutes la même idée ; deux mille personnes mystifiées à la même heure et du même coup ; et puis toute une soirée perdue, une parure inutile, un destin manqué : « J'ai refusé un concert charmant, disait une femme. — Si j'avais su cela, disait une autre. — J'aurais bien mieux fait de rester chez moi, souffrante comme je suis, disait celle-ci. — Que va-t-*il* faire ? *Je ne le verrai pas* ce soir, disait celle-là. » Et puis toutes répétaient en chœur : « Que c'est désagréable, j'ai renvoyé ma voiture! Que faire? » Les femmes qui étaient venues en fiacre, surtout, disaient cela très-haut.

L'événement affligeant de la semaine, ce n'est pas le rejet de la loi de disjonction, loi qu'il ne nous appartient pas de juger, et qui d'ailleurs était de nature à diviser également les plus loyales opinions et les consciences les plus pures ; ce qu'il y a eu de triste, c'est la conduite de la Chambre en cette circonstance ; c'est l'agitation sans dignité de ces représentants d'un pays ; c'est l'aspect de ces magistrats sautant sur leur banc comme des révoltés de collége ; de ces législateurs jetant leur chapeau en l'air comme les lazzaroni du troisième acte de *la Muette*, criant bravo comme des claqueurs, et s'embrassant entre eux avec folie comme des convives qui ont le *vin tendre*. C'est cet enfantillage des hommes chauves de la France qui nous fait frémir pour elle. Comment se fait-il que depuis vingt ans l'éducation parlementaire n'ait pas fait plus de progrès! Comment se fait-il que ces députés, qui sont fort *convenables* dans le monde, où ils ne représentent que leur famille, qui se *comportent* à merveille dans un salon, où personne ne fait attention à eux, tout à coup deviennent turbulents, inconvenants, injurieux, perdent le sentiment de leur dignité, le souvenir de leur éducation, sitôt qu'ils font partie d'une assemblée régnante comme représentants du pays; sitôt qu'il leur faut comparaître devant la France qu'ils gouvernent, et devant l'Europe qui les juge. Nous expliquera-t-on ce mystère? Et n'avons-nous pas le droit de gémir en voyant toujours nos destinées compromises par ceux-là même qui devraient nous guider, n'avons-nous pas enfin le droit de dire à ceux qui nous représentent ainsi : Messieurs, nous ne vous ressemblons pas.

L'alliance de M. de Lamennais et de George Sand fait beaucoup parler; pour nous, à chaque amitié nouvelle de George Sand, nous nous réjouissons; chacun de ses amis est un sujet pour elle ; chaque nouvelle relation est un nouveau roman. L'histoire de ses affections est tout entière dans le catalogue de ses œuvres. Jadis, elle rencontra un jeune homme distingué, élégant et froid, égoïste et gracieux, un ingrat de bonne compagnie, ce qu'on appelle un homme du monde, et *M. de Ramière* vit le jour, et notre littérature vit surgir un chef-d'œuvre, et le nom d'*Indiana* retentit dans toute la France malgré le choléra, malgré les émeutes, qui, à cette époque, se disputaient nos loisirs. Plus tard, un jeune homme d'une condition moins brillante, mais d'une bonne famille et doué d'un admirable talent, est présenté à George Sand; ce jeune homme, pour lui plaire, fait résonner sa douce voix : à ses nobles accents, George Sand s'inspire, et bientôt ses lecteurs enchantés apprennent que *Valentine* a donné sa vie à *Bénédict*. A l'horizon apparaît un poëte, et soudain George Sand a révélé *Stenio*. Un avocat se fait entendre, et George Sand se montre au barreau, et *Simon* obtient la main de *Fiamma* pour prix de son éloquence. Enfin, George Sand rencontre sur sa route périlleuse un saint pasteur, et voilà que les idées pieuses refleurissent dans son âme, et voilà George Sand qui redevient morale, austère même, plus austère que la vertu; car la vertu consiste à refuser simplement ce qui est mal; George Sand va plus loin, elle pousse le scrupule jusqu'à refuser ce qui est bien, et l'on voit sa dernière héroïne, en compensation de toutes les autres, refuser obstinément un bon et honnête mariage, qui ferait son bonheur, celui de toute sa famille, mais que George Sand trouve plus généreux de lui faire dédaigner. On voit qu'il y a encore un peu de confusion dans cette renaissance des idées pures ; l'auteur dépasse le but, parce qu'il l'avait perdu de vue un moment ; mais il veut y revenir, et c'est déjà beaucoup. L'exagération même du principe prouve la bonne foi du retour ; ce n'est pas précisément ferveur de novice, c'est plutôt ardeur de pénitent, et cela vaut mieux, c'est plus durable. Cette sainte métamorphose étant due aux *Paroles d'un Croyant*, déjà le héros du nouveau roman de George Sand est un vénérable curé, comme autrefois celui de *Valentine* fut un chanteur, celui de *Fiamma* un avocat, celui de *Lélia* un poëte. Vous le voyez, chacun de ses livres admirables porte l'empreinte de l'affection qui l'inspira ; et la pensée de George Sand, qui se montre tour à tour froide et désenchantée avec le héros des salons, gracieuse, fraîche, riante avec le chanteur des ruisseaux et des bruyères, poétique avec le poëte, républicaine avec l'avocat, apparaît aujourd'hui morale et religieuse avec le prêtre politique. Ce qui faisait dire l'autre jour à un mauvais plaisant : — C'est surtout à propos des ouvrages des femmes que l'on peut s'écrier avec M. de Buffon : « Le style est l'homme. »

Mais pour ne point finir par cette folle plaisanterie, nous citerons la fin de la troisième lettre à *Marcie*, jeune fille, un peu saint-simonnienne, que George Sand cherche à détourner de ses ambitions masculines :

« Adieu ! attendez la manifestation de la volonté divine. Il est une puissance invisible qui veille sur nous tous, et quand même nous serions oubliés, il y a un état de délaissement préférable aux rigueurs de la destinée. Il y a une abnégation meilleure que l'agitation vaine et les passions aveugles. Vous êtes au sein des mers orageuses comme une barque engravée. Les vents soufflent, l'onde écume, les oiseaux des tempêtes rasent d'un vol inquiet votre voile immobile, tout éprouve la souffrance, le péril, la fatigue ; mais tout ce qui souffre participe à la vie, et ce banc de sable qui vous retient, c'est le calme plat, c'est l'inaction, image du néant. Mieux vaudrait, dites-vous, s'élancer dans l'orage, fût-ce pour y périr en peu d'instants, que de rester spectateur inerte et désolé de cette lutte où le reste de la création s'intéresse. Je comprends bien et j'excuse ces moments d'angoisses où vous appelez de vos vœux l'heure de la destruction, qui seule consommera votre délivrance. Cependant, si les flots pouvaient parler et vous dire sur quels graviers impurs, sur quels immondes goémons ils sont condamnés à se rouler sans cesse ; si les oiseaux des tempêtes savaient vous décrire sur quels récifs effrayants ils sont forcés de déposer leurs nids, et quelles guerres des reptiles impitoyables livrent à leurs tremblantes amours ; si, dans les voix mugissantes de la rafale, vous pouviez saisir le sens de ces cris inconnus, de ces plaintes lamentables, que les esprits de l'air exhalent dans des luttes terribles, mystérieuses, vous ne voudriez être ni la vague sans rivage, ni l'oiseau sans asile, ni le vent sans repos. Vous aimeriez mieux attendre l'éternelle sérénité de l'autre vie sur un écueil stérile ; là, du moins, vous avez le loisir de prier, et la résignation de la plus humble espérance vaut mieux que le combat du plus orgueilleux désespoir! »

Cette image est belle, cette pensée est noble, et ce langage est si harmonieux, que nous nous sommes surpris lisant tout haut ce passage comme nous aurions lu des vers. Pour avoir le droit de parler ainsi de George Sand, il faut bien prouver qu'on sait l'admirer.

LETTRE V.

15 mars 1837.

Le monde parisien qui s'ennuie toujours, le monde parisien qui s'amuse toujours. — Chasse à Chantilly. — Modes.

Il y a à Paris deux mondes bien distincts, deux sociétés aussi différentes que deux sectes, aussi séparées que deux troupes d'ennemis; elles ne se tiennent que par un seul et même sentiment, le dédain; oh! mais un mépris mutuel plein de sympathie, une pitié réciproque et d'une égalité risible, et vraiment nouvelle à observer, en ce qu'elle part des deux côtés d'un point opposé, pour arriver au même centre, et que pour exprimer les idées les plus contraires, elle se sert des mêmes mots. Le premier de ces mondes est le monde grave, aristocratique pur, le monde dépositaire des anciennes vertus, des anciennes croyances; le monde chez qui la dignité est plus qu'une nature, est devenue un système, qui cherche par devoir ce qu'on devrait choisir par conviction; mais enfin qui le cherche, qui veut le bien, qui le fait, qui respecte tous les mots sacrés, toutes les choses saintes, qui révère l'église, la famille, la royauté; qui croit et qui veut croire, ce qui est déjà beaucoup. Ce monde est composé d'âmes sincères et d'hypocrites, comme tous les mondes connus; mais toutefois la majorité est noble, généreuse, et si ces cœurs privilégiés, que de rares combats viennent éprouver, pouvaient se défendre de leur juste orgueil, et de leur involontaire dédain pour ce qui ne leur ressemble pas, il faudrait les donner pour modèles, il faudrait les admirer.

Le second de ces deux mondes est un chaos d'idées les plus étranges, une macédoine de toutes choses, qui ne ressemble à rien ; un mélange d'incrédulité et de préjugés, de petites indépendances et de grandes préventions, de vieilles manies et de besoins nouveaux, de fantaisies et de routines... impossible à comprendre. Là, rien de fixe, point de lois, des principes pour rien ; tout y est vague, les usages, les vertus, les devoirs, les ridicules mêmes. Ce qui choque les uns peut plaire aux autres ; mais certainement nul n'aura le suffrage universel. Vous arrivez avec assurance, vous pensez devoir être à l'aise avec des gens qui s'y sont mis ; point du tout, il y a dans cet océan d'idées jeunes et vieilles, bonnes et fausses, il y a tout à coup des écueils de préjugés invisibles et inattendus, contre lesquels vous venez vous briser ; et cela sans défiance, parce qu'il est de certaines indignations que l'on ne saurait prévoir. Là, par exemple, un homme qui a donné sa foi à tous les gouvernements, depuis vingt années, se formalisera si vous soutenez que le serment politique est chose folle et inutile ; une femme, qui se compromet pour toutes les religions, qui admet tous les cultes à l'honneur de lui rendre hommage, se révoltera tout à coup contre un jeune étourdi qui avouera franchement que pendant le carême il fuit les repas de famille, parce qu'un dîner maigre l'attriste ; une coquette se scandalisera aujourd'hui d'un mot léger qu'hier elle aura dit ; c'est un abandon inégal, une pruderie capricieuse sur lesquels on ne peut compter ; quels que soient les discours que vous teniez, il y aura toujours là quelqu'un que vos paroles révolteront. Les uns vous nommeront *cafard* ou *jeune homme très-chrétien*, si vous parlez avec respect d'une chose respectable; les autres vous traiteront de *furieux*, d'homme de *mauvaise société*, si vous faites une plaisanterie sur une aventure de danseuse ou sur le bal de Musard. Après tout, ce monde n'est ni plus méchant, ni meilleur que le premier; et nous dirons de lui ce que nous disons de l'autre : il est composé d'âmes sincères et d'hypocrites comme tous les mondes connus; car il est de faux mauvais sujets, comme il est de faux dévots, et l'on ne saurait dire vraiment laquelle de ces deux hypocrisies est la plus pénible et la plus coupable. Ce qu'il y a de certain c'est que le premier de ces mondes que nous avons si longuement dépeints vit de considération, de respect — et s'ennuie, tandis que le second ne vit que de plaisir — et s'amuse; que le second méprise sincèrement le premier de s'ennuyer ainsi; pendant que le premier méprise le second de s'amuser toujours. Les uns disent : Ils ne sortent jamais, ils ont de vieux chevaux qui tirent péniblement de vieilles calèches fermées, les femmes portent de petites douillettes *marons*, pauvres, étroites, et ils ont deux cent mille livres de rentes! cela fait pitié. Les autres disent : Ils sont toujours en fête, ce sont des bals, des spectacles, des soupers qui n'en finissent pas, ils rentrent au jour, leurs femmes dépensent des sommes folles pour leur toilette, et ils n'ont jamais le sou, cela fait pitié!

Or, depuis le mercredi des Cendres, le premier monde vit en retraite, il n'a pas pris part aux fêtes que nous avons racontées. Le second monde se calme un peu depuis huit jours. C'est le contraire de la fable de la

Cigale et la Fourmi, que faisiez-vous au temps de jeûne?
— Je dansais, ne vous déplaise. — Eh bien! chantez, maintenant. Et maintenant il chante. Le monde joyeux va aux concerts parce qu'il n'y a plus de bals. Sans doute ces deux camps ennemis se partagent la capitale bien également, car les églises sont aussi pleines que les salles de spectacle. La foule encombre Notre-Dame autant que l'Opéra, et c'est plaisir de voir cette jeunesse française venir d'elle-même, indépendante et généreuse, chercher des enseignements, apporter des croyances aux pieds de ces mêmes autels où jadis on ne voyait que des fonctionnaires publics en extase, tremblant devant une inquisition invisible; que des pénitents de cour, des pharisiens de ministères; humbles ambitieux, dont la piété flatteuse ne s'adressait pas au ciel, et qui ne demandaient, dans leur ferveur intéressée, qu'une préfecture ou une ambassade. Oh! c'est maintenant que nous avons la véritable liberté des cultes, la religion est affranchie, la foi est pure, et le temple est rendu à Dieu. Dites, n'aimez-vous pas mieux cette jeune France instruite et religieuse, que cette jeunesse *Touquet* que nous avions autrefois et qui a fourni tous nos grands hommes d'aujourd'hui? Et ne faut-il pas être bien maladroit pour gouverner si misérablement un pays où la jeunesse, qui est la force de la nation, prie et espère!

Nous disions tout à l'heure qu'il y avait autant de monde à Notre-Dame qu'à l'Opéra; maintenant disons que dimanche à l'Opéra, il y avait autant de monde le soir qu'il y en avait le matin à Notre-Dame. *Esméralda*, dont on a joué un acte, a été très-applaudie. L'air de *Quasimodo* a obtenu un succès non contesté; ce qui nous confirme dans notre opinion qu'un opéra, quelle que soit la beauté de la musique, ne peut se soutenir pendant quatre actes sans ballets et sans décorations. On ne peut vivre toute une soirée pour ses oreilles, surtout à l'Opéra, où l'on vient surtout regarder, admirer ; le public de l'Opéra *demande* à être ébloui, et les plus beaux chants du monde ne pourraient jamais lui suffire. C'est déjà bien assez pour lui d'avoir perdu le spectacle de la salle qui le rendait si heureux : il est passé le temps où les femmes arrivaient richement parées, où les diamants servaient d'auxiliaires aux lustres, où les entr'actes étaient ce qu'il y avait de plus intéressant dans toute la pièce. Aujourd'hui les femmes se cachent sous leurs manteaux ; elles ont froid, elles sont pâles et tristes ; et puis des chapeaux fanés pendent sur les balcons, et l'on voit des bonnets *ronds* aux *premières loges*. O décadence !...

Une assez jolie femme disait l'autre soir qu'elle allait ouvrir sa maison, mais qu'elle n'admettrait chez elle aucune femme qui aurait passé trente ans. — Ce sera charmant, lui dit sa cousine, mais dépêche-toi, car dans un an, tu ne pourras plus t'inviter. — Une cousine est une ennemie donnée par la nature.

De mémoire de chasseurs (depuis 1830) on n'a rien vu de plus beau que la chasse qui a eu lieu vendredi à Chantilly. Vous savez le temps qu'il faisait ; combinaison admirable pour une chasse, terre d'hiver, ciel de printemps ; le rendez-vous était à Chantilly à la table de marbre. A dix heures et demie on s'est mis en campagne, le cerf s'est conduit noblement ; en véritable connaisseur, en *cicerone* de bon goût, il a parcouru les vallons les plus pittoresques, les pays les plus célèbres ; il a traversé tout le parc d'Ermenonville, il a salué en passant, rapidement il est vrai, la tombe de Jean-Jacques, ce mortel qui, comme lui, se croyait toujours poursuivi ; il a traversé le désert, le classique désert d'Ermenonville ; et là c'était un merveilleux spectacle que toute cette chasse perdue dans cette vaste plaine de sable et le cerf courant, fuyant, toujours fuyant vers l'horizon, toujours visible et cependant si loin de vous. Après six heures de course, la victime ingénieuse est allée tomber dans le bel étang de Mortfontaine ; elle a choisi le site le plus poétique pour y mourir ! Si nous croyions à la métempsycose, nous dirions que l'âme de quelque peintre de paysage, malheureux en amour, avait passé dans le corps de ce noble cerf, tant il s'est montré artiste dans toutes ses promenades et jusque dans sa chute. Le tableau qu'il a composé, et dont il était le héros, est digne des plus grands maîtres ; au milieu de l'étang dont tous les chasseurs garnissaient les bords, le pauvre animal se défendait avec furie ; déjà deux ou trois chiens venaient d'être éventrés par lui, lorsque M. le duc d'Orléans, pour sauver les vainqueurs, demanda une carabine, et le cerf fut bientôt mis hors de combat. Cette justesse de coup d'œil prouve que M. le duc d'Orléans n'a la vue basse que dans un salon ; cette chasse fort belle, mais si longue et si pénible, prouve aussi que le jeune prince s'ennuie de son repos, et qu'il cherche à se consoler des lenteurs de l'expédition de Constantine, que nous lui reprochons de trop désirer, par les exercices les plus fatigants. Plusieurs chasseurs se sont égarés exprès, ne pouvant le suivre. La curée n'a pu avoir lieu que le soir aux flambeaux. Cette chasse est la dernière de l'année. Probablement le cerf savait cela, c'est pourquoi il s'est si bien conduit.

Le soleil a déjà fait sortir de fraîches étoffes d'été. Nous sommes allé regarder *aux Chinois*, sur le boulevard des Italiens, ces mousselines roses et lilas, qui sentent le printemps, comme on va respirer le doux parfum des violettes dans les bois. Salut mousselines légères, fleurs des magasins, aimables prémices de la belle saison, vous nous avez rendu l'espérance, nous croyions les beaux jours perdus. Vivent les parures de printemps ! Mais nous n'y sommes pas encore. Toujours le satin, le velours, et les mantelets doublés d'hermine, et les manchons d'hermine, et puis aussi toutes sortes de fourrures inconnues : entre autres une hermine domestique dont il faut se défier. Cette année, on a inventé beaucoup d'animaux sauvages, dont les naturalistes n'ont aucune idée, des animaux de fantaisie, qui n'ont connu la vie que sous la forme d'un manchon.

Rien de nouveau dans les modes, elles se forgent, elles se trament dans le silence. Aujourd'hui on porte franchement ce que l'on a, on use tout ce qui reste. C'est la saison où les chapeaux à plumes voient le grand jour et la poussière des boulevards : tel chapeau de velours épinglé blanc, languit enfermé depuis trois mois dans un carton, et n'est sorti qu'en voiture dans les grandes occasions aux heures importantes de l'hiver, pour des visites officielles, pour des concerts du matin, aujourd'hui rendu à la liberté par son inutilité prochaine, délivré par le printemps qui va le remplacer, il se livre sans réserve à un exercice inaccoutumé, il va, il vient, il est quitté, remis, le matin, le soir, on le porte à l'église, où il remplace la capote ouatée qui n'est déjà plus ; il sort à pied et sans façon, sans embarras, car il n'est plus seul ; il rencontre, sur les boulevards et dans les rues, mille chapeaux à plumes de sa connaissance, il n'est plus honteux de son luxe, son panache est admis et n'attire pas les yeux ; on le fatigue plus en dix jours qu'on ne l'a fait pendant tout l'hiver, enfin on le traite sans ménagement, comme un ami dont on n'a plus besoin.

LETTRE VI.

22 mars 1837.

Carême. — Une foule privilégiée. — Salon de 1837. — Portraits bourgeois. — Droits des femmes.

Le printemps a commencé par un jour d'hiver; la neige, la vieille et véritable neige, vient retarder la belle et fausse neige des amandiers en fleurs, les hirondelles se consultent, et leur retour est retardé; Longchamps est morfondu, et si l'on n'y est pas allé en traîneaux, c'est par respect pour les usages. Les robes nouvelles étaient peut-être charmantes sous les manteaux; les femmes étaient peut-être roses et fraîches sous leurs voiles; les chevaux étaient peut-être superbes, mais ils allaient au pas, et nous allions si vite pour nous réchauffer que nous n'avons rien vu. Malheur à qui aurait paru ce matin aux Champs-Élysées en habits de printemps, ce n'est pas à Longchamps qu'on l'aurait conduit, mais à Charenton.

Cette semaine on jeûne, on prie; les saintes cérémonies de ces derniers jours de carême sont si belles, ces abstinences, ce deuil austère ont tant de pouvoir sur l'imagination, qu'ils raniment la ferveur des âmes les plus faibles, qu'ils réveillent le courage des indifférents; car aujourd'hui ce ne sont plus les philosophes qui sont athées, ce sont les cœurs désenchantés, et ceux-là avec de la poésie on les ramène. Eh! quoi de plus consolant, de plus sublime que cette pensée, que chaque privation nous est comptée et nous rachète une faute. Oh! qu'elle est généreuse cette religion qui, d'un sacrifice, nous fait une espérance; qui nous montre toujours après la nuit, et même à cause de la nuit, un beau jour; qui nous promet le bonheur comme une conséquence des larmes; qui nous fait d'un revers un gage de triomphe, et nous dit : Souffrir c'est mériter ! Il nous arrive parfois, quand nous sommes dans une église, de chercher à pénétrer dans toutes ces pensées qui viennent s'élever jusqu'au ciel, à surprendre sur ces lèvres doucement agitées le secret de chaque prière... et tout à coup un désir de roi, ou plutôt de Dieu nous saisit... et nous paierions de nos jours, de tout l'avenir de notre vie, le pouvoir d'exaucer tous ces vœux ensemble, par miracle et subitement. Vous figurez-vous alors le transport de toute cette foule, ces milliers de cœurs enivrés, ces hymnes de reconnaissance, ce *Te Deum* spontané sortant de toutes les bouches, ces flammes de joie jaillissant de tous les yeux? Oh! la belle émotion! Heureux ceux qui ont la puissance : c'est ainsi qu'il en faudrait abuser !

Nous n'imiterons pas plusieurs journaux qui vantent les prédications de la chaire, comme on vante les discours de la tribune; nous ne croyons pas ces appréciations littéraires convenables lorsqu'il s'agit de l'éloquence religieuse; nous ne nous reconnaissons pas le droit de juger un prêtre qui parle au nom de Dieu, comme nous jugeons un député qui parle au nom de ses commettants. Si la représentation nationale est respectable, la représentation divine est sacrée; il nous semble même que c'est faire injure à ces austères inspirés, que de les louer comme des hommes de talent, que de jeter au milieu de leurs saintes pensées des préoccupations de rhétorique et de grammaire. Nous ne croyons pas, par exemple, que M. de Brézé soit très-flatté qu'on loue *la grâce de sa diction, sa parole pleine de suavité et d'élégance;* nous ne croyons pas non plus que M. l'abbé Dupanloup puisse trouver convenable que l'on vante son langage fleuri. Quant à M. l'abbé Combalot, nous savons déjà ce qu'il pense de la publicité donnée dans les journaux aux sermons de l'église, et nous citerons à l'appui de notre opinion le passage d'une lettre qu'il écrivait à monseigneur l'évêque d'Agen, au sujet des sténographes qui faisaient imprimer les conférences : « Que deviendrait la prédication catholique en France, si on sténographiait tous les discours des orateurs chrétiens? Travestir un prédicateur, ce n'est pas rendre service à l'église; reproduire ses inspirations par la presse, c'est tuer sa parole : car, si le prédicateur évangélique fait imprimer ses discours (et lui seul a ce droit), il faut qu'il renonce à la chaire. »

Nous dirons donc ce qui est vrai; c'est que la foule se porte à Notre-Dame pour écouter M. l'abbé de Ravignan, qu'elle envahit Saint-Roch, où prêche M. l'abbé Dupanloup; Saint-Thomas-d'Aquin, où prêche M. Deguerry; Saint-Sulpice, où l'on entend M. Grivel, et Saint-Eustache, où l'on entend M. l'abbé Combalot. Mais nous dirons cela comme un fait, pour constater un retour à la religion, dont nous sommes heureux, et non pour faire valoir l'éloquence de ces orateurs suprêmes, qui parlent pour notre salut et non pas pour leur gloire, et que nous croyons au-dessus des succès.

Nous sommes allé au Salon; nous y allions en bourgeois pour y chercher des impressions de peinture, mais bientôt nous nous y sommes vu malgré nous changé en philosophe, entraîné, que nous étions, par mille observations de mœurs. O Français! ô Parisien! que tu nous es là franchement apparu dans toute la candeur de ta vanité! Le privilége est pour toi chose si séduisante, que pourvu qu'on te l'accorde, tu en jouis avec orgueil sans t'apercevoir qu'il n'existe plus; ainsi, il y a plus de monde au Salon le samedi, jour réservé, que le vendredi, par exemple, où l'on y peut marcher à l'aise. C'est que dans ce pays où chacun tient tant à ses droits, ce qu'on aime surtout ce sont les faveurs auxquelles on n'a pas de droits; c'est que là où la vanité est reine, l'exception déborde la règle; en un mot, c'est que voilà l'égalité telle qu'on la rêve en France : le privilége pour tous!

Un autre phénomène nous a frappé. Pour arriver au Louvre, une longue file de voitures; dans la cour, trois, quatre rangées de voitures. Oh! l'assemblée est brillante, dites-vous, les femmes les plus séduisantes, les plus parées vont réjouir nos regards, et déjà vous vous repentez de n'avoir pas soigné davantage votre élégance; vos cheveux sont défrisés, vous montez le grand escalier avec moins d'assurance; vous vous préoccupez de vous-même; vous qui veniez pour voir, vous vous inquiétez d'être vu. — Vous entrez; le public le plus vulgaire, les femmes les plus communes, les tournures les plus grotesques viennent aussitôt vous rassurer. Et puis quelle foule! Comme on se pousse! A chaque porte quelle cohue! Où se réfugier?

Sérieusement, une femme qui n'est pas assez liée avec l'homme qui lui donne le bras pour se cramponner à lui comme une mère s'attache à son fils, une sœur à son frère, une femme à son mari, au milieu d'une émeute, risque de changer deux ou trois fois de compagnon pendant la traversée d'un salon à l'autre. Nous avons vu une jeune fille timide, protégée d'abord par un petit monsieur roux, se trouver tout à coup la compagne involontaire d'un grand jeune homme brun, sans pouvoir comprendre de quelle manière cette métamorphose s'était opérée. On n'est pas en sûreté le samedi au Salon, les jours de faveur il y a trop de monde, et quand on voit ce monde, on s'explique mal cette faveur. Dans toute cette population de favorisés, certes, l'autre jour il n'y avait pas quatre jolies femmes. Aussi quelqu'un, qui voulait trouver une raison à l'admission exceptionnelle de toutes ces vilaines figures, prétendait que le samedi était le jour réservé à tous ceux qui avaient leur portrait au Salon. L'épigramme était sanglante (vieux style), mais elle était méritée de part et d'autre.

Toutefois, nous ne sommes pas de ceux qui blâment la manie des tableaux de famille; nous comprenons fort bien qu'on se plaise à garder un souvenir de ceux qu'on aime, et qu'une image puisse être précieuse lors même qu'elle n'est pas jolie; nous avons tous des parents forts laids que nous chérissons, et le portrait d'un bienfaiteur bossu, qui nous aurait aimé, nous ferait plus de plaisir à contempler, que celui d'un très-bel oncle égoïste qui nous aurait déshérité. Le tableau de famille est dans la nature, peut-être n'est-il pas dans la peinture; n'importe, ce n'est qu'une difficulté que le talent peut vaincre; et tant de chefs-d'œuvre nous donnent raison. Ce qu'il faut attaquer, ce n'est pas la fureur des portraits qui donne du travail à tant d'artistes, c'est la prétention des gens qui posent, c'est la fatuité de leurs attitudes, l'*impoésie* de leurs costumes; c'est le ridicule et la niaiserie des accessoires dont il leur plait de s'entourer; ce n'est pas le mauvais goût du peintre qu'il faut critiquer; que de fois il a dû souffrir, le pauvre homme ! c'est l'éducation du modèle qu'il faut entreprendre, lui seul fait le comique du tableau. Qu'il se contente de prêter son image, c'est déjà bien assez quelquefois, mais qu'il laisse à l'artiste le soin de *l'assaisonner*, ou bien nous serons forcé de lui dire :

> Il n'est point de *bourgeois*, d'*épicier* odieux
> Qui, par l'art embelli, ne puisse plaire aux yeux.

Ainsi, nous trouvons tout simple que lorsqu'on a une jolie figure comme ce jeune homme qui s'appuie sur un tombeau, on se fasse peindre, et qu'on veuille offrir son portrait à une mère ou une amie; mais alors, pourquoi mettre si soigneusement sur cette tombe son chapeau et ses gants jaunes. Pourquoi des gants jaunes sur un tombeau ! nous aurions préféré des gants noirs, c'était plus convenable. Nous voudrions aussi un crêpe noir au chapeau, sinon le tombeau risque fort d'être pris pour un poêle; mais alors que fait un poêle dans un jardin ?

Nous préférons cet autre jeune homme mieux inspiré qui a posé son chapeau et ses gants jaunes sur une chaise de velours d'Utrecht vert. Il a peut-être l'air un peu trop fier de cette idée, elle est sage sans doute; mais l'orgueil qu'elle lui donne nous semble exagéré.

On voit que les gants jouent un rôle important au Salon; Privat et Boivin ont inspiré plus d'un grand maître. Les melons sont aussi fort communs. Dans le second salon, nous avons remarqué le portrait d'un melon singulièrement placé, entre un homme triste qui semble dire :

Vous savez bien que je n'en mange pas, et un moine indigné qui semble fuir avec horreur cette tentation succulente. Cet effet de melon, dû au hasard, nous a paru digne d'observation. Plus loin, nous avons contemplé un monsieur respectable avec ses deux enfants; son fils aîné est tout le portrait de son portrait; mais nous lui dirons avec peine que son second fils ne lui ressemble pas.—Une grosse femme s'est fait peindre dans un tout petit cadre, qu'elle remplit jusqu'au bord, et pourtant elle s'y est placée de profil, et toute son attitude semble dire : Je suis bien comme cela, je me connais, de face je n'y entrerais pas. — On voit aussi une jeune fille effeuillant une marguerite. Ce sujet nous a paru bien hardi; car pour nous, qui recherchons les idées neuves, nous trouvons qu'il y a plus de courage à faire ce que tout le monde a déjà fait, qu'à inventer les choses les plus risquées. L'originalité est devenue la prétention universelle. Qui est-ce qui oserait être simple aujourd'hui ?

Après avoir étudié le Salon, nous avons étudié le livret; comme style, nous l'avons trouvé moins ridicule cette année que toutes les autres années : point de pathos, point de grandes phrases, quelquefois même il pousse la niaiserie jusqu'à l'innocence, comme par exemple dans cette explication d'un tableau représentant la mort de Frédégonde : « Frédégonde, en proie à une maladie cruelle, déchirée par les remords de ses crimes, et tourmentée de la crainte de la mort, a mandé Grégoire de Tours, persuadée que ce ministre des autels pouvait lui rendre la santé, *la vie même*, etc., etc. » *La vie même* est plein de grâce, car sans la vie qu'est-ce que la santé? Que vous soyez gros et gras, qu'importe si vous êtes mort, on ne vous en saura aucun gré. Un auteur vulgaire aurait mis « la vie et même la santé. » C'était une faute, car il faut toujours renchérir sur l'idée, il faut que le plus suive le moins, et la vie est plus que la santé. Il ne faut pas imiter cet orateur qui disait : « Cela est indispensable, et même nécessaire. » Vous voyez donc bien que, selon les lois du langage, le livret a raison de dire la santé, et même la vie.

Plusieurs autres explications de tableaux nous ont aussi frappé. Mademoiselle ***. *Un Jeune Homme, étude.* — Madame Lagache Cow. — *Les Mauvaises Pensées.* — *Une Famille occupée à la Pêche. La Domestique s'est laissée surprendre par la marée* (c'est la cuisinière sans doute). Plus loin : *Une Famille de Lions.* Touchante union ! Qui ne voudrait pas être introduit dans cette aimable famille ? Enfin, *Jeune Femme et son Enfant effrayés par la rencontre d'un Ours.* Ainsi on le voit, ce style est simple et naïf ; tout y est patriarcal, jusqu'aux animaux féroces, jusqu'aux lions, jusqu'aux ours. En parcourant ce livret, nous avons été étonné de la quantité de noms de femmes que nous y avons trouvés. Il y en a une ou deux presque à chaque page ; il y a même une page qui en contient quatre : mademoiselle Herminie Descemet, mademoiselle Demarcy, mademoiselle Lucie Denois et mademoiselle Fanny Demadières.

Les femmes envahissent le Salon, en attendant qu'elles envahissent les tribunaux et les préfectures, où tendent maintenant toutes leurs prétentions. Lisez plutôt le *Journal des femmes.* C'est là que l'on puise de sages enseignements ; c'est là que les femmes apprendront le secret infaillible de retrouver la dignité et de reconquérir le rang que la tyrannie de l'homme leur ravit depuis tant de siècles. En effet, si les femmes, au lieu de souffrir en silence, se décidaient à suivre les conseils de madame Poutret de Mauchamp; si, au lieu de pleurer quand leurs maris les grondent, « *elles cassaient une glace ou une pendule dans la maison,* » si, au lieu d'épier avec inquiétude à leur fenêtre le retour du perfide qui les abandonne, elles « *s'occupaient à couper, à détruire tout le linge de table, par vengeance, les hommes y regarderaient à deux fois, ils seraient moins brutaux et moins infidèles.* » *Moins infidèles* est ravissant, comme s'il y avait des degrés dans l'infidélité! L'infidélité est comme la mort, elle n'admet pas de nuances. Excepté cela, tout est parfait dans la morale de madame de Poutret de Mauchamp.

LETTRE VII.

29 mars 1857.

Crise ministérielle. — La grippe. — Promenade de M. le duc de Bordeaux. — Modes. — Les visites du matin.

La politique de cette semaine nous appartient ; c'est une série de commérages dont les graves colonnes d'un journal n'auraient pas le droit de s'occuper. Ce sont des tracasseries, des taquineries, des misères à faire pitié. Oh! l'intérêt commun n'est jamais pour rien dans ces enfantements ministériels; au fond de toute chose vous trouvez toujours une rivalité, une petite rivalité toute-puissante, dont des femmes même n'oseraient convenir; un ministère composé de sept vieilles coquettes (les vieilles coquettes sont encore plus intraitables que les jeunes), un ministère semblable serait moins difficile à harmoniser que les nôtres. M. un tel ne veut pas rester à cause de M. un tel; celui-ci ne veut pas entrer à cause de celui-là ; tel autre ne peut accepter que si un tel autre accepte : c'est un *casse-tête chinois* dont les pièces sont dépareillées. Il y en a même deux ou trois qui appartiennent à un autre jeu, et quoi qu'on essaie, quoi qu'on rêve, le tableau ne pourra jamais être refait. Tout cela est triste ; ce sont des puérilités, sans doute, mais des puérilités fatales; ce sont des niaiseries, sans doute, mais ces niaiseries sont mortelles, car chaque secousse détruit nos forces, chaque tremblement de ministère ébranle tout le pays. Et puis l'incertitude, c'est la mort, c'est l'oisiveté, c'est le découragement, c'est la stérilité. Quel projet former lorsqu'on attend toujours? que peut-on entreprendre lorsqu'on a tout à craindre? comment marcher quand la route n'est pas tracée? comment semer sur un terrain mouvant? Que penserait-on d'un laboureur qui passerait toute la saison des travaux à choisir lequel de ses chevaux il doit mettre à la charrue, et qui, lorsque la moisson viendrait, ne se serait pas encore décidé. Voilà pourtant où nous en sommes ; rien ne se fait parce que nous passons nos jours à choisir ceux qui doivent faire ; toute la caravane s'arrête pour regarder se battre ceux qui doivent la conduire, rien ne s'accomplit, rien ne marche que le temps, le temps implacable, le temps précieux que nous perdons sans retour.

La grippe, la grippe, la grippe, voilà ce dont on parle, ce dont on rit, ce dont on meurt. Sur quatorze personnes qui habitent une maison, quatorze personnes sont atteintes; tous sur tous, voilà la proportion. On raconte que la semaine dernière le duc de M..., ayant tous ses gens malades, hommes, femmes, portiers, portières, a été forcé pendant deux heures d'aller lui-même *tirer le cordon* de la porte de son propre hôtel. — M. le duc de M... est-il chez lui? — Il n'y avait pas moyen de dire: Non. — Enfin quelqu'un est venu relever M. le duc de M... de sa faction, et il est rentré dans le salon pour donner une tasse de tisane à madame la duchesse de M..., qui avait la grippe, et dont les femmes de chambre étaient au lit avec la grippe. Et pourtant les bals vont encore, on danse, on essaie des robes, on se coiffe, on se couronne de fleurs entre deux quintes. Les femmes, le matin, sont frileuses, dolentes, tout empaquetées de bonnets, de voiles, de fichus : on les plaint, on gémit avec elles, et leur tête se penche, leur corps délicat se courbe, leur petit pied, grossi par la fourrure, s'entoure encore d'un châle ou se grille devant le feu ; on leur conseille de se soigner, on les quitte inquiet....., et puis le soir on les retrouve au bal étincelantes, la tête haute, *empanachée, endiamantée*, les épaules nues, les bras nus, les pieds nus, car un bas de toile d'araignée n'est pas une chaussure, et puis les voilà qui tournent, qui sautent, qui volent, et qui vous méprisent, vous, leur ami, dont le regard étonné semble dire : « Imprudente, est-ce bien vous ? » — Qu'est-ce que cela prouve ? — Que les femmes aiment mieux mourir que de se refuser un plaisir ; qu'elles vivent pour le monde, les bals, les concerts ; que leur santé est sacrifiée à de futiles amusements ; que... — Non, cela veut dire que l'intérieur des ménages est si parfaitement ennuyeux, qu'on préfère risquer de gagner une seconde fois la grippe à l'ennui de rester au coin du feu avec des gens qu'on a pris en grippe : la preuve, c'est que les personnes qui se sont fait une vie intérieure agréable ne sortent point de chez elles. On a dit : « Le monde est fait pour les heureux, pour les riches ; » il fallait dire, les heureux n'ont pas besoin de lui. Mais ceci demande de longs développements, nous y reviendrons un autre jour.

Les deux bals de la semaine dernière étaient charmants ; toutes les femmes étaient jolies. Les robes étaient d'une fraîcheur, d'une élégance incomparables. Il n'y avait peut-être pas assez de jeunes hommes, les danseurs étaient rares, cela rentre encore dans notre idée ; les hommes pouvant se réunir sans façon dans les cercles, dans des clubs, n'ont pas besoin, pour se distraire de la grippe, de se parer et d'aller au bal, extrémité à laquelle les pauvres femmes sont réduites.

Les moralistes commencent à crier au scandale en parlant des bals Musard et Jullien ; quel crime y a-t-il donc à s'amuser en faisant grand bruit et d'une façon assez vulgaire ? Si ce plaisir remplaçait les bonnes œuvres et les saintes lectures, nous dirions comme vous : à bas les plaisirs ! mais quand on songe que toute cette activité que le peuple emploie à danser, valser, galoper, il pourrait l'employer d'une manière plus fatale, on devient très-indulgent pour les fêtes qui ne peuvent nuire qu'à ceux qui en jouissent. Quand on a vu la démence hostile et cruelle, on pardonne à la folie inoffensive ; quand on a vu le carnaval à l'Archevêché, on s'arrange assez bien de le voir à l'Opéra. Eh ! dites-nous, messieurs les politiques à petite morale et à fausse vertu, le galop de Musard ne vaut-il pas mieux que l'émeute ? n'oubliez donc pas qu'il la remplace, et fermez les yeux. On gouvernait le peuple de Rome avec les fêtes que l'on donnait pour lui ; le peuple français gagne lui-même l'argent de ses plaisirs ; c'est lui-même qui en fait les frais, et nos petits Néron n'ont pas droit de se plaindre, ni de lui ravir une joie qui ne leur coûte rien. Pauvre peuple ! sans tes amis, il y a longtemps que tu serais heureux.

Les pauvres peuples nous font penser aux pauvres rois.

Un voyageur, revenant de Goritz, raconte un trait de M. le duc de Bordeaux, qui n'est pas sans intérêt. Le prince avait engagé plusieurs jeunes gens à faire avec lui une grande promenade à cheval, et chacun admirait son audace, son agilité ; les haies, les fossés, rien ne l'arrêtait; enfin, il rencontre un ravin, une sorte de torrent, de rivière assez large pour lui faire faire des réflexions; il hésite un moment; puis, se tournant vers ses compagnons, il leur crie en riant : « Allons, messieurs, ceci est le Rhin, passons en France! » et il lance son cheval dans le torrent et gagne, non sans peine, l'autre rive. Parvenu là, il s'aperçoit de son imprudence, car tous les cavaliers n'étaient pas aussi ardents que lui; alors, avec une bonté charmante, ayant jeté les yeux autour de lui : « Que je suis fou, s'écria-t-il, il y avait là un pont; » et se dirigeant vers le pont, il fait signe aux autres jeunes gens que c'est par là qu'il faut le rejoindre. Tous sont revenus admirant la hardiesse du jeune prince, peut-être plus encore sa présence d'esprit. Il est glorieux pour soi-même de franchir les torrents à cheval, mais il est plus beau de trouver un pont pour les autres.

On lit dans un petit journal de modes, ou plutôt dans un journal de petites modes : « La comtesse de C..., accompagnée d'un grand d'Espagne, avait un turban de satin brocart, sablé d'or, mêlé de gaze bleu de ciel. Son magnifique manteau couleur groseille, doublé d'hermine, et la noblesse de sa tournure, la rendirent l'objet de tous les regards, au moment où, attendant *son* somptueux équipage, elle stationnait sur les degrés du péristyle de l'Opéra. » On la voit d'ici cette comtesse avec son grand d'Espagne, son turban de satin brocart, son magnifique manteau groseille, et la noblesse de sa tournure, stationnant sur les degrés du péristyle. Cette expression *stationner*, consacrée jusqu'à ce jour aux fiacres et aux cabriolets de louage, tout à coup appliquée à une comtesse, acquiert bien de l'élégance. La police devrait ajouter ceci à ses règlements : « Dorénavant, les comtesses et les grands d'Espagne stationneront sous le péristyle gauche de l'Opéra. »

Les femmes portent cette année beaucoup de turbans de toute espèce, turban lourd en étoffe d'or, turban léger en dentelle, en gaze, en tulle ; *Cimon* est renommé pour les premiers. *Cimon* possède le turban classique, le *turban maternel*. Mademoiselle de Beaudrant seule a compris le turban jeune, le turban de fantaisie. Mais ce qui nous séduit dans cette parure, c'est l'inévitable niaiserie où elle entraîne les admirateurs de la beauté ; il n'est pas un homme un peu en proie à l'élégance qui ne dise une fois au moins dans sa soirée cette phrase aimable : « Ah ! madame ! que ce turban vous sied bien ! vous avez l'air d'un belle odalisque. » O erreur ! jamais les odalisques ne portent de turban ! — Il y en a de plus familiers qui disent : « *Bonsoir, belle odalisque !* » Même erreur. Nous conseillons à ces galants ignorants, d'abord de voyager en Turquie ; puis nous leur proposons la phrase suivante : Oh ! madame, que ce turban vous sied bien ! vous avez l'air d'un beau cadi. C'est moins flatteur, mais plus exact.

Les boucles d'oreilles se portent maintenant sur le front, à la place de petits peignes, ou plutôt au-dessus des petits peignes qu'elles servent à cacher : on les attache avec un fil de fer très-léger, un *cheveu* de fer, si l'on ose s'exprimer ainsi. Du reste, toujours beaucoup de diamants, d'émeraudes, de rubis : on se rapproche des *Mille et une Nuits* le plus possible. Il n'y a que l'esprit de la princesse Schérézade que personne ne songe à imiter. Nous avons admiré ces jours-ci une superbe agrafe, une royale fleur, une reine Marguerite en diamant dont le cœur était formé d'une énorme perle fine ; la tige, les feuilles, tout était d'un travail merveilleux et d'un prix si raisonnable, que nous mourions d'envie de nous en passer la fantaisie ; mais à qui l'offrir ? Celle qui l'aurait reçue ne la méritait pas ; celle pour qui nous l'aurions voulu choisir ne l'aurait pas acceptée ; il a fallu nous résigner à être sage ; ainsi de l'ambition, ainsi de l'amour : ce qui nous est facile est indigne de nous ; ce qui nous attire est impossible.

Les indifférents sont devenus quelque chose de si important dans la vie, qu'on est bien forcé de l'arranger pour eux. Autrefois, on avait deux ou trois amis intimes, amis de cœur, de bourse et d'esprit, avec qui on osait penser, devant qui l'on osait souffrir, craindre, espérer, rougir même ; des confidents, des complices, auxquels on savait consacrer la plus grande partie de sa journée ; et puis on avait une vingtaine d'indifférents que l'on voyait tous les jours, avec qui l'on était très-lié, mais que l'on ne désignait que de cette manière : « Un homme de ma connaissance, une femme de ma connaissance. » Se voir tous les jours, souper ensemble toutes les nuits, ce n'était que *se connaître*, ce n'était pas de l'intimité, c'était une *relation*, et non pas une *liaison* ; puis enfin les jours de grandes fêtes, c'est-à-dire une fois par an, on recevait deux cents personnes, trois cents au plus, dont on n'entendait jamais parler pendant le reste de l'année. Maintenant, le cœur a grandi, ou plutôt il s'est créé une monnaie banale qui lui permet de faire vivre une vingtaine d'amis intimes, une centaine de relations affectueuses, et six cents indifférents qui ont droit de visites et de causeries en votre demeure, et qui peuvent tomber chez vous les jours de tristesse, de fièvre, de mauvaise humeur, de paresse, de travail, d'inspiration..... ou de bonheur, ce qui est beaucoup plus grave, selon nous.

Or, comme cet accroissement de visites devenait une sorte de fléau, comme il n'a jamais été dans l'intention des gens du monde de se faire un martyre de la politesse, et que nous savons beaucoup trop bien vivre pour rien sacrifier au savoir-vivre, nous avons imaginé de consacrer un jour de la semaine à la plèbe de nos amis; c'est-à-dire à ceux que nous n'aimons pas assez pour leur donner la liberté de venir quand ils le veulent, mais qu'il nous semble assez flatteur de connaître pour que nous désirions nous parer de leur présence de temps en temps. L'usage de recevoir les visites du matin à jour fixe, usage déjà très à la mode depuis plusieurs années, dans ce qu'on nomme le grand monde, se généralise chaque jour davantage; il en résulte ceci : les personnes qui se voyaient souvent ne se voient plus du tout, parce que rien n'est plus difficile que de saisir ce malheureux jour. Si vous le manquez une fois, il vous faut attendre la semaine suivante, et puis une migraine, une affaire vous retiennent chez vous, et voilà quinze jours de passés. Le lendemain vous seriez libre, vous pourriez aller voir votre amie, mais le lendemain elle ne veut pas de vous : son cœur vous est ouvert le samedi, ou le jeudi, ou le dimanche; les autres jours il vous reste fermé comme sa porte ; car ne croyez pas que l'on ait voulu dire : Je suis toujours chez moi le samedi, pour vous donner un moyen certain de venir sans perdre vos pas, non : Je suis chez moi le samedi, signifie : Je ne veux pas de vous les autres jours. Ce n'est pas tout encore : cette amie vous offense, vous et les personnes qui ont de l'affection pour elle, en ne vous recevant qu'avec vingt autres indifférents, car ces jours-là elle n'est jamais seule; — et puis enfin elle mécontente les gens qui ne l'aiment point, qui se font une corvée de lui faire une visite, et à qui elle ôte la ressource d'envoyer une carte chez elle, ou l'heureuse chance de la *trouver sortie*. Cet usage nous semble donc contraire... Mais voici un de nos amis qui se moque de nous, tandis que nous écrivons ces lignes; il nous interrompt en nous disant sans respect : « Tu es un grand niais, cet usage est fort commode, et je te plains si tu ne l'as pas compris. » — Nous persistons dans notre niaiserie, la niaiserie ayant droit de vertu dans un temps de corruption comme le nôtre.

LETTRE VIII.

12 avril 1837.

Rondeau ministériel. — Dans un bal costumé, les Anglaises ne sont pas toutes jolies. — Statuette de mademoiselle Taglioni. — Le théâtre de M. de Castellane. — Les Mémoires de M. le vicomte de La Rochefoucault.

Cette semaine a été aussi féconde en ministères que l'autre l'avait été en plaisirs; seulement les plaisirs étaient plus variés que les ministres; les sept notes de la gamme ministérielle ne fournissent que de rares modulations, et le retour fréquent des mêmes motifs pourrait faire accuser ce genre de composition d'un peu de monotonie; mais ces répétitions, qui sont un défaut quand elles naissent d'une négligence, ramenées avec régularité, deviennent une qualité, une grâce de plus; le rabâchage prend alors le doux nom de refrain, et le *caprice* ministériel, qui nous semblait fatigant répété trop souvent et sans intention d'harmonie, maintenant qu'il revient tous les six mois en cadence, ne nous semble plus qu'un rondeau brillant dont nous admirons l'ingénieuse idée. On a fait un livre qui s'appelle une victoire par jour; cette semaine, nous pourrions compter un ministère par jour; et cela serait fort gai, si cela n'était déplorable.

Ainsi toujours le même vague dans les affaires, le même trouble dans les esprits; il n'y a dans ce moment de réel et de positif que les plaisirs. Les bals recommencent comme en hiver, et certes le printemps mérite bien cet affront; mais les femmes, fidèles au calendrier, suivent déjà les modes d'été dans toute leur rigueur. Nous avons vu l'autre soir une parure de glaneuse dont nous avons rêvé, tant elle nous a paru séduisante : robe d'organdi des Indes, vapeur plissée, *vent tissu*, comme disaient les anciens, volant garni d'ornements de paille ; manches plates garnies aussi de deux petits volants ornés de même ; puis dans les cheveux quelques épis : rien de plus. Mais que tout ce peu était élégant ! Quel ensemble gracieux ! que cette femme était spirituellement coquette ! Quoi de plus charmant qu'une jolie fleur qui se cache dans un champ de blé !

Le bal costumé donné au profit des indigents anglais a obtenu tant de succès, que l'on cherche à l'imiter. Le bal de la *Liste civile* sera, dit-on, une fête du même style. Oh ! que nous aimons les bals costumés ! les belles femmes y paraissent plus belles et sous un aspect nouveau, et les femmes laides qu'une imagination brillante entraîne, y sont tout à fait à *notre* avantage ; les Anglaises surtout sont si franches dans leurs atours. Car si nous admirons les jolies femmes anglaises avec amertume et envie, nous apprécions aussi avec délices les beautés de fantaisie qu'il plaît « à la perfide Albion » de nous envoyer ; et nous dirons, à sa double gloire, que si Vénus moderne, c'est-à-dire la beauté, est sortie du canal de la Manche, la déesse contraire qu'il ne nous appartient pas de nommer a *surgi* toute parée des flots épouvantés de la Tamise. Enfin, pour être plus clair, nous reconnaîtrons à nos *voisins* d'outre-mer cette double suprématie, l'honneur de fournir à nos fêtes les femmes les plus belles et les plus... remarquables dans un autre genre. Les Anglaises ne sont rien à demi, elles sont belles jusqu'à la perfection, ou elles poussent la laideur jusqu'au délire ; et alors elles cessent d'être femmes : ce sont des êtres fossiles inconnus à la création, et dont les espèces indéfiniment variées ne permettent aucune classification ; l'une tient du vieil oiseau, celle-ci du vieux cheval, celle-là du jeune âne, plusieurs du dromadaire, quelques-unes du bison ; toutes du chien caniche. Tout cela dans un salon tranquillement assis, honnêtement vêtu, fait de la laideur, et l'on n'en parle pas ; mais dans un bal costumé, toutes ces choses parées, bigarrées, toutes ces étranges figures animées, coloriées, toutes ces tournures, toutes ces allures mises en valeur, toutes ces grâces déployées, croyez-vous que cela ne fasse pas un merveilleux effet? Si vous aviez vu l'autre soir ces êtres fantastiques errer dans la salle Ventadour avec sept ou huit plumes sur la tête, plumes bleues, plumes rouges, plumes noires, plumes de paon, plumes de coq, plumes de toutes espèces, chacun paré de la dépouille de son ennemi ; si vous aviez vu l'assurance et l'orgueil de tous ces fantômes, et les regards satisfaits jetés sur les glaces en passant, et la main officieuse réparant dans la toilette un désordre enchanteur, et la mèche solitaire qui orne le front, ramenée religieusement sur le nez, qu'elle résiste à protéger, et dont elle n'aurait jamais dû s'écarter, et le petit soulier jaune ou chocolat bordé de rouge et de bleu, que l'on avance avec grâce, et ces coquillages inattendus, sur un déguisement quelconque, et ce luxe de petits ornements étonnés de se trouver ensemble, cette confusion, cette Babel de toutes les parures en une seule, cette générosité de tout ce qu'on possède, ces mille écrins ouverts en un même soir... Vous diriez aussi comme nous : c'est bien amusant un bal costumé! Ah! si jamais on vous offre encore de voir toutes ces choses pour un louis, donnez-le bien vite, c'est la plus belle affaire que vous ferez de votre vie.

Avez-vous vu la nouvelle statuette de Barre, d'après mademoiselle Taglioni; c'est charmant; on dirait un papillon qui se repose, on le regarde vite dans la crainte de le voir s'échapper.

Le Salon est rouvert, mais il demande de nouvelles études; nous n'avons pas encore retrouvé nos trois melons. Les aurait-on portés au musée de Versailles; cela n'est pas probable; mais où sont-ils? qu'on nous les rende! au nom de l'art et de la nature; hélas! par le temps qu'il fait, nous n'en aurons peut-être pas d'autres de l'année; les astronomes qui prétendent que ce printemps-là durera jusqu'au mois de septembre! A bas les astronomes! révoltons-nous!

L'opéra de M. de Flotow a été vivement applaudi samedi dernier chez M. le comte de Castellane. *Alice* était charmante; Charles II est un acteur du premier ordre; les chœurs étaient merveilleux, l'ensemble était parfait. Maintenant c'est le tour des *Abencérages*, opéra de M. et madame Collet. Quel théâtre! quel directeur! trois troupes, la comédie, l'opéra-comique, le vaudeville, et quelquefois même les ballets; en vérité nous ne savons bien faire que ce qui n'est pas notre métier; un véritable directeur d'un véritable théâtre ne serait pas si habile.

A propos du théâtre de M. de Castellane, nous raconterons une anecdote assez plaisante pour supporter même ce préambule. Depuis trois semaines un de nos amis avait complétement disparu de la société; ses parents ne le voyaient plus, et ne pouvaient dire ce qu'il devenait.

on ne le rencontrait ni à l'Opéra, ni dans le monde, ni au bois de Boulogne, ni chez lui surtout, car il semblait avoir abandonné aussi sa demeure. On allait jusqu'à l'accuser d'une grande passion; un jour nous le rencontrons, il marchait vite, il avait l'air affairé, nous l'arrêtons.—Que deviens-tu donc, mon cher? on ne te voit plus. — Je n'ai pas le temps de bavarder, on m'attend pour la répétition chez M. de Castellane; et il disparaît.—Quel rôle joue-t-il donc? le rôle de Henri IV peut être! On répétait alors la comédie de madame Gay. Ne connaissant point le talent dramatique de notre ami, nous ne savions quel emploi lui assigner. Le jour de la première représentation arrive, nous nous préparons à guetter notre ami. — Le premier acte est terminé au bruit des applaudissements. Mais point d'ami; il est parlé d'un frère de l'héroïne qui doit venir dans le second acte. Nous attendons. Le frère vient : c'est un jeune homme qui joue fort bien; mais ce n'est pas notre ami. Le second acte finit, point d'ami; le canon gronde dans l'entr'acte, l'entr'acte est la bataille d'Ivry. Les ligueurs vont venir, pensons-nous, notre ami est un des ligueurs. En effet, l'intérêt redouble, les ligueurs s'avancent; mais avec eux point d'ami. Enfin la pièce se termine, et notre inquiétude commence; sans doute notre ami est malade, il aura cédé son rôle... tout à coup notre ami apparaît, rouge, ému, triomphant : — Eh bien, dit-il, voilà un beau succès; j'en suis encore tout étourdi. — Toi, mais tu n'y es pour rien. — Pour rien! sans moi il n'y avait pas de pièce.—Tu ne faisais pas Henri IV; que faisais-tu donc? — Eh! je faisais le canon, mon cher; j'ai eu assez de mal; c'est très-difficile de bien faire le canon.

A cette réponse, nous sommes parti d'un naïf éclat de rire, et nous nous sommes rappelé ce brave homme qui, un jour rencontrant Garrick, l'appelait cher camarade avec une tendre familiarité. — Je ne vous connais pas, lui dit Garrick. — Eh! nous avons pourtant joué bien des fois ensemble. — Je ne m'en souviens pas; quel rôle faisiez-vous donc? — C'est moi qui faisais le coq dans *Hamlet*. — Semblable à cet excellent homme qui, pour avoir imité le chant du coq dans la coulisse, se disait camarade de Garrick, notre imitateur de canon se croit sincèrement un des acteurs du théâtre de M. de Castellane. Qu'il nous pardonne de le désabuser!

Nous venons de parcourir les deux derniers volumes des Mémoires de M. le vicomte de La Rochefoucault, et l'intérêt que nous y avons trouvé nous explique la vogue qu'ils ont malgré les préventions de partis et les malveillances d'amitiés. Cette lecture attachante nous a pourtant laissé une impression pénible; tant d'avis généreux inutiles, tant de bons conseils perdus, un roi qui veut le bien et qui vit si saintement dans l'erreur, une voix sincère que l'on n'écoute pas, des yeux amis qui regardent le malheur venir et qui ne peuvent le faire entrevoir à ceux-là même qu'il menace; des fautes implacables que l'on s'efforce d'empêcher; des dangers inutiles que l'on veut en vain prévenir; une fatalité qui décourage, ou plutôt une prédestination qui entraîne, tout cela fait rêver; on se rappelle et l'on compare, et l'on se dit avec amertume que peut-être à cette heure comme alors, une voix prudente aussi s'élève pour donner les mêmes avis, hélas! avec le même courage et la même inutilité.

Oh! lisez dans le quatrième volume les deux lettres

de madame la duchesse d'Angoulême à madame C...., et la relation de sa sortie du Temple. Rien de plus noble, de plus attendrissant, de plus simplement royal. Pauvre jeune fille de Louis XVI ! qu'elle est touchante, qu'elle est belle lorsqu'on lui apprend enfin ce que sa mère, sa tante et son frère sont *devenus !* Quel que soit le parti auquel on prétend appartenir, il est impossible de lire ces vingt pages sans émotion. Nous avons été moins sensible aux *prophéties* de Philippe-Dieudonné-Noël Lavarins, soi-disant imprimées en 1542, mais indubitablement revues et corrigées en 1837 ; il règne dans tous ces vieux parchemins une grande fraîcheur, un parfum d'actualité qui nous a charmé ; ils ressemblent assez à ces vases antiques enfouis sous terre et qui portaient naïvement le chiffre de la manufacture de Sèvres. Au reste, le devin raconte à merveille ce qui est arrivé, et dans toute sa prophétie on ne pourrait citer une seule erreur de souvenir. Si Noël Lavarins n'est pas un grand prophète, c'est à coup sûr un très-fidèle historien.

Les ennemis et les amis de M. de La Rochefoucault persistent à s'effrayer pour lui et peut-être pour eux, de la franchise de ses révélations et de l'impartialité de sa mémoire. On aura de la peine à s'accoutumer en France au grand jour de la publicité ; chose étrange ! cette patrie de la fatuité est aussi le pays des cachotteries et des faux mystères. On veut briller, mais à condition de ne pas éclairer ; on veut bien devenir roi, maréchal ou ministre, mais on ne veut pas que le public apprenne par quel chemin on est arrivé à tout cela ; ô mystère ! chacun rêve la célébrité, et tout le monde craint la publicité. Expliquez cette inconséquence ; cependant l'une est sœur de l'autre, il faut tôt ou tard qu'elles se rejoignent malgré vous; et c'est justement parce qu'elles sont inséparables qu'il faudra bien s'accoutumer à leur alliance, et comprendre que c'est sottement qu'on s'alarme, puisqu'elle ne menace que ceux qu'elle peut flatter. Car enfin, on ne parle au public que de ce qui l'intéresse; et nous n'avons jamais compris ce grand effroi des petits êtres obscurs à chaque publication de Mémoires, ces superbes indignations des gens inconnus contre ceux qui révèlent les turpitudes des gens illustres; nous ne savons pas pourquoi les rats et les souris se cachent parce qu'on chasse les loups et les sangliers. Rassurez-vous, violettes révoltées, on n'en veut pas à votre repos; vous aimez l'ombre, et l'ombre vous le rend; quelle que soit l'importance que vous attachiez à vos petites œuvres, elles ne sont pas de nature à réveiller le monde; le récit de vos affaires, de vos succès, de vos amours, ne ferait pas vivre un auteur de vaudeville. Dormez en paix, mariez-vous, trompez vos femmes, vos associés, vos clients, vos amis; et soyez tranquilles, l'univers ne le saura jamais; votre obscurité vous protége; vos secrets sont stériles, ils n'ont pas force de scandale, ils n'ont pas valeur de publicité, l'écho n'en voudrait pas, — car la célébrité, voyez-vous, n'est pas une bavarde vulgaire, une commère banale, c'est un écho qui choisit; ainsi vous n'avez rien à craindre, et vous n'avez rien à dire non plus.

Il n'en est pas de même de ceux que le monde regarde; ils ont raison de craindre, et c'est un bienfait; il est bon que les gens qui prétendent nous mener sachent d'avance qu'un jour on leur demandera compte de leur itinéraire; il est bon de raconter de temps en temps les actions de ceux qui ont agi, cela donne à penser à ceux qui agissent; si nous savions d'avance que toutes nos œuvres seront un jour connues, il en est beaucoup peut-être dont nous nous priverions; une clarté sans cesse menaçante peut prévenir bien des mauvaises actions. *Castigat ridendo mores*, cela n'est pas prouvé; mais ce que *ridendo* ne peut faire, la publicité pourrait l'accomplir; exemple : Vous avez dans votre demeure un petit cabinet sombre; il est toujours malpropre; on y enfouit toutes les vieilleries de la maison; que par une combinaison quelconque un architecte y fasse percer une fenêtre, le cabinet obscur se change en un boudoir charmant; il en sera de même de nos vies : l'idée que toutes nos actions pourront être tôt ou tard connues, agira malgré nous sur notre conduite, épurera nos pensées, ennoblira nos ambitions : le public sera le juge terrestre que nous aurons toujours devant les yeux, comme les âmes pieuses ont toujours devant leurs regards le juge sacré qui doit les condamner ou les absoudre; oui, pour les âmes sans croyance la publicité remplacera la confession. Ah! c'est une belle découverte qu'une moralisation qui s'applique aux cœurs sans religion et sans conscience; car ceux-là seuls en ont besoin, n'est-ce pas? La morale n'est faite que pour ceux qui n'en ont point; la vertu n'est la vertu que pour ceux qui y manquent, pour les autres, c'est la vérité.

LETTRE IX.

24 mai 1857

Malveillance des Parisiens contre le printemps. — Le rossignol n'est qu'un gazouilleur périodique. — Les journalistes et les salons. — Un véritable poëte n'est pas responsable de ses inspirations.

A Paris, les esprits sont généralement très-montés contre le printemps, on est fort mécontent de lui; les plaintes ne tarissent pas; nous lui conseillons cependant d'affronter courageusement la malveillance, chez nous c'est un moyen certain de la faire cesser. Le monde appartient aux esprits courageux; après un éclat, si vous vous cachez, vous êtes perdu; si au contraire, au fort du scandale, vous vous montrez, — si vous entrez bravement dans un salon au moment où l'on dit du mal de vous, soudain la fureur se calme, votre audace est une preuve d'innocence, votre présence répond à tout; c'est pourquoi nous engageons le printemps à ne pas s'effrayer de la colère parisienne, sa présence détruira toutes nos préventions; qu'on le voie, qu'on le sente, et ses torts seront oubliés; qu'il vienne enfin, et on lui pardonnera de n'être pas venu; à lui seul peut s'appliquer ce vieux proverbe : Vaut mieux tard que jamais. A lui seul!... pour tout le reste, nous avons adopté celui d'Alphonse Karr, qui nous paraît beaucoup plus juste : Vaut mieux jamais que tard.

On nous écrit de la campagne que le rossignol chante déjà; pauvre Philomèle, quelle exactitude! Qui a pu l'engager à venir? point de feuilles et pas de fleurs ! Chantre de poésie et d'amour, es-tu donc l'esclave d'une date? As-tu donc consulté l'almanach de 1837 pour savoir si l'heure de la tendresse a sonné? Millevoye avait-il tort de dire :

> Le bocage était sans mystère,
> Le rossignol était sans voix.

O rossignol inconvenant! tu n'as donc plus besoin de mystère pour aimer? tu n'as donc plus besoin du printemps pour chanter? Tu n'attends pas que l'ombre du feuillage vienne protéger ton bonheur, tu n'attends pas que le parfum des fleurs vienne t'inspirer ; tu n'attends même pas que les mortels frileux puissent aller t'admirer... tu aimes sans mystère et tu chantes sans gloire ! Tu aimes à jour fixe, comme un nouveau marié ; tu chantes à l'heure précise, comme un improvisateur de bouts-rimés. Ce n'est pas le printemps, l'azur du ciel, la verdure des prés, la fraîcheur des eaux, le réveil des fleurs, qui te fait amant et poëte, c'est le calendrier. Tu as dit : le 15 mai, à huit heures vingt-cinq minutes du soir, je choisirai une compagne et je chanterai mes amours ; le 15 mai, à huit heures vingt-cinq minutes du soir, tu as chanté tes amours. Malheureux ! c'est bien la peine d'être rossignol, pour être contraint à l'exactitude comme un journaliste ou un conducteur de diligences ! avoir des ailes et n'être pas indépendant, et n'avoir pas le droit de rejoindre le soleil là où il s'oublie : ô rossignol, tu n'es plus fils du printemps ! Philomèle, vous avez beaucoup perdu cette année dans notre opinion !

Pendant que les hommes politiques se donnent entre

eux de petites *soirées* parlementaires, les femmes vont au spectacle ; la salle de l'Opéra offre un aspect réjouissant. Les mantelets roses et blancs sont moins tristes à l'œil que ne l'étaient cet hiver les manteaux de velours noir ; puis le chapeau de paille, orné de fleurs, donne à toutes les femmes, jeunes et vieilles, un certain air de bergerettes qui n'est pas sans grâce ; il remplace avec avantage l'éternel turban de la maternité. Duprez a toujours la vogue ; la musique des *Huguenots* est si belle ! Duprez prononce si bien en chantant, qu'on s'aperçoit qu'il prononce mal. Ceci a l'air d'une absurdité, et pourtant rien de si facile à comprendre. Pourquoi Duprez dit-il dans *Guillaume Tell :* O ma pâtrie ! je me sâcrifie... Cela est inutile ; un accent circonflexe n'ajoute rien au sentiment. Cette nouvelle clarté dans la prononciation, cette nouvelle habitude que nous devons à Duprez d'écouter les paroles, joue parfois de cruels tours aux auteurs de libretti. Ainsi, par exemple, sans lui, nous n'aurions jamais remarqué ces mots : Troisième acte des *Huguenots : Quoi qu'il advienne* et *qu'il arrive*, nous aurons *la discorde* ou *la guerre*. On n'est plus en sûreté, maintenant, quand on écrit pour l'Opéra ; il faut prendre garde à ce qu'on dit. A présent, on risque d'être entendu.

L'Ambassadrice remplit toujours la salle de l'Opéra-Comique ; madame Damoreau, fatiguée d'avoir chanté cinquante-neuf fois de suite le même opéra, a trouvé, pour varier ce supplice, un ingénieux moyen dont s'amusent beaucoup les amateurs de l'orchestre qui sont dans le secret de ce tour de force : elle change chaque fois les roulades et les traits de son grand air ; et chaque fois, cette difficulté, tous les jours plus grande et tous les jours plus heureusement vaincue, a tout le charme d'un plaisir nouveau et tout l'intérêt d'une gageure. La variété dans la constance! n'est-ce pas le plus beau de tous les problèmes à résoudre? être toujours le même et paraître toujours nouveau, voilà le grand secret de plaire et de fixer l'amour. Cela explique le succès des êtres capricieux. Il serait éternel si par malheur le caprice n'avait aussi sa monotonie. Hélas! le jour où l'on s'est dit : C'est du caprice, le prestige est détruit, on s'attend à tout, rien ne peut plus surprendre. Le caprice lui-même est prévu, on y compte, et il ne vous manque jamais; alors il n'agit plus sur vous, il s'est déconsidéré à vos propres yeux par la régularité de son inconstance, vous n'y faites pas attention, vous le traitez sans conséquence, vous le traitez comme on traite les choses et les gens sur lesquels on croit pouvoir compter.

La salle du Gymnase, samedi dernier, ressemblait beaucoup au théâtre de M. de Castellane. C'était à peu près le même public. Les *belles dames* étaient venues assister aux débuts de leur protégée, mademoiselle Davenay; et depuis ces débuts, les journaux ne cessent de poursuivre de leurs épigrammes les *belles dames* et leur protégée.

Nous ne savons vraiment pas d'où vient cette grande fureur des journalistes contre le monde, contre les salons, contre les succès de salons, les talents de salons, les plaisirs de salons, les aumônes de salons; rien n'est plus vulgaire et plus humble que cet acharnement, rien n'est plus injuste aussi. Ces messieurs parlent des salons avec la haine de gens qu'on en aurait exclus. Cela n'est pas; ils savent au contraire que lorsque les personnes dont ils dépendent leur permettent d'aller dans le monde, on les y accueille avec bonne grâce, avec empressement; ce n'est donc pas au monde qu'ils devraient s'en prendre du peu de liberté qu'ils ont d'y venir. Mais il est à remarquer que les esprits dont la mission est de détruire les préjugés, sont précisément ceux qui ont le plus de préjugés et qui les professent avec le plus d'aveuglement. Voilà vingt ans que l'on crie contre les salons, contre la stérilité des salons, contre la puérilité du monde, sans s'apercevoir que tous nos hommes d'État, tous nos hommes de génie sont hommes de salons. Parce que Jean-Jacques a été laquais, on en a conclu que pour faire du style il fallait être né dans une condition vulgaire, ou si l'on était bien né, réparer ce tort en vivant dans un monde commun; l'on a oublié tous les faiseurs de beau langage que le monde élégant avait enfantés; et maintenant encore, malgré l'expérience, on nous parle sans cesse de la misère intellectuelle des salons, de l'incapacité de l'homme du monde, de la futilité de ses idées, de la petitesse de ses sentiments; et il nous faut écouter toutes ces phrases dans le monde, dans un salon, assis entre Lamartine et Victor Hugo, entre Berryer et Odilon Barrot, qui sont pour nous, dans le monde, dans un salon, des causeurs aussi spirituels et aussi gracieux, qu'ils sont ailleurs, pour toute la France, d'éloquents poëtes et de sublimes orateurs. N'importe, le préjugé est reçu, il durera toujours: on dira toujours que le monde ne produit rien, pas un homme de talent, pas une femme de génie, et l'on ne s'apercevra pas que Byron, le prince de Metternich et M. de Chateaubriand, madame de Staël et George Sand étaient des gens du monde; oui, George Sand, car malgré sa haine contre les gens comme il faut, son style trahit à chaque page la plume de bonne compagnie; il n'y a qu'une femme du monde qui puisse peindre le monde comme elle le peint. Demandez à M. de *Ramières*, il vous dira qu'il a vu *Indiana* il y a huit ans au bal chez l'ambassadeur d'Espagne, et qu'elle était une des plus jolies femmes du bal.

Demandez aussi à M. le comte Walsh, qui paraît avoir étudié à fond le caractère et le talent de l'auteur de *Lélia*. Il a écrit tout un volume intitulé *George Sand*. La chaleur de conviction et la grande bonne foi de ce livre nous ont séduit. Des regrets, des reproches si flatteurs doivent donner de l'orgueil. M. Walsh, reprochant à l'éloquent ennemi de la société le fatal emploi qu'il fait de son génie, semble lui dire : Quel dommage que parlant ainsi tu dises cela ! Mais que ces reproches sont injustes, et que ces nobles conseils sont inutiles ! George Sand est-il donc coupable de ses inspirations? Est-ce sa faute si son âme est désenchantée? Un poëte n'est réellement poëte que parce qu'il chante ce qu'il éprouve, et il n'est pas responsable de ses impressions. Il peut corriger son style, mais il ne peut pas changer sa pensée; sa pensée... il ne la choisit pas, il la produit, c'est un fruit de son cœur, qu'il a tout au plus le droit de cultiver; un grand poëte est l'expression de son époque, maudissez l'époque qui le fait naître, si ses œuvres révoltent vos esprits, mais ne vous en prenez pas au poëte; s'il est triste, s'il gémit, s'il blasphème, s'il attaque la société, c'est que l'heure est venue où la société a abusé de toutes choses; c'est que l'heure est venue pour les intelligences supérieures de se décourager. L'Angleterre, qui nous devance toujours de quelques années, l'Angleterre a vu briller Byron, la France voit naître George Sand. Ne lui reprochez point de haïr la société, reprochez à la société d'être arrivée au point d'inspirer avec raison cette haine et d'avoir mérité le succès de ses ennemis. Ce n'est point Luther qui a fait la réforme ; c'est l'abus de toutes les lois saintes qui a soulevé tout un siècle, et qui a donné à un homme la force d'une si terrible révolution... Un héros, c'est le besoin d'un siècle qui se fait homme, c'est la pensée universelle incarnée ; de même un grand poëte est un éclatant symptôme des souffrances d'une époque, c'est sa plainte qu'il exprime, c'est sa blessure qu'il signale ; pardonnez donc à George Sand si la pensée de notre siècle est le désenchantement. Ne lui reprochez point l'amertume de ses chants ; l'aigle que le chasseur vient de blesser n'est pas responsable de ses cris.

Les ouvriers lyonnais occupent encore les élégantes charitables de Paris ; le bazar de Lyon reçoit chaque jour les dons les plus gracieux ; d'abord de charmants tableaux, puis des ouvrages en tapisseries d'un travail merveilleux, de jolis vases peints, des écrans, des mouchoirs brodés, des éventails, des boîtes, des nécessaires, des coupes, des albums, des flacons, des jardinières, enfin des *superfluités* de toute espèce.

C'est ainsi que la commission du bazar désigne les jolis riens qu'on lui envoie. Ainsi, mesdames, cherchez sur vos *étagères* s'il n'est pas quelque objet qui ne vous plaise plus ; car les plus belles choses n'ont de valeur que par le souvenir. Gardez cette petite tasse fêlée parce qu'elle vous vient d'un ami, et donnez cette coupe magnifique qui vous a été offerte par un ennuyeux. Le prix d'une chose, c'est l'idée qu'on y attache, à moins cependant qu'on ne soit forcé de la payer ; alors cela change, alors c'est le prix qui est l'idée. Vous, qui travaillez comme des fées, brodez des fichus, faites des bourses, des tapis, des coussins, des dessous de lampes, des cordons de sonnettes, et envoyez tous ces trésors au bazar de Lyon ; les élégants vous diront pendant quinze jours : Que c'est joli ce que vous faites là ! les belles fleurs, le charmant dessin ! vous serez adroites et coquettes ; puis, quand tout cela sera vendu, les ouvriers s'écrieront : Quel bonheur ! voilà du pain pour trois jours ! Vous serez bonnes et généreuses, et le plaisir sera double, et la vanité n'y perdra rien.

Dantan vient de faire la caricature de Duprez et celle de Franchomme. On reconnaît à la première vue Duprez et Franchomme, surtout on reconnaît Dantan.

Les innombrables admirateurs de mademoiselle Déjazet se réjouissent. Desbœufs vient de leur offrir son image. La statuette de mademoiselle Déjazet n'est point une caricature, au contraire.

La Mode prétend que le vicomte de Launay est un ex-capitaine de dragons. Nous n'avons que cela à lui répondre : C'est que la manière dont elle le dit prouve qu'elle ne le croit pas.

LETTRE X.

30 mai 1837.

Promenades. — Tulipes de M. Tripet — Le faubourg Saint-Germain. — Un étrange pari.

Les boulevards sont en fleurs ; c'est la saison des jolies femmes, des jolies robes; chaque parure est un bouquet; les mousselines roses, les jaconas blancs, les foulards bleus, les taffetas lilas, réjouissent les yeux ; ce ne sont pas seulement des symptômes, aujourd'hui ce sont des preuves de printemps. Les gros souliers noirs sont remplacés par de petits souliers de peau anglaise, par de petits souliers en maroquin de couleur vernis ; on peut être élégante et aller à pied ; les piétons se croient riches ; on ne marche plus pour affaire, on se promène, on s'arrête devant les boutiques, devant les marchands d'estampes ; on regarde le portrait de la princesse Hélène, et on lui trouve une ressemblance quelconque : la véritable, on n'en peut encore juger, mais on a toujours dans ses parentes, dans ses amies, une femme toute prête pour une ressemblance ; l'un dit : Ah ! comme elle rappelle ma cousine Zénobie ; ne trouvez-vous pas ? — Non, cela ne me frappe pas, je trouverais plutôt qu'elle ressemble à mademoiselle Duballoir. — Oh ! pas du tout, mademoiselle Duballoir a un grand nez, et elle est brune. — Or, pour nous, qui écoutons, il est certain que le portrait de la princesse ne ressemble ni à la cousine Zénobie, ni à mademoiselle

Duballoir ; pourquoi donc s'obstiner à lui trouver une ressemblance ? Mais le Parisien, qui n'éprouve jamais le besoin de réfléchir, éprouve toujours celui de parler ; *il faut bien dire quelque chose*, est un des préceptes de l'esprit parisien, que nous nous promettons de qualifier et de définir un jour si bien... que nous serons forcé de nous réfugier en province.

En attendant, nous félicitons le Parisien de ses promenades et nous lui enseignerons de jolies courses dont il n'a pas l'idée, et qui le charmeraient ; nous l'enverrons sur la route d'Asnières étudier les progrès du chemin de fer ; il verra des chariots marcher d'eux-mêmes ; il verra un seul cheval conduire à lui seul huit voitures. Nous l'accompagnerons, avenue de Breteuil, n° 30, derrière les Invalides, chez M. Tripet ; là, il admirera une collection de tulipes digne de la Flandre. Le *Figaro* a raison, il compare ces quatorze belles planches de tulipes, toutes en fleurs, se balançant gracieusement sur leur tige, ce parterre brillant des plus riches couleurs, à un immense châle de cachemire vivant. Hâtez-vous d'aller visiter ce jardin, les tulipes seront jeunes encore quinze jours ; hâtez-vous, c'est un plaisir que cette promenade ; regarder à la fois plus de six mille fleurs, il y a là de quoi donner de la gaieté aux yeux pour toute l'année.

Les amateurs d'horticulture se sont donné rendez-vous à deux ventes qui ont eu lieu ces jours-ci ; mais cette réunion était triste : des fleurs vendues à la criée, des roses à l'encan, c'est pitié ! Errer dans un bosquet, bercé par l'harmonie de l'adjudication, avoir pour rossignol le chant de l'huissier-priseur ; cela est désenchantant. Cependant, comme il y avait beaucoup d'amateurs, l'admiration a été productive ; un seul bananier nain a été vendu 1,000 fr.; une autre petite plante a été payée 400 fr. Cette merveille était un *cactus senilensis;* la beauté de cette plante consiste à être terminée par une petite perruque de cheveux blancs. Cela ne nous paraît pas très-rare, il y a beaucoup de *cactus senilensis* dans la *société*.

Le soir, les amateurs de chevaux et de jolies femmes vont au cirque des Champs-Élysées, car maintenant, nous le disons, tous les plaisirs commencent et finissent par une promenade. A dix heures, on rentre et les conversations commencent. Si le piano est ouvert, on chante, on essaie avec tristesse une des nouvelles romances de madame Malibran ; chant gracieux qui survit, hélas ! à la belle voix qui, seule, était digne de le faire comprendre ; et puis l'on s'interrompt pour parler d'elle, et du sublime talent qui n'est plus. Puis, l'on raconte les lettres de Fontainebleau, puis on se demande : Avez-vous lu le livre de M. de Vieil-Castel, *le Faubourg Saint-Germain?* Oui, nous l'avons lu et nous en disons cela :

L'empressement que met *le faubourg Saint-Germain* à lire un roman fait contre lui, peint mieux sa faiblesse et sa puérilité que ne le fait tout le livre lui-même. Vous chercheriez en vain le faubourg Saint-Germain dans *Gérard de Stolberg ;* vous y trouverez le monde, le monde tel qu'il est partout, mais rien de caractéristique, rien d'exceptionnel. Ce sont des femmes médisantes et des jeunes gens moqueurs ; il n'est pas besoin de traverser la rivière pour voir cette société-là. Quand on donne un titre absolu à un livre, on se crée des lecteurs exigeants. En ouvrant un roman qui se nomme *le Fau-*

bourg Saint-Germain, nous nous étions attendu à une peinture exclusive de ce monde d'élite ; nous pensions que le sujet du roman serait puisé au cœur même de ce monde ; que le héros serait un de ses enfants, une victime de ses préjugés, de ses scrupules, de ses colères; nous nous figurions un jeune homme plein d'esprit, d'imagination, ambitieux, passionné, et condamné à la nullité la plus oisive par les exigences de son nom, par les répugnances de son parti ; là, nous aurions vu une singularité de notre époque, une particularité de la caste qu'on voulait peindre. Jadis, on ne pouvait faire son chemin quand on *n'était rien ;* aujourd'hui, on ne parvient à rien parce qu'on est *trop ;* un jeune homme qui par sa naissance pourrait prétendre à tout, par le bouleversement de notre politique, est réduit à ne rien faire; il se verra dépassé chaque jour, et dans tous les états, par ses inférieurs ; ses inférieurs en naissance, cela peut encore se supporter; mais par ses inférieurs en capacité, cela est plus cruel. Le fils de son intendant viendra le voir avec des épaulettes de colonel, et, malgré lui, ces épaulettes lui feront envie; son ancien professeur, l'obligé de sa famille, ne viendra pas le voir du tout, parce qu'il est pair de France et qu'il tient son rang... et lui songera avec tristesse que sa place était à la Chambre des Pairs, mais que le devoir l'a forcé à donner sa démission. Voilà donc un homme intelligent, courageux, instruit, actif, déshérité de toute occupation. Que fera-t-il? Il voyagera pendant trois ans, quatre ans, six ans, puis après il reviendra dans sa patrie, ennuyé, découragé. Plus il aura d'esprit, et plus son inutilité lui pèsera. S'il était libre et maître de sa fortune, il pourrait fonder un grand établissement dans ses terres, se faire le roi, c'est-à-dire le bienfaiteur de la commune, par les sages améliorations qu'il apporterait dans l'agriculture, dans l'industrie du pays; mais sa fortune ne lui appartient pas, ses parents en disposent et ses parents ne le comprennent point; ils ont de petites idées incompatibles avec les siennes, ils ont cette dignité taquine et mesquine dont on n'obtient aucune concession, bouderie stérile et paresseuse qui n'a rien de commun avec la véritable fierté; qui, d'un noble ressentiment, fait une susceptibilité misérable, et qui donne au regret du bon droit méconnu toutes les allures de l'envie. Que fera-t-il? Il usera, il perdra toutes les puissances de sa pensée, toutes les volontés de son caractère dans une grande et orageuse passion; il faut bien qu'il aime, cet homme-là, il n'a rien à faire; il ne peut être un héros de bataille, il se fera héros de roman. Mais comme l'amour ne sera pour lui qu'un désespoir, son amour sera terrible; plein de caprices, d'inconséquences, il aimera une femme avec délire, de toute son âme et de toute son imagination inoccupée... et puis son âme orgueilleuse se révoltera, il en voudra à cette faible créature d'absorber ainsi tous ses jours; alors il lui sera infidèle pour se prouver à lui-même son indépendance; et ses infidélités le jetteront dans une complication d'intrigues épouvantables, dont il résultera toutes sortes de malheurs, — et le lecteur sera satisfait. Quelqu'un disait, avec raison, que le Lovelace de cette époque serait un *légitimiste* désœuvré. Ce qu'il y a de certain, c'est que, pour qu'un héros de roman paraisse intéressant, il faut qu'il soit autre chose qu'un grand fainéant qui ne songe qu'à plaire aux femmes; or, comme il est indispensable, pour qu'il y ait roman, que le héros aime une femme, c'est un grand bonheur que de tomber sur un malheureux qui n'a pas autre chose à faire que d'aimer, et dont le premier chagrin est de n'avoir eu à choisir que cet état-là dans le monde. Voilà, ce nous semble, un malheur qui peignait bien le faubourg Saint-Germain; un fils de pair, descendant d'une illustre famille, réduit, par les idées qui régissent son parti, à la triste condition d'homme à bonnes fortunes! — C'était là un malheur pris à même le faubourg Saint-Germain, — un malheur que la Chaussée-d'Antin ignore, — un malheur que le faubourg Saint-Jacques ne connaîtra jamais, — un malheur que le faubourg Saint-Denis ne saurait imaginer, — un malheur que le faubourg Saint-Marceau et le faubourg Saint-Antoine peuvent seuls comprendre, car les bons ouvriers savent que, dans tous les rangs, il est triste de manquer d'ouvrage; et puis le peuple, à qui l'on fait faire les révolutions, est le seul qui puisse plaindre ceux qui en souffrent, parce qu'il est le seul qui n'en profite pas.

Au lieu de cela, M. de Vieil-Castel a pris pour héros un Allemand, un Westphalien; nous ne voyons pas ce que cet homme a de commun avec *le faubourg Saint-Germain*. Il arrive à Paris et va au bal chez *madame de Blacourt*, une des notabilités du *faubourg Saint-Germain*. Là on pouvait faire une satire bien amère, une bien charmante épigramme: il fallait faire apparaître tout *le faubourg Saint-Germain*, non pas à l'hôtel de Blacourt, non pas chez la comtesse de Blacourt, mais chez un monsieur Fluch, ou Black, ou Blick, chez un intrus, un inconnu adopté, cajolé, prôné par *le faubourg Saint-Germain*, pour les quelques bals qu'il lui donne, pour les quelques bougies que ses fêtes nous offrent de plus que les nôtres ; *le faubourg Saint-Germain* méritait cette injure. Au reste, M. de Vieil-Castel ne la lui épargne pas; plus loin nous la retrouvons dans toute sa cruauté. La duchesse *de Chalux* demande au jeune Allemand s'il ira au bal chez *M. Stilher.* M. Stilher est un de ces étrangers qui, n'osant dépenser dans leur pays l'argent qu'ils y ont volé, viennent se faire adopter par l'aristocratie parisienne. Non, madame la duchesse, répond Gérard, je ne vais pas chez lui, moi... je le connais; en Prusse, tout le monde le connaît et personne ne le reçoit. — La leçon est sévère, mais elle est bonne ; elle nous rappelle ces vers d'une satire dont nous ne voulons point nommer l'auteur : Chanterai-je, dit-il :

> Ces femmes, autrefois modèles de fierté,
> Que l'on voit tout à coup manquer de dignité,
> Dont le blason superbe au déluge remonte,
> Qu'un salon d'or séduit, et qui s'en vont sans honte
> Flatter, pour un plaisir, quelque Anglais parvenu
> Mal vu dans son pays, dans le nôtre inconnu,
> Et qu'on entend chez lui dire tout à son aise
> Qu'on gagne avec un bal la noblesse française ?

Quand on frappe juste, nous applaudissons ; mais nous ne saurions adopter des reproches qui nous paraissent sans couleur. L'auteur reproche à la haute société d'être médisante, d'inventer cent histoires sur les gens qui se passent d'elle, sur les absents; de forger toutes sortes de calomnies sur ceux qu'elle réclame, et qui semblent la fuir. Eh bien ! n'est-ce pas ainsi dans tous les mondes ? Est-on plus indulgent dans les autres quartiers? N'invente-t-on rien en province? Si un jeune homme vit tout seul dans son château, respectera-t-on sa solitude? ne sera-t-elle pas interprétée de mille façons, les plus étranges, les plus odieuses? *Le faubourg Saint-Germain* ressemble à tous les mondes ; il faut seulement s'étonner qu'il leur ressemble ; il aurait le droit de valoir mieux. Des gens qui n'ont rien à faire du matin au soir, qu'à se perfectionner, devraient être plus aimables ; des esprits qui ont depuis des siècles la tradition de l'élégance et du bon goût, devraient être plus distingués sans doute, mais aussi n'est-ce que la partie mondaine que vous peignez, c'est le monde extérieur que vous observez, c'est la société *éventée, frelatée* que vous connaissez, et ce n'est pas d'après cette coterie d'exceptions, toute d'exception, que vous pourrez juger et dépeindre *le faubourg Saint-Germain*. D'abord, le point de départ du livre est faux, puisque c'est une généralité que l'on veut démontrer : l'héroïne est une victime des manies paternelles ; on la fait sortir du couvent pour la *jeter au bras d'un mari qui serait son père*. Les habitants de la province vont s'imaginer que cela est toujours ainsi, que nous avons toujours ces mêmes *pères tyrans d'avant* la révolution ; toujours des jeunes filles sacrifiées à de vieux *barbons*. Rien n'est moins exact pourtant ; aujourd'hui, si les maris ont un défaut, c'est peut-être celui d'être trop jeunes ; il n'y a pas dix vieux maris dans tout le *faubourg Saint-Germain*, et encore ceux-là ont-ils été choisis avec amour, et séduits à force de coquetteries. Nous pourrions citer vingt ménages où les deux époux sont du même âge. *Les époux assortis* se trouvent en foule dans ce monde-là. Le *faubourg Saint-Germain* est un immense colombier, c'est toute une population de tourterelles. M. de Vieil-Castel accuse enfin les femmes de ce quartier d'être d'impitoyables coquettes, de cruelles beautés, n'accordant que des espérances, ne rêvant qu'un demi-bonheur, ne donnant qu'un demi-amour. Un jeune imprudent s'est écrié hier, que c'était une calomnie ; et nous l'avons arrêté au moment où il allait justifier plusieurs femmes.

> Les amours de ce quartier-là
> Valent bien, dit-on, ceux du nôtre !

Le caractère de *madame de Lucheux* n'est pas une création nouvelle, c'est la *duchesse de Leongeais*, fille de M. de Balzac ; c'est l'héroïne de cette belle histoire qui a pour titre : *Ne touchez pas à la hache*.

A propos, M. de Balzac nous donnera le 25 de ce mois *la Femme supérieure*. On dit cette femme-là pleine d'esprit.

L'auteur responsable de la préface de *Barnave*, M. Janin, est du voyage de Fontainebleau. Encore une amnistie !

LETTRE XI.

7 juin 1837.

Arrivée de la princesse Hélène à Paris.

Le Jardin des Tuileries était splendidement beau dimanche dernier; il était beau de par le ciel, de par le Roi, de par le peuple, et de par le printemps. Quel admirable spectacle à la fois riant et majestueux! Pendez-vous, gens de la province, qui n'avez pu voir ce tableau magnifique, la toile est effacée, vous ne le retrouverez plus. Figurez-vous ce qu'on n'avait jamais vu à Paris le même jour! un ciel... bleu! des arbres... verts! un peuple... propre...! une foule... joyeuse et parée, s'enivrant de parfums sous les lilas en fleurs. N'est-ce pas que vous n'avez jamais vu cela? A Paris, quand le ciel est bleu, les arbres sont gris, la poussière les dévore; à Paris, quand les arbres sont verts, c'est qu'il a plu, le peuple est sale et couvert de boue; il fallait un hasard, un malheur même, pour amener une si heureuse combinaison; il fallait qu'une saison rebelle nous fît gémir pendant un mois, pour que nous eussions en un seul jour tant de feuilles et tant de fleurs; pour que nous eussions à la même heure l'été et le printemps. Oh! que la nature était brillante ce jour-là, à la fois gracieuse et puissante, jeune et forte, fraîche et mûre, naissante et parfaite! elle ressemblait à la passion d'une honnête fille qui aurait attendu l'âge de vingt-cinq ans pour aimer; c'était toute la pureté d'un premier amour, mais un premier amour éprouvé dans toute la force, dans toute la perfection du cœur.

Que ces hauts marronniers sont superbes! que leurs fleurs royales se détachent merveilleusement sur ce feuillage sombre!

Voyez d'ici que le spectacle est beau! La grande allée du jardin est devant nous. A droite, trois rangs de gardes nationaux; à gauche, trois rangs de troupe de ligne. Derrière eux, la foule, la foule élégante et brillante de mille couleurs; devant nous, un bassin et sa gerbe d'eau qui s'élance dans un rayon de soleil; derrière le jet d'eau, voyez-vous l'Obélisque, et derrière l'Obélisque, l'Arc-de-Triomphe? Puis, pour encadrer le tableau, les deux terrasses couvertes de monde, et puis des grands arbres partout; baissez les yeux et admirez ces parterres, ces innombrables touffes de lilas, tous ont fleuri le même jour. Quel parfum! quel beau temps! Chut! Voici un courrier, le cortége s'avance. — Passe un postillon couvert de poussière; peu de temps après passe un chien caniche au grand galop, rires, hilarité prolongée. Peu de temps après passe un carlin dans un trouble extrême, chien éperdu, sinon perdu; l'hilarité redouble. Ce premier cortége inattendu fait prendre patience à la foule. Une femme du peuple, une ouvrière en bonnet rond, pousse brusquement une vieille élégante : « Laissez-moi voir la princesse, dit-elle, vous la verrez à la cour, vous, mesdames. » La vieille élégante la regarde dédaigneusement, puis elle dit à sa fille : « La brave femme ne sait pas qu'elle a plus de chance d'aller à cette cour-là que nous. — Sans doute, reprend la jeune héritière, en souriant : qu'elle épouse un épicier, elle sera grande dame. » Ce dialogue nous apprend que les légitimistes sont venus aussi pour voir passer le cortége. Mais enfin le voilà. Les cuirassiers s'avancent, ils se séparent ; regardez, ils tournent le bassin, leurs cuirasses se réfléchissent dans l'eau. C'est charmant. — Ceci est la garde nationale à cheval. Ah! M. L*** a un cheval superbe. Elle est très-belle, la garde nationale à cheval... Le Roi!... M. de Montalivet, les ministres! Ils vont trop vite, je n'ai rien vu. — Voici la reine : — quel air noble! comme elle est bien mise! cette capote bleue est ravissante! — La princesse Hélène regarde de ce côté; comme elle a l'air jeune. — Ah! je ne vois plus que son chapeau, il est très-joli ; il est en paille de riz blanche avec un grand saule de marabout. Sa robe est très-élégante ; c'est une redingote de mousseline doublée de rose. M. le duc d'Orléans est à cheval auprès de la voiture de la reine. — Quelles sont toutes ces femmes dans les voitures de suite? Quels vieux chapeaux! quelles robes fanées! Pour une entrée triomphale à Paris, ne pourraient-elles pas faire un peu de toilette? Quoi de plus commun qu'une robe grise avec un chapeau rose! Le cortége a l'air très-pauvre, les voitures sont fort laides et trop chargées ; on dirait ces *commencements* de calèches que les carrossiers essaient, et dans lesquelles ils entassent tous leurs ouvriers et tous leurs amis pour savoir si les ressorts sont bien solides. Vrai, le cortége était plus beau à attendre qu'à voir passer.

Enfin elle est parmi nous, cette princesse dont on nous parle tant depuis deux mois. Son apparition est une surprise agréable ; jamais souveraine ne fut moins flattée ; jamais portrait moqueur n'a produit un meilleur effet. Cela prouve que la malveillance sert mieux que la flatterie, et, qu'en général, les ennemis sont encore plus maladroits que les amis.

L'arrivée de la princesse Hélène en France a été pour nous le contraire d'une illusion. De loin, une erreur semble belle; mais à mesure qu'on s'approche, le charme s'évanouit; cette fois, tout s'est passé différemment. Quand la jeune étrangère était encore en Allemagne, on nous disait : La princesse Hélène, elle est affreuse, elle est maigre, sans grâce; elle a de vilains cheveux roux, un grand pied allemand, une main décharnée; ses yeux sont petits, sa bouche est grande; elle est laide comme madame une telle, comme mademoiselle une telle; et l'on nommait les femmes les plus désagréables de Paris. La princesse s'est mise en route... et déjà, après quelques jours de voyage, on commençait à parler d'elle plus favorablement. Ses cheveux n'étaient plus roux, ils étaient d'un blond fade; elle était laide, mais d'une laideur qui ne manquait pas de distinction. — La princesse arrive à la frontière... Ses cheveux ne sont plus d'un blond fade, ils sont châtain clair; son pied est assez petit, pour un pied allemand; elle n'est pas laide. — Elle arrive à Metz... Sa physionomie est déjà plus gracieuse, sa tournure est très-noble... — A Melun... elle est faite à peindre, elle a un pied charmant, une main ravissante. — A Fontainebleau... ma foi, c'est une personne très-agréable. — A Paris... c'est une jolie femme!... Deux lieues de plus, et c'était la plus parfaite beauté du monde. Ce qu'il y a de certain, c'est qu'on nous avait trompés, et qu'il est impossible de revenir d'une erreur avec plus de plaisir. Voici la vérité : la princesse n'est pas une belle femme dans toute la sévérité de ce mot, mais c'est une jolie *Parisienne* dans toute la rigueur de cette expression. C'est une beauté gentille comme nous les aimons, jolie figure de capote, jolie taille de mantelet, joli pied de brodequins, jolie main pour un gant bien fait. Elle est trop maigre, dites-vous? Eh! messieurs, regardez donc chacun les femmes que vous aimez; elles ne sont pas si fraîches qu'elle, et elles sont maigres à faire peur; prenez garde, ne blâmez pas ce qui vous plaît. La *réalité* parisienne est toute dans l'aspect. Nous avons des yeux de Diorama, de Panorama, de Néorama; les effets d'optique suffisent à la légèreté de nos regards; nos femmes ne sont pas jolies, qu'importe? si elles le paraissent, cela suffit. Être n'est rien, paraître est tout. Madame la duchesse d'Orléans est donc une jolie Parisienne, une femme comme nous les aimons, nous qui faisons consister la beauté du visage dans la grâce de la physionomie, la beauté de la taille dans l'élégance de la tournure. Certes, en la voyant, vous ne regretteriez pas une grosse belle Allemande, aux traits réguliers, sans expression, à la démarche lourde sans noblesse; madame la duchesse d'Orléans a même ce grand avantage sur nos *merveilleuses* de Paris, qu'elle a l'air *princesse* et qu'elles ont toutes l'air *poupées*, ce qui pour nous a peu de charme; le pédantisme des chiffons ne nous séduit pas plus que les autres.

Enfin, nous l'avouons, peut-être sommes-nous suspect dans notre jugement, mais nous qui pourtant ne sommes pas de la cour moderne, qui n'allons aux Tuileries que dans le jardin, nous nous sentons une véritable sympathie pour cette jeune femme qui vient se faire fille de France avec tant de courage et si peu d'illusion. Soyez la bienvenue, madame, dans notre beau pays, dans notre hospitalière patrie! Eh! ne trouvez-vous pas que nous sommes de bien courtois chevaliers? Pendant deux mois nous avons parcouru le monde en proclamant à haute voix que vous étiez la femme la plus laide de toute l'Allemagne — c'était un mensonge, pardonnez-nous. Nos galants députés vous ont marchandé, pendant trois séances, un million pour votre ménage; ils vous ont traitée comme leur cuisinière, dont ils rognent le budget et les gages avec tant de plaisir; — ce sont des idées libérales, pardonnez-leur! Nos piquants journalistes vous accablent chaque matin des injures les plus grossières, d'épigrammes sans sel, de calembours épais; — c'est de l'esprit de parti, c'est de l'esprit français, pardonnez-leur! Vous avez vu l'autre soir votre nouvelle famille rayonnante de joie; ce n'était pas sans cause vraiment; le roi, votre beau-père, pour la première fois depuis deux ans, avait traversé tout son peuple sans un seul coup de fusil, c'était merveille; lui-même, il en était confondu. Pas un nuage dans le ciel, pas un assassin sur la terre; ce sont vos beaux jours que ceux-là! Mais, hélas! c'est une triste vie que celle dont les beaux jours sont ceux-là! Oui, madame, vous êtes une femme courageuse, car vous venez chercher en France le désenchantement de toutes vos idées, le démenti de toute votre éducation; vous, fille d'un prince d'Allemagne, vous croyez encore à la royauté, et chez nous il n'y a plus de royauté; vous, jeune fille romanesque, vous croyez encore à la dignité de la femme, et chez nous la femme n'a plus de prestige; sa faiblesse même n'est plus une religion; on l'insulte bravement, on l'outrage sans honte comme si elle pouvait se venger. Vous, enfin, élève de Goëthe, vous que le grand poëte a bénie, vous à qui l'Homère germain a prédit une si brillante destinée, vous qu'il a nourrie de fictions et d'harmonie, vous croyez encore à la poésie, et nous n'avons plus de poésie! Interrogez les échos de votre palais, ils vous diront que les mots français ne riment plus; demandez à vos augustes parents ce que sont devenus tous nos grands poëtes; parlez-leur de Chateaubriand, du sublime auteur des *Martyrs*, ils vous diront que c'est un légitimiste, leur plus redoutable ennemi; parlez-leur de Lamartine, ils vous répondront que c'est un député qui vote quelquefois pour eux. Parlez-leur de Victor Hugo, ils vous diront qu'ils ne le connaissent pas; car il faut rendre justice à notre royauté moderne, elle est en tout bien digne de la poésie du pays; c'est la prose couronnée; le règne des trois couleurs n'admet comme art que la peinture; et Racine, de nos jours, serait obligé de barbouiller quelque emblème dont ses vers seraient la devise, pour faire arriver son nom et sa pensée jusqu'au pied du trône de juillet. Ainsi donc, pauvre jeune femme, dites adieu à vos rêves de grandeur et de poésie; en France, il n'est plus de princesse; en France, il n'est plus de poëtes; chez nous, vous ne serez ni flattée ni chantée; à notre cour vous n'êtes pas plus grande dame que la plus humble femme du pays; mais aussi, comme elle, vous connaissez un bonheur que les princesses sacrifiées ignorent: vous aimez, vous êtes aimée; consolez-vous, avec l'amour vous retrouverez la poésie et la royauté.

LETTRE XII.

14 juin 1837.

Dédain de convention. — Fêtes populaires. — Définition du bonheur. — La princesse Hélène. — Victor Hugo.

Il y a des gens qui ne savent faire de l'élégance qu'avec le dédain, qui s'imaginent que dédaigner c'est régner, et qui croient se montrer homme comme il faut en affectant de s'ennuyer des plaisirs du peuple. A toutes choses ils vous répondent : « Comment! vous allez là? Quoi! vous vous amusez de cela? » A les entendre, on dirait que la vie a pour eux des plaisirs à part, des joies d'élite, des parfums de faveur, des délices exceptionnelles; on se sent humilié en les écoutant; on se surprend à envier leurs plaisirs sur la foi de leur mépris; on n'ose leur avouer la naïveté, la bourgeoisie, la vulgarité de ses goûts; on se trouble devant eux comme un lourd paysan devant un habitant des villes; on hésite à *s'être* amusé d'une fête qui les a fait fuir si loin; on rougit de la folle gaieté qu'on y a trouvée; on doute de la délicatesse de ses impressions en voyant l'intolérance des leurs; et puis, lorsque l'on a le courage d'analyser ce grand dédain, lorsqu'on a retrouvé assez de présence d'esprit pour mesurer la hauteur de ces intelligences privilégiées, pour examiner leurs droits à ce superbe ennui, on découvre que ces gens-là mènent l'existence la plus misérable, qu'ils s'amusent des plaisirs les plus niais, qu'ils rient des plaisanteries les plus vulgaires, qu'ils prennent au sérieux les conversations les plus lourdes, les plus oiseuses, et, ce qui est bien plus pauvre encore, qu'ils admirent les esprits les plus médiocres; alors on recouvre son indépendance, et l'on ose confesser franchement que l'on n'est pas un être assez en dehors de la création, assez en arrière de la civilisation, pour ne voir, par une faveur spéciale et précieuse, pour ne sentir qu'un affreux supplice dans ce qui fait la joie de tous.

Ce préjugé est depuis longtemps établi dans la région élégante, que rien n'est plus ennuyeux qu'une fête populaire. Nous avons longtemps partagé ce préjugé, mais aujourd'hui nous l'attaquons hardiment; oui, nous aimons les fêtes du peuple, parce que nous avons beaucoup vu celles du monde. D'abord celles du peuple ont un grand avantage, elles se passent en plein air et en pleine liberté; ensuite la foule y est plus polie; quand on s'est trouvé souvent dans nos fashionables cohues, quand on s'est senti plus d'une fois entraîné par un flot choisi vers une salle de souper déjà remplie; lorsqu'on a subi les incertitudes, les involontaires caprices d'une émeute de bonne compagnie, lorsqu'on a reçu de délicieux coups de poing d'une main gantée et parfumée, lorsqu'on a reçu les inappréciables coups de coude d'une grosse comtesse affamée, lorsqu'on a vu jusqu'où peut aller l'empressement gastronomique de ceux qu'il est convenu d'appeler les gens bien élevés, on se trouve fort indulgent pour la foule grossière du peuple, et l'on pardonne à l'ouvrier qui vous coudoie malgré lui en vous disant : *Faites excuse,* parce que l'on se rappelle que la veille un dandy vous a marché sur le pied sans vous dire seulement : *Pardon.*

Nous sommes partisan des fêtes populaires ; l'aspect du plaisir général nous réjouit. Nous aimons les mâts de cocagne, les feux d'artifice, et les *éluminations*. Nous aimons mieux voir cent mille personnes qui s'amusent dans Paris, que de voir quatre cents personnes qui bâillent dans un salon ; mais nous voudrions que cette joie ne coutât rien à ceux qu'elle enivre. Nous ne voudrions pas qu'une fête donnée aux ouvriers fût une ruine pour eux ; nous ne voudrions pas qu'il y eût deux dimanches par semaine. Pourquoi s'amuser le mercredi? C'est très-cher de s'amuser un mercredi. Pourquoi n'avoir pas remis la fête de ce soir à dimanche prochain ? Ce n'était pas un anniversaire impérieux. Pourquoi, dans une ville de travail et de commerce, interrompre le travail et le commerce inutilement! Une journée perdue, c'est un tort véritable pour l'ouvrier. Ce jour-là, il dépense beaucoup et ne gagne rien. Remettez donc toutes vos fêtes au dimanche, et le peuple se divertira sans regret et sans remords. Un gouvernement ne doit jamais jouer le rôle de tentateur ; vous avez supprimé les fêtes du calendrier ; ne les remplacez pas par les vôtres ; ne donnez pas à M. le préfet de la Seine, en heures oisives, les jours de recueillement que vous avez repris à Dieu.

Depuis ce matin tous les petits enfants se réjouissent, ils sautent gaiement devant les fenêtres, en criant : Il fait beau, maman, il fait beau ; nous irons aux Champs-Élysées voir les boutiques! Et tout un avenir de croquettes et de pain d'épice s'ouvre devant eux. En allant savoir des nouvelles de votre cheval favori qui est un peu triste depuis quelque temps, qui ne mange plus, car le noble animal subit comme vous l'influence printanière, en traversant la cour vous rencontrez l'enfant de votre portière, paré d'une auréole de papillotes blanches. Cet éclat inaccoutumé vous dévoile des projets extraordinaires. L'enfant, que vous interrogez, vous répond avec une joie concentrée : « J'irai ce soir à la fête avec papa, ma tante et le domestique à madame Girard. » Les papillotes sont expliquées : Tiens, dites-vous alors, voilà de quoi acheter des gâteaux; et vous donnez vingt ou quarante sous à l'enfant, selon le hasard de votre monnaie, et l'enfant vous remercie en baissant les yeux d'un air sombre et confus; mais à peine avez-vous le dos tourné qu'il relève la tête avec fierté, qu'il ouvre de grands yeux brillants de plaisir, qu'il gambade comme un chevreuil, et qu'il s'en va montrer sa *pièce blanche* à tous les gens de la maison. « C'est le monsieur de l'entresol qui m'a donné ça pour acheter des gâteaux, » dit-il ; et vous avez acquis en un instant une superbe réputation dans le quartier, et dorénavant vous ne pourrez plus faire un pas dans la rue sans entendre de petites voix intéressées vous dire poliment : Bonjour, monsieur ; et vous qui aurez oublié votre générosité passagère, vous ferez de très-belles réflexions sur la bonne éducation que reçoivent les enfants du peuple; et vous ne devinerez pas la part immense que vous avez dans cette belle civilisation.

Aujourd'hui toutes les petites filles sont heureuses, elles ont toutes des robes neuves : il est si facile de faire une robe neuve à une petite fille! Le moindre vieux chiffon suffit pour cela; les rebuts maternels sont la parure de l'enfance; et comptez-vous pour rien la joie d'une pauvre petite fille qui se croit une robe neuve! Comme elle se regarde dans la glace avec orgueil, comme elle se tient droite! quelle importance elle acquiert à ses propres yeux; comme elle aime ce jour mémorable qui amène pour elle ce triomphe, ce jour dont la solennité a entraîné sa mère à lui faire ce beau présent. Une robe neuve, pour elle c'est de la joie; ce n'est pas tout, on lui a donné un vieux fichu de soie, c'est du délire, et de vieux gants, c'est de l'orgueil; les gants sont une dignité chez les enfants du peuple; c'est le luxe par excellence, c'est un symptôme d'oisiveté! Voilà donc une jeune pensée heureuse pour tout un jour : n'est-ce rien? Faut-il dédaigner de tels plaisirs? Hélas! le bonheur n'est pas autre chose que cela, une suite de petites joies, de niais contentements, de satisfactions imbéciles : chacun les prend selon ses goûts et son caractère; mais le bonheur est là, il ne faut pas le chercher ailleurs. Un regard, un mot, un sourire pour ceux qui aiment; un chapeau bien fait pour celle-ci, un bouquet de violettes pour celle-là; un bon dîner pour les uns, une bonne rime pour les autres; une promenade en bateau; des fraises nouvelles; un livre amusant; une jolie romance; du feu en hiver; de la glace en été; du vin passable pour le pauvre; un cheval anglais pour le riche : tels sont les détails, les *ingrédients* dont se compose le bonheur. Depuis des siècles on se figure que le bonheur est une grosse belle pierre précieuse qu'il est impossible de trouver, que l'on cherche, mais sans espérance. Point du tout, le bonheur, c'est une mosaïque composée de mille petites pierres qui, séparément et par elles-mêmes, ont peu de valeur, mais qui, réunies avec art, forment un dessin gracieux. Faites monter cette mosaïque avec soin et vous aurez une jolie parure; sachez comprendre avec intelligence les jouissances passagères que le hasard vous jette, que votre caractère vous donne ou que le ciel vous envoie, et vous aurez une existence agréable. Pourquoi toujours regarder à l'horizon, quand il y a de si belles roses dans le jardin que l'on habite? Eh! mon Dieu, ce qui empêche de trouver le bonheur, c'est peut-être de le chercher.

Laissez donc le peuple s'amuser sans trouble, et ne glacez pas ses plaisirs par la froideur de vos dédains. Nous, qui n'admettons aucune prétention, pas même celle de l'ennui, nous nous promettons bien d'aller observer ce soir la joie populaire; et voyez comme nous avons l'esprit mal fait! nous ne braverions jamais la foule de l'Hôtel-de-Ville, nous serions incapable d'aller demain à la grande fête qui y sera donnée, et pourtant aujourd'hui nous irons tranquillement sur la place Louis XV contempler le feu d'artifice. C'est que, dans cette saison, les plaisirs ne sont supportables qu'avec l'air et la liberté. Nous irons aussi écouter le *concert-monstre* aux Tuileries; nous regarderons le Palais-Bourbon illuminé, nous verrons l'Arc-de-Triomphe illuminé, et cette grande avenue des Champs-Élysées si belle avec ses guirlandes de feu. Nous savons d'avance que nous aurons la niaiserie de trouver ce coup d'œil superbe, et que nous passerons une heure à regarder toutes ces lumières réfléchies dans les flots de la Seine, qui les agite sans les emporter. Nous nous amuserons comme on s'amuse avec une imagination sincère, d'un beau spectacle, quel que soit l'événement qui vienne l'offrir; nous nous amuserons comme on s'amuse avec un cœur triste, mais généreux, du plaisir des autres; et nous nous félicitons intimement de n'être ni dandy, ni femme à la mode, ni commis-voyageur, ni grisette parvenue ; de n'avoir enfin aucun rang à garder, qui nous impose comme un devoir de notre dignité le dédain de tous les plaisirs du peuple.

Si les louanges portent malheur, les reproches en compensation portent bonheur. A peine a-t-on fait l'éloge d'un de ses amis ou d'un de ses domestiques, que l'on apprend une trahison de l'un ou une maladresse de l'autre. Il en est de même des personnes dont on médit. A peine avons-nous reproché à la cour de juillet son oubli de nos grands talents littéraires, que la voilà soudain qui se fait coquette et prévenante pour eux. Victor Hugo avait d'abord refusé d'aller aux fêtes de Versailles ; une lettre fort aimable de M. le duc d'Orléans, écrite sous l'inspiration de madame la duchesse d'Orléans, a, dit-on, changé ses résolutions. Le moyen de résister à de telles instances ; le moyen de n'être pas entraîné par la séduisante admiration d'une jeune femme, d'une flatteuse étrangère qui vient d'un lointain pays vous apporter les preuves de votre renommée ! et Victor Hugo est allé à Versailles, et il a été présenté à madame la duchesse d'Orléans. Tout le monde sait avec quelle bienveillance la princesse a accueilli l'auteur de *Notre-Dame de Paris :* « Le premier édifice que j'aie visité à Paris, c'est votre église, » lui a-t-elle dit ; ce mot est gracieux. Les princes aujourd'hui flattent les poëtes mieux que les poëtes ne flattaient les princes autrefois ; mais, à dire vrai, ce nouveau genre de flatterie est le plus facile.

Quelqu'un parlait l'autre jour de l'amour sincère de la princesse Hélène pour la France, de sa vive sympathie pour nous, de la connaissance parfaite qu'elle avait déjà de notre pays. Ce n'est pas étonnant, s'écria un légitimiste fort célèbre, elle a passé un mois à Carlsbad avec madame la Dauphine ! Qu'elle est généreuse cette femme qui n'a trouvé chez nous que des chagrins, que trois fois nous avons exilée, et près de laquelle on apprend si vite à nous aimer !

LETTRE XIII.

21 juin 1837.

Invocation à la liberté. — Versailles sauvé des rats et des députés. — Tournoi de Tivoli. — Modes.

Ah! quel bonheur d'être libre, libre de la plus belle de toutes les libertés, celle de la pensée; de ne porter la chaîne d'aucun parti, d'être indépendant du pouvoir, et de n'avoir fait aucune alliance avec ses ennemis; de n'avoir à défendre ni la sottise des uns, ni la mauvaise foi des autres; de n'être responsable des actions de personne, de pouvoir agir en son nom, et pour soi; de ne rendre compte qu'à Dieu seul de sa vie; de n'attendre d'avis que de sa conscience; de se fier sans crainte à ce pur instinct de la vérité que le ciel a mis en nos cœurs, et que nous avons nommé la foi; d'admirer sans se croire flatteurs, d'être juste sans se croire généreux; de chercher le bon côté de toutes les choses, comme l'abeille cherche le miel de toutes les fleurs; de regarder avec un œil pur, d'écouter avec une oreille indépendante; de voyager sans ordre, et de s'arrêter, selon sa fantaisie, là où le site est plus beau, là où le soleil est plus brillant; de n'avoir pas besoin de demander à qui appartient un pays, pour savoir si l'on doit s'y plaire; de n'avoir pas besoin de demander le nom d'un acteur, pour savoir s'il faut l'applaudir; de retenir indifféremment tous les airs, s'ils sont harmonieux; de s'enivrer impartialement de tous les parfums; de s'amuser de tous les esprits, de jouir de tous les talents, quelles que soient les couleurs dont ils se parent; d'honorer tous les courages, quelle que soit la bannière qu'ils défendent. Oh! quel bonheur de n'être ni philippiste, ni légitimiste, ni doctrinaire, ni révolutionnaire; de n'avoir pas de nom parmi les ambitieux vainqueurs ou mécontents; de n'avoir point de parrains politiques; de n'avoir point de devoirs de convention; de n'être forcé à aucune haine; de n'être engagé dans aucun mensonge; d'être libre enfin! Car, messieurs, ceci est la seule, la véritable liberté; non cette liberté qu'a chantée M. Auguste Barbier, cette grosse fille aux bras nerveux; cette patronne des forçats, qui s'abreuve aux ruisseaux des rues; cette envieuse révoltée, qui depuis quarante ans s'en va planter dans tous les faubourgs son viel arbre vert, sans racines et son vieux bonnet de coton rouge sans mèche;... non, cette liberté querelleuse qu'on nomme liberté de la presse, cette bavarde menteuse qui n'écoute personne, et qui crie toujours pour qu'on n'entende qu'elle; non, non: la nôtre n'est pas fille du peuple, elle est fille du ciel, et nous vient de Dieu; son front divin n'a pas le moindre bonnet de coton; il porte une auréole, car la lumière est sa parure; ses cheveux flottants ne sont retenus par aucun nœud, ils voltigent autour de sa tête comme un voile capricieux; ses vêtements légers l'enveloppent sans être fixés par aucun lien; elle est indépendante non par la vigueur de son bras, mais par la vertu de ses ailes; elle n'a point d'attributs déterminés, elle n'a point d'arbre obligé qu'il lui faille planter à toute force; elle cueille chaque matin le rameau qui lui plaît, la fleur qu'elle désire; quelquefois elle garde plusieurs jours de suite les mêmes, car elle est aussi libre de ne pas changer. Son âme est généreuse, pleine de franchise et de courage; elle ne peut cacher ni son admiration ni son mépris; son intelligence est infinie, elle parle toutes les langues; elle comprend toutes les sciences, elle excelle dans tous les arts, elle sait lire dans toutes les pensées... et pourtant c'est une jeune fille, simple, ignorante et chaste, car il n'est point d'indépendance sans pureté; mais elle trouve sa force dans cette innocence même; elle plane sur la montagne, sans se mêler au bruit de la vallée, elle traverse un monde corrompu, sans ternir l'éclat virginal de son immortelle beauté; elle se conserve brillante au sein des ténèbres comme l'étoile au sein des nuages, comme la perle au fond des mers, comme la poésie au fond du cœur... O liberté charmante! viens régner parmi nous, viens détrôner tes vieilles rivales qui nous ont fait perdre tant de sang et tant d'années; viens, la France, pour être heureuse, n'attend que toi! Pauvres gens que nous sommes, ou plutôt que vous êtes, vous avez réclamé à grands cris la liberté des individus, la liberté des cultes, la liberté de la presse, la liberté du commerce, et vous avez oublié la plus précieuse de toutes : la liberté de la pensée! Sans celle-là les autres ne sont rien. Vous avez vendu d'avance toutes vos impressions, toutes vos idées; votre admiration a un propriétaire, et vos injustices ont des abonnés. Si l'un de vous s'écrie : « Ceci est beau! » on lui répond : « Tu es payé pour le dire; » si l'autre dit : « Ceci est mal, » on lui répond : « Tu n'en sais rien; un ennemi n'est pas un juge. » Vous ne pouvez louer un acte du pouvoir sans être traité de valet; vous ne pouvez évoquer un souvenir de l'exil sans être traité de rebelle ; votre voix.... vous l'avez promise; votre nom, vous l'avez donné. Chose étrange, vous ne pouvez plus dire la vérité sans parjure ; vous ne pouvez plus être sincère sans devenir déloyal ! Vous ne pouvez pas, comme nous, signer dans la même page ces deux éloges opposés :

« La statue de *Jeanne d'Arc*, sculptée par la princesse Marie, est un chef-d'œuvre de grâce et d'inspiration. Ah ! si l'auteur de cette belle composition s'appelait mademoiselle Leblanc ou mademoiselle Lenoir, ou mademoiselle Lefebvre, quelle superbe réputation d'artiste on lui ferait ! N'importe, il y a bien de la poésie dans cette image : une fille de France consacrant ses jours oisifs au souvenir de la fille des champs qui sauva la France ! Nous rêvons maintenant un gracieux tableau : la princesse Marie travaillant à la statue de Jeanne d'Arc. »

On nous écrit de Vienne : « J'ai vu Mademoiselle ; « vous ne sauriez imaginer une plus charmante per- « sonne, belle et spirituelle, de la manière la plus agréa- « ble. Vous pouvez me croire quand je dis cela, car « je suis très-difficile en esprit ; vous savez pourquoi. »

Voilà deux éloges que nous osons faire, nous, parce que nous sommes libre. Ah ! nous vous plaignons d'avoir tant de graves considérations qui vous empêchent d'être justes, qui vous privent du plaisir de vanter ce qu'il y a de plus doux à vanter au monde, l'esprit et le talent, la candeur et la beauté.

Il y a quelques jours aussi, nous nous sommes sincèrement réjoui de pouvoir admirer, sans nous être suspect à nous-même, ce beau monument que nous appellerons *Versailles sauvé :* car c'est en cela que la pensée est deux fois généreuse et belle : ce n'est pas seulement un Versailles nouveau qu'on vous donne, c'est le Versailles de Louis XIV que l'on vous rend ; c'est le palais du grand Roi que les rats et les députés allaient détruire, et que Louis-Philippe a sauvé. Sans doute, il est fâcheux de voir des murs en bois de chêne, dans ce temple de l'orgueil, où le marbre seul était admis ; sans doute ce réfectoire de maréchaux n'a pas la splendeur des salons dorés du premier étage ; mais à qui la faute ? ce n'est pas celle du roi, c'est celle du siècle ; nous ne laissons pas à nos rois le temps de bâtir en marbre, nous ne leur laissons plus prendre à l'État ce qu'il leur faudrait d'or pour en couvrir les murs de leur palais. Versailles aujourd'hui n'est plus l'œuvre de la munificence d'un monarque, c'est le fruit de ses économies ; toute la grandeur de la royauté moderne est dans ce mot. En surveillant les travaux de Versailles, Louis-Philippe disait chaque jour : « Pourvu qu'ils me laissent le temps de finir cela. » Ils, c'étaient les assassins ; toute la stabilité du trône moderne n'est-elle pas aussi dans ce mot ; et croyez-vous qu'il soit possible de bâtir des palais en marbre et de sculpter des lambris d'or avec un budget de roi-citoyen, entre la machine infernale de la veille et les coups de pistolet du lendemain ? Le premier devoir d'un souverain, c'est de comprendre son époque ; le premier devoir d'un monument, c'est de la représenter. Il nous semble qu'en cela Louis-Philippe et le nouveau Versailles ont bien rempli leur devoir. Ce n'est pas leur faute si l'époque n'est pas plus belle, si de nos jours les pâtes ont remplacé les moulures, si le carton-pierre remplace le bronze, si les députés chauves remplacent les ambassadeurs à longues perruques, si les fracs de drap remplacent les habits de velours, si les cravates noires remplacent les jabots de dentelles, si les petits nez camards remplacent les grands nez aquilins. Ce qu'il y a de beau à Versailles, c'est précisément le mélange de toutes ces choses. C'est tout le passé et tout le présent. C'est ce ravissant portrait de Marie-Antoinette, dont la République avait déchiré la toile; ce sont ces grandes batailles de l'Empire, que la Restauration avait cachées; c'est enfin cette pensée qui vient aux esprits indifférents en parcourant ces galeries : « Deux réactions d'un jour!... et pas un de ces tableaux n'y resterait! »

A propos de batailles, nous avons vu hier soir, à Tivoli, un superbe tournoi; voilà une fête amusante, à la bonne heure! De beaux chevaliers avec de belles armures, des écuyers, des hérauts d'armes, des pages, des varlets; et puis des chevaux, de vrais chevaux qui ont une volonté, des caprices, qui se cabrent sincèrement, qui marchent *debout*, comme le cheval d'Abd-el-Kader, et auxquels on fait faire toutes sortes de manœuvres; de jeunes cavaliers qui ont de magnifiques costumes de théâtres et qui n'ont point l'air d'acteurs; et puis des femmes véritablement jeunes et tout à fait jolies et réellement vêtues de ce long habit de cheval qui est si gracieux, et non de ces folâtres tuniques de danseuses si outrageusement légères; et puis des difficultés gracieuses, des tours de force toujours heureux; point de cercle en papier, pas la moindre aune de toile, pas un entrechat, pas une grimace aimable et pas un seul baiser! Ceci est inappréciable. Mademoiselle Caroline mérite tous les applaudissements qu'elle reçoit; la contredanse des huit chevaux est ravissante, la valse est délirante. Bravo! Tivoli, bravo! Tout Paris voudra voir le grand carrousel, et plus d'un étudiant imitera ce brave jeune homme qui entra un soir à Tivoli sans billet, en disant avec assurance : « Je suis Tivoli fils, » comme on disait Franconi père. On le laissa passer.

C'est là qu'il faut aller pour étudier les modes nouvelles ; c'est là que les plus belles femmes se donnent rendez-vous. Quelle élégance, quelle fraîcheur dans toutes ces parures ! comment se fait-il qu'il y ait tant de différence entre un chapeau rose et un chapeau rose, entre un mantelet noir et un mantelet noir, entre une jolie femme et une jolie femme ? L'autre jour au Théâtre-Français, par exemple, les femmes étaient mises comme l'étaient hier soir les femmes à Tivoli, mêmes capotes, mêmes mantelets, mêmes robes de mousselines blanches, et pourtant il y avait entre l'élégance de celles-ci et la tournure de celles-là la distance qu'il y a entre la rue du Faubourg-Saint-Honoré et la rue du Faubourg-Saint-Denis ; et il nous serait impossible d'expliquer ce qui faisait cette énorme différence, à moins de recourir au fameux *je ne sais quoi* de Fénelon, à ce cri de désespoir de l'éloquence découragée, pour faire sentir une séduction que l'œil et la pensée peuvent comprendre, mais que la parole ne peut définir.

Au bal de l'Hôtel-de-Ville, on a remarqué plusieurs robes noires brodées en rouge, le dessin imitait des racines de corail et des flammes ; nous sommes peu partisan de ce genre de parure. Principe : en fait d'élégance, éviter tout ce qui rappelle les enfers.

Êtes-vous allé le soir à Notre-Dame-de-Lorette ? avez-vous entendu cette musique religieuse écoutée avec si peu de recueillement ? On ne se croirait pas là dans le saint lieu, et nous comprenons cette jeune personne qui, racontant cette pieuse soirée à son père, s'écriait : « Comme on causait, comme on se promenait! quel bruit dans cette église! enfin, cela me faisait de la peine d'y voir des prêtres. »

Il n'est point de noms absolus : telle action est une faute aujourd'hui, qui peut paraître un devoir demain; une grande colère se nomme un jour une fureur insensée, une autre fois elle se pare du beau nom de sainte indignation; tuer un homme est un crime, et l'homme qui commet ce crime s'appelle un assassin; tuer plusieurs hommes à heure fixe, c'est un métier : l'homme qui exerce ce métier se nomme le bourreau; tuer une grande quantité d'hommes rangés d'une certaine manière, c'est une gloire, et l'homme qui acquiert cette gloire s'appelle un héros. Il en est de même des choses les plus simples de la vie : ne pas répondre à une lettre, c'est une impolitesse impardonnable; ne pas répondre à cinquante lettres, c'est un droit, et c'est le nôtre : on nous fait l'honneur de nous demander par jour à peu près quinze ou vingt *moments d'entretien :* nous espérons que l'on voudra bien nous pardonner de manquer à ces innombrables rendez-vous. Recevoir tous les matins vingt personnes aimables et spirituelles, ce serait une existence bien agréable sans doute; mais il nous faut y renoncer, hélas! nous n'avons pas le temps d'être si heureux.

LETTRE XIV.

12 juillet 1837.

Le public de l'Opéra — Danseur décoré. — Serrurier glorifié et ruiné. — Franconi. — Promenade. — LE PASSANT.

Paris n'a dans ce moment aucune physionomie ; peu de Parisiens, très peu ; une douzaine d'élégants, une demi-douzaine d'élégantes, un échantillon de la grande ville, et voilà tout. L'aspect de l'Opéra est misérable ; deux ou trois jolies femmes en deuil, quelques merveilleux en fureur, un parterre de claqueurs en délire, tel est l'Opéra. Certes, il est pénible d'entendre des sifflets opiniâtres dans le plus beau, le plus riche, le plus fashionable théâtre de Paris ; autrefois, disent les vieillards, jamais on n'aurait osé siffler à l'Opéra, sans doute ; mais autrefois aussi jamais on n'aurait osé représenter à l'Opéra les ballets absurdes qu'on y donne, grâces aux étranges considérations qu'on y fait valoir. Jamais surtout on n'aurait laissé profaner ce temple du bon goût et de la mode par des admirateurs soudoyés.

L'Opéra de nos jours, sans compter le nouveau public payé, se compose de deux publics : le public flottant, c'est-à-dire le parterre et l'orchestre, dont les spectateurs se renouvellent chaque jour, et le public permanent, c'est-à-dire la presque totalité des loges louées à l'année, dont les spectateurs ne varient jamais. Autrefois cela n'était pas ainsi ; la plupart des loges, et les meilleures surtout, appartenaient à des administrations, à des ministères; il y avait la loge des gentilshommes de la chambre, la loge des officiers de service, la loge du gouverneur de Paris, et vingt autres loges données par la faveur, demandées, retenues avec empressement, ou attendues avec patience par toute une population de grandes dames ou de hauts fonctionnaires, de bourgeoises coquettes ou de petits employés influents, qui se contentaient d'aller une ou deux fois par an à l'Opéra, gratis, dans une loge d'honneur, les uns par vanité, les autres par économie. Ce public-là était peu difficile sur le choix des spectacles; lorsqu'une pièce l'avait ennuyé, il s'en consolait en songeant qu'il ne la reverrait plus; c'est ce que fait encore aujourd'hui le public flottant; il éprouve le regret d'être venu, mais il s'éloigne sans crainte pour l'avenir; il sait bien qu'on ne l'y reprendra plus; de là vient son indifférence : il est facile d'être indulgent lorsqu'on est désintéressé. Mais pour le public permanent, il n'en est pas de même; on comprend qu'il soit incapable d'une si haute philosophie; pour lui, un mauvais opéra c'est un hiver perdu; un ballet absurde, c'est une année manquée; pour lui, une soirée ennuyeuse se multiplie par vingt soirées ennuyeuses; et s'il consent de bonne grâce à voir cent cinquante fois un chef-d'œuvre, et c'est beaucoup, il a le droit de se révolter lorsqu'on se prépare à lui offrir, le même nombre de fois, un ouvrage sans intérêt, sans talent, un opéra sans chanteur, ou un ballet sans danseuse. Un mauvais spectacle, quand toute une salle est louée d'avance, c'est un vol. De là vient le grand scandale de vendredi dernier; de là vient que l'on entend de nos jours ce que jadis on n'avait jamais entendu, savoir, des sifflets à l'Opéra. Nous aurions bien quelques reproches à faire aux loges d'avant-scène, aux élégants qui parlent haut, qui ont une gaieté un peu trop sonore et des poses un peu trop avantageuses; mais ils avaient raison cette fois, et nous réservons nos reproches pour un autre jour. D'ailleurs, il faut leur rendre justice; s'ils se montrent sévères pour les mauvais ouvrages, ils sont pleins d'enthousiasme pour ceux qu'il faut admirer : ils attaquent les *Mohicans* en ennemis implacables, mais ils soutiennent les *Huguenots* en admirateurs passionnés; ils applaudissent Duprez avec transport, mademoiselle Taglioni avec fureur. Les sifflets bruyants partent de leurs loges, c'est vrai, mais c'est de leurs loges aussi que tombent, aux jours des triomphes mérités, les couronnes et les bouquets.

On a beaucoup crié contre le ministère de ce qu'il venait de donner la croix à Simon le danseur; on a eu tort. Si un danseur, dans une circonstance quelconque, mérite cette distinction, il est juste de la lui accorder. Donner la croix à un danseur n'est pas une faute; mais rester danseur quand on est chevalier de la Légion-d'Honneur, c'est une inconvenance qui choque étrangement; les grimaces et les gambades du sauvage, voire même les ronds de jambe et les pirouettes de l'homme civilisé, nuisent à la dignité de l'homme *décoré;* les honneurs sont un fardeau qui rend les entrechats moins légers; la gloire vit de privations : il faut savoir lui faire des sacrifices. « Noblesse oblige, » a dit M. le duc de Lévis; il est de certains honneurs incompatibles avec de certains états : il faut choisir. Il est des triomphes ruineux, sans doute, mais dont il faut subir les conséquences, témoin ce serrurier des environs de Châteauroux, ruiné tout à coup pour avoir eu l'honneur de dîner à la table du roi des Français. Le brave homme s'en allait depuis des années de château en château, raccommodant les serrures, posant les sonnettes çà et là ; on le gardait trois ou quatre jours, le temps nécessaire pour faire son ouvrage ; on le faisait dîner à la cuisine, et puis on le renvoyait content. Mais quand on apprit qu'un haut grade dans la garde nationale l'avait amené jusqu'à Paris pour complimenter le nouveau roi des Français, qu'il avait dîné avec la reine et les princesses, avec les ministres et les ambassadeurs, on n'osa plus le faire dîner avec les femmes de chambre et les valets de pied ; on le respecta dans sa gloire : l'on fit venir un serrurier plus modeste, et il perdit toutes ses pratiques. Il avait de l'orgueil, il sut se résigner ; il sollicita l'emploi de garde champêtre, et maintenant, le sabre au côté, il se console de ne plus gagner d'argent, de n'avoir plus d'état, en disant avec orgueil qu'il a eu un soir, en sa vie, l'honneur de dîner à la table du Roi. La gloire a des rigueurs qu'il faut savoir subir.

Si l'aspect de l'Opéra est triste, celui du Cirque des Champs-Élysées est déplorable ; mais aussi quel spectacle ! des danseurs de corde dans des paniers ; des petits enfants qui restent sur la tête les pieds en l'air pendant un quart d'heure ; des chevaux qui ronflent ; des sauteurs qui tombent à chaque instant, qui recommencent le même tour d'adresse jusqu'à ce qu'ils l'aient manqué ; un grand nègre vêtu d'un peignoir de bain en percale blanche et coiffé de bandelettes d'or ; des polichinelles, des arlequins, toutes les vieilleries imaginables.

Puis, pour distraction, des loueuses de petits bancs qui vous poursuivent avec leur maudit petit banc avant même que vous n'ayez trouvé une place pour vous asseoir, si bien qu'un gros homme de province, qui entrait avec nous, s'imaginant qu'on lui offrait ce petit banc pour un siége, se mit dans une grande colère, disant que c'était se moquer de lui que de le forcer à s'asseoir là-dessus. Puis des gens qui viennent vous interrompre dans votre conversation pour vous offrir des éventails à quatre sous : toutes les tracasseries des plaisirs parisiens, sans les plaisirs. Voilà Franconi.

Tivoli est plus amusant : le tournoi s'est perfectionné, la valse a le plus grand succès; les manœuvres sont jolies, mais elles durent trop longtemps.

Le reste de la soirée, on le passe à Tortoni; on y va prendre des glaces sans sucre, et respirer un air tout rempli de tabac; et l'on rentre chez soi, et l'on soupire en songeant à ses amis qui sont à la campagne..... et qui s'y ennuient; mais au moins ils s'ennuient en bonne santé et en bon air, c'est quelque chose; et puis ils se promènent : ici l'on ne peut plus se promener. Aux Tuileries, les enfants, les cerceaux vous barrent le chemin ; sur les boulevards, des Turcs en blouses bleues vous empoisonnent de leurs parfums, sous prétexte de brûler de prétendues pastilles du sérail, et quel sérail, grands dieux ! La promenade est impossible; il y a peine de mort pour le flâneur ; l'*Omnibus* et la *Dame blanche* ont envahi la cité; ils la traversent dans tous les sens; on ne marche plus, on court : chaque habitant de la ville insensée semble avoir derrière lui l'Euménide vengeresse qui le poursuit.

Qu'est-il devenu, cet être aimé des dieux, chéri du poëte, béni du pauvre, cet inconnu que chacun veut séduire, cet indifférent qui vous apporte l'espérance malgré lui, cet être indéfini que l'on appelle le PASsant? Homme toujours aimable qui, sans compromettre jamais sa dignité, fait l'amusement de tout le monde. Les gens de la maison assis devant la porte le regardent longtemps marcher, il fournit plus d'un mot plaisant à leurs discours oisifs; la jeune fille, du haut de son balcon, le suit des yeux en souriant; le vieux goutteux, de sa fenêtre, le regarde cheminer et l'envie; l'enfant qui pleure sèche ses larmes pour le contempler: il porte sur lui une idée pour chacun de ceux qui l'aperçoivent; il leur envoie à chacun un sentiment qu'il ignore, c'est la distraction personnifiée; or, une distraction est presque toujours un bienfait; c'est un bienfait quand la pensée est triste, c'est encore un bienfait quand elle est heureuse; car il est doux de quitter un moment une douce pensée, on y revient avec plus de plaisir. Le PASSANT! espoir du marchand, avenir du pauvre, le passant n'existe plus à Paris. Peut-être traverse-t-il encore quelques rues solitaires; mais dans nos brillants quartiers, il ne se hasarde plus : dans nos rues le passant, proprement dit, ne saurait vivre. Chez nous la course est une lutte, le chemin lui-même est un champ de bataille; marcher, c'est combattre. Mille obstacles vous environnent, mille piéges vous sont tendus; les gens qui viennent là sont vos ennemis; chaque pas que vous faites est une victoire remportée: les rues ne sont plus de libres passages, des voies publiques qui conduisent là où vos intérêts vous appellent; les rues aujourd'hui sont des bazars où chacun étale ses marchandises, des ateliers où chacun vient exercer au grand jour son état; les trottoirs déjà si étroits sont envahis par une exposition permanente. Vous partez de chez vous rêveur; une affaire importante, une inquiétude de cœur, ou bien un travail d'imagination vous préoccupe; confiant dans M. le préfet de police, vous marchez les yeux baissés, vous ne redoutez comme danger, comme obstacle, que les chevaux, les voitures ou les ânesses mal élevées; c'est déjà bien assez, mais votre instinct vous fait éviter ces périls à votre insu, et vous n'y pensez pas : vous voilà donc en chemin, aveugle comme un homme vivement préoccupé, au coin de votre rue, premier obstacle.... Devant la boutique d'un marchand de vin, une douzaine de tonneaux sont rangés avec symétrie; vous vous heurtez au premier assez durement; vous exprimez votre mauvaise humeur d'une façon plus ou moins énergique, selon votre langage, puis vous quittez le trottoir et vous continuez votre route. La pensée qui vous domine s'empare de vous de nouveau; vous oubliez et vous marchez sans crainte. Ah, mon Dieu! qu'est-ce que c'est que cela?... On vient de vous jeter un seau d'eau sur les jambes; ce n'est rien, c'est une attention, c'est le luxe des portières : cela s'appelle *faire de la fraîcheur* devant la maison. Le trottoir est inondé, il sera propre et sec tout à l'heure; mais à présent il vous faut encore le quitter. Patience! et vous continuez votre route. Tout à coup vous sentez une grande chaleur, et vous vous trouvez suffoqué par une épaisse fumée; vous regardez avec effroi : ce n'est rien, c'est un emballeur qui ferme ses caisses, qui les entoure de toile, qui se livre à tous les maléfices de son art; il est établi sur le trottoir que ces deux grandes caisses envahissent tout entier. Vous quittez une troisième fois le trottoir, et vous continuez votre route. Ennuyé de ces petits retards, vous pressez le pas. Pan! vous vous heurtez contre une chaise! une chaise au coin de la rue, sur le trottoir. — Comment prévoir cela? à qui appartient cette chaise? quelle est cette femme qui a établi son domicile au coin de la rue, sur une chaise de paille? C'est une marchande de cure-dents; elle est en grand deuil, et cela depuis cinq ans. Son désespoir est toujours le même; il a lassé la pitié du quartier. Nous lui conseillons de déménager et de porter sa chaise dans une rue où sa douleur sera plus nouvelle. Cependant vous respectez cette infortune, vous quittez une quatrième fois le trottoir et vous continuez votre route. Un peu plus loin, vous remontez sur le trottoir. Vous voyez venir à vous un vitrier. « Il porte sur son dos des ailes de lumière, » c'est-à-dire que les rayons du soleil se jouent dans les grandes vitres qu'il porte sur ses crochets. Comme ses ailes ont une envergure effrayante, vous vous rangez un peu vers la droite pour le laisser passer sans les heurter; mais, en approchant de la muraille, vous sentez deux pattes froides qui vous repoussent : c'est un grand bœuf tout saignant suspendu devant l'étal d'un boucher. Vous vous éloignez avec dégoût et vous marchez plus vite ; vous faites quelques pas assez heureux. Mais le vent s'est élevé : tout à coup la rue entière disparaît devant vous. C'est que le magasin de nouveautés vient de déployer toutes ses voiles. Les mousselines à 29 sous l'aune s'enflent de tous côtés comme des ballons légers, les fichus à 22 sous flottent dans les airs comme des pavillons vainqueurs, les calicots se soulèvent, les toiles imprimées s'agitent, les foulards frémissent, les taffetas frissonnent, les gazes transparentes vous caressent, les écharpes d'azur vous enveloppent; vous vous croyez entraîné dans une ronde de sylphides, dans un ballet de bayadères; le vent redouble, les banderoles vous enlacent; vous êtes prisonnier; enfin un des commis du magasin a pitié de vous et vous délivre, et vous repartez en riant. Encore ému de ce dernier obstacle, vous ne prévoyez pas qu'il puisse en survenir tout de suite un nouveau, et vous marchez avec hardiesse, et vous allez franchement donner de la tête contre un objet étrange dont vous êtes longtemps avant de vous expliquer l'existence; un être immobile qui remue; un être vivant qui a l'air d'être en carton, qui tousse, qui renifle, qui souffle, qui sort d'un mur et qui y reste; une enseigne animée, une apparition fantastique s'il en fut jamais : — eh! qu'est-ce donc? — c'est un commencement de cheval, dont la fin est avec un cabriolet sous une factice remise; c'est une demi-tête de cheval qui vous invite à employer tout le reste. Voyez plutôt sur la porte : *Cabriolet à volonté*. Un cocher désœuvré vous fait comprendre par un agaçant coup de fouet qu'il est à votre disposition; alors, fatigué des dangers de votre course, ennuyé de ne pouvoir rêver en liberté, vous vous élancez dans le cabriolet bienveillant qui semble n'attendre que vous; vous rendez le mouvement au coursier inconvenant qui eut l'audace de se trouver face à face, nez à nez, ou plutôt nez à naseau avec vous, et vous pardonnez à ce dernier obstacle, parce qu'il vous a délivré de tous les autres. Voilà ce que c'est qu'une promenade dans Paris; voilà pourquoi le passant n'existe plus, ce passant qu'aimaient tant les poëtes; car jadis ils disaient : « Le passant verra sur ma tombe, etc.; » on disait aussi : « C'est à faire fuir les passants; ça ferait rire les passants. » Maintenant on ne parle plus ainsi, parce qu'il n'y a plus de passants, il y a des *voyageurs*. On appelle voyageurs les gens qui montent dans les omnibus pour aller de la Madeleine à la porte Saint-Denis, comme on appelle auteurs les gens qui font un quart de vaudeville : cela tient à ce qu'il n'y a plus de distance.

Le fait est qu'aujourd'hui le trottoir appartient à tout le monde, excepté à celui qui en est le possesseur naturel, c'est-à-dire le piéton ; les marchands de fruits l'encombrent de leurs paniers, les marchands de porcelaine l'envahissent à demi par la plus ingénieuse des spéculations : vous ne pouvez passer près d'eux sans casser quelques flacons, quelques tasses ou quelques verres, et vous êtes forcé de payer ce que vous avez cassé ; c'est une manière de vendre qui en vaut bien une autre. Le chaland malgré lui est une des belles inventions de notre époque. Les commissionnaires ont aussi une manière assez adroite d'attirer votre attention. Ils dorment sur le trottoir, les bras étendus, de sorte qu'on ne peut passer sans les heurter et sans tomber dans le ruisseau ; on est si couvert de boue qu'on n'ose plus se montrer : alors ils vont vous chercher un fiacre. Les obstacles terrestres ne sont pas les seuls qui poursuivent le piéton ; il y a encore la pluie des tapis : de neuf heures à midi, la poussière des maisons tombe sur vous de chaque fenêtre. Heureux encore lorsque la poussière tombe seule ! une de nos amies a reçu l'autre jour une paire de ciseaux sur son chapeau. C'étaient de fort jolis petits ciseaux anglais, que l'on cherche probablement dans tous les coins de la demeure, sans se douter que, détachés par une secousse des franges du tapis, ils sont venus se planter dans un magnifique chapeau de paille d'Italie.

Ne pourrait-on pas faire secouer ses tapis dans la cour? Pourquoi faut-il que le piéton soit victime de tous les soins du ménage? pourquoi donc semez-vous sa route des débris de votre festin? pourquoi lui jetez-vous ainsi vos restes? pourquoi lui faut-il marcher sur les côtes de vos melons, sur les écailles de vos huîtres, sur votre salade méprisée? Que lui importe ce récit, ce menu vivant de votre repas? laissez-lui l'espace, c'est tout ce qu'il vous demande; la rue est son empire, il y doit vivre en liberté. La rue est un chemin, ce n'est pas un asile; la rue appartient à ceux qui y passent, et non pas à ceux qui l'habitent.

LETTRE XV.

19 juillet 1837.

Légèreté française. — Constance de la mode.

Quel est le flatteur qui le premier a osé dire que les Français étaient un peuple léger? Nous, légers! mais il n'existe pas de peuple plus grave, plus routinier que nous, plus maniaque; or, rien n'est moins léger qu'une manie; car on peut vaincre quelquefois une passion, mais on ne triomphe jamais d'une manie. Nous, légers! et pourquoi nous dit-on légers? parce que nous nous occupons de choses frivoles; mais si nous nous en occupons sérieusement, ce n'est plus de la légèreté. Un caractère léger est celui qui n'attache d'importance à rien; nous, au contraire, nous attachons de l'importance à... rien. Qu'on nous permette de jouer ainsi sur les mots, qu'on nous permette aussi cette image, pour dépeindre la légèreté française; nous ne dirons point : C'est un papillon sur une fleur, une mouche sur une plume, un enfant sur une balançoire, une hirondelle sur une girouette, c'est-à-dire un poids insensible sur un corps léger; nous dirons : La légèreté française, c'est un gros homme en tilbury, c'est-à-dire un poids énorme sur un corps fragile, qui ne mérite pas de le porter; un prix exorbitant sur une chose sans valeur; une sérieuse application à des niaiseries, de la gravité dans les choses futiles, un grand zèle pour des inutilités. L'esprit français est léger, cela est vrai, mais l'esprit est léger partout ; quand un Français a de l'esprit, il s'exprime avec finesse, avec grâce, il est ingénieux et grave, profond et malin, sage et fou, c'est-à-dire que sa pensée a toutes les conditions de l'esprit ; mais un étranger spirituel est aimable de la même manière. Michel Cervantes, qui n'était pas Français, avait dans l'esprit toutes ces qualités-là ; d'ailleurs la légèreté de l'esprit n'a rien de commun avec la légèreté de caractère, et c'est celle-là que nous n'avons pas et que nous n'avons jamais eue. On dit : Le Français léger meurt en riant ; eh ! mais nous n'appelons pas cela de la légèreté ; c'est du courage, c'est de la foi, c'est de l'espérance, c'est une sublime philosophie ; c'est le beau côté du caractère français. L'oubli de soi-même ne passera jamais pour de la légèreté. Ce qui constituerait un caractère léger, ce serait le changement ; et chez nous rien ne change ; nous sommes toujours les mêmes ; nous varions un peu nos rois, mais voilà tout ; nos plaisirs ne varient point, nos goûts sont éternels, nos modes sont d'une solidité désolante, on pourrait, pour exprimer une chose stable, dire : Elle durera aussi longtemps qu'une mode. Voilà trente ans que les hommes se croient charmants avec leurs habits difformes ; les femmes ont porté quinze ans les manches *à gigot*, et voilà quarante ans que l'on porte des cravates de mousseline empesée : nous serons heureux le jour où un règne durera le temps d'une mode ; atteindre l'âge d'une mode, c'est vieillir.

Nous, légers ! mais regardez-nous donc dans nos jours de fête, car c'est au jour du plaisir que le caractère d'un peuple se révèle, la vérité est dans le rire. Les danses d'un pays sont le cachet de son originalité ; veuillez un peu comparer notre danse à celle des autres pays. Voyez la danse espagnole : que d'orgueil, que de noblesse! comme elle fait valoir l'élégance de la taille! c'est une parure pour la beauté. Voyez la danse italienne : allègre et passionnée, c'est le délire d'une imagination toujours active, qui s'exprime avec des pas si vifs, si vifs, qu'il paraît impossible de les arrêter ; c'est un plaisir qui ressemble à un exercice de fou. Voyez la valse allemande : quel entraînement, quelle langueur, quelle volupté! Voyez même la danse anglaise, si agitée, si follement taquine... et puis voyez la danse française : quel pédantisme, quelle prétention! danse d'acteurs qui veulent qu'on les regarde, plaisir de vanité, tout préoccupé d'autrui. Et ne croyez pas que ce soit seulement dans les bals du monde que la contredanse soit si sérieuse, les contredanses de village ne sont guère plus animées, et si les bals Musard sont célèbres par leur gaieté, ce n'est pas que la danse y soit brillante, c'est que la joie y est plus grossière. Enfin voyez à notre grand théâtre ce qu'est la danse comme art : elle n'y est pas plus originale qu'elle ne l'est ailleurs comme plaisir. Depuis soixante ans, ce sont les mêmes pirouettes ; les bergers bleu de ciel sont remplacés par les paysans blancs et rouges, mais leurs pas sont les mêmes, et leur admiration pour leur bergère n'a point changé ; voilà soixante ans qu'ils l'admirent avec les mêmes gestes, qu'ils joignent les mains de la même manière dans leur enthousiasme, et qu'ils se caressent le menton doucement, avec la même naïveté, pour se dire à eux-mêmes : Qu'elle est jolie! Les pas nouveaux qui nous ont charmés venaient de loin ; il n'étaient pas nés en France. Mademoiselle Taglioni, mademoiselle Elssler, sont venues, l'une d'Italie, l'autre d'Allemagne. On les a applaudies, appréciées ; mais elles n'ont même pas fait révolution : la danse est restée la même ; la danse classique règne toujours à l'Opéra ; et c'est là que l'on peut juger notre caractère, le caractère le plus sérieux qu'un maître d'école puisse rêver pour un écolier. Un danseur arrive : il se pose, il est content de lui, mais il dissimule ; il se renvere le corps en arrière, il étend les bras, il prend son élan, et puis il tourne... il tourne assez longtemps ; enfin, il s'arrête sur les deux pieds avec fierté, et semble dire : Me voilà ! Cette fois, il est très-content de lui, et il ne dissimule plus ; il lève une jambe très-lentement, il la maintient en l'air un certain temps, et puis il retourne sur une seule jambe, et l'autre reste en l'air, comme celle d'un polichinelle qu'une ficelle retient. Quand il a bien tourné, il rend la liberté à cette jambe, et d'elle-même elle revient rejoindre l'autre, et alors il frappe des deux pieds par terre d'un air vainqueur, après quoi il se livre à toutes sortes de contorsions qu'il prend au sérieux, jusqu'à ce que pour se reposer il se remette à admirer sa danseuse ; et cela recommence à chaque pas ; et tous les soirs vous verrez un danseur s'y prendre de la même manière pour vous amuser. Un audacieux avait essayé une façon nouvelle : Paul arrivait autrefois sur le théâtre en volant : c'était joli, c'était un zéphyr qui voltigeait pour lui-même, parce que c'était sa condition de zéphyr, et non pas un pauvre artiste qui dansait et se fatiguait pour nous. Il n'y avait pas de préméditation ni de métier dans ce pas-là. Aussi obtenait-il un grand succès qui devait servir de leçon. Point du tout : on a regardé Paul danser, on l'a écouté applaudir, et dès qu'il a été parti, on a repris les vieux pas d'usage, les vieilles entrées, les vieilles sorties. On avait accueilli sa manière, mais on ne l'avait pas adoptée; à l'Opéra, le nouveau est admis, mais à la condition qu'il ne changera rien. Il en est de même de la musique : on a accueilli Duprez parce que Duprez est un grand talent et qu'il *fait de l'argent*, mais on ne l'imite pas ; on rend justice à sa méthode, mais on la respecte comme une originalité étrangère, et il ne vient à l'idée d'aucun des acteurs qui jouent avec lui de s'approprier ce genre nouveau, qui obtient tant de succès. Ah! vous dites que nous sommes légers? mais regardez nos modes, nos plaisirs et nos arts, et vous reconnaitrez que loin d'être un peuple changeant, nous sommes le peuple le plus constant du monde. Les Turcs ont quitté le turban, mais les Français ne quitteront jamais leur chapeau rond ; en Espagne, les combats de taureau ont pu cesser quelque temps : en France, les pirouettes ne cesseront jamais. Or, ce n'est pas un peuple léger que celui dont les danses sont lugubres, dont les fantaisies sont invariables, dont les modes sont éternelles!

LETTRE XVI.

25 août 1837.

Inauguration du chemin de fer de Paris à Saint-Germain. — Boulevards illuminés. — Trop de musique et trop de singes.

Aujourd'hui a eu lieu l'inauguration du premier chemin de fer parisien; demain l'ouverture, aujourd'hui l'inauguration; ne confondez pas : demain le public, aujourd'hui les élus. Pendant que nous écrivons ces lignes, nous avons auprès de nous un de ces élus qui arrive à l'instant de Saint-Germain; il nous conte son voyage en déjeunant; il mange, oh! mais il mange de manière à ruiner à jamais toute entreprise de chemin de fer, car si c'est une économie de voyager si vite et pour si peu, ce n'en est pas une de rapporter de ses voyages une faim dévorante, que rien ne peut assouvir. Cet infortuné jeune homme, qui est un de nos plus proches parents, est sorti de chez lui ce matin à sept heures, après avoir solidement déjeuné; il est arrivé rue de Londres, joyeux et dispos; il est monté dans une excellente berline; il s'y est assis fort à l'aise sur de très-bons coussins, il a entendu un roulement, et puis *bst* il est arrivé à Saint-Germain. Il prétend avoir aperçu quelques arbres dans la campagne pendant la route, mais il n'oserait l'affirmer; il sait cependant qu'il a passé sous une voûte, et qu'il est resté une grande demi-minute privé complétement de lumière. En arrivant à Saint-Germain, son âme s'est attristée en songeant qu'il lui avait fallu si peu d'instants pour être si loin de toute sa famille et de tous ses amis; alors il a voulu repartir, mais il doutait de la promptitude du retour. Cela est naturel, nous ne savons pourquoi; mais en général on part plus vite que l'on ne revient; il est repartit, et *bst* le voilà arrivé à Paris; 26 minutes pour aller, 26 minutes pour revenir; quel charmant voyage! une voiture très-douce, point de cahots; point de postillons ivres, point de chevaux blancs attelés avec des cordes; point d'embarras, aucun ennui; les compagnons de voyage sont tous charmants, on n'a pas le temps de les voir; on apprend le lendemain qu'on a fait la route avec son frère, mais il regardait à gauche et vous à droite : vous ne vous êtes pas reconnus. Quel plaisir de se promener sur l'impériale de la voiture! s'il pleut, on n'a pas le temps d'ouvrir son parapluie. Ah! la délicieuse manière de voyager! mais hélas! chaque belle invention a son mauvais côté : à peine arrivé, une faim horrible vous dévore; vous venez de faire dix lieues, et la faim ne vous fait point de grâce, vous avez l'appétit qu'on a quand on vient de faire dix lieues. L'estomac se fait à l'image de la route, un chemin de fer produit un estomac de fer. O gastronomes! quelle découverte pour vous!

Les chevaux sont, dit-on, indignés, humiliés, furieux; on prétend qu'ils se révoltent contre cette nouvelle invention; il y en a de présomptueux qui veulent lutter de vitesse avec les wagons. On raconte qu'hier, plusieurs chevaux, sur la route, en voulant dépasser les voitures, se sont emportés, car hier déjà la reine et les princesses sont allées à Saint-Germain. La reine est la première femme qui soit montée dans la voiture aérienne; aujourd'hui le grand-chancelier de France et trois ministres ont fait le voyage : le ministre de l'Instruction publique, le ministre des Finances et le ministre de la Justice; et les mauvais plaisants de s'abandonner aussitôt à leur légèreté naturelle. « Jamais l'instruction n'avait été plus rapide, disait l'un ; la justice est prompte aujourd'hui, disait un autre. Le ministre des Finances serait bien content, disaient les plus malins, si son budget pouvait passer aussi vite. » Toutes sortes d'aimables bêtises, qui n'en sont pas moins l'esprit français.

Après le chemin de fer, ce qui enchante le plus les Parisiens, c'est le nouvel éclairage des boulevards. Le soir, cette promenade est admirable. Depuis l'église de la Madeleine jusqu'à la rue Montmartre, ces deux allées de candélabres, d'où jaillit une clarté blanche et pure, font un effet merveilleux. Et que de monde, que de monde ! en vérité, on ne devinerait jamais qu'il n'y a plus personne à Paris.

Des femmes élégantes sont assises sur des chaises, et auprès d'elles sont de beaux jeunes gens qui fument : c'est charmant; des marchandes de fleurs vous poursuivent avec des bouquets et ne vous laissent pas un moment de repos; des vieilles femmes vous offrent des paquets d'aiguilles, des enfants vous proposent des petits lacets ou des boutons de nacre; c'est assez champêtre, mais il nous semble que l'heure est mal choisie : qui est-ce qui pense à acheter des petits lacets et des boutons de nacre à dix heures du soir? Enfin, divers pauvres, infirmes ou musiciens vous abordent au milieu d'une conversation animée en vous demandant l'aumône franchement; car ceci est un problème que nous ne pouvons résoudre : chaque matin les journaux nous parlent de femmes, d'enfants, de vieillards condamnés pour cause de mendicité, et chaque jour nous sommes assaillis par des femmes, des enfants et des vieillards qui demandent l'aumône et qu'on n'arrête point. Certes, nous n'avons nulle envie de dénoncer ceux qui s'adressent à nous, mais nous voulons savoir pourquoi on arrête et l'on condamne les autres. Y a-t-il donc des pauvres privilégiés ? la mendicité a-t-elle donc aussi son monopole ? Nous avons fait encore une remarque qui nous inquiète : la population parisienne augmente d'une manière peu flatteuse pour la nation. Il y a aujourd'hui dans les rues plus de singes que de passants. Ces messieurs sont bien mis, il faut en convenir : les uns sont en uniforme, l'épée au côté, les autres en robe rouge ; ceux-ci en veste de chasse, ceux-là en redingote *à la propriétaire*. La tenue est convenable sans doute; ils vous saluent poliment, il y en a même qui vous présentent leur passe-port; il y en a un surtout qui a très-bonne façon *à cheval* sur un chien caniche : on n'a rien à leur reprocher. Cependant, il vous est désagréable, lorsque vous ouvrez votre fenêtre, de trouver un singe que vous ne connaissez pas du tout, assis sur votre balcon ; ou bien, quand vous marchez tranquillement sur le trottoir, de sentir tout à coup un singe qui vient s'établir sur votre épaule. Cet abus ne saurait se tolérer : les hommes ressemblent souvent à des singes, c'est vrai; mais jamais les singes ne ressemblent à des hommes, et l'autorité ne doit pas les confondre.

Une troisième observation nous inquiète encore pour le repos à venir de la capitale : les progrès que la musique fait en France sont effrayants. A Paris, maintenant, la journée est un concert perpétuel, une suite de sérénades non interrompues; les oreilles parisiennes n'ont pas un instant de repos. Dès le matin, les orgues de Barbarie se partagent les différents quartiers de la ville; une harmonie implacable se répand dans toute la cité. A midi, — les harpes commencent; les harpes jouant la nuit se lèvent tard; mais quels accords! c'est Saül en fureur qui fait gémir la harpe de David; à trois heures, — huit *chasseurs* habillés en vert et coiffés d'un chapeau gris s'en vont de porte en porte donner du cor; par malheur, ils ont des prétentions à l'*ensemble* : c'est un *chœur* de *cors*. C'est quelque chose d'inimaginable et d'affreux; rien n'en peut donner l'idée. Un cor seul a déjà souvent des sons très-faux; jugez alors ce que peuvent produire huit cors qui hurlent en même temps! c'est épouvantable, c'est la fin du monde, ce sont les trompettes du jugement dernier. A quatre heures, — arrivent les sauteurs avec des tambours de basque, des castagnettes et des triangles. A sept heures, — plusieurs aveugles jouent du hautbois. A huit heures, — plusieurs enfants jouent de la vielle. Enfin, le soir, grande sérénade! Violons, galoubets, flûtes, guitares et chanteurs italiens! C'est une fête à en mourir, et il n'y a pas de refuge; tout cela se passe sous votre fenêtre, c'est un concert à domicile qu'il ne vous est plus possible d'éviter. Toutes les actions de votre vie se font avec accompagnement de violon obligé; vous causez politique, vous faites un tendre aveu, et l'orchestre qui vous assiége soutient toujours votre voix. Un seul moyen, un seul, vous est offert pour repousser ce fléau d'harmonie : on peut quelquefois le combattre homœopathiquement, par les semblables; précipitez-vous sur votre piano, et là jouez de toutes vos forces trois sonates de suite sans désemparer; mais ouvrez bien la fenêtre, mettez la grande pédale et frappez fort. Si votre piano a du *fond*, si c'est un enfant d'*Érard*, bien sonore, vous avez une chance de triompher; l'ennemi vaincu par le bruit, découragé par cette puissante rivalité, peut-être finira par vous céder la place ! Mais le moyen est terrible : que voulez-vous? aujourd'hui on aime la musique en France, et voilà comme nous aimons.

LETTRE XVII.

1er septembre 1857.

La pluie. — Les femmes courageuses. — Une course à Saint-Germain par le chemin de fer. — Négligences des employés. — Tout le monde a mieux à faire que son devoir.

Voici la pluie, voici le froid, voilà l'automne, déjà l'automne et pas encore le raisin ! Quelle journée triste ! Il fait nuit. Quelle heure est-il ? Midi..... Donnez une lampe, nous n'y voyons plus pour écrire. Quel déluge ! Que la pluie est lourde et froide ! On nous dit, pour nous rassurer, qu'il tonne et que c'est très-heureux, que c'est un orage ; n'importe, le tonnerre ne nous rassure point. Un orage sans chaleur, ce n'est plus l'été ! Oh ! Paris est odieux ! voyez ces grands ruisseaux qui courent de chaque côté de la rue ; ils vont se rejoindre bientôt. Entendez-vous toutes les portières qui balaient le devant des maisons et qui causent ? Quelques rares piétons se hasardent ; des femmes, trempées de pluie, laissent voir une jupe verte sous une robe bleue. Pauvres femmes, qu'elles sont courageuses ! car les femmes ont beaucoup plus de courage que les hommes : on avouera cela un jour. Regardez la rue, un jour d'orage : les hommes passent en cabriolet, les femmes s'en vont à pied dans l'eau et dans la boue. Sur dix passants, il y a huit femmes. Ce ne sont point des élégantes, non, sans doute ; mais ce sont de braves mères de famille laborieuses, qui courent pour affaires, des ouvrières consciencieuses qui reportent leur ouvrage à l'heure dite, des gardes-malades qui rejoignent un lit de douleur, de jeunes filles artistes qui regagnent leur atelier. Ceci est un indice infaillible; vous ne risquez jamais de vous tromper en vous intéressant à la femme que vous voyez courir dans la rue par une averse. Le motif qui la fait sortir par ce temps-là méritera toujours votre intérêt et quelquefois votre admiration.

Hier il pleuvait aussi, mais moins fort, et nous sommes allé à Saint-Germain par le chemin de fer : c'était un devoir pour nous ; toute invention nouvelle nous réclame ; nous sommes tenu d'en parler à tout prix. Donc hier nous sommes parti de chez nous à cinq heures du soir pour aller à Saint-Germain, et nous étions de retour à neuf heures ! Nous avons mis quatre heures pour faire ce trajet, pour aller et venir. C'est admirable ! les méchants prétendent qu'on irait plus vite avec des chevaux. Voilà comme cela est arrivé : nous étions rue de Londres à cinq heures un quart ; la foule encombrait la porte qu'on n'ouvrait pas ; nous attendons, nous attendons à la porte. Enfin on ouvre : nous entrons dans une espèce de couloir en toile verte ; il n'y a qu'un seul bureau. Tous les voyageurs sont mêlés : voyageurs à 2 fr. 50, voyageurs à 1 fr. 50, voyageurs à 1 fr. Il n'y a qu'un bureau, qu'une entrée : sans doute les bœufs et les moutons entreront aussi par le petit couloir ; ce sera très-commode ; mais nous n'en sommes pas encore là. Nous attendons, nous attendons dans le couloir vert un grand quart d'heure, au milieu de la foule, comme nous avons attendu à la porte. Enfin nous arrivons au bureau : là, on nous donne trois petits papiers jaunes, et nous pénétrons dans une vaste salle gothique remplie de peintures. Ici les voyageurs se séparent : les trente sous vont à droite, les vingt sous vont à gauche. La salle est vaste et belle ; on peut nous croire, nous avons eu le temps de l'admirer. Là nous attendons, nous attendons ; il n'est que six heures dix minutes, on doit partir à sept heures. Patience! Nous voyons arriver des voyageurs avec des paquets ou des paniers; des enfants voyageurs charment nos ennuis en jouant de divers instruments dont ils obtiennent divers sons plus ou moins sauvages ; leurs mères les grondent parce qu'ils font du bruit; elles leur arrachent l'instrument de notre supplice, elles s'en emparent à notre grande joie, et elles se promènent graves et imposantes avec une petite trompette ou un mirliton à la main. Le temps passe, et nous attendons toujours; il est six heures et demie, nous attendons, nous attendons. Enfin, on entend un roulement, c'est l'arrivée des voyageurs de Saint-Germain ; tout le monde se précipite aux fenêtres ; toutes les voitures, tous les wagons s'arrêtent ; la cour est vide : çà et là, deux ou trois inspecteurs, rien de plus ; mais on ouvre les portières des wagons..., et alors, en un clin d'œil, une fourmilière de voyageurs s'échappent des voitures, et la cour est pleine de monde subitement. Ceci est véritablement *impossible à décrire* ; mais c'est très-amusant à regarder. La foule improvisée monte aussitôt vers les galeries de Saint-Germain, et disparaît. A notre tour, maintenant. Nous attendons encore un peu, mais ce spectacle nous avait intéressé, et nous étions plus patient. Enfin, nous descendons dans la cour. Nous montons dans une berline, nous y sommes fort à l'aise et bien assis. Là, nous attendons, nous attendons que tous les voyageurs soient emballés ; nous étions six cents à peu près : quelqu'un disait onze cents, ce quelqu'un avait peur sans doute. Enfin le cor se fait entendre, nous recevons une légère secousse, et nous partons. Il était sept heures moins un quart ; le voyage a été aussi agréable que l'attente avait été fatigante ; le plaisir de courir si vite nous faisait tout oublier. Dans les voitures, évitez la banquette qui est près des roues, c'est la moins bonne place. Mais vivent les chemins de fer ! nous persistons à dire que c'est la manière la plus charmante de voyager ; on va avec une rapidité effrayante, et cependant on ne sent pas du tout l'effroi de cette rapidité ; on a bien plus grand' peur en voiture de poste, vraiment, ou en diligence, quand on descend la montagne de Tarare, ou même la moindre montagne, et il y a aussi beaucoup plus de danger ; malheureusement nous sommes négligents en France, et nous avons l'art de gâter les plus belles inventions par notre manque de soins : on va à Saint-Germain en vingt-huit minutes, c'est vrai, mais on fait attendre les voyageurs une heure à Paris, et trois quarts d'heure à Saint-Germain, ce qui rend la promptitude du voyage inutile. Et cela, parce que nous n'avons point de conscience, ou plutôt parce que chez nous chacun méprise son propre métier ; on a toujours mieux à faire que son devoir. Un homme de bureau méprise son bureau ; il ne saurait y arriver à l'heure précise, il est poëte ou auteur de vaudeville : il vient tard, il avait *sa répétition*. Un caissier méprise sa caisse ; il se fait spéculateur : il vient tard, il avait un rendez-vous d'affaires. Un commis marchand méprise sa boutique ; il se fait homme à bonne fortune : il vient tard, parce qu'il n'avait pas de rendez-vous. Un clerc d'avoué méprise son étude ; il est musicien : il vient tard, il étudiait pour un concert. Et tout le monde est ainsi en retard, et de toutes ces négligences innocentes résultent souvent de grands malheurs.

Cet esprit d'indépendance française qui consiste particulièrement à mépriser son métier et à s'affranchir de son devoir, nous fait frémir appliqué à ces inventions nouvelles, qui exigent tant d'attention et de prudence ; il est à craindre que des employés qui vous font attendre trois quarts d'heure par négligence, ne vous fassent sauter un jour en l'air par distraction ; et nous appelons sur cet oubli la surveillance de messieurs les directeurs. Il serait fâcheux de voir une si belle entreprise, exécutée à tant de frais, et si heureusement accomplie par des hommes de si grand mérite, compromise par la légèreté d'un sot ou par la négligence d'un paresseux. C'est déjà bien assez d'avoir affaire à des voyageurs imbéciles, qui n'auront pas de cesse qu'ils n'aient créé des dangers là où il n'y en a point.

Et la preuve que chacun méprise son métier, c'est la petite brochure qu'on vous vend à la porte du chemin de fer. Vous croyez y trouver l'histoire abrégée des chemins de fer, un récit bien simple, des noms, des dates, des mesures, des faits, et surtout peu de mots et pas un mot inutile : il n'est pas permis d'allonger sa phrase en parlant d'un chemin qui raccourcit toutes les distances ; point du tout ; ce qu'on vous donne est un morceau littéraire, c'est de l'éloquence industrielle sur les chemins de fer. Ce n'est pas un ingénieur qui vous parle, c'est un homme de lettres. Interrogez-le ; demandez-lui dans quel pays a été essayé le premier chemin de fer ; il vous parlera de l'obélisque de Luxor et de l'Arc-de-Triomphe de l'Étoile. Demande : « Quel est l'homme qui a construit le premier chemin de fer ? » Réponse : « C'est le Mont-Valérien qui se penche pour regarder cette tempête qui passe en voiture. » Bien ! « Combien y a-il de chemins de fer en Europe ? car maintenant il faut savoir ses chemins de fer comme on connaît ses fleuves. » Réponse : « Nanterre se choisit une rosière ; passez maison blanche aux volets verts, rêve de Jean-Jacques ! » Êtes-vous satisfaits ? Si vous demandez à cet auteur : « Qui a inventé la vapeur ? » alors il fera bien mieux ; il vous répondra un mensonge ; il ne vous dira pas : « C'est Fulton ! » il vous dira que : « C'est un vieillard, homme de génie, que le cardinal de Richelieu a fait enfermer comme fou à Bicêtre ; » et il vous parlera d'une prétendue lettre de Marion de Lorme, qui est la plus charmante mystification qu'homme d'esprit ait jamais imaginée et que grand journal ait jamais répétée ; et il vous dira toutes sortes de choses agréables sur ce sujet. Mais ces belles phrases, ces brillants mensonges qui sont très-jolis dans une colonne de journal, dans un livret sont inutiles ; ce n'est pas ce qu'on y cherche, il faut des chiffres exacts, des faits véritables et pas de bavardages, pas de longueurs surtout. Quand on voyage sur un chemin de fer, on a le droit d'exiger que la phrase que l'on commence en partant soit au moins terminée quand on arrive.

LETTRE XVIII.

8 septembre 1837.

Imprécations à l'automne. — A vendre séparément deux inséparables!

C'en est donc fait! voici l'automne! En vain nous avons annoncé son retour, elle est venue. Hélas! il y a huit jours, quand nous avons dit : Elle est là; nous comptions sur un heureux démenti; nous espérions que le lendemain un soleil d'été viendrait encore nous confondre et changer en erreur nos vérités de la veille; mais non, le destin sans pitié nous a laissé avoir raison. La voilà cette triste automne, cette femme de quarante ans, la seule que M. de Balzac n'ait point célébrée, cette femme d'esprit qui paraît belle encore le soir en grande parure les jours de fête, avec du rouge, avec une robe de velours vert et un turban d'Alger, mais qui, les jours de deuil, en négligé, le matin, n'est plus qu'une beauté pâle et fanée; cette pauvre femme encore séduisante, qui a la vieillesse pour espérance; cette noble femme encore aimée, qui a l'abandon pour avenir. Automne, fidèle amante du peintre et du chasseur, qu'ils vous chantent, qu'ils vous bénissent, vous n'avez pour eux que des bienfaits; toutes vos parures sont pour leur plaire; pour le peintre... vous avez des arbres jaunis, des pampres rouges et des prés verts; vous avez un petit soleil qu'il peut étudier sans perdre la vue, et dont il peut donner une idée dans ses paysages; vous avez un ciel triste, et d'un bleu probable, qui sera compris de tous les bourgeois du Salon de 1388 ; grâce à vous, toute la nature semble poser pour un tableau moderne, et se draper pour être admirée de la foule à la prochaine exposition. Pour le chasseur... vous avez mille attraits; toutes vos prévenances pour lui sont pleines de délicatesse ; votre souffle, ni chaud ni froid, lui permet de marcher pendant des journées entières sans fatigue ; votre soleil *Locatelli* le réjouit sans l'échauffer ; votre demi-mystère l'aide à se cacher, en lui laissant apercevoir sa proie. La moisson est faite, les granges sont remplies, et la terre qui se repose lui appartient, et ses pas s'impriment sans remords dans les sillons désœuvrés ; la vigne seule garde encore sa richesse, et tous ses trésors sont pour lui, et la grappe lourde et noire le désaltère, pendant que son chien attentif court ramasser sur le sable sanglant la perdrix qui vient de tomber. Oh ! pour eux, vous êtes aimable, vous avez d'enivrantes faveurs, vous avez même des promesses; pour le poëte... vous n'avez rien. Pas un plaisir, pas une fête ; vous n'avez rien pour lui, cruelle : il vit de lumière et vous êtes pâle ; il vit de chaleur, et vous êtes froide ; il vit d'avenir, et vous n'en avez plus ; il vit de parfums, et toutes vos fleurs sont fanées. Au printemps, du moins, il s'enivre de la senteur des roses et de l'éclat du jour: l'été, la chaleur du soleil l'embrase ; l'hiver, la flamme du foyer l'inspire ; l'été, il rêve à l'ombre d'un chêne ; l'hiver, il rêve auprès de l'âtre : le feu et le soleil sont les compagnons indispensables de sa vie ; sans eux, il mourrait, et dans leur attente il languit. L'automne, c'est pour lui une saison d'adieux, et les adieux sont encore plus tristes que l'absence ; car les adieux ne sont déjà plus la présence, et pas encore le souvenir ; on se voit mal et l'on ne s'écrit pas encore. L'avenir, c'est se quitter ; dans l'absence, du moins, l'avenir c'est se revoir. Ainsi l'automne, qui n'a plus de soleil, n'a pas encore de feu ; il ne fait plus assez chaud pour les vêtements d'été, il ne fait pas encore assez froid pour les vêtements d'hiver ; il ne fait pas jour, il ne fait pas nuit ; la fenêtre n'est pas ouverte, la cheminée n'est pas *habitée ;* les appartements n'ont pas encore de tapis, et le vent souffle déjà sous la porte. O fatale automne ! saison de passage et d'ennui, de vagues désirs et de vains regrets ! Femme qu'on chérit encore et qu'on n'aime plus, tu n'auras jamais nos hommages ; tout rêveur est poëte, et nous sommes poëtes par l'oisiveté ; et nous maudissons ta venue. Ne cherche pas à séduire le poëte avec tes grands airs de mélancolie ; s'il est sincère, il n'aura pas de chants pour toi, son luth se détendrait sur tes autels humides ; contente-toi de joindre à tes classiques attributs la palette du peintre et le fusil-Robert du chasseur.

Si nous sommes parfois déconcerté dans nos prédictions, nous sommes en revanche très-bien compris dans nos reproches, ce qui nous rend très-fier. Il est glorieux d'avoir de l'influence, même en riant, même lorsqu'on n'y prétend pas. Depuis que nous avons dénoncé la négligence des employés du chemin de fer, ils sont d'une exactitude exemplaire. Chez nous, pour bien agir, on a besoin de se savoir regardé : du jour où l'on se *pique* de bien faire son métier on le fait bien, l'important est de faire arriver le devoir à l'état de prétention. Alors vous pouvez être tranquille, on n'y manquera plus. Naguère le départ était en retard de trois quarts d'heure ; aujourd'hui on doit partir à midi, à midi précis on s'embarque, et huit cents personnes se placent en même temps dans les wagons, ce qui est prodigieux ; pourquoi ? parce que maintenant les employés comprennent l'importance de leur besogne, parce qu'ils se sont dit, comme les députés à la tribune : « Messieurs, la France entière nous contemple ! » et cela est vrai, car le chemin de fer est la grande pensée du moment. Il occupe tous les esprits, il éveille toutes les curiosités. Quelqu'un disait hier que, depuis l'arrivée de la girafe, rien n'avait fait tant de sensation à Paris. Pauvre girafe ! que de gens ont prédit sa mort ! On disait qu'elle ne s'acclimaterait jamais en France, comme on dit encore que les chemins de fer ne prendront jamais chez nous ; parce que nous, qui sommes un peuple léger, nous sommes malveillants pour ce qui est nouveau ; nous sommes curieux, mais nous restons incrédules. On disait aussi, le jour de son élévation, que l'obélisque tomberait et se briserait en morceaux, et pourtant l'obélisque est debout sur sa base, la girafe est en vie au Jardin-des-Plantes, et, malgré les esprits fâcheux, vous verrez bientôt les chemins de fer parcourir tout le pays.

A propos du Jardin-des-Plantes, on parle d'une belle collection d'oiseaux dont il vient de s'enrichir. Cela nous fait songer que nous avons vu hier chez un marchand d'oiseaux cette affiche : « A vendre séparément *deux inséparables*. — Mais ils mourront, si vous les séparez. — Non, monsieur, quand on s'y prend adroitement, reprit le marchand, ces petits oiseaux supportent très-bien l'absence ; on les laisse ensemble dans la même cage tout l'hiver, et puis au printemps, on les sépare, et ils ne disent rien. » N'est-ce pas là un mot ravissant ? Des oiseaux qu'on sépare au printemps ! ô civilisation !

Nous avons entendu hier aussi une bonne parole d'un cornac de sauvage. « Entrez, messieurs, criait-il, vous verrez un sauvage comme vous n'en avez jamais vu, vous l'entendrez parler ; et la preuve de son existence, c'est qu'il fait lui-même *son explication !* » Vous figurez-vous cet homme de la nature expliquant lui-même au public comme quoi il est sauvage ! c'est bien aimable de sa part.

Les théâtres s'agitent, leur saison est venue ; le soir on ne se promène plus ; le matin on va aux courses, ou bien au bois de Boulogne, et le soir on va au spectacle.

Cependant l'aspect de la ville est triste ; il n'y a plus ici que ceux qu'une contrariété y retient, ou ceux qu'une fâcheuse affaire y ramène. Les passants marchent vite, et tous portent quelque paquet à la main ; chacun semble craindre de manquer la diligence ; c'est de l'activité, mais une activité finale qui annonce un très-long repos. Quand donc irons-nous à notre tour demander au Midi un peu de soleil pour nous aider à attendre que ce bon hiver vienne avec son bon feu ? Ah ! si nous pouvions inventer un moyen de supprimer l'automne !... Les oiseaux de passage savent trouver en tous lieux la saison qui les fait vivre, pourquoi les hommes ne seraient-ils pas aussi spirituels que les oiseaux ? Hélas ! c'est qu'il leur manque des ailes.

LETTRE XIX.

22 septembre 1857.

Une absence. — Paris vu de loin. — Les Parisiennes à la campagne. — Le bitume. — Nouvelles littéraires. — Nouvelles étrangères.

Ce voyage désiré nous l'avons fait, et nous voilà de retour. — Déjà? dira-t-on. — Oui, déjà. Oh! nous ne sommes pas allé bien loin ; d'ailleurs, nous ne voyagions pas pour notre plaisir. Nous étions allé, à quelque distance de Paris, faire des *études ;* nous voulions nous juger nous-même au point de vue de la province : c'est un grand désavantage que de ne pas connaître ceux pour qui et à qui on écrit. Il faut souvent regarder le tableau qu'on fait de la place où il doit être vu, et nous avons naïvement imité ce peintre d'enseignes qui, dessinant un bonnet de coton sur la boutique d'un bonnetier, descendait à chaque instant de son échelle, et s'en allait de l'autre côté de la rue contempler l'effet de son ouvrage. Il fermait les yeux à demi, comme font les grands artistes ; il s'admirait ; il étudiait tous les points de la perspective, puis il remontait sur l'échelle, peignait la mèche du bonnet de coton, la faisait valoir par une ombre, et redescendait encore pour aller la juger de loin ; il avait même un miroir qu'il plaçait en face de son tableau, afin de s'assurer s'il ne perdait rien par la réflexion, et si les traits étaient bien d'ensemble ; enfin, il apportait, dans la reproduction de ce candide emblème de la vie bourgeoise, tous les soins, tous les scrupules que met un grand peintre quand il veut représenter une belle action, une bataille célèbre, Bonaparte, l'Océan, ou la femme qu'il aime.

Et maintenant, nous savons l'effet que produit de loin notre bonnet de coton, nous connaissons tous nos défauts, c'est-à-dire tous ceux des aimables lecteurs pour qui nous écrivons : de loin, ce qui intéresse, et nous le savons maintenant par nous-même, c'est Paris, c'est la vie parisienne, ce sont les plus petits intérêts, les plus grandes niaiseries de Paris. Les commérages, les mensonges, les calomnies même, en province on veut tout savoir; les fausses nouvelles ont, à vingt lieues de Paris, valeur de vérité, non pas qu'on y croie ou qu'on y veuille croire, mais on tient à savoir qu'elles ont eu cours; l'habitant de la province aime à pouvoir dire, de la chose même la plus absurde : « Il paraît qu'il a été question de cela à Paris. » Il réclame jusqu'aux erreurs de la grande ville; il veut la suivre dans tous ses faux pas; si Paris a une terreur panique, il ne veut pas qu'on la lui épargne; si Paris porte sur un honnête homme un jugement indigne, il veut devenir son complice et prendre sa part des remords; Paris a joui pendant un mois de telle ou telle calomnie, l'habitant de la province veut en jouir aussi; il n'entend pas qu'on lui fasse tort d'un méchant bruit; et si, dans votre justice, dans votre loyauté, dans votre respect pour lui-même, vous lui en faites grâce, il dit avec aigreur : « Eh bien ! mon journal n'a point parlé de cela!... » Désormais donc, votre journal vous en parlera, mais à sa manière; nous ne mentirons pas davantage pour cela; nous vous dirons, puisque vous voulez tout savoir : « Voilà le mensonge d'hier. »

Nous revenons aussi avec cette découverte, que l'on ne connaît pas les femmes de Paris lorsqu'on ne les a pas vues à la campagne. Oh! quelle différence! quelle métamorphose! et comme, en général, les Parisiennes gagnent à ce changement! Telle femme, prétentieuse, pédante ou minaudière, à Paris vous semble insupportable..., dans son château, vous apparaît tout à coup comme la maîtresse de maison la plus gracieuse, la plus simple, la plus aimable. C'est qu'à Paris toutes les femmes jouent un rôle; c'est que le besoin de produire de l'effet leur compose une seconde nature, qui détruit toute la noblesse de la première; c'est que la vanité à Paris est stérile, tandis que la vanité, à la campagne, est féconde. A Paris, une femme ne songe qu'à briller, son orgueil n'est qu'égoïsme; elle, toujours elle sur le premier plan; sa pensée est d'être la plus belle, la plus entourée, la plus spirituelle, la plus riche, la première enfin, toujours la première; et vous tous, vous ses enfants, vous son mari, vous sa sœur, vous sa mère, vous êtes sacrifiés à ce besoin d'effet, qui est le mobile de toutes les actions de sa vie. A la campagne, au contraire, sa vanité se repose, ou plutôt elle vous appartient; ses prétentions, bien loin de vous être hostiles, vous deviennent favorables, car maintenant son orgueil, c'est vous, c'est votre bien-être, ce sont vos plaisirs; elle s'occupe de vous du matin au soir; elle vous est rendue tout entière; plus de préoccupation mondaine, elle n'a plus qu'un rôle à jouer, celui de bonne maîtresse de maison, et ce rôle lui sied à merveille. Sa vanité est votre joie; cette vanité qui vous séparait d'elle à Paris, là vous réunit à toutes les heures; vous lui devez vos plus doux moments; et vous découvrez

dans cette femme nouvelle mille qualités dont vous n'aviez aucune idée ; vous lui trouvez de l'esprit, et jusqu'alors vous aviez cru sincèrement qu'elle en manquait ; vous découvrez qu'elle est très-bonne musicienne, qu'elle chante bien : talents gracieux qu'une rivalité de famille lui fait modestement cacher. « Ma cousine a une si belle voix, dit-elle, que je n'ose jamais chanter quand elle est là. » Vous lui découvrez enfin deux petits enfants adorables que vous n'aviez jamais vus et qu'elle élève parfaitement. Cette femme si moqueuse, si médisante à Paris, dans son château est bienveillante pour tout le monde. Si l'on vient à parler d'une de ses amies absentes, elle en fera l'éloge, elle rendra justice à sa beauté ; à Paris, elle en est envieuse, elle ne peut lui pardonner ses beaux chevaux, ses admirateurs et ses diamants ; à la campagne, elle l'aime, elle convient qu'elle est jolie, elle oublie ses succès qu'elle ne voit pas et ses diamants qui sont dans leur écrin ; elle lui écrit mille choses affectueuses, et elle est sincère. O prodige ! Qu'est-ce que cela prouve ? que l'air de Paris ne convient pas aux Parisiennes. La vanité et l'envie composent l'atmosphère ici, et cela suffit pour corrompre les plus nobles natures. Les hommes subissent moins que les femmes cette fatale influence.
— Les hommes se croient tous charmants; cela les préserve d'être envieux, ou du moins cela fait qu'ils sont envieux d'une autre manière ; il leur faut un sujet d'envie : ils se brouillent avec leur ami, quand il obtient un grand succès, sans doute, mais encore faut-il qu'il obtienne un succès ; ils ne le haïssent pas sans raison : tant qu'un événement n'est pas venu leur révéler leur propre infériorité, ils se croient parfaits, au-dessus de

tout, et ils vivent tranquilles. — Les femmes sont plus modestes ; elles ont plus le temps de s'observer ; elles s'aveuglent moins sur elles-mêmes ; et dès leur entrée dans le monde, elles éprouvent une jalousie vague, une inquiétude humble qui les rend envieuses d'avance. Cette appréhension, cet instinct d'une rivale à venir, les fait s'armer sans guerre, se parer sans fête ; et leur inspire cette malveillance factice qui les fait paraître méchantes, et qui n'est que de la crainte, cette coquetterie laborieuse, cette gentillesse volontaire qui les fait paraître coupables, et qui n'est que de la modestie. Voilà les défauts que leur prête le monde et qu'elles perdent loin de lui. Bref, ne vous étonnez pas si vous découvrez que la femme qui vous a tant déplu cet hiver, par ses airs moqueurs, par ses propos de mauvais goût, est justement à cent cinquante lieues de Paris la femme que vous rêvez. Eh ! comment ne l'avez-vous pas plus tôt reconnue ? Ah ! c'est que les jours où vous alliez chez elle, une petite vanité l'occupait : elle attendait la femme d'un grand personnage, une jeune lady à la mode, ou le héros du jour ; si elle habite la Chaussée-d'Antin, elle attendait M. le duc d'Or., ou M. le duc de N... ; si elle habite le faubourg Saint-Germain, elle attendait le prince de M... ; et cela sans ambition, sans amour, mais par élégance. Cela suffisait pour vous séparer tous deux ; cette grande préoccupation était entre vous. Madame de Staël avait raison de dire : « Une prétention est un tiers. » Oh ! que c'est vrai ! il n'y a point de tête-à-tête dans un salon où règne la vanité.

Nous avons retrouvé la grande cité fort animée ; les plaisirs s'apprêtent avec zèle pour cette brillante saison qu'on appelle l'hiver. Quelle activité sur les boulevards et dans les rues! Il y a plusieurs années, alors que la manie des constructions dominait tous les esprits, on disait que Paris ressemblait à une ville prise d'assaut par les maçons; aujourd'hui l'on pourrait dire que c'est une ville fantastique envahie par les sorciers. A tous moments, vous êtes étouffé par une odeur infecte, par une épaisse et noire fumée; à tous les coins des boulevards, vous voyez d'énormes chaudières sur de grands feux qu'attisent de petits hommes à figures étranges. Nous avons compté jusqu'à douze chaudières sur le boulevard; aussi il fallait entendre tousser les passants suffoqués par la fumée : c'était un rhume universel; toutes les voix s'unissaient dans une seule et même quinte, qui commençait rue de Gramont et qui finissait rue Royale. Cela nous rappelle cette bonne pièce des Variétés : la *Neige*, et dans laquelle Odry disait d'une manière si comique : « Ils toussent tous! » Le boulevard Montmartre a l'air du chaos; il n'en est pas encore aux douze chaudières, il est simplement dépavé; et çà et là, une ficelle vous avertit qu'on ne doit point passer; et chacun passe sous la ficelle; chacun voit l'obstacle et chacun veut le braver : c'est bien spirituel! Le parisien s'imagine toujours qu'un ouvrier n'a qu'une pensée, c'est de contrarier sa marche; il ne comprend pas que c'est pour lui-même, pour la sûreté même de sa course, qu'on lui indiqué les passages dangereux; et dans une mesure de prudence, il ne voit jamais qu'une taquinerie de l'autorité. Si des couvreurs attachent deux lattes en croix au bout d'une corde, pour vous avertir de prendre le large et d'éviter les tuiles qui peuvent vous tomber sur la tête, le parisien n'en tient nul compte, il marche bravement sous le danger ; seulement il joue avec les lattes, qu'il envoie, par un coup léger, dans les yeux de la personne qui vient derrière lui ; les barrières pour lui n'ont point de langage, il saute par-dessus sans se déconcerter, et ce n'est que lorsqu'il a reçu un sac de plâtre sur les épaules, un coup de pioche sur la cheville, ou une cheminée sur la tête, qu'il commence à deviner que ce mot : « On ne passe pas ! » qu'il regardait comme une vexation révoltante, était un conseil d'ami.

Les illustres ouvriers littéraires s'occupent aussi avec zèle de nos plaisirs et de notre gloire. M. de Chateaubriand travaille dans la solitude ; l'histoire, c'est une belle retraite pour un homme d'État. Alfred de Vigny vient de compléter un recueil de poésies ; l'auteur de *Chatterton* se souvient encore d'*Éloa*. Le comte Jules de Rességuier nous promet dans peu de jours les *Prismes poétiques :* c'est le monde vu par le poëte ; le *prisme*, c'est un cœur plein d'illusions. Henri Berthoud vient d'achever un roman qui a pour titre l'*Honnête homme:* ce titre fait frémir aujourd'hui que le *parlage* à l'envers est à la mode ; l'*Honnête homme*, c'est sans doute un brigand atroce ; c'est le prix de vertu d'*Atar-Gull*. M. Valery termine son *Voyage en Sardaigne*. Il nous révèle l'existence de cette superbe forêt dont les gigantesques orangers ne comptent pas moins de sept cents ans. Quel bel âge pour un oranger ! que d'arbres généalogiques pourraient envier ces arbres-là ! La noblesse de cette forêt vaut bien celle du faubourg Saint-Germain.

Les ouvrières en mode se démènent ; les capotes de satin ont déjà vu le jour, non sur les têtes, mais sur les *champignons;* les *fleurs* nouvelles sont les *grappes de raisin.* Oui, déjà beaucoup de raisin ; il sera *fané* sur les chapeaux avant d'être mûr sur les treilles.

Pour les coiffures en cheveux, les *rouleaux* ont remplacé les nattes. Sergent, qui a inventé cette coiffure, entremêle ses *rouleaux* de rubans de velours, ce qui est fort joli. Pour les femmes brunes, toujours les classiques *bandeaux ;* pour les blondes, les longs *tire-bouchons* à l'anglaise ; sous les chapeaux on met tout ce qu'on trouve : des dentelles, des pompons, des fleurs, des cordes de satin, des marabouts, du raisin noir, des fraises, des cerises et des groseilles, toutes sortes de fruits ; nous n'avons pas vu de légumes cependant, mais le monde élégant n'est pas encore revenu.

On nous écrit de Londres : « Les Anglais sont fous de leur jeune reine, qui est Anglaise dans l'âme ; elle partage tous les préjugés de son pays contre le nôtre. Elle trouve, par exemple, que les Français ont l'air de singes. » Hé ! elle a peut-être raison : auprès d'un gros Anglais au teint rose, immobile et silencieux, un petit Français bien maigre, au teint vert-pomme, riant, faisant toutes sortes de gestes et de grimaces en parlant, pourrait bien avoir l'air d'un singe !... Oui ; mais aussi quel joli singe !

Enfin, l'on nous écrit de Bade : « Il n'y a ici de *Français* que Meyerbeer. Hier, au bal, qui a fini à onze heures, il y avait soixante personnes au plus, quelques Russes et des Anglais causant en français avec des Allemands, ce qui produit une conversation dont rien ne peut donner l'idée ; à tous moments je les entendais parler du Grand Turc, et comme je trouvais qu'on s'occupait de lui à Bade plus qu'il ne convient de le faire dans une ville d'Allemagne, j'ai écouté de plus près les discours : « Le cran Turc n'est pas ici, disait-on, mais la crante-*tichesse* fa fenir. » Alors j'ai compris que le grand-duc ne viendrait pas, et j'ai attendu l'arrivée de la grande-duchesse, dont la fille m'a paru fort belle. Je ris de tous ces braves gens qui écorchent ainsi notre langue ; mais, en secret, je les envie ; car je ne sais ni l'anglais ni l'allemand, et je m'ennuie à périr ici. »

Voilà comme nous sommes : nous osons nous moquer de ceux qui savent notre langue, *parce que* nous ne savons pas la leur ; nous trouvons moyen, auprès d'eux, de nous faire une supériorité de notre ignorance.

LETTRE XX.

15 octobre 1837.

Mort de la reine Hortense, duchesse de Saint-Leu.

Oh! nous sommes tristes aujourd'hui, nous n'avons pas le courage d'être méchants : turpitudes et travers, ridicules et prétentions, passez devant nos yeux sans crainte, aujourd'hui nous ne vous verrons pas, nous ne saurions vous reconnaître ; vivez en paix, nous n'aurons pas un sourire pour vous ; ce n'est pas vous que nous cherchons dans la foule : aux jours de regrets on ne va voir que ses amis, on se hâte d'arriver chez eux pour leur confier ses chagrins, et l'on ne fait guère attention aux tournures grotesques, aux figures plaisantes que l'on aperçoit sur sa route.

Être femme et mourir dans l'exil, n'est-ce pas un destin horrible? Pauvre reine Hortense, quelle existence malheureuse que la sienne! Pour quelques jours brillants, que de jours orageux! pour un peu de gloire, que de larmes? et cependant, quelle femme avait mieux mérité le bonheur! Elle avait reçu du ciel tous les dons qui font chérir la vie; elle était belle, gracieuse, aimée; elle possédait le charme, le secret de séduire : puissance involontaire que le trône ne donne point et que l'exil lui avait laissée; elle était bonne et généreuse, voilà pour les jouissances du cœur ; elle était rêveuse et inspirée, voilà pour les délices de l'imagination ; elle était parée de tous les talents, voilà pour les plaisirs de l'orgueil : que d'éléments heureux, que de trésors, quelle belle part la nature lui avait faite! Hélas! une couronne a tout gâté!

Mourir loin de la France après vingt ans d'exil, c'est cruel : comme elle a dû souffrir! Eh! mon Dieu, sa mère, dont le sort excite tant de pitié, eut une fin moins douloureuse; par bonheur son mari, empereur, l'avait répudiée avant qu'on ne le détrônât, et sa tombe, à elle, est ici! . . . .

LETTRE XXI.

21 octobre 1837.

Classification. — Les races. — Les bilieux et les sanguins. — Les meneurs et les menés. — Les gens qui se lavent les mains et les gens qui ne se lavent pas les mains. — Les hommes-chats et les hommes-chiens.

Chacun de nous a fait son petit compte-rendu de l'espèce humaine ; chacun de nous a bâti un système de division pour classer selon leurs goûts, leurs vertus et leurs vices, les différentes branches de la grande famille qu'on nomme l'humanité. Les savants ont divisé les hommes par races : la race égyptienne, la race grecque, la race slavonne, etc., etc., etc., et ils ont signalé, dans chacune de ces races, des traits caractéristiques auxquels on reconnaît tout de suite chacun de ses descendants ; et cette profonde étude les guide dans leurs rapports avec la société, dans le choix de leurs relations : un savant qui croit à sa science ne prendra jamais pour épouse une femme de telle race, ne prendrait jamais à son service un domestique appartenant à la race grecque, par exemple. Les Grecs, dirait-il, sont intelligents, mais ils sont voleurs et gourmands. Par Grecs, il n'entend pas les habitants du Péloponnèse, mais bien les gens construits de telle ou telle manière, ayant telle forme de tête, tel pied, telle main, telle mâchoire. Voleur et gourmand, un Grec me mangerait tout mon sucre, pense le savant ; et il prend un domestique d'une race plus estimée, race moins intelligente, mais probe et d'une fidélité infaillible ; et ce domestique, qui est un niais, lui laisse voler son argenterie. Voilà où le conduit la science.

Les médecins ont un autre système fondé sur leur art, ils divisent l'humanité par catégorie de tempéraments, et ils vous classent à la première vue ; pour eux, on n'est ni monsieur un tel, ni madame une telle, ni un homme, ni une femme, on est un bilieux, sanguin, nerveux ou lymphatique. Nous connaissons un habile docteur qui pousse si loin cette manie de dénomination médicinale, qu'il ne s'exprime jamais que de la sorte : « Il a de l'esprit ce jeune *bilieux* que j'ai vu hier chez vous. — C'est M. de X***. — Ah !... J'ai beaucoup connu sa mère autrefois, c'etait une petite *sanguine* bien aimable. » Si vous grondez devant lui une femme de chambre paresseuse, il secoue la tête et dit tout bas : Lymphatique ! Si un bel enfant vient le caresser, il l'embrasse en s'écriant : « Belle organisation !... nervo-sanguin !... » Ce qui ne l'empêche pas de traiter tous ses malades de la même manière, bilieux, lymphatiques ou nervo-sanguins, et de les tuer sans distinction avec la plus consciencieuse impartialité.

Les philosophes ont inventé les classifications morales, et leur système s'applique plus particulièrement à l'état de société. Un homme fort spirituel nous disait un jour, qu'à ses yeux, la race humaine était divisée en deux classes : les *meneurs* et les *menés* ; ceux qui sont toujours maîtres partout, et ceux qui, au contraire, attendent l'impulsion d'un autre pour agir ; les objets et les reflets, les bergers et les moutons, les Oreste et les Pylade ; et cet homme ajoutait : que l'art de gouverner, c'est-à-dire de choisir, consistait tout entier dans l'application exacte de cette découverte. En effet, il est de certains emplois auxquels les *menés* seuls conviennent ; il en est d'autres que les *meneurs* peuvent seuls remplir. Il en est d'autres enfin que les *meneurs* doivent occuper pendant un certain temps, mais qui doivent devenir ensuite la propriété des *menés* ; d'abord les *meneurs* pour créer, pour organiser, pour donner le mouvement aux grandes choses, aux vastes entreprises ; puis après eux les *menés* pour continuer l'œuvre en sous-ordre, pour maintenir avec précision la roue constante dans le chemin tracé. Les premiers ont le génie, le courage et la volonté ; les seconds ont la patience, qui est quelquefois plus que la force. Les uns ont l'énergie, les autres ont la mesure ; chacun à sa place peut mettre de grandes qualités en valeur. Le secret est de bien choisir pour eux cette place. Ce qui cause tous nos désordres en France, c'est que les *menés* sont souvent à la place des *meneurs*, et que conduits par des meneurs invisibles, ils agissent à leur insu dans l'intérêt de ceux-ci, et non dans l'intérêt de leur propre affaire. Peut-être aussi les menés sont-ils très-rares dans ce pays ; alors on comprendra la difficulté qu'on y a de conduire toute une population de meneurs.

Une femme d'esprit, ou du moins une femme qui se croit une femme d'esprit, a trouvé de son côté une manière nouvelle de diviser la société, et d'expliquer ses bouleversements périodiques, par un classement ingénieux. Il y a dans le monde, dit-elle, deux grandes nations qui se font la guerre sans relâche, qui se haïssent et se méprisent, et qui se haïront et se mépriseront éternellement. Vous aurez beau faire des lois, donner des libertés, octroyer des chartes, supprimer les impôts, ces deux nations seront toujours ennemies. Quels sont donc ces deux peuples à jamais rivaux ? Les bons et les méchants? — Non. — Les grands et les petits? Les riches et les pauvres? — Non. — Les forts et les faibles? Les dupes et les fripons? — Non. — Ces deux peuples irréconciliables, enfin, quels sont-ils?... — Ceux qui se lavent les mains et ceux qui ne se lavent pas les mains! Toute la question est là.

Depuis cinquante ans, la politique de notre pays n'est autre chose que le combat sans cesse renaissant entre ces deux nations ennemies. Nous le répétons, cette guerre ne saurait finir : ceux qui ne se lavent pas les mains haïront toujours ceux qui se lavent les mains, et ceux qui se lavent les mains mépriseront toujours ceux qui ne se lavent pas les mains. Jamais vous ne pourrez les réunir, jamais ils ne pourront vivre ensemble, parce que, comme nous avons déjà eu l'honneur de vous le dire dernièrement, parce qu'il est une chose qu'on ne peut vaincre, c'est le dégoût; parce qu'il est une autre chose qu'on ne peut supporter, c'est l'humiliation, et que dans cette grande querelle, il y a dégoût pour les uns et humiliation pour les autres. Vous ne forcerez jamais un dandy à vivre auprès d'un chiffonnier; vous ne verrez jamais qu'une femme laide et envieuse aime à s'entourer de jolies femmes. Ainsi, vous ne verrez jamais ceux qui se lavent les mains vivre en bonne intelligence avec ceux qui ne se lavent pas les mains. Ce système, singulière façon de classer les individus, semble au premier abord une mauvaise plaisanterie; mais quand on l'examine, il paraît moins absurde; peut-être même qu'avec de l'esprit, il ne serait pas impossible de le soutenir sérieusement; mais cela ne nous regarde pas.

Voici maintenant une quatrième et dernière classification que le ballet nouveau nous a naturellement rappelée, et pour laquelle nous avons cru devoir parler des trois autres.

Il y a bien longtemps que l'on a classé les hommes par rang d'animaux. Chacun de nous, dit-on, tient d'une *bête* quelconque, plus ou moins féroce, plus ou moins intelligente ; nous avons chacun dans le visage un trait caractéristique remarquable qui correspond au trait caractéristique d'un animal quelconque. Vous tenez de l'aigle, monsieur tient du chacal, madame ressemble à une fouine, mademoiselle ressemble à un écureuil. Cette opinion est consacrée et beaucoup de gens ont le droit de la partager ; mais un de nos amis, partant de ce principe, a posé la question d'une façon plus absolue ; selon lui, l'espèce humaine est composée de deux grandes races bien distinctes, savoir : les CHIENS et les CHATS. Il ne prétend pas dire par là que nous vivions ensemble comme chien et chat ; au contraire, il admet la sympathie entre les deux races : elles sont différentes, mais elles ne sont pas ennemies ; il s'explique de la sorte : L'individu appartenant à la *race chien* a toutes les qualités de cet animal, la bonté, le courage, le dévouement, la fidélité et la franchise ; mais il en a aussi les défauts, la crédulité, l'imprévoyance, la bonhomie, hélas ! oui, la bonhomie !… car la bonhomie, qui est une vertu de cœur, est un défaut de caractère. L'homme-chien, proprement dit, est plein de qualités solides ; mais, en général, il manque d'adresse et de charme. L'homme-chien est rarement séducteur ; il est destiné aux emplois sérieux ; sa vocation le porte aux états qui demandent du courage, de la franchise, de la probité ; l'homme-chien fait toujours un bon soldat ; la race de l'homme-chien fournit les meilleurs maris et les meilleurs domestiques, les amis sincères, les bons camarades, les dupes sublimes, les héros, les poëtes, les philanthropes, les notaires fidèles, les épiciers modèles, les commissionnaires, les porteurs d'eau, les caissiers, les garçons de banque et les facteurs de la poste; enfin, l'homme-chien choisit toujours de préférence les états où il est possible de rester honnête homme.

L'homme-chien est chéri de tous ceux qui le connaissent, mais il est rarement aimé; l'homme-chien est né pour l'amitié; il est susceptible de sentir vivement l'amour, mais il n'est pas né pour l'inspirer. L'homme-chien épouse presque toujours la jeune fille qui l'a *séduit*. L'homme-chien prête son argent à de jeunes auteurs de vaudevilles qui lui refusent des billets de spectacle; l'homme-chien a presque toujours une femme coquette qu'il adore et des enfants ingrats qui le ruinent. Socrate, Régulus, le vertueux Calas et Washington appartiennent à la race de l'homme-chien.

L'homme-*chat*, au contraire, n'est jamais victime que d'une ruse qui ne réussit pas. Il ne possède aucune des qualités de l'homme-chien, mais il a tous les profits de ces qualités : il est égoïste, avare, ambitieux, jaloux et perfide; mais il est prudent, mais il est adroit, mais il est coquet, mais il est gracieux, mais il est persuasif, mais il est doué d'intelligence, d'habileté et de séduction. Il possède l'*expérience* infuse; il devine ce qu'il ignore, il comprend ce qu'on lui cache; il écarte, il absorbe par un instinct merveilleux tout ce qui peut lui nuire; l'homme-chat ne dédaigne que les vertus inutiles, il sait acquérir toutes celles qui peuvent lui profiter. La race de l'homme-chat fournit les grands diplomates, les intendants, les..... mais non, il ne faut offenser personne. Elle fournit presque tous les séducteurs et généralement tous les hommes que les femmes appellent *perfides !* Ulysse et Annibal, Périclès et le maréchal de Richelieu appartiennent à la race de l'homme-chat ; nous lui devons la plupart de nos hommes à la mode et plusieurs de nos hommes d'État, par exemple M. de ...... mais non, il ne faut flatter personne.

Ce n'est pas tout encore : cet ingénieux système admet toutes les nuances que l'éducation peut produire ; ainsi un homme-chien, soigneusement élevé parmi les hommes-chats, peut, à force d'étude et de persévérance, acquérir quelques-uns des utiles défauts de ses maîtres et perdre quelques-unes de ses qualités pernicieuses ; il deviendra défiant et se fera moins généreux : il apprendra à dissimuler, à calculer ; il conservera sa bonté naturelle, mais il saura repousser avec adresse ceux qui voudraient en abuser ; il se formera le cœur et l'esprit, c'est-à-dire qu'il sera dévoué avec mesure, et consciencieux sans sacrifice ; enfin il acquerra plusieurs mauvais sentiments qui le perfectionneront. L'homme-chien élevé parmi les chats, l'homme-chien élevé... en Normandie, donne une superbe qualité de préfets, de banquiers, de manufacturiers et de grands industriels ; ce sont des hommes d'honneur qui connaissent le monde, qui ne sont jamais dupes et jamais fripons ; ce sont enfin des hommes honnêtement habiles ; ils sont séduisants, car ils ont acquis l'élégance des manières et la coquetterie du langage ; ils savent plaire, parce qu'ils savent ce qui déplaît ; ils sont à la fois sincères et flatteurs, naïfs et défiants, gracieux et bourrus ; ils ont ce qu'on appelle de l'originalité ; ils sont aimables et sont souvent fort aimés.

Mais la plus précieuse de toutes les espèces, la nuance par excellence, le plus admirable des résultats, c'est le caractère de l'homme-chat élevé parmi de nobles chiens. L'homme-chat, élevé, par exemple...... en Bretagne ! C'est là l'être irrésistible, l'homme supérieur, l'esprit modèle, le véritable type de la perfection ; il conserve toutes ses qualités naturelles qui sont indestructibles ; il conserve son adresse, sa profonde intelligence, son instinct infaillible, sa grâce, sa souplesse, sa douceur, sa finesse, et il acquiert toutes les vertus de ses maîtres, car les vertus peuvent s'acquérir par la volonté. Nos qualités nous viennent de la nature, mais nos vertus sont le fruit de notre éducation ; un enfant avare, si on lui fait honte de son avarice, peut devenir généreux; un poltron peut devenir brave ; un égoïste même peut devenir bienfaiteur par orgueil ; mais un homme gauche est toujours maladroit, mais un paresseux est toujours inutile. L'homme-chat, parmi les chiens, acquiert donc la noblesse qui lui manque, la générosité, la franchise ; il exagère même toutes ces conquêtes, parce qu'il est difficile de garder une juste mesure dans les vertus contre nature ; l'homme-chat converti est bien plus généreux que les hommes-chiens ; il va plus loin que tout le monde, il comble de bienfaits ses ennemis ; il a si grand' peur d'être égoïste, qu'il s'oublie volontairement dans tous ses calculs ; il choisit toujours pour sa part la plus mauvaise. Il se défie de sa nature qui est perfide, et il la combat par des efforts sublimes de dévouement et de loyauté ; il lutte sans cesse avec elle, et de ce combat viennent toute sa valeur, tout son charme. Les deux plus grandes puissances de séduction sont le danger et le mystère, n'est-ce pas ? Eh bien ! ces deux forces d'attraction lui appartiennent. Pourquoi les personnes fausses ont-elles tant de charme? C'est que l'on est attiré vers elles par le danger et le mystère : tout le secret de leur empire est là; on a vaguement peur d'elles, c'est le danger; elles vous trompent, c'est le mystère; mais une fois qu'on les a devinées, la misère de leur cœur apparaît et l'on se désenchante d'elles; tandis que de l'homme-chat, on ne se désenchante jamais : sa nature est perfide, voilà le danger; il vous cache ses mauvaises pensées, voilà le mystère; mais il en triomphe toujours, et vous restez toujours son ami. Il vous domine enfin par les deux plus vives émotions : l'admiration et la crainte. Bonaparte était un homme-chat élevé par des hommes-chiens; c'était un Corse qui, au lieu de rêver la vengeance, avait rêvé la gloire.

Tout ceci est une manière un peu longue de vous dire que le rôle de *la Chatte métamorphosée en Femme* ne convient pas du tout à mademoiselle Elssler.

Ah! voici les chasseurs qui reviennent de Versailles. La chasse de l'Union a été belle ce matin; une superbe biche blanche a été lancée. Elle a fui noblement en véritable hôte des bois; elle n'a point fait comme ce mauvais renard de convention qu'on avait emmené l'autre jour et qui a troublé toute la fête. On disait que plusieurs chasseurs étaient tombés de cheval, c'est une erreur; c'est le même chasseur qui est tombé cinq fois; du reste, il n'est arrivé aucun fâcheux accident, si ce n'est la mort de la biche, que sa légèreté et la philanthropie des chasseurs n'ont pu sauver de la fureur des chiens. On annonce une grande chasse au cerf pour mardi, et nous venons d'entendre plusieurs de nos élégantes se donner rendez-vous à la croix de Berny.

LETTRE XXII.

27 octobre 1837.

Imprudence. — Prise de Constantine. — Jacqueline.

Nous avons commis l'autre jour une grande imprudence dont nous sentons maintenant tout le danger : diviser le monde en hommes-chiens et en hommes-chats, c'était une plaisanterie comme une autre ; elle a été assez bien prise ; et c'était plaisir de voir l'empressement des hommes-chats à se reconnaître humblement hommes-chiens, tandis qu'un bon gros homme-chien disait tout bas avec finesse : « J'ai bien peur d'être dans les chats. » Cette division, nous osons le dire, a obtenu quelque succès ; celle des *menés* et des *meneurs*, qui était une idée sérieuse, et qui ne nous appartenait pas, a été fort bien comprise aussi, parce qu'elle n'offensait personne, et que d'ailleurs chacun pouvait se dire dans les *meneurs*. La faiblesse de l'esprit est pleine de ruse ; elle se donne toute sorte de faux noms qui la déguisent ; elle ressemble toujours à une espèce de force : l'entêtement, par exemple, qui est une faiblesse de première qualité, l'entêtement se nomme, pour ceux qui en sont doués, fermeté d'opinion ; l'indécision se nomme prudence ; la bêtise se nomme constance dans les idées, et la paresse force d'inertie ; la faiblesse de l'esprit peut se faire illusion sur elle-même, voyez plutôt les esprits forts ; aussi les gens faibles ne nous en ont pas voulu de déclarer qu'il y avait dans ce monde des hommes faibles qui se laissaient mener par d'autres hommes, parce que, dans cette catégorie, ils ne se sont point reconnus; mais le moyen de tromper ceux qui ne se lavent pas les mains! comment auraient-ils pu se faire illusion? On peut se croire bon quand on est méchant, on peut se croire spirituel quand on est idiot, on peut se croire charmant quand on est laid, mais on ne peut pas se figurer qu'on se lave les mains, quand on ne se lave pas les mains; l'eau est là pour vous démentir : l'erreur est impossible, un flatteur même ne vous persuaderait pas; des milliers de courtisans auraient beau vanter chaque matin un prince sur la manière gracieuse dont il se lave les mains, qu'ils ne parviendraient pas à le flatter, si le prince ne se lavait pas les mains. Et voilà l'imprudence impardonnable que nous avons commise de lancer un trait si terrible, et qui allait si droit au but; et voilà maintenant que nous avons pour ennemis tous les êtres qui ne se lavent pas les mains! C'est effrayant.

Mais nous oublions que le lecteur n'aime pas nos réflexions; les commentaires le fatiguent; il lui faut de petites phrases légères, des périodes écourtées, un commérage rapide, un style sautillant, des niaiseries vivaces, des mensonges courants; nos idées particulières l'intéressent peu, et il a raison; ce qu'il veut savoir, c'est ce qui se passe et même ce qui ne se passe point à Paris.

Nous lui dirons alors que la grande nouvelle de cette semaine a produit ici peu d'effet; elle était bonne, cela se comprend : une mauvaise nouvelle aurait fait ravage; mais une heureuse nouvelle trouve les échos moins sonores. C'est à qui en éteindra le son. Il est à remarquer que ces grands patriotes, qui s'embrassent avec effusion, qui font sauter en l'air leurs vieux chapeaux en signe d'enthousiasme lorsqu'une loi est rejetée à la Chambre, restent froids et muets lorsqu'une victoire de nos armes est proclamée. L'un d'eux disait l'autre jour, en apprenant la prise de Constantine : « C'est bien heureux pour le ministère ! » Pour le ministère !... n'est-ce pas pitié ? et le pays, messieurs, le comptez-vous pour rien ? Ne voir dans un grand triomphe national qu'une petite question de cabinet ! Ces pauvres patriotes ont du malheur ; nos victoires ne sont jamais pour eux que des contrariétés politiques ; le destin fait qu'ils ne peuvent jamais se réjouir des succès de leurs compatriotes, et de la gloire de leur patrie.

Pardon, lecteur ; ce paragraphe est bien long ; désormais, nous serons plus bref.

Les petits journaux font déjà toutes sortes de généreuses épigrammes contre le duc de Nemours, parce qu'il s'est fort bien conduit au siége de Constantine. C'est toujours de l'esprit français.

Dans ce moment, le plus vif intérêt de la capitale, c'est le chimpansé, ou plutôt la chimpansée qui est au Jardin-des-Plantes. Rien de plus charmant que cette intéressante créature. On l'a nommée Jacqueline, en souvenir de Jack : quelle attention pleine de délicatesse ! Ombre de Jack, ombre empaillée, réjouis-toi ! tu es remplacé, Jack, mais tu ne peux être oublié jamais !... Jacqueline, que le capitaine Bullmer avait nommée *la vieille*, peut-être aussi en souvenir de quelque amie, Jacqueline est une petite brune fort piquante, âgée de quinze mois environ : ses cheveux sont noirs comme la figure des habitants de son pays; sa patrie est l'Afrique, vaste patrie! Jack était Indien, et ses cheveux étaient rouges comme le visage des habitants de son pays. Là-dessus graves réflexions de la part des savants : tel pays produit des hommes noirs et des singes noirs; tel autre produit des hommes rouges et des singes rouges : donc les singes sont des hommes, et les hommes sont des singes. Savants, vous pourriez bien avoir raison.

Jacqueline parle : elle a dans la voix quatre sons bien distincts pour exprimer la joie, la douleur, la tendresse et la haine. Les savants ont découvert cela; il nous semble que tous les animaux ont ce langage.

Jacqueline a pour compagnons les enfants de son gardien et une chienne nommée *Corinne*. Nous avons demandé d'où venait ce grand nom de Corinne donné à un quadrupède : on nous a dit que cette créature extraordinaire avait cinq pattes; cela ne nous a point paru une explication satisfaisante, mais les savants sont habiles à trouver des rapports entre les choses les plus diverses. Demandez à un botaniste un renseignement sur une belle plante qui a de larges feuilles et de grosses fleurs jaunes, il vous répondra qu'elle est de la famille de cette autre petite plante qui a des feuilles longues et de toutes petites fleurs bleues; il est très-possible qu'un savant vous dise pourquoi une chienne qui a cinq pattes s'appelle Corinne.

Jacqueline fait toutes les grimaces et toutes les singeries que faisait Jack : elle ouvre la porte, elle regarde par le trou de la serrure, elle mange avec une cuiller, elle boit dans un verre comme lui; mais de plus elle savonne, et quand elle est enrhumée, elle prend son mouchoir, dont elle se sert avec beaucoup de grâce. Ce n'est pas une plaisanterie, c'est très-vrai. Elle est d'un caractère très-gai, elle rit tout à coup comme une petite folle. On croit même que si elle pouvait parler, elle aurait le propos assez léger. L'autre jour elle a dessiné, et nous venons de voir un dessin d'elle qui n'est vraiment pas trop laid; sérieusement nous ne ferions pas mieux, mais cela tient peut-être à nous. Ce dessin représente des ronds, des zigzags. Ce n'est ni un profil, ni un paysage; ce sont des plans d'architecture, des études d'ornements. Il n'est pas un enfant de six ans qui ne dessine plus mal. Jacqueline ayant vu l'artiste qui travaille près d'elle porter son crayon à ses lèvres, a voulu l'imiter; mais au lieu de mouiller légèrement le bout du crayon, elle l'a mangé, alors le crayon n'a plus marqué: Jacqueline paraissait fort surprise; elle regardait le jeune homme, elle regardait le papier, elle regardait le bout du crayon. Son impatience était risible; enfin on lui a donné un autre crayon, et elle s'est remise à l'ouvrage. Son grand plaisir est de jouer avec un gant; elle ne distingue pas encore très-bien le gant de la main droite de celui de la main gauche, mais c'est bien difficile aussi.

Jacqueline est au secret; peu de personnes sont admises à l'honneur de lui faire leur cour. Les méchants prétendent que nos savants sont dupes d'une mystification; que Jacqueline est tout bonnement une vieille fille de province qui, ennuyée de sa vie retirée, et séduite par toutes les merveilles que l'on raconte du palais des singes, a voulu venir passer quelque temps à Paris et obtenir un logement gratis au Jardin-des-Plantes. Cette version commence à s'accréditer.

A propos de palais, on parle avec enthousiasme du

palais de Constantine; on croirait entendre une description des *Mille et une Nuits*.

Les boulevards sont maintenant éclairés au gaz dans toute leur étendue, depuis la Madeleine jusqu'à la Bastille. C'est admirable! Cet hiver on y verra mieux la nuit que le jour.

On travaille toujours avec activité aux enlaidissements de la place de la Concorde. Les confiseurs français se hâtent, et le magnifique *surtout* sera bientôt terminé; les *quatre assiettes montées* qui le décorent sont confiées à nos premiers artistes, Berthellemot, Achard, Bonney et La Folie.

Listz est à Milan, où il obtient, dit-on, et peut-être, dit-il, les plus grands succès en tous genres.

Mais voici une nouvelle qu'on nous rapporte de l'Opéra : Horace Vernet a dîné hier à Trianon; il est parti ce matin pour aller à Constantine prendre sur les lieux mêmes le dessin des deux tableaux que le roi lui a commandés.

LETTRE XXIII.

3 novembre 1837.

Nouvelle colère. — Le vrai savant et le faux savant. — Symptômes. — Chasses de l'*Union*.

Oh! cela devient grave. Serons-nous de force à lutter contre tant de monde? déjà nous avons pour ennemies toutes les personnes qui ne se lavent pas les mains en France, et maintenant voilà que tout le corps des savants se fâche contre nous! Et pourquoi, s'il vous plaît? Parce que nous avons hasardé quelques innocentes plaisanteries au sujet de mademoiselle *Jacqueline*, leur fille chérie, leur trésor, leur idole! Eh bien! était-ce un crime, et n'était-ce pas notre droit?... Il nous semble que s'il est permis de rire de quelqu'un, c'est d'un semblable personnage: en vérité, si l'on se met à révérer les singes, on ne sait plus où s'arrêtera le respect.

Les savants prétendent aussi que nous avons parlé d'eux légèrement : nous comprenons leur colère, c'est une méchanceté qu'ils ne peuvent pas nous rendre; les savants ne parlent de rien légèrement, c'est là ce qui constitue la science. Mais entendons-nous, il y a savant et savant; il ne faut pas confondre le *vrai* savant avec le *faux* savant; le vrai savant est noble et bon, comme tout homme doué d'une grande passion; la science est pour lui une amante, il ne voit qu'elle au monde, il vit pour elle, il lui a dédié sa pensée, il en est jaloux, et, loin de l'irriter, vous le rassurez en blasphémant contre elle, parce que vous lui prouvez que vous n'êtes pas un rival ; le vrai savant traite les ignorants comme des enfants, dont la gaieté ne peut offenser ; il supporte leur ironie avec douceur, parce qu'elle vient de leur faiblesse ; et de même qu'on dit à un enfant : « Quand tu seras grand, tu comprendras cela et tu ne t'en moqueras plus, » de même il dit aux ignorants : « Quand vous saurez, vous ne rirez plus ; quand ma découverte aura fait le tour du monde, vous m'admirerez. » Il est patient, parce qu'il travaille pour l'avenir ; il sait le temps qu'il faut à la semence pour germer ; il n'est point susceptible ni vindicatif, il a trop d'orgueil pour cela ; il supporte bravement les épigrammes du vulgaire, qui lui semblent parfois un hommage, car il a vu que dans les plus nobles choses il y avait de la gloire à n'être pas compris. Le vrai savant est un homme de génie, c'est pourquoi il est simple, naïf, plein de bonhomie et de franchise.

Hélas ! il n'en est pas de même du faux savant : comme il n'a que de petites passions, il n'a aussi que de petites idées ; il se fâche avant qu'on ne l'attaque, il est envieux avant le succès ; il est sans cesse sur ses gardes ; il sait bien que sa réputation est usurpée, et il est toujours inquiet comme un voleur qui a peur de voir son crime découvert. Il ressemble aussi à ce qu'étaient autrefois les acquéreurs de *biens nationaux*, qui tremblaient toujours de voir revenir les anciens propriétaires de leurs domaines. Le vrai savant travaille nuit et jour assidûment ; le faux savant, au contraire, a de longues heures d'oisiveté, car il attend pour travailler un peu les découvertes du vrai savant ; il les exploite, et il passe sa vie à les faire valoir à son profit. Il n'a de la science que l'orgueil, et, comme tous les usurpateurs, il n'est préoccupé que du soin de se faire des droits; il intrigue pour toutes les places, il aspire à toutes les dignités, il assiége toutes les sinécures; il n'a pas de repos qu'il n'ait obtenu la croix, et quand il l'a reçue, comme il n'a pu l'obtenir en qualité d'officier de marine, de diplomate, d'industriel, de peintre, de musicien, de poëte, ni même de danseur à l'Opéra, il est fondé à dire qu'il l'a méritée comme savant; et cela lui sert à se prouver à lui-même qu'il est un savant. Il a besoin souvent qu'on le lui rappelle. Le faux savant ne se fait aucune illusion sur lui-même, et c'est là son malheur, c'est ce qui le rend si méchant; c'est qu'il est une plaie profonde que la vanité même ne peut nous cacher : notre misère, et l'ignorance est la misère de l'esprit.

En cela le faux savant est véritablement à plaindre. Le pauvre homme, il est défiant et timide, il n'ose faire un seul pas; voulez-vous le reconnaître tout de suite ? Rien n'est plus facile ; vous n'avez qu'à lui parler d'une découverte nouvelle, il se trahira soudain par son incrédulité; regardez-le, il est au supplice, son visage se contracte d'impatience, tandis que celui du vrai savant s'épanouit : celui-ci écoute et réfléchit, l'autre se hâte d'abord de nier, afin de ne pas même écouter : le vrai savant recueille les idées nouvelles, en attendant qu'il puisse les accueillir; le faux savant ne songe qu'à les combattre, il les maudit, il les étouffe. Il a raison, elles le menacent; chacune d'elles met son savoir en question, chacune d'elles peut amener l'heure qui dévoilera son ignorance, ce grand crime que depuis tant d'années il cache avec tant de soins; chaque homme ingénieux qui jette par la science une clarté au monde le remplit d'épouvante, et, comme nous l'avons déjà dit, lui fait l'effet d'un procureur-général qui va commencer ses poursuites.

Heureusement, les faux savants sont rares au Jardin-des-Plantes, et nous n'aurions pas peur d'eux, s'ils étaient seuls à nous menacer; mais, nous l'avouons, ils ont là des auxiliaires dont la participation nous inquiète. Depuis huit jours, dit-on, les savants excitent les animaux contre nous; c'est abuser de leur position. Par toutes sortes de calomnies, on a cherché à nous nuire dans l'esprit des bêtes féroces: on a dit aux ours que nous n'aimions que les belles manières, et ils s'apprêtent à nous recevoir rudement; on a persuadé au tigre que nous déchirons tout le monde, il est envieux, il nous hait; l'éléphant est tout rempli de préventions contre nous; enfin on est allé jusqu'à dire au lion que nous avions dit de lui qu'il n'était qu'un caniche exagéré; il est furieux, et le gardien a reçu l'ordre de nous laisser entrer dans sa loge par faveur! Nous prions donc le lecteur de nous pardonner si nous ne faisons pas samedi prochain le *Courrier de Paris;* nous aurons été dévoré. Cela sera notre excuse.

Ce n'est pas tout: chaque jour voit s'augmenter le nombre de nos ennemis; les élégants chasseurs de *l'Union* se révoltent aussi contre nos innocentes et mauvaises plaisanteries; ils nous accusent de nuire à leurs plaisirs, et s'ils pouvaient, ils exciteraient de même leurs animaux contre nous: par malheur, ces animaux sont rebelles; on a de la peine à les dresser, et pendant longtemps encore nous serons à l'abri de leur malveillance. Toutefois la chasse de mardi dernier a été très-heureuse : un cerf a été lancé, et il a fui avec vitesse ; il a tenu pendant deux heures et demie : c'était la première fois ; aussi disons-nous que la chasse a été brillante, parce que c'est une vérité. Soyez de bonne foi, messieurs : quand le cerf, au lieu de fuir à travers la campagne, poursuivi par les chiens, se retourne et se bat avec eux, comme un brave âne à la barrière du Combat, pouvons-nous dire : « La chasse a été heureuse ? » Non, cela n'est pas possible en conscience ; tout ce que nous pouvons faire, c'est de dire : « Le combat a été très-intéressant. » Quand le cerf, après deux ou trois bonds légers, va se baigner dans un étang, et qu'il y nage deux ou trois heures, pendant que les chasseurs se promènent à cheval autour de l'eau ; quand on se voit forcé de pêcher le gibier à la ligne ou de le ramener dans un filet au rivage, pouvons-nous dire : « La chasse a été brillante ? » En conscience, cela ne se peut pas ; tout ce qu'il nous est permis de dire avec enthousiasme, c'est que « la pêche a été des plus heureuses ; » parce qu'en effet, dans tous les pays, c'est un coup de filet admirable que celui qui ramène sur la plage un cerf dix cors !

Les fêtes de l'*Union*, comme tous les autres plaisirs de Paris, n'auront donc de nous que la vérité ; nous rendrons justice à l'habileté des chasseurs, à leur bonne grâce, à leur élégance ; nous leur dirons qu'ils montent à cheval à merveille, qu'ils tirent fort bien au pistolet, qu'ils sont très-adroits à l'épée, et que même plusieurs d'entre eux sont gens de beaucoup d'esprit, ce qui est un grand luxe à la chasse ; que leurs habits rouges sont très-bien faits, et que leurs chevaux sont admirables. Mais nous leur dirons aussi que leurs renards, leurs biches et leurs cerfs sont très-mal dressés, et que lorsqu'un animal après lequel on court n'a plus le mérite d'être sauvage, il faut au moins qu'il ait celui d'être bien élevé.

Vérité, déesse implacable, que tu nous causes de chagrins! Pourquoi faut-il que nous ayons choisi tes autels déserts! Dès l'aube jusqu'au soir, tu nous condamnes à déplaire; tu fais de nous un être odieux aux mortels; notre nom est maudit par tous ceux que ta clarté réveille; ton flambeau dans nos mains est un signal d'effroi. Ah! reprends-le, cruelle, ce fatal flambeau! ou bien fais-le servir à nous défendre; qu'il brille sur notre pensée, et qu'il la rende lumineuse; qu'il fasse comprendre à ceux que nous affligeons que c'est ta force qui nous entraîne, que nulle malveillance, que nulle misérable envie ne nous guide, que nous ne marchons qu'à ta voix, que toi seule es responsable de nos paroles, que tous nos arrêts viennent de toi. Nous t'implorons, ô déesse loyale! fais briller sur nous la lumière, et que la lumière nous justifie!

Mais le moyen d'être compris lorsqu'on parle au nom de la vérité? Si nous faisons l'éloge de quelqu'un : — Ah! nous dit-on, M. un tel est donc votre ami? — Non, je ne le connais pas. Si nous hasardons une critique : — Ah! dit-on, vous en voulez donc bien à cette personne-là? — Moi! au contraire, je lui trouve beaucoup de talent. — Eh bien! vous avez dit que son dernier ouvrage était mauvais; pourquoi cela? — Parce que j'ai trouvé que son dernier ouvrage était mauvais. — D'autres personnes disent : — On ne peut vraiment pas compter sur le vicomte de Launay. Tantôt il vous loue, tantôt il vous blâme; on ne sait jamais s'il est pour vous ou contre vous... — Nous allons vous le dire : il n'est ni pour vous ni contre vous; il approuve ce qui est bien, il blâme ce qui est mal, sans s'inquiéter du plaisir ou du chagrin que cela peut vous faire. Mais, dans ce pays de camaraderie et de coterie, l'indépendance est un scandale, la justice une monstruosité; un homme qui n'a pas de préventions a l'air d'un sot qui n'a pas d'opinions. Si vous critiquez une chose, vous n'avez d'excuse que par la malveillance. Si l'on vous connaît quelque raison de haïr la personne que vous blâmez, on vous comprend tout de suite, et elle-même n'a garde de se fâcher; elle sait que vous êtes placé de manière à voir en mal tout ce qu'elle fait; elle regarderait même votre admiration comme une marque de mépris qu'elle ne mérite pas; les violents outrages de la calomnie l'irritent moins que les éloges froids de l'impartialité. On s'écrie depuis des siècles : « Est-il rien de plus révoltant que l'injustice? » Nous répondrons : « Oui, il y a quelque chose de plus révoltant, c'est la justice! » elle indigne tout le monde également : d'abord les ennemis de celui que vous vantez, qui ne vous pardonnent pas d'admirer ce qu'ils détestent, et puis les amis qui trouvent que vous n'en dites jamais assez. Ah! c'est une rude tâche que la nôtre! Heureusement nous avons les ridicules de tous pour nous amuser; et dans nos jours de colère, nous nous désarmons nous-même en riant.

LETTRE XXIV.

17 novembre 1837.

La poésie et la gaieté française retrouvées dans les élections. — M. Arago. — M. de Lamartine. — L'astronome et le poëte. — Bons mots et naïvetés.

Plus de poésie! s'écrie-t-on chaque jour; notre vie est bourgeoise, nos mœurs sont bourgeoises, nos plaisirs sont bourgeois, nos ennuis, surtout, sont bourgeois. La poésie a disparu de notre belle France; les poëtes qui la cherchent ne savent plus eux-mêmes ce qu'elle est devenue. Eh bien! la voici; elle est enfin retrouvée, plus merveilleuse et plus brillante que jamais. La voilà; ne la reconnaissez-vous pas? — Où donc la voyez-vous? dans le rapport du général Valée, sur l'expédition de Constantine? — Non; ceci est de l'histoire, et c'est bien mieux. — Dans la lettre de M. Viennet au journal le *Temps?* — Non; la lettre du poëte de Philippe-Auguste est une satire, une satire très-amusante, mais ce n'est point de la poésie. — Expliquez-vous, alors; où donc avez-vous retrouvé la poésie? — Où jamais elle n'avait paru encore, mais où elle s'est montrée dans tout son éclat et avec tous ses charmes, dans les élections! — Vous voulez rire. — Non, vraiment, nous le prouverons : nous n'imaginons rien de plus poétique que la journée des élections, cette année. Nous ne parlons pas des angoisses de l'ambition, des intrigues de la haine, des irritations de l'envie : oh! pour nous la poésie n'est point dans les passions humaines, c'est du drame ceci, et le drame habite le monde ; pour nous, la pure et sainte poésie est dans la nature ; et jamais nous n'aurions imaginé que la nature pût prendre une part officielle dans les élections d'un pays. Mais vous l'avez vu, cette année, tous les éléments ont voté ; l'AIR et la TERRE, l'EAU et le FEU ; le fils de l'AIR, le candidat céleste, a été choisi deux fois, dans son pays natal et dans la grande cité ; son nom glorieux, écrit par les étoiles sur l'aile des nuages, a couru du sud au nord et du nord au midi ; non loin de nous, la TERRE en tremblant a fait connaître sa pensée : une tour corruptrice cachait la vérité aux électeurs séduits ; pour elle ils allaient peut-être s'engager ; leur conscience, ébranlée comme elle, allait se perdre pour la sauver.... la TERRE en a frémi ; son sein a palpité, et d'un battement de son cœur elle a renversé la tour adulatrice, et l'électeur artiste, un moment égaré, est redevenu libre. Le FEU, toujours malin, et même un peu follet, s'est amusé à rendre impossible les élections de Ploermel ; enfin, l'OCÉAN, le grand OCÉAN lui-même, Neptune n'a pas craint d'opposer son vieux trident au candidat du ministère. Tel jadis *immobile* il enchaînait au rivage la flotte d'Agamemnon, tel aujourd'hui *agité* (il y a des poëtes qui sérieusement font des comparaisons comme celle-là) il enferme dans une île les électeurs d'Hennebon. C'est Neptune en courroux qui *vote* sur les flots, et Neptune est un électeur très-influent. Heureux le député qui avait pour lui la grande voix de l'Océan ! Quel suffrage !... Et vous ne trouvez pas que tout cela soit de la poésie ! Mais ce n'est rien encore : trois colléges inspirés ont dépassé en poésie l'air, la terre, l'eau et le feu ; ils ont choisi pour les représenter la poésie elle-même ; le prince des poëtes, le prophète du bon avenir, l'*homme-pensée* qui plane au-dessus des haines, qui suit d'un œil calme la lutte des partis, qui vit d'espoir et de croyance ; qui habite sur la montagne, seul avec la vérité ; car cette belle vérité, dont nous vous parlions l'autre jour, n'est point recluse au fond d'un puits, comme le prétend la fable, et c'est une grave erreur de l'antiquité que d'avoir choisi pour une fille des cieux une demeure souterraine ; la vérité habite la montagne : pour voir vrai il faut regarder d'en haut ; pour juger le monde, il faut se placer au-dessus de lui. Oui, c'est un présage heureux pour l'avenir politique de la France que de voir le plus beau triomphe électoral de l'année obtenu par un homme supérieur qui n'appartient à aucun parti, ou plutôt par le représentant de ce quatrième parti puissant déjà, mais encore sans drapeau, et que nous appellerons provisoirement le parti des *paysans*, c'est-à-dire les hommes du pays. Lamartine, le chantre de Jéhova, nommé à l'unanimité, élu trois fois. Arago, l'historien des astres, nommé deux fois. Vous le voyez bien, la poésie s'est réfugiée dans les colléges électoraux.

On disait aussi : qu'est devenue l'aimable gaieté française, cette joyeuseté charmante qui faisait les délices de nos pères ? qu'est devenu l'enfant malin nommé Vaudeville ? Nous sommes aujourd'hui de graves politiques, nous ne savons plus rire, nous sommes sentencieux et pédants ; le bon temps des mystificateurs est passé, le métier de plaisant est perdu, le jeu de mots s'éteint, le calembour se meurt, la facétie est chose que l'on ne comprend plus ; et l'on répétait encore : qu'est devenue la gaieté française ? — Eh bien ! la voilà

aussi retrouvée; elle s'est réfugiée, auprès de la poésie, dans les colléges électoraux. Tel père de famille, chez lui maussade et boudeur, fait taire sa femme quand elle chante et gronde ses enfants quand ils jouent, devient tout à coup guilleret et malin à l'aspect de l'urne électorale; sa finesse se réveille, l'esprit français se ranime en lui; sa gaieté naturelle lui est soudain rendue: homme, il était triste; électeur, il devient joyeux. La vue des secrétaires du bureau lui inspire un rire invincible; il se tient les côtes en regardant le président; il se sent plein d'esprit; il n'est embarrassé que d'une chose.....
— De choisir un candidat? — Non pas... de choisir parmi tous les bons mots qui lui viennent à la pensée celui qui devra paraître le plus plaisant. Si l'on vote pour deux *Jacques*, il brûle de mettre sur son bulletin *Jean-Jean;* mais il hésite, car il voudrait bien dire aussi quelque chose d'agréable, comme cela, par exemple : *Je donne ma voix à Rubini, à condition qu'il me fera entendre la sienne.* Ce bulletin aurait tant d'originalité! Il mettrait bien encore : *Bordeaux-Laffitte.* C'est joli, mais il craint qu'un autre n'ait eu la même idée, et il veut avant tout se distinguer. Enfin l'heure s'avance, son tour vient, il se décide, et il met : *Ni l'un ni l'autre.* Et puis il se désole, car il découvre que l'idée n'est pas de lui : il se rappelle une vieille gravure que l'on vendait jadis sur les boulevards, et qui représentait une jeune femme courtisée par deux vieillards, et leur disant avec le plus malin sourire : « Ni l'un, ni l'autre, et il se repent sérieusement de n'avoir pas mis : « Je donne ma voix à Rubini. » Le vote *facétieux*, le bulletin *plaisant*, est une nouveauté qui a jeté un grand charme sur les élections de 1837. Et ces bulletins mé-

morables : *Flourens et Viennet*; *Jacques pour Jacques, j'aime mieux Jean*; et surtout celui-ci : *Jobard, quand il n'y a pas de grives, on mange des merles*, méritent d'être consignés dans les annales électorales, comme une preuve de la grâce et de la gentillesse que le Français léger et malin sait apporter dans les choses les plus arides.

A propos d'élections on racontait hier qu'un électeur consciencieux ayant demandé naïvement à ses confrères ce que c'était que les lois de *septembre*, et personne n'ayant pu lui donner d'explication, un plaisant lui avait répondu : « Les lois de septembre sont le fruit des *pensées d'août*. » Cette définition, assurait-on, avait satisfait tous les esprits.

On parle aussi d'un autre électeur qui aurait interpellé un candidat au sujet des *forts détachés*, et qui, voyant l'explosion de rire provoquée par cette vieillerie, se serait adroitement repris de la sorte : « Les *forêts détachées*, veux-je dire. » — Que ces électeurs sont aimables! on ne sait pas ce qu'il faut préférer, de leurs bons mots ou de leurs naïvetés, de l'esprit qu'ils cherchent ou de celui qu'ils évitent avec un si rare bonheur.

LETTRE XXV.

1er décembre 1837.

Ouverture de l'Odéon. — Mlle Mars, Mlle Anaïs, Mlle Mante. — La prise de Constantine. — Le grand roi aux *petits points*. — Une erreur causée par une faute. — Une bonne phrase de roman. — Une bonne bêtise d'Anglais.

C'est ce soir l'ouverture de l'Odéon, aujourd'hui VENDREDI! Plus de croyances! Mais la mystification est bonne, n'est-ce pas? Cette pièce nouvelle, annoncée avec tant de pompe depuis six mois, qui devait être d'abord un drame de Scribe : *le duc d'Albe*; ensuite le drame de George Sand : *les Joies du cœur perdues*; enfin le drame de M. Adolphe Dumas : *le Camp des Croisés*; cette pièce nouvelle... c'est *Tartufe !!!* Qu'on nous permette de trahir d'avance le nom de l'auteur, M. Poquelin de Molière, homme de lettres fort distingué; cette indiscrétion ne peut nuire à son succès. Tout fait croire que cette comédie sera jouée avec le plus parfait ensemble : voilà cent cinquante ans qu'elle est à l'étude : les rôles sont sus par tout le monde, par les acteurs et surtout par les spectateurs. Demain, à l'Odéon, *relâche*, pour la répétition générale du *Misanthrope*.

Nous sommes allé dimanche à la Comédie-Française. Mlle Mars jouait deux fois, dans *Marie* et dans *la Suite d'un Bal masqué*. Nous dirons à Mlle Mars ce que *le Père de la Débutante* dit à tous ceux qu'il veut flatter : Vous êtes *une femme vraiment étonnante !!!* toujours jeune, toujours élégante, une taille gracieuse, les gestes les plus nobles, la voix la plus fraîche; oh! oui, Mlle Mars, vous êtes une femme vraiment étonnante! Quant à Mlle Anaïs, nous lui dirons : Vous êtes, en vérité, une femme étonnante, et encore *plus étonnante*. Mlle Mars reste jeune, c'est déjà beaucoup ; Mlle Anaïs rajeunit! Ce n'est pas une plaisanterie. Dans le rôle de Cécile, on la trouve un peu trop enfant pour aimer si passionnément ce grand monsieur d'Arbelles, qui a l'air d'avoir trois fois son âge. *Marie* avait attiré beaucoup de monde; les femmes pleuraient abondamment, car toutes les femmes peuvent apprécier les trois beaux sacrifices de *Marie*, surtout celles qui sont incapables de se sacrifier : ne vous y trompez pas, ces femmes-là sont les plus sensibles. Un sacrifice leur coûterait tant, qu'elles n'auraient pas même la pensée de le tenter.

A propos de sacrifice, nous avons apprécié le dévouement sublime de Mlle Mante, qui se résigne depuis dix ans à jouer toujours le même rôle dans toutes les pièces. On ne daigne inventer rien de nouveau pour elle; voyez-la dans toutes les comédies modernes, c'est toujours une grosse veuve enjouée, qui taquine un jeune homme très-maigre; toujours : dans *la Suite d'un Bal masqué*, la méchante rieuse désespère *Saint-Albe* ; le pauvre garçon fait pitié; dans *Valérie*, même gros enjouement, même cruauté, même désespoir d'un jeune homme très-maigre ; enfin , dans *Marie*... le jeune homme est un peu engraissé, voilà toute la différence. Mais qu'elle se nomme Mme de Mareuil ou Mme d'Orbigny, elle n'en est pas moins veuve, cruelle et enjouée: ce sont les mêmes mots, les mêmes gestes, les mêmes airs de tête. Ne pourrait-on lui faire d'autres rôles, un autre sort? Aimable veuve, ne voulez-vous donc jamais vous remarier?

La *Prise de Constantine* au *Cirque-Olympique* fait, comme toujours, beaucoup de bruit. La belle scène du conseil présidé par Achmet-Bey nous a paru d'une ingénieuse nouveauté. Un des conseillers élève la voix ; il ose combattre l'opinion d'Achmet. — Ah! dit le bey d'un air à peu près convaincu, c'est là votre avis? — — Oui ; je pense que..., etc., et l'orateur enhardi développe sa pensée. — Et vous persistez dans votre opinion? — Sans doute, ma conscience... — Bien, bien, dit Achmet, continuez. Ce disant, il prend dans sa ceinture un pistolet et brûle la cervelle au préopinant. Cette *interruption* pleine d'originalité produit une immense impression sur l'assemblée. Cet argument *ad hominem* est sans réplique. Personne ne s'avance pour dire cette phrase consacrée : « Je pense avec l'honorable préopinant, etc. » On lui donne tort sans examen, et les conclusions du bey sont adoptées avec acclamations. Nous sommes encore bien éloignés ici de ce mode de délibération ; mais patience, nous y viendrons, ou plutôt nous y reviendrons.

Nous parlons théâtres, parce que les spectacles sont les seuls plaisirs de Paris en ce moment ; les fêtes de salon n'ont pas encore commencé. Le monde élégant n'est pas encore revenu, ou du moins, il n'est pas encore officiellement à Paris ; les femmes restent le soir chez elles : là elles se livrent à la rêverie et à la tapisserie. En arrivant de la campagne, les élégantes ouvrières s'empressent d'envoyer chez *Bigaut*, chez *Lesage*, les coussins, les tapis, les dessus de chaises et de fauteuils qu'elles ont faits pendant l'été. Puis elles s'en vont chez Mlle *Gérard*, au *Père et à la Mère de famille*, demander quels sont les ouvrages nouveaux. Nous leur dirons : Allez aussi chez Dubois, rue de Castiglione, au coin de la place Vendôme. Là, vous trouverez toutes les richesses du genre : pantoufles en canevas d'or, coussins à fleurs royales, écrans chinois, sachets, bourses, pelotes, sultans, etc., etc. Pour nous, ce qui nous a le plus séduit, c'est l'originalité des dessins de meubles *rococo :* ce sont des bergères poudrées *au petit point*, des brigands grecs *au point de marque*, et des reines gothiques *au point de diamant*. Nous avons admiré, entre autres merveilles, un fauteuil qui représente Louis XIV retrouvant Mme de La Vallière au couvent des Carmélites. Louis XIV est superbe : sa perruque fait preuve d'une impassibilité sublime, elle ne souffre en rien des agitations de son cœur, le vent des passions l'a respectée, elle ressemble à un pied de table en acajou ; elle est fort bien sculptée ; les perruques de ce temps étaient plus solides que ne le sont les couronnes du nôtre. Huit petits points en fil d'or composent l'épée du Grand roi. O tapisserie ! que tu es pleine de philosophie ! tes points imperceptibles sont des grains de sable, ils nous disent la misère de nos grandeurs..... Mais que ces deux points bleus, que ces regards de laine sont touchants ! ce sont les beaux yeux de Louise de La Vallière. Épée, couronne et perruque d'un roi, tombez aux pieds de cette femme. Qu'elle est belle à genoux ! Admirez sa blonde chevelure descendant sur ses épaules en cinquante-deux points jaunes ; voyez ces bras suppliants, vingt-deux points roses ; voyez sa pâleur, cinq points blancs ; voyez ses larmes, deux points gris ! O monarque impitoyable comme un amant, amant impitoyable comme un roi, sois généreux, fuis cette femme qui t'implore ! mais non, tu rêves de gloire et de Gobelins, et tu ne veux pas priver la postérité d'un désespoir qui peut être si beau en tapisserie ! Ce tableau, ou plutôt fauteuil, nous a paru on ne saurait plus intéressant : heureuse la femme destinée à le retracer ! On trouve aussi dans ce magasin des soies et des laines d'une exquise qualité ; et ceci est plus important qu'on ne pense. On ne sait pas l'influence que peut avoir sur l'humeur d'une femme un écheveau de soie mal *rassorti*, une laine noire qui *déteint*, une laine blanche qui est *bleue*, une laine vert-pomme qui est jaune-paille le soir, ou un *modèle* mal *commencé*. Vous êtes auprès d'une jolie femme ; vous la voyez rêveuse, vous lui parlez avec émotion, vous croyez qu'elle vous écoute, son silence vous enhardit : « Elle n'ose répondre, pensez-vous ; elle travaille obstinément pour se donner une contenance !... » Tout à coup, vous voyez ses traits se contracter. « Bien ! dites-vous encore, elle partage mon trouble. » Une vive agitation s'empare d'elle ; vous reconnaissez votre empire. Elle tremble, elle s'agite, elle frappe du pied avec impatience... pauvre femme ! elle combat, elle veut encore retenir le secret brûlant qui lui échappe ; elle veut se taire !... mais non, la parole lui est rendue ; sa bouche, un moment contractée, s'entr'ouvre ; que va-t-elle dire ? « Fuyez-moi !... malheureuse, je l'aime ! » ou bien encore : « Je ne dois pas vous entendre ; ayez pitié de moi !... » quelque aveu timide plein de désespoir et d'espérances. Vous écoutez avec angoisse et de tout votre cœur ; enfin elle dit : « Un, deux, trois, quatre, cinq, six... » ce début vous étonne ; l'infortunée a perdu la raison. Elle recommence : « Un, deux, trois, quatre, cinq, six..... et sept!... Il y a une faute dans le modèle! » et elle jette son ouvrage sur un canapé en maudissant le marchand qui lui a vendu pour un dessus de chaise un dessin commencé avec une faute! et vous découvrez que pas une de vos paroles n'a été écoutée, que pas un de vos soupirs n'a été compris; vous découvrez que cette femme émue ne pensait pas à vous, qu'elle appartenait tout entière à sa tapisserie : que cette inquiétude qui vous semblait une sympathie, que cette agitation que vous regardiez comme la lutte vertueuse d'une âme qui craint le remords; que ce trouble enchanteur, ces impatiences adorables, ces frayeurs, ces rougeurs, toutes ces émotions qui vous avaient séduit, que vous aviez partagées, tout cela venait d'un fil passé dans le canevas, tout cela venait d'une faute, que cette femme n'avait pas même commise! Croyez-nous, le choix d'un bon magasin de tapisseries n'est pas une chose indifférente dans la vie.

Nous attendons, pour publier notre grand travail sur les modes, le retour des jeunes élégantes qui veulent bien nous aider de leurs conseils ; il nous faut encore quelques renseignements indispensables ; nous craindrions de nous exposer à de graves erreurs. Nous frémirions d'imiter un de nos innocents romanciers de province qui, pour donner à un de ses romans mondains une ravissante couleur parisienne, a eu le malheur de se permettre la phrase suivante : « L'apparition de Ma-
« thilde dans le salon de la duchesse de T... excita un
« murmure d'admiration. Sa *mise* était irréprochable :
« une ample robe de velours *moiré* nacara ceignait sa
« taille élégante et trahissait le talent inimitable de
« Mlle BAUDRANT (marchande de modes qui excelle

« dans les petits chapeaux à plumes); un turban de
« gaze d'argent, chef-d'œuvre de MELNOTTE (cordon-
« nier qui excelle dans les brodequins), faisait valoir
« sa brune chevelure; une écharpe d'azur, merveilleux
« tissu de FOSSIN (bijoutier du roi) cachait à demi ses
« blanches épaules; et son pied coquet et furtif s'avan-
« çait, fier de son invisibilité, dans un invisible soulier
« de CHEVET (marchand de comestibles au Palais-
« Royal. »

Au surplus, ces erreurs d'un provincial ne sont pas plus étranges que cette naïveté parisienne que nous avons trouvée l'autre jour dans la *Mode :* « Mozart
« prouve la vérité de ce que l'on dit souvent : Le beau
« ne vieillit pas. Mardi dernier, non-seulement on en-
« tendait la bonne et expressive musique *di Matrimonio*
« *segreto*, mais encore ce doux nom de *Mozart* avait at-
« tiré aux Italiens une foule d'élégantes et de jolies
« femmes. » Ah! sans doute, il est puissant ce doux nom de *Mozart*, puisqu'il avait su attirer tant de monde pour entendre le chef-d'œuvre de... Cimarosa. Dans un journal légitimiste, les usurpations ne devraient pas être permises.

Le concert du Cercle des Arts était superbe samedi. Duprez a chanté un fort bel air qu'il avait composé lui-même pour cette solennité. Les glaces et le punch avaient remplacé les cigares ce soir-là. Le coup d'œil de la salle était admirable. Point de femmes, mais trois cents hommes vêtus de noir!!!

On vante beaucoup un instrument nouveau dont on doit faire l'essai au prochain concert : le *cigare à piston*. Cette ingénieuse combinaison de vapeur et d'harmonie est appelée à obtenir le plus grand succès.

Un de nos amis est revenu hier de Versailles par les *gondoles*. Il s'est fort diverti de la fureur d'un Anglais qui voulait s'arrêter à Sèvres, et qui n'a jamais pu se faire comprendre du cocher. Mais aussi ce voyageur prétentieux s'obstinait à crier : « Gondolier ! gondolier ! » Personne ne répondait à ce cri tout vénitien : « Gondolier ! gondolier ! » Le cocher, qui avait assez de peine à conduire sa barque, et qui d'ailleurs ne savait pas les vers du Tasse, a ramené le pauvre Anglais jusqu'à Paris, où notre ami lui a expliqué qu'en France, pays bourgeois et privé de toute poésie, les gondoles étaient menées par des conducteurs de diligences.

On parle tout bas d'un nouvel ouvrage de M. l'abbé de Lamennais, qui a pour titre : *le Livre du Peuple;* il doit paraître dans quinze jours. Mais ceci ne nous regarde pas, c'est un événement politique.

LETTRE XXVI.

30 décembre 1837.

Première représentation de *Caligula*. — Les gens du monde chassés de la salle. — Les défauts de prononciation.

Le grand événement de la semaine est la première représentation de *Caligula*. Dans l'ordre naturel des feuilletons de la *Presse*, c'est M. Alexandre Dumas lui-même qui devait rendre compte de cet ouvrage. Ce double rôle de critique et d'auteur lui aurait sans nul doute inspiré un article très-spirituel et fort piquant, mais un sentiment de modestie inexplicable l'a fait se récuser. M. Méry le remplacera ; nous laisserons donc à M. Méry le soin d'analyser le nouveau drame, et d'en proclamer le succès ; nous lui laisserons dire tout ce qui s'est passé sur le théâtre : nous nous bornerons à raconter ce qui se voyait dans la salle. Ah ! la salle nous appartenait, à nous.

PROLOGUE : Car nous aussi, nous avons un petit prologue. La scène se passe dans les vingt salons les plus élégants de Paris. « Irez-vous ce soir, madame, voir la pièce nouvelle ? — Non, vraiment, je n'ai jamais pu avoir de loge. — Vous vous y êtes prise trop tard. — Trop tard ! voilà deux mois que j'ai envoyé au bureau de la Comédie-Française pour louer une loge, on n'en louait pas ; mon frère y est allé lui-même, il y a quinze jours, il n'a pas été plus heureux que moi. — Le frère prend la parole : Je n'ai pu obtenir, dit-il, que cette superbe réponse : « Monsieur, *la feuille est au secrétariat.* » — On m'a fait une autre réponse, à moi : M. Dumas avait, dit-on, fait retenir toutes les loges. — Si je pouvais seulement avoir une stalle. — C'est impossible, il n'y en a plus. — Comment, il n'y en a plus! mais il n'y en a jamais eu, et c'est ce dont je me plains. Je comprends très-bien l'empressement qui fait que toute une salle est louée d'avance, mais ce n'est pas cela, les loges sont prises sans être louées. » On annonce le comte de X..... — Vous êtes bien fier, vous, mon neveu, lui dit la maîtresse de la maison, vous avez une loge, et vous verrez ce soir *Caligula.* — Ne m'en parlez pas, je suis furieux. J'avais une loge, en effet, mais on a rayé mon nom sur la liste. Tumulte, acclamations, chœurs de jeunes hommes et de jeunes femmes indignés : — C'est révoltant! il faut vous plaindre, il faut réclamer.

On annonce madame de B.... (dans un autre salon, c'est madame G**) : — Vous irez, ce soir, voir *Caligula?* — Oui..... — Ah! vous êtes, madame, la seule qui disiez oui; mais aussi que de droits vous aviez pour obtenir une bonne loge!... — Mais je n'en ai pas... — Vous non plus; c'est charmant, nous n'osons plus nous plaindre : quand l'auteur de la *Suite d'un bal masqué* (dans un autre salon), quand l'auteur du *Marquis de Pomenars* est mis à la porte du Théâtre-Français, nous devons trouver tout simple de n'y pouvoir entrer. — J'avoue que c'est la première fois, depuis trente ans, que pareille chose m'arrive, car j'ai assisté au triomphe de tous nos grands maîtres; j'ai vu, je crois, toutes les premières représentations qui ont eu de l'éclat, depuis celle d'*Agamemnon* de Lemercier, jusqu'à celle d'*An-*

gelo de Victor Hugo. J'envoyais retenir ma loge un mois d'avance, il est vrai, mais enfin je l'avais toujours; aujourd'hui, j'en suis réduite à demander l'hospitalité à un journaliste de mes amis.—Que voulez-vous? les journalistes, ce sont les rois du moment; tout est pour eux. — Les rois, non ; vous voulez dire les juges. — Mais des juges *arbitraires* sont pis que des rois absolus.

Ce prologue vous annonce déjà ce grand changement survenu depuis quelques années à l'égard du public des premières représentations. Le monde élégant n'en est plus : les exceptions sont si rares, qu'il n'en faut point parler. Aussi avons-nous été fort surpris en apercevant dans la loge du Roi M. le duc et madame la duchesse d'Orléans, la princesse Clémentine et les jeunes princes. M. le duc d'Orléans, qui aime les gens d'esprit quoi qu'on dise, professe une grande bienveillance pour Alexandre Dumas; cela est tout naturel, et prouve pour son bon goût. Mais les premières représentations sont souvent de petites émeutes littéraires, que la présence d'un prince du sang ne prévient pas toujours; et n'est-ce pas une imprudence que de s'exposer à ne point les apaiser? Et puis *Caligula*, c'est une royauté qu'on méprise; Caligula, c'est un empereur qu'on assassine. Le drame entier est une chaîne de conspirations plus ou moins hardies qui ramènent une suite de mots plus ou moins pénibles, qui sont malheureusement des souvenirs. Certes, nous ne songeons à faire aucune comparaison entre ce temps-là et le nôtre, entre César et nos rois; mais, bien que les applications soient impossibles, il est dans ce drame de certaines phrases de républicanisme romain que nous avons entendues naguère traduites en bon français. Dans un pays où la reine ne peut voir sans frémir son mari monter en voiture pour aller se promener, dans une époque où l'assassinat trimestriel n'étonne plus, les mots de complot, de conjuration, de conspiration, doivent être bien durs à l'oreille, et nous croyons que les princes de la famille royale doivent trouver peu d'agrément dans ce plaisir d'imagination, qui leur rappelle toutes les angoisses de leur vie. Nous pensons donc qu'il n'est pas convenable que les princes assistent, ostensiblement du moins, aux premières représentations, et nous sommes bien persuadé que M. le duc d'Orléans, qui n'avait peut-être pas cette idée il y a deux jours, est tout à fait de notre avis aujourd'hui. Mais on savait d'avance l'ingénieuse surprise, l'hommage gracieux que l'auteur avait préparé en l'honneur de madame la duchesse d'Orléans; on savait que le manuscrit du poëte, copié par lui-même, chef-d'œuvre d'écriture et peut-être de style, enrichi de charmants dessins de Boulanger, de Dauzat, etc., serait déposé, par l'ouvreuse, dans la loge royale, comme un libretto ordinaire; on était flatté de cette attention pleine d'élégance et de bon goût, et l'on ne voulait pas faire *manquer la surprise*, en refusant d'assister au succès de l'ouvrage... on est venu, peut-être malgré soi, pour ne pas désobliger un homme de talent : c'était une faute; de pareilles fautes sont si rares, qu'elles méritent presque des éloges ; mais, hélas! quand on est prince, il faut se défier de tout, même de ses bonnes intentions.

Après les princesses royales venaient les princesses de théâtre. Dans les belles premières loges étaient toutes les actrices de Paris : mesdemoiselles Elssler, madame Dorval, mademoiselle Falcon, madame Volnys, mademoiselle Anaïs, mademoiselle Georges, mademoiselle Pauline Leroux, madame Dabadie, toutes, excepté cependant mademoiselle Déjazet, dont l'absence se faisait vivement sentir. Tous les acteurs de Paris et même de Versailles étaient là aussi, excepté Arnal et Lepeintre jeune : on les a vivement regrettés. Maintenant une première représentation ressemble à la cérémonie du *Bourgeois gentilhomme* ou du *Malade imaginaire* : tous les acteurs de la capitale viennent s'y montrer dans le costume qui leur est le plus avantageux ; c'est un bien beau coup d'œil ; seulement nous trouvons que les groupes de journalistes jetés çà et là nuisent à l'ensemble ; il faudrait exiger que les journalistes vinssent aussi en costume : alors ce serait fort beau ; mais, par malheur, ce *piquant* spectacle se renouvelle trop souvent. Une si complète réunion est sans doute fort intéressante pour un jeune homme de province arrivé la veille à Paris, et forcé de repartir le lendemain. Ce curieux voyageur doit être très-flatté de pouvoir ainsi contempler dans une seule soirée toute la gent dramatique parisienne ; il peut retourner chez lui et dire, sans mentir : « J'ai vu mademoiselle Mars, j'ai vu mademoiselle Georges. » (Il dit : Mars, Georges, c'est son élégance à lui, ce n'est pas la nôtre.) Il n'est pas obligé de spécifier dans quel rôle il les a vues, de raconter ses impressions et d'imiter ce mauvais plaisant d'une vieille comédie des Variétés, qui prétendait que Talma était un homme très-froid qui n'avait jamais produit sur lui le moindre effet. — Comment, lui disait-on, il ne vous a pas fait frémir dans Oreste ? — Je ne l'ai pas vu dans Oreste. — Eh bien, dans Hamlet ? — Je ne l'ai pas vu non plus dans Hamlet. — Alors, dans quoi l'avez-vous donc vu? — Je l'ai vu l'autre jour dans un fiacre, il ne m'a rien fait du tout. — Nous le répétons, pour un jeune provincial, c'est quelque chose que d'apercevoir une actrice célèbre ; mais nous qui avons souvent ce plaisir, nous rêvons un autre public ; nous aimerions à pouvoir admirer dans les loges fashionables, les jours de première représentation, une femme au moins dont on puisse dire cette phrase consacrée : Elle n'a paru sur aucun théâtre.

Toutefois, nous comprenons l'empressement de nos célèbres actrices à venir voir comme l'on joue la tragédie au Théâtre-Français. Personne mieux qu'elles ne pouvait se divertir de la soirée de l'autre jour : mademoiselle Georges a dû bien s'amuser du jeu fantastique de mademoiselle Noblet; et madame Dorval, si charmante dans *Chatterton*, si gracieuse dans *Beatrix Cenci*, qu'elle a dû rire de bon cœur en regardant mademoiselle Ida ! Comment prend-on la profession d'ingénue avec une taille semblable? Dans les rôles de mademoiselles Georges, trop d'embonpoint est pardonnable ; une extrême maigreur serait même un ridicule pour cet emploi. Mademoiselle Georges est toujours une femme imposante ; noble, fière ou terrible, c'est toujours une reine et une mère : ce n'est jamais une amante langoureuse. Quand elle éprouve de l'amour, c'est encore pour un de ses fils ; ses passions sont toutes plus ou moins maternelles. Mademoiselle Georges ne se permet d'aimer d'amour que ses enfants. Dans *Sémiramis*, elle veut épouser son fils ; dans *OEdipe*, elle a déjà épousé son fils ; dans *Lucrèce Borgia*, elle aime son fils ; dans *la Tour de Nesle*, elle aime ses *deux* fils. Ce n'est pas crime de sa part, c'est seulement une manière spirituelle de dire : « Je ne cache pas mon âge. » Mademoiselle Georges est, de plus, grande et belle et toujours belle : son embonpoint ajoute peut-être même à la majesté de ses rôles. Mais l'embonpoint de mademoiselle Ida, jeune fille rêveuse et sentimentale, toujours vêtue de blanc, vierge timide au pied léger, fuyant un infâme ravisseur, ange et sylphide dont on cherche les ailes, l'embonpoint de mademoiselle Ida est risible et révoltant. Il faudrait au moins être transportable, quand on se destine à être enlevée tous les soirs.

Ce qu'il y a de plus étrange à la Comédie-Française, c'est la manière dont on dit les vers : on n'entend pas un mot. Ligier, Beauvallet et Firmin sont les seuls qui sachent prononcer le français ; le reste est quelque chose d'inimaginable. Là, chacun a un langage qu'il faut étudier : madame Paradol supprime toutes les consonnes. Dans ses imprécations contre les dieux qui l'ont trahie, elle doit s'écrier : « Vous êtes de faux dieux ! » elle dit : « *Où êtes eu au ieux !* » Comme ce mouvement d'indignation est très-beau, et que le geste qu'elle fait en renversant les petits dieux l'explique, on a applaudi, mais on n'a certainement pas entendu. Mademoiselle Noblet a aussi un mot à effet : *Aquila* et *Junia* veulent assassiner César, ils s'écrient : « Où nous cacherons-nous pour le tuer ? » Messaline paraît et dit : « *Chez moi !* » La scène est belle, et le mot la termine d'une manière terrible ; mais ce mot fatal s'est changé, dans la bouche de mademoiselle Noblet, en un petit mot anglais très-gracieux ; au lieu de dire *chez moi*, elle a dit : « *Tché... mu, juha.* » Le moyen d'être épouvanté par un si gentil langage ! Mademoiselle Ida a de même une prononciation qui lui est particulière ; depuis dix ans, mademoiselle Ida est enrhumée ; cette voix pleureuse était assez agréable dans *Angèle*, où mademoiselle Ida a fait preuve d'un véritable talent. Dans le drame moderne, tous les défauts de prononciation sont permis, c'est de la *couleur locale :* les femmes les plus élégantes, de nos jours, ont en général un organe commun, une prononciation vulgaire et vicieuse ; aussi lorsque Angèle disait à sa mère : « *Ah! banban, je suis bien badeureuse!* » c'était joli, c'était naïf : cela s'appelait avoir des larmes dans la voix ; mais dans la tragédie, mais quand il faut parler en vers, et parler franchement, cette naïveté perd beaucoup de son charme. C'est pourquoi mademoiselle Ida a manqué les plus grands effets de son rôle. Exemple : *Stella* raconte à *Junia* la résurrection de Lazare ; Junia s'écrie : « C'était un prodige ! » Stella l'interrompt et dit : « Un miracle, ma mère ! » Personne n'a entendu le mot ; ah ! c'est que mademoiselle Ida l'a prononcé ainsi : « *Un biracle, ba bère!* » Cela n'est pas du tout tragique. Quant à la *pompe inouïe* dont parlent les journaux, et que le Théâtre-Français a déployée dans la mise en scène de ce drame, nous ne l'avons trouvée que dans les décorations, qui sont réellement fort belles. Le luxe est vraiment misérable ; le char de triomphe, dont on nous avait souvent parlé, n'est traîné ni par des chevaux, ni par les Heures, comme on l'avait d'abord annoncé : il est tiré par deux gros comparses de Mecklembourg, ce qui le fait beaucoup ressembler à une petite voiture de *bains à domicile*, et cela n'est pas du tout tragique. Le souper splendide, dont les convives sont couchés dans une grande chambre fort sombre, enfumee de trois torches funèbres, a l'air d'une ambulance, et rappelle assez la salle des mairies changées en hôpital pendant le temps du choléra. Le somptueux banquet est un repas plaisamment frugal, qui n'effaroucherait point le patriotique estomac du *Constitutionnel*. MENU : une assiette d'oranges et deux assiettes de pommes d'api, le tout pompeusement servi sur un petit guéridon. Hors-d'œuvre : un poëte très-maigre, récitant des vers d'une voix monotone; cela ressemblait assez à une lecture de réfectoire, et ce n'était pas du tout tragique. On vendait à la porte une médaille en plomb frappée en mémoire du triomphe littéraire de *Caligula*. Ceci n'est pas tragique non plus ; mais on avouera que c'est du moins fort comique. La médaille a obtenu beaucoup de succès et un brevet d'invention.

1838.

LETTRE PREMIÈRE.

24 novembre 1838.

Le retour. — Paris et ses ruisseaux. — Bourganeuf et ses torrents. — Un cheval de fantaisie. — Le *jargon* de Racine. — Mlle Rachel. — Causeries.

Que Paris semble laid après un an d'absence! Oh! que c'est triste une ville de plaisir! Quand on revient d'un grand voyage, quand on a longtemps respiré l'air pur, l'air embaumé des montagnes, comme on étouffe dans ces corridors sombres, étroits, humides, que vous voulez bien appeler les rues de Paris! On se croirait dans une ville souterraine, tant l'atmosphère est pesante, tant l'obscurité est profonde. Oui, l'on respire plus à l'aise dans la grotte de Pausylippe. Ah! sortons vite de cette caverne, marchons vers le jour, de l'air, de l'air! On se meurt ici! qu'il y fait chaud! et qu'on a froid! tour à tour on brûle, on frissonne; que ce brouillard tiède est glacial! Il vous pénètre jusqu'au cœur; il enveloppe toutes vos pensées, il aveugle votre regard. Hélas! ce n'est plus cette blanche vapeur des rivières dans les vallées, gaze aquatique, voile transparent que jette entre les saules la nymphe qui se baigne, nuage mystérieux, complice discret qui protége chaque soir depuis l'éternité, l'éternel amour de l'onde et du rivage ; non, ce n'est plus cela, c'est une nappe humide, épaisse, lourde et grasse, pâle et noire, c'est une pluie pénétrante et perfide, une rosée d'encre et de suie, c'est le brouillard enfin ; mais un brouillard d'ordre *composite*, d'un style effrayant, c'est une macédoine infâme de tous les miasmes que l'on redoute, c'est la chaîne de vapeurs et de fumée qui marie les pavés aux toits, c'est l'union monstrueuse, fatale des soupirs de la cheminée et de l'haleine des égouts. O Paris ! Paris !

Et des milliers d'hommes vivent, s'agitent, se pressent dans ces ténèbres liquides, comme des reptiles dans un marais ; et ce bruit sale et pauvre, ce *clapotement* de pas dans la boue vous poursuit de tous côtés ; et l'on marche dans l'ombre sans lanterne, sous prétexte qu'il est midi, et l'on reconnaît son chemin. Alors on rentre en sa demeure où le brouillard entre avec vous. Il s'introduit en fraude dans toutes les chambres, mais dans le vestibule il s'établit de droit ; l'escalier lui appartient aussi ; il lutte de fraîcheur avec la cave. La rampe est moite. Les marches mouillées gardent l'empreinte de vos pas ; les murs sont tout en pleurs, des ruisseaux de larmes grisâtres *ravinent* la poussière des lambris comme les cascades d'un orage sillonnent le sable des coteaux. Quoi ! c'est ici qu'il nous faut vivre ! O Paris ! Paris !

Naguère un horizon si vaste s'étendait devant nous ! Que nos regards étaient ravis ! que d'espace ! Comme nous respirions avec confiance ! l'air était si pur, le ciel si haut ! Là, tous les aspects étaient nobles, là, tous les bruits étaient majestueux ! Ah ! ces belles avenues de chêne valaient bien vos longues allées de maisons. Les plaintes du vent dans les feuilles, la voix des écluses béantes valaient bien les cris de vos ramoneurs, le roulement de vos fiacres, de vos *Dames blanches*, de vos *Augustines*, de vos *Omnibus*. Qui nous rendra ces doux moments ? Quand reverrons-nous nos montagnes ? car nous avons le droit de dire nos montagnes, une partie de ce charmant pays est à nous. Vrai, nous sommes très-riche là-bas. Nous y possédons, non pas une terre, fi donc ! mais cent arpents, au moins, de rochers admirables ! de purs rochers, des pics sublimes que nulle végétation vulgaire ne profane; des pierres sacrées que la charrue a respectées, que les Druides, sculpteurs étranges, ont seuls touchées. Voilà une retraite sauvage et poétique. Admirez à votre aise les petits châteaux blancs et roses des environs de votre Paris, vos perrons grillés, ornés de l'inévitable vase de plâtre qu'habitent l'hortensia fidèle et le géranium obligé. Ratissez vos allées, peignez vos arbres, épluchez vos gazons et promenez-vous à pied sec dans vos rivières arides à l'ombre de vos ponts chinois; nous n'envions pas vos plaisirs... Nous n'avons point de petits châteaux, nous autres, nous n'avons pas même de maison, mais nous avons des grottes superbes tapissées de mousse et de lierre, où l'on rêve délicieusement. Plantez vos choux et vos patates, récoltez-les et mangez-les; nous méprisons ces cultures triviales : dans notre sol tout poétique, ces plantes domestiques n'osent germer. Les salades panachées n'embellissent pas nos jardins, mais les ajoncs et les bruyères forment sur le front de nos montagnes une couronne de pourpre et d'or. Nul hôte prosaïque ne trouble la paix de nos ondes ; là, point de carpes, point de goujons, mais de grands lézards au corset d'émeraude, mais des serpents, beaucoup de serpents, des couleuvres, des vipères, des aspics. L'aspic est un reptile historique fort estimé. Là, point de gibier familier, ennemi docile qui s'apprivoise, point de cerf ni de chevreuil, mais des renards, mais des sangliers, mais des loups. Point d'oiseaux de pâtisserie, point de cailles et de perdreaux, mais des milans, des chouettes, des sarcelles et des hérons. Là, point d'eau dormante et verdâtre qu'enferme la maçonnerie d'un bassin, point de jet d'eau périodique qu'on n'abandonne à sa furie que le premier dimanche du mois, mais un torrent que rien n'arrête, qui traverse un village et l'emmène, se chargeant lui-même de transporter tous les meubles, les buffets, les tables, les chaises, comme une voiture de déménagement. Aimable torrent, les gens du pays qui possèdent des terres, des champs de blé, t'accusent ; ils blâment ton humeur vagabonde, ils te reprochent ton inconstance ; mais nous te défendons contre eux, nous ne redoutons pas ta colère ; dans notre belle solitude tu ne saurais rien dévaster ; rugis, mugis, bondis sans crainte, retourne ces noirs rochers, fais valser ces branches cassées, démolis tes ponts, jette ton écume dans l'air, fais-toi méchant, fais-toi terrible, joue ton drame, nous t'admirons ; ta démence est notre culture ; demain nous te devrons mille dégâts charmants ; notre parc fantastique que la nature seule a dessiné, compte sur toi pour tracer ses allées, diriger *les travaux* ; il se pare de tous les désastres ; il est semblable à ces forts illustres renversés dans un grand combat, à ces volcans déchirés par la lave, à ces fronts voilés de tristesse, flétris par de nobles chagrins, qui ont dû la gloire à des fléaux, et qui trouvent la beauté dans les ravages.

N'allez pas croire que tout le reste du pays soit aride comme notre poétique vallée. Il y a là de belles prairies, des champs cultivés. Du sommet de nos rochers déserts, on aperçoit de riants paysages. A notre droite, la ville de Bourganeuf élève ses brunes tourelles, et son vieux donjon, où le frère de Bajazet, Zizim, fut enfermé ; à gauche, la roche de Mazurat perce la nue et fait briller au soleil ses cailloux de cristal ; le Thorion, large ruisseau que nous trouvons paisible, nous, propriétaire d'un torrent, déplie en détours gracieux ses rubans d'acier ; et puis en face de nous s'étend sur vingt collines la superbe forêt de Mérignac, digne cadre d'un tel tableau, sombre océan de chênes qui roule à l'horizon d'immenses vagues de verdure.

N'allez pas croire, non plus, que les habitants de cette terre soient privés de toute civilisation ; n'imaginez pas que cette petite ville de l'ancienne Marche soit très-éloignée du moderne Paris. Elle est, au contraire, plus avancée en éducation politique, en littérature, en élégance, que bien des villes voisines qui font grand bruit ; et c'est le charme particulier de ce séjour, c'est ce mélange de mœurs champêtres et d'habitudes citadines, d'aspects sauvages et de plaisirs mondains. Voyez-vous sur ce pont qui tremble, sur ce vieil arbre jeté d'une roche à l'autre, voyez-vous cette jeune et jolie femme qui franchit le torrent (notre torrent) ; elle porte un mantelet noir garni de dentelles, un chapeau de paille de riz orné de vos fleurs à la mode, une robe rose garnie de hauts falbalas : elle tient d'une main une ombrelle, de l'autre un petit portefeuille contenant des cartes de visite. C'est la femme d'un des premiers fonctionnaires de la ville, elle va de l'autre côté de la montagne faire une visite à une de ses amies; sa fille marche devant elle, mais tout à coup l'enfant s'arrête : — Qu'as-tu, ma fille? dit une voix douce. — Maman, c'est un gros serpent. — Laisse-le passer, petite... Et le serpent traverse le sentier, et les voyageuses continuent leur route sans s'émouvoir de la rencontre; mais on les a vues; un magnifique chapeau de paille d'Italie couvert de plumes blanches vient au-devant d'elles, et ces parures fashionables, qui seraient admirées dans la grande allée des Tuileries, disparaissent à nos regards derrière les rochers.

Voyez-vous au bord de l'abîme cette solitaire maison? le désert l'environne, des blocs de granit la protégent de tous côtés. — C'est la retraite d'un ermite, d'un poëte, ou le repaire d'un misanthrope? Point du tout, c'est une maison de banque. Passez à la caisse. — Entendez-vous cette cascade, quelle voix terrible! quel bruit! qui donc peut habiter là?—C'est la demeure d'un avocat. Un avocat! quelle abnégation! — Où donc courez-vous dans la prairie, qu'allez-vous faire dans cette chaumière isolée? — Je vais jeter dans la boîte aux lettres une réponse à M. de Lamartine. — Dans cette cabane où sont les vaches? — Oui, c'est un bureau de poste.

Ainsi dans ce charmant pays les beautés les plus simples de la nature se confondent avec les plus commodes recherches de la civilisation; c'est une suite de contrastes piquants, une lutte constante des choses les plus étrangères entre elles, un mélange inconnu de rochers et de banquiers, d'avocats et de cascades, de loups et de chapeaux à plumes, de sangliers et de dentelles, de falbalas et de serpents, dont nous ne pouvons donner aucune idée et qui avait pour nous bien des attraits.

Que de belles promenades nous avons faites dans ces campagnes ! que de fois les flots du Thorion ont réfléchi l'étrange image de notre coursier ! Nous disons coursier, le nom de cheval ne lui conviendrait en aucune sorte. C'était un quadrupède de race et forme sans noms, dont l'allure de fantaisie était pleine d'originalité. Ce compagnon de voyage n'était pas digne de nous sans doute, il n'avait en apparence rien d'élégant; aussi était-ce pour nous moins une monture qu'un guide. Mais ce bon vieillard qui se disait natif de Limoges, connaissait si bien le pays ! Il savait tous les détours de la montagne, il s'arrêtait dans tous les pacages, il allait boire à toutes les fontaines, il entrait dans toutes les chaumières, il saluait toutes les jeunes filles, et fuyait tous les paysans; la voix d'un charretier le remplissait de crainte; le moindre fouet claquant dans les airs le faisait partir au grand trot. C'était plus fort que lui, c'était plus fort que nous, il n'était pas maître de ses souvenirs. Grâce à son humeur vagabonde, nous avons parcouru tout le canton, nous avons visité les ruines du temple des Druides à Perseyx, monument superbe que M. Mérimée ne connait pas; nous avons vu le joli lac de Péra, l'étang de la Chapelle, la cascade de Saint-Martin-le-Château, les bois du Palais, Pontarion, Sauviat, etc., etc.

Mais à quoi bon rappeler toutes ces choses ? c'est Paris qu'il nous faut regarder aujourd'hui, ô Paris ! Paris !

« Tels étaient *nos* plaisirs. Quel changement, ô Dieux ! »

Qu'avons-nous dit ? imprudents que nous sommes ! citer Racine dans la *Presse !* L'audace est extrême, nous l'avouons; mais on nous pardonnera cette licence poétique en faveur de nos souvenirs. C'est une faiblesse, que voulez-vous? nous le savons bien ; mais Racine est pour nous un ami d'enfance; nous ne le jugeons pas, nous l'aimons. Notre admiration pour lui n'est que tendresse ; c'est une de ces erreurs puériles, un de ces préjugés de naissance qu'on suce avec le lait. L'âge n'y peut rien et la raison n'en guérit pas ; c'est ce vulgaire amour plein de niaiserie que l'on ressent pour sa nourrice, pour une vieille paysanne qui a les mains rouges, qui dit : *J'avions*, *j'étions*, *je sommes*, et que l'on embrasse devant tout le monde, comme sa mère, malgré son bonnet rond et ses sabots. Racine ne dit pas précisément : *J'étions* et *j'avions*, mais il parle, dit-on, une langue vieillie. Il ne porte point de sabots, mais le lacet de ses cothurnes est bien usé. Nous l'aimons donc par habitude, par reconnaissance aussi; ses beaux vers... non, ses vers chéris gardent encore le parfum de nos belles années; ils retentissent encore de la voix bien-aimée d'un père, leur admirateur passionné, des accents de la bonne sœur qui nous apprenait à les réciter, ils vivent tout-puissants dans notre mémoire, et nous vous demandons la permission de les trouver sublimes tant que nous ne les aurons pas oubliés.

Eh ! mademoiselle Rachel ?

Nous ne l'avons pas encore vue, mais d'avance notre bienveillance lui est acquise ; ses détracteurs prétendent que son immense succès est une affaire d'association nationale. Mademoiselle Rachel est juive, disent-ils, et chaque fois qu'elle joue la moitié de la salle est occupée par ses coreligionnaires. Ils agissent avec elle comme avec Meyerbeer, avec Halévy. A l'Opéra, voyez les jours où l'on donne les *Huguenots* et la *Juive*, toutes les places qui ne sont pas louées à l'année sont prises par les juifs. Cela est vrai, et nous ne pouvons nous empêcher d'admirer cette belle union de tout ce peuple qui se parle et se répond d'un bout du monde à l'autre, qui se comprend avec une si prodigieuse rapidité, qui relève un de ses fils malheureux à son premier cri, et qui court chaque soir applaudir en foule celui de ses enfants qui se distingue par son génie. Cela fait rêver. N'avoir point de patrie, et garder un sentiment national si parfait! Quelle leçon pour nous, qui nous desservons mutuellement sans cesse, qui nous détestons si bien, et qui pourtant sommes si fiers de notre belle France! Faut-il donc des siècles d'exil et de persécution pour que les enfants d'une même terre apprennent à s'aimer entre eux? Peut-être!..... Quoi qu'il en soit, mademoiselle Rachel obtient un succès mérité, les triomphes factices n'ont pas cet ensemble et cette durée; d'ailleurs, nous entendons chaque soir vanter la jeune tragédienne par des juges qui nous inspirent la plus grande confiance; de vieux amateurs de tragédie, qui ont vu Talma, qui ont applaudi mademoiselle Raucourt, mademoiselle Duchesnois, et qui ne sont pas juifs du tout.

Nous ne sommes encore allé qu'une seule fois au spectacle, à la première représentation de *Ruy-Blas*. C'était pour nous un devoir d'amitié, car, vous le voyez, nous sommes toujours le même, réunissant dans une même admiration les choses que la rivalité sépare, aimant Racine et Victor Hugo, les admirant de front, sans blâmer l'un pour flatter l'autre.

Don Sébastien fait événement à la Porte-Saint-Martin. Cela devrait encourager M. Harel à faire balayer son théâtre. A chaque pas, à chaque émotion violente, les acteurs disparaissent dans un nuage de poussière. L'héroïne tombe à genoux avec une robe noire, elle se relève avec une robe grise. On a respecté la poudre du désert apportée par les Bédouins, mais *Don Sébastien* méritait aussi des égards.

George Sand est en Espagne; en partant il nous a laissé *Spiridion*. Avez-vous lu *Spiridion?*

Avez-vous lu *Arthur*, par l'auteur de la *Salamandre? Arthur* et *Spiridion* font le sujet de toutes les conversations dans le monde fashionable. Du reste, nous ne savons encore rien que de tristes nouvelles; nous ne voyons que des amis en deuil; les heureux sont absents. La grande mode cette année à Paris, c'est de passer l'hiver en Italie; c'est aussi la mode à Londres. La reine douairière d'Angleterre est à Naples. La belle duchesse de Sutherland est à Rome, avec toute sa famille. Chaque fois que vous prononcez un nom célèbre par l'esprit, par la beauté ou par l'élégance, on vous répond : Elle est à Rome, à Milan, à Florence. On vous dit rarement : Elle est ici. Tout le monde pense-t-il donc comme nous? L'horreur parisienne, est-ce là le sentiment général cette année, l'épidémie de la saison? et le triste refrain que nous avons adopté est-il donc le cri universel?.... O Paris! Paris!

LETTRE II.

30 novembre 1838.

Une découverte. — Lamartine. — Victor Hugo. — Histoire de l'ame humaine. — L'école des *Élus*. — L'école des *Parias*.

Patience, nous vous parlerons tout à l'heure de ce qui vous intéresse, de niaiseries et de chiffons; mais avant de vous raconter ce que vous désirez savoir, nous voulons dire ce que nous serons fier un jour d'avoir dit.

Il s'agit d'une grande découverte faite par nous, d'une belle pensée ravie à deux nobles intelligences, d'une clarté nouvelle jetée sur deux tableaux, deux œuvres gigantesques, que le monde juge et ne comprend pas. Rayon charmant, plein de partialité et d'injustice, puisqu'il n'a daigné luire encore que pour nous.

Quelles sont ces deux nobles intelligences? — Lamartine et Victor Hugo. Quelle est cette belle pensée? — Celle de toute leur vie, celle qui préside à chacune de leurs œuvres. Chose étrange, ces deux hommes de génie se sont rencontrés, sans le vouloir, sans le savoir; et suivant tous deux une route différente, tous deux marchent au même but. Oui, tous deux gravissent la même montagne, l'un a choisi le sentier du nord, l'autre le sentier du midi; mais parvenus au sommet, ils se retrouveront et se donneront la main. Tous deux accomplissent le même travail, mais en sens inverse; tous deux ont entrepris le même livre; ils écrivent la même histoire, l'histoire de l'AME HUMAINE; l'un raconte le bien, l'autre le mal; Lamartine, avec son regard rêveur et poétique, cherche le beau; Victor Hugo, avec son coup d'œil observateur et dramatique, étudie l'horrible. L'œuvre du premier pourrait s'appeler *l'École des Élus*, l'œuvre du second serait *l'École des Parias*. Ainsi, dans leur sublime instinct qu'on nomme génie, ils se sont partagé le monde : l'un a choisi la terre, l'autre le ciel !

Maintenant, suivons-les dans le développement de leur travail; ne vous effrayez pas, cela ne sera pas long. Nous vous dirons dans un moment que l'on porte des robes groseille à bouquets noirs qui sont fort jolies. Permettez-nous avant d'expliquer notre idée.

Lamartine, dans ses poëmes épiques, montre l'homme vertueux aux prises avec les tentations de la vie, et succombant une heure à ces tentations pour expier ensuite cette heure de faiblesse par des années de remords, de remords bienfaisants; l'homme entraîné au crime par un monde corrompu qui l'attire, mais triomphant d'une démence passagère, grâce à la noblesse de son origine, à la pureté de son cœur, à la sainteté de son éducation.

Victor Hugo, dans ses drames, a pris le point de vue contraire : il montre l'homme dégradé par toutes les passions mauvaises, par toutes les misères, par toutes les humiliations, par le vice, par l'esclavage, par la difformité, séduit à son tour une heure par le bien, luttant non pas contre lui, mais avec lui contre un passé horrible qu'il abjure; aspirant vers le beau, comprenant les délicatesses les plus exquises, mais abruti, mais dégradé, indigne des nobles sentiments qu'il éprouve, ne pouvant déployer ses ailes rongées, ne pouvant respirer dans un air trop pur, ne pouvant se diriger dans ces régions inconnues; retombant alors épuisé et vaincu dans l'abjection première, malgré ses efforts courageux, parce que sa pensée est à jamais flétrie, parce qu'une éducation pour ainsi dire malsaine a gangrené son cœur.

Vous le voyez, dans cette grande œuvre que ces deux génies poursuivent en même temps, c'est toujours l'AME HUMAINE qui est l'héroïne, c'est elle qu'on éprouve, qu'on se dispute, c'est elle qui est l'étude enfin. Dans l'œuvre de Lamartine, elle lutte avec l'esprit du mal et triomphe; dans l'œuvre de Victor Hugo elle cherche avec instinct le bien, qu'une sainte passion lui révèle, mais on la repousse du pied, et elle succombe. Ainsi *Jocelyn* a voué ses jours aux autels, une femme vient qui lui dit: « Je t'aime, » et Jocelyn sent faillir ses résolutions, l'amour l'égare, il ne voit plus le temple qu'avec effroi, et il faut que la religion soit en péril, il faut qu'un prêtre meure comme un martyr, il faut qu'un peuple entier verse des ruisseaux de sang et de larmes pour le ramener au devoir. Ainsi, dans *la Chute d'un Ange*, Cédar, ange exilé, a donné sa vie au plus pur amour: aimer son Dieu, sa femme et ses enfants, voilà sa vertu. Une courtisane vient qui lui dit aussi: « Je t'aime, » et Cédar est entraîné par une ruse, et l'indigne Lakmy trouve au sein des flots le châtiment du crime qu'elle a fait commettre. Maintenant voyez dans l'épreuve contraire le même effet. De grâce, encore quelques mots sur ce grave sujet; dans un instant, nous vous dirons que mademoiselle Baudran fait des turbans de velours noir qui sont admirables.

Quasimodo est un monstre dégradé par la laideur ou

plutôt par la *hideur* et abruti par une monomanie. Quasimodo, amoureux de ses cloches, tout à coup aime une jeune fille, il aime..... et l'étincelle divine qu'étouffait sa difformité se révèle; il aime d'un amour pur, délicat, sublime, il aime d'amour enfin, car il n'y a qu'un amour; il aime comme Saint-Preux, comme Roméo, comme don Carlos, comme les modèles classiques de la passion; mais il n'aime ainsi qu'une heure. Cette tendresse si noble au fond de son âme, ne s'exprime, hélas! que dans son misérable langage; ce foyer si brûlant ne jette qu'une flamme décolorée; il aime comme un héros de roman, et il agit comme un monstre méprisable, parce qu'il ne sait pas comment on agit dans les nobles choses, parce que ses habitudes d'idiot sont plus fortes que son instinct de générosité; parce que, nous le disions tout à l'heure, une éducation pernicieuse a souillé son cœur; et cette passion si belle, si véritable, si puissante, ne se trahit que par une touchante humilité. Pauvre monstre! il n'imagine rien de plus beau, pour séduire la femme qu'il aime, que de lui amener son rival. Nourri d'humiliations, pour prouver sa tendresse, il s'humilie; l'abnégation servile pour lui, c'est le dévouement; et puis quand la passion devient trop forte, quand il veut à tout prix en avoir raison, stupide, il s'y abandonne avec sa brutalité de monstre, et le feu sacré caché dans son âme, qu'une heure d'amour avait fait revivre, s'éteint dans l'horreur et le dégoût.

Le Roi s'amuse nous offre la même étude. Triboulet, homme dégradé par le rire, s'ennoblit une heure à l'aspect de sa fille déshonorée. Le rayon divin jaillit encore de l'être abject. Le bouffon se transforme; l'amour paternel lui révèle toutes les délicatesses du cœur; quelques degrés de plus, il serait *Virginius ;* mais il retombe et ce n'est plus que Triboulet. Voyez *Marion de Lorme :* même miracle, même subite transformation, un moment elle comprend la honte, elle apprend à pleurer, à rougir ; une heure elle aime comme *Héloïse,* elle parle comme *Aménaïde...* mais sitôt que les grandes terreurs l'éprouvent, elle redevient Marion; l'affreuse tradition est plus forte qu'elle; voulant sauver celui qu'elle aime, elle se livre au bourreau, sans comprendre que pour *Didier*, il valait cent fois mieux mourir que d'être sauvé ainsi.

Voyez encore *Lucrèce Borgia :* elle n'est pas une fille du peuple, elle n'est point difforme, l'humiliation n'a point flétri son cœur, mais elle est née dans le crime, mais elle a été élevée dans le crime. Dès son enfance, on lui a enseigné à composer des poisons, comme on apprend aux jeunes Anglaises à faire le thé. Aussi le jour où un beau sentiment l'inspire, par bonté d'âme, par dévouement, elle fait périr tous ses ennemis dans un repas qu'elle prend soin d'assaisonner elle-même.

Voyez enfin *Ruy-Blas :* même travail, même vérité; avilir la royauté, c'est le but, c'est la morale de cette œuvre, dites-vous? et non, mille fois non, ce n'est point de la royauté qu'il s'agit. Elle n'est mise là que pour faire valoir la pensée ; c'est l'antithèse, c'est le repoussoir, c'est un contraste, et voilà tout. La véritable pensée du drame est celle-ci : l'âme d'un laquais est aussi noble que l'âme d'un héros. Parlez-lui le langage de la passion généreuse, elle y répondra. L'amour fait de ce laquais un ministre, un grand homme d'État; il est capable des plus belles actions, il réalise les plans les plus vastes ; ministre, il va sauver l'Espagne ; mais voilà que vous venez lui rejeter à la face, avec une ironie cruelle, tout son passé comme une injure, vous gonflez son cœur d'amertume; alors cet homme, grand d'Espagne une heure, rentre avec furie dans son ancienne profession; vous lui en faites un crime, il s'en fait une arme. Il ne veut pas combattre, il veut punir. Il dérobe traîtreusement à son maître son épée, et avec cette épée qu'il a nettoyée la veille, il le tue. Né gentilhomme, il se fût vengé en chevalier; né domestique, il se fait justice en assassin; et il commet ce meurtre dans un noble but, et cette lâcheté sauve l'honneur d'une reine. Mais est-ce donc sa faute à lui, si vous l'avez nourri de misère et d'outrages, si vous avez flétri ses jours? Le ciel lui avait donné de nobles instincts comme à vous, c'est votre morale étrange qui les a fait taire. Vous lui avez enseigné le dédain de sa condition. Vous lui avez donné des coups de bâton, en lui disant : Je te chasse. Vous avez appelé devant lui valets ceux que vous méprisiez, quand au contraire il fallait lui dire : C'est l'intelligence qui fait la valeur d'un homme; c'est le caractère qui fait la dignité; un serviteur adroit et fidèle est plus qu'un maître incapable et voleur! Son abjection est donc votre ouvrage, et vous seuls l'avez fait ainsi? Et vous le voyez lutter sans cesse avec la nature qui l'a créé noble et bon contre la société qui l'a fait envieux et méchant. Ah! quelle admirable étude, quel attachant spectacle! quand l'amour l'inspire, il est enfant de Dieu, comme tous ceux qui aiment, qui admirent et qui prient; quand la haine l'enflamme, il n'est plus que votre élève, et il se conduit d'après vos leçons.

Oui, cette étude de *l'âme humaine* dans les monstruosités les plus hideuses, cette découverte de la beauté dans la laideur, cette recherche de la perle divine dans tous les fumiers humains est un généreux et sublime travail. C'est réfuter victorieusement l'opinion de ce philosophe à qui l'on demandait s'il croyait à l'immortalité de l'âme, et qui répondit : « C'est selon. » Comme on s'étonnait de cette réponse spirituellement impie : J'avoue franchement, continua-t-il, que je ne crois pas à l'immortalité de toutes les âmes ; il y a beaucoup d'êtres dans ce monde qui n'ont pas besoin d'être immortels, qui n'y tiennent pas ; les polichinelles, par exemple : — pensez-vous qu'un homme qui toute sa vie a parlé comme ça (et il imitait l'accent du personnage), pensez-vous que cet homme tienne beaucoup à son immortalité ? — Oui, oui sans doute, a répondu Victor Hugo, et il y tient peut-être plus que vous. Souvent de grands éclats de rire ont caché de tragiques douleurs ; un paillasse qui nourrit quatre enfants en faisant des gambades sur un théâtre de boulevard, est plus noble que vous, monsieur, qui le regardez peut-être de votre loge, entre un ami que vous avez ruiné et une malheureuse fille que vous avez perdue. Oui, l'âme du bouffon est immortelle ; l'âme de Marion de Lorme, de Quasimodo, est de la même essence que la vôtre ; tous les hommes sont frères par l'âme. Voilà ce que V. Hugo vous a démontré dans toutes ses œuvres ; bien loin de jeter le mépris sur ces êtres misérables que le crime, la honte et le ridicule ont proscrits, il vous apprend à les plaindre comme des victimes, alors que vous les poursuivez comme des *parias*. Il les réconcilie eux-mêmes avec leur sort ; il leur enseigne la dignité, comme il vous enseigne à vous la charité. Quand il les voit étendus sur la terre, découragés, anéantis, il leur dit : Relevez-vous, purifiez-vous, vous êtes nos frères; quand il vous voit les fuir avec dégoût, quand il aperçoit l'injure prête à éclore sur vos lèvres, il vous crie : Passez en silence, pitié et respect, Dieu est là!

Et la preuve qu'il a raison, c'est que nous dont le métier, bien plus, le devoir, est de parler des modes, des plaisirs et des commérages du monde, nous vous disons à propos de lui toutes ces choses qui sont pourtant bien loin de nous et dont nous sommes tout à fait indigne de nous occuper.

LETTRE III.

7 décembre 1858.

La Popularité, comédie. — Une lecture à l'Abbaye-aux-Bois. — M. de Chateaubriand. — *A Jaunting car.*

Aujourd'hui que nous n'avons pas fait la moindre découverte, nous pourrons commérer en toute liberté; n'ayant rien à dire, nous pouvons tout dire. Quels sont les grands événements de la semaine? Une pièce nouvelle au Théâtre-Français, une lecture des plus intéressantes à l'Abbaye-aux-Bois, et l'apparition d'une voiture *mirobolante* sur le boulevard des Italiens.

La pièce nouvelle du Théâtre-Français est *la Popularité*, le lecteur de l'Abbaye-aux-Bois est M. de Chateaubriand, la carriole fantastique du boulevard des Italiens est une voiture écossaise que l'on nomme *Jaunting car*.

Disons quelques mots sur *la Popularité* : c'est une comédie politique, vous le savez; c'est un dialogue plus ou moins animé entre *le Constitutionnel*, le *Journal des Débats*, le *Courrier français* et *la Presse*, qui, pour sa part, a fourni à l'auteur plus d'un beau vers. On a fort applaudi, entre autres, ce mot : *tyrans subalternes*, et ce vers :

> Vient me voler l'honneur par une calomnie.

Ces expressions sont empruntées à un article de M. de Girardin. M. Delavigne a rimé aussi tous les admirables discours de M. de Lamartine; mais il en avait le droit; le poëte a le privilége de mordre en pleine prose. Les auteurs ne sauraient s'en plaindre. C'est un hommage qu'on leur rend.

> Vous leur fîtes, seigneur,
> En les *rimant* beaucoup d'honneur.

Nous qui trouvons la politique des journaux déjà fort ennuyeuse à lire, dans un bon fauteuil, au coin d'un bon feu, nous la trouvons bien autrement pénible à entendre, assis sur une mauvaise chaise dans cette boîte de danse qu'on appelle une loge; aussi nous récusons-nous humblement pour juger ce genre d'ouvrage. Nos hommes d'État disent avec dédain, en parlant de cette comédie, que c'est de la bien mauvaise politique. Nous nous en rapportons avec confiance à leur jugement; ils doivent s'y connaître mieux que nous, leur politique est une si bonne comédie!

Nous ne voulons nous occuper que de *Lady Strafford*, que du rôle sentimental de la pièce. Admirable femme, en effet, qui représente à elle seule toutes les nuances de la presse légitimiste! Pendant les premiers actes, c'est la *Mode*, c'est un délicieux journal de chiffons politiques. L'aimable lady s'occupe à la fois de parures et de complots. Elle vient à Londres pour un bal et pour une émeute. Ses cartons de voyage sont remplis d'armes et de fleurs; elle prépare un massacre en mettant son rouge; elle souffle le feu de la guerre civile avec son éventail. Vous croyez sans doute que toutes ces choses, elle les fait par amour, car chez les femmes, les grandes pensées *politiques* viennent du cœur. L'une, vierge inspirée, se fait soldat pour sauver son pays. Une autre, mère passionnée, entreprend la guerre pour rétablir son fils sur le trône. Les conspirations que les femmes ourdissent, nous ne parlons pas de leurs intrigues, ont toujours une cause généreuse, une origine poétique ; quelquefois une noble vengeance les inspire ; mais il faut leur rendre justice, le plus souvent c'est un sentiment très-tendre qui leur met les armes à la main. Vous croyez, disons-nous, que lady Strafford veut ramener dans son royaume le *prétendant* qu'elle aime. Vous dites : Elle agit par amour ; point du tout, elle agit *contre* amour ; elle n'est pas du parti de celui qu'elle aime, mais elle veut profiter de l'ascendant qu'elle a sur son esprit, pour le gagner à sa cause, au risque de le voir se perdre lui-même en trahissant son parti ; car elle n'hésite pas entre son *prétendant* et son prétendu. Pourvu que le premier règne, qu'importe que le second se déshonore ; c'est un détail qui ne la regarde pas. Et puis, elle gazouille politique du bout des lèvres avec tout le monde, elle se commet avec tous les chefs d'opinions, elle dit la même niaise flatterie à tous les rustres qu'on lui présente : — *M. Goff* — le nom de monsieur est fort célèbre, il est connu dans toute l'Europe. — *M. Martins* — le nom de monsieur est fort célèbre, il est connu dans toute l'Europe. — *M. Smith*, — le nom de monsieur est fort célèbre... Milady plaisante d'une façon charmante sur les choses les plus terribles, elle dit à son oncle, en riant comme une petite fille : Quoi ! vous ne le savez pas ? Il y a des armes plein votre maison ! c'est-à-dire j'ai là de quoi faire périr deux ou trois cents hommes ; elle prétend que bien que l'on soit femme, on aime la gloire.

Et comme dans sa glace, on se voit dans l'histoire.

Sans égard pour une superbe robe de velours et un chapeau à plumes qui lui sied très-bien, elle demande la permission d'aller faire un peu de toilette ; là-dessus elle va s'habiller en bergère.

Car même en conspirant il faut songer a plaire.

C'est-à-dire : qu'on se batte, qu'on se déchire, je n'en mettrai pas une rose de moins ; mais pardonnons-lui cette cruauté, elle est fort belle ainsi. Sa parure est du meilleur goût. Voyons sa politique maintenant. Acte troisième. Changement de journal : ce n'est plus la *Mode*, c'est la *Gazette de France*; elle tend la main au parti républicain. L'alliance est conclue. Bravo ! — L'émeute gronde... Cette femme, si courageuse quand il s'agit de faire sa toilette, a très-grand' peur quand le danger commence ; elle accourt, pâle et défaite, pour se réfugier, où?... chez celui qu'elle aime !... et sa tête est mise à prix, et elle ne tremble pas de le compromettre ; ô mon Dieu, mais il nous semble que dans de tels moments, on se cacherait plutôt chez son ennemi ! Enfin l'orage s'apaise, elle en est quitte pour l'exil ; alors elle s'éloigne pâle et triste, mais digne et fidèle, en vrai *Quotidienne* enfin. La toile tombe ; c'est dommage, un acte de plus et nous avions *l'Europe*, ce journal nouvellement *refondé*, dont on parle tant. Comme rôle de feuille périodique, c'est complet, vous le voyez ; comme caractère de femme, c'est moins bien. Tous les diamants et tout le talent de mademoiselle Mars ne feront jamais une personne aimable de cette conspiratrice de boudoir, mesquine et taquine, vulgaire et froide, qui a bien plutôt l'air d'une pensionnaire ourdissant avec ses compagnes une mystification contre son maître d'écriture, que d'une grande dame conspirant avec des hommes d'État pour renverser un usurpateur. Travestir ainsi le plus beau type de la civilisation moderne, la grande dame anglaise, quelle profanation! Est-il rien de plus admirable qu'une véritable lady, cette déesse bienveillante dont le sourire même est imposant? Quel orgueil! mais aussi quelle douceur! que de majesté! mais aussi que de grâce! comme elle vous fait peur! et pourtant, comme vous l'aimez! Son maintien a de la noblesse sans roideur, du calme sans indifférence; c'est elle enfin que l'on prendrait pour modèle, si l'on voulait faire une statue de la Dignité. O profanation! profanation!

Et *Lord Derby*!... Messieurs de la chambre haute, pardonnez-lui, il ne ressemble pas même à vos cochers.

Malgré ces critiques que nous croyons justes, nous vous engageons à voir *la Popularité*; le premier acte est charmant, et la belle scène du cinquième acte mérite à elle seule que l'on écoute toutes les autres.

Mais vous êtes impatients; vous voulez avoir des nouvelles de l'*Abbaye-aux-Bois*. Heureusement, cette fois, nous n'étions pas là, et nous pouvons, sans indiscrétion, vous raconter ce qui s'est passé: c'était le matin, dimanche dernier. Dans un grand salon qu'habitent madame R... et la *Corinne* de Gérard, était réunie l'élite de la fashion parisienne; l'auditoire se composait d'illustres savants, de duchesses d'esprit, qui sont aussi de jolies femmes; élégantes, coquettes et flatteuses comme des personnes qui se connaissent en flatteries et qui veulent généreusement dépenser en une heure l'encens qui leur est offert chaque jour. M. de Chateaubriand a lu plusieurs fragments de ses mémoires;

c'est le récit de la mort du duc d'Enghein, c'est un retour à Paris après un voyage en Angleterre, c'est l'histoire du manuscrit d'*Atala*, que l'auteur, découragé par une critique de M. de Fontanes, voulait jeter au feu, et que des tourterelles ont sauvé. Vous dire comment et pourquoi ces colombes bavardes étaient enfermées dans une malle, vous donner une idée de ce récit merveilleux des choses les plus grandes et les plus petites, de ce style puissant et simple, spirituel et sublime, noble et naïf, cela ne nous est pas possible. Les *Confessions* de Rousseau peuvent seules vous faire comprendre le parti qu'un écrivain de génie sait tirer des aventures les plus vulgaires de la vie privée, avec la différence cependant qui doit exister entre les mémoires d'un Ruy-Blas et ceux d'un ambassadeur; il doit y avoir encore une autre différence. M. de Chateaubriand, en écrivant ses confessions, a un grand avantage sur Jean-Jacques; M. de Chateaubriand était célèbre dès l'âge de vingt ans. Bien jeune, il sentait déjà qu'il écrirait un jour ses mémoires, il agissait vaguement avec cette arrière-pensée; et cette pensée-là pourrait servir de conscience au besoin; elle gêne pour faire le mal; on se défie des actions qu'on n'aimerait pas à raconter. Ah! si Jean-Jacques avait eu ainsi le secret de son avenir, il se serait épargné plus d'un remords; il aurait vécu tout autrement, il aurait eu des égards pour sa plume, et moins libre dans ses actions, il se serait refusé bien des chapitres.

Maintenant, nous allons vous dire ce que c'est qu'un *Jaunting car*. Quel dommage que nous ne sachions pas dessiner! Une invention pareille est difficile à expliquer avec des phrases. Figurez-vous une immense table carrée longue, posée en travers sur quatre roues, et traînée par un cheval. A l'un des bouts de cette table est assis le domestique, les pieds suspendus dans l'espace ; à l'autre bout est placé le maître ; ils se tournent le dos, ils se boudent comme les amants de Molière. Cependant le maître fait des avances, c'est évident ; pour conduire le cheval, il se contourne de la façon la plus affreuse ; vous comprenez : il est assis de *profil* dans la voiture, et il faut qu'il mène de face ; alors il se penche gracieusement comme un fleuve sur son urne, ou comme un joueur de billard qui a un coup difficile à exécuter. Sa situation est déplorable, elle contraste avec celle du groom qui se laisse conduire de côté avec une grande insouciance, et qui, les bras croisés, regarde tranquillement ce qui se passe dans le fond des boutiques. Les badauds du boulevard s'amusent fort de cette singulière façon de voyager ; mais aussi, quelle idée de faire un tilbury parisien d'une voiture de transport qui ne sert en Angleterre que pour aller à la campagne ?

LETTRE IV.

14 décembre 1838.

Luxe des parures. — Les guipures défendues par un édit de Louis XIV.

Oh! le bon froid, le bon soleil, le bon feu! il est trois heures, et nous voyons clair! O merveille! il y avait longtemps que nous n'avions vu un véritable jour. Aussi, tout le monde était dehors ce matin. Les boulevards étaient superbes; ce n'était que chapeaux à plumes, chapeaux voilés de dentelles, mantelets garnis de fourrures, châles de cachemire, robes de satin, robes de velours et falbalas de toute espèce; la mode des riches étoffes est revenue. On a longtemps prêché aux femmes une élégante simplicité; elles ont d'abord paru sensibles à ces exhortations dictées par les sentiments les plus raisonnables : pendant plusieurs années les grandes parures ressemblaient à des demi-négligés, les robes de bal étaient franchement des robes de dessous; les chapeaux habillés étaient des naïves capotes de pensionnaires; une *merveilleuse* en visite du matin était mise comme une femme de chambre anglaise; et lorsqu'on la voyait nonchalamment assise dans sa calèche, on se demandait pourquoi elle n'était pas restée sur le siége. Aujourd'hui, ce n'est plus cela, les femmes ont découvert qu'elles étaient dupes d'un manége, et que leur crédulité les avait entraînées trop loin. Les hommes disaient : « Une femme comme il faut, doit éviter tout ce qui la ferait remarquer; les parures qui font trop d'effet, les bijoux, les fleurs, les plumes, ne doivent paraître que les grands jours. » Et les femmes comme il faut, dans leur bonhomie, s'en allaient au spectacle avec de modestes capotes, des douillettes bien simples, des collerettes plissées très-montantes, et elles s'établissaient dans le coin de leurs loges en violettes de bonne compagnie. Et puis, au milieu du spectacle, apparaissait dans une loge d'avant-scène un astre éblouissant, une femme qui n'était pas beaucoup plus jolie qu'une autre, mais qui était si richement parée, qu'il fallait bien l'admirer malgré tout. Elle avait trois énormes plumes sur son chapeau, une guirlande de roses sous ce même chapeau, et une *ferronnière* en diamant sous cette guirlande ; c'était beaucoup. Le goût qui avait présidé à cet échafaudage était plus que suspect ; mais cette guirlande était d'un rose charmant, le reflet en était très-avantageux ; cette femme était nu-bras et nu-cou, chose inconvenante ; certes, ce n'était pas une femme comme il faut, elle tenait même à ce qu'on ne pût jamais s'y méprendre ; cet éclat trahissait une parure *commise* avec préméditation ; mais cette parure faisait de l'effet, et auprès de cette femme *indignement* mal mise, la toilette des autres femmes paraissait pauvre et mesquine ; et les hommes disaient : « Elle est atrocement fagotée, mais elle a *ben* de l'éclat. » Et ils passaient toute la soirée à la lorgner, ils ne s'occupaient que d'elle ; et dès qu'un entr'acte leur permettait de s'éloigner, ils quittaient *ben* vite la femme si *comme il faut*, si distinguée avec laquelle ils étaient venus, pour aller demander dans le foyer le nom de celle dont la parure était si extravagante, et qui leur paraissait si jolie. Or, la femme comme il faut restant seule, se livrait à des réflexions philosophiques, et de ces diverses réflexions de diverses femmes comme il faut, il est résulté ceci : un luxe de toilette qui va jusqu'au délire, des modes universelles qui ne connaissent point de lois, que rien n'arrête, ni les temps, ni la distance, ni les préjugés ; qui empruntent une idée à tous les pays, à toutes les religions, à toutes les opinions, à tous les âges. On apprendrait l'histoire de France, l'histoire d'Angleterre et la géographie, rien qu'en lisant le journal des modes. Chapeaux à *la Marie Stuart*, à *la Henri IV*, coiffure *à la Mancini*, nœuds *à la Fontanges*, résilles espagnoles, turbans égyptiens. Tous les souvenirs sont évoqués, tous les rangs sont confondus, toutes les croyances sont mêlées; une duchesse porte des bonnets *à la Charlotte Corday*, une *méthodiste* porte des turbans *à la Juive ;* ce qu'il faut, c'est paraître belles, n'importe comment ; on ne demande plus, comme autrefois, si une chose est bien ou mal portée, on choisit ce qui sied ; d'ailleurs, on a remarqué que ce que l'on appelait les choses mal portées étaient toujours les plus jolies. On ne prononce donc plus aujourd'hui, que pour les jeunes personnes, ce mot charmant : « une élégante simplicité. » Les modes sont royales, et comme les mœurs sont toujours très-bourgeoises, les dépenses n'ont plus de bornes. En effet, nos mères portaient jadis de magnifiques étoffes ; leurs fourreaux de soie coûtaient un prix exorbitant, leurs falbalas de dentelles auraient suffi à doter une fermière, leur robe de noce valait la rançon d'un prisonnier; sans doute; mais aussi quel respect nos mères avaient pour de si rares merveilles ! que leur démarche était calme et prudente ! quelle décence et quelle économie dans leur grave maintien ! on marchait avec précaution, on riait avec ménagement, on embrassait ses enfants avec la plus grande circonspection ; bien mieux, on ne les embrassait plus passé une certaine heure. Il y avait de certaines robes si belles, si imposantes, si jalouses, qu'elles ne permettaient aucune affection. Aujourd'hui toutes les robes sont indulgentes, les plus riches étoffes sont traitées sans égard ; on se promène dans la rue en traînant une robe de velours vert, on joue avec son enfant malgré deux étages de dentelles, et l'enfant qui vient de manger du chocolat ou des confitures imprime sa petite main chérie sur le satin groseille et sur le pékin bleu. Tout jeune on le dresse au massacre, et lui-même a déjà de beaux ornements à déchirer, il *plume* en jouant son petit manchon dont la fourure est précieuse, il agrandit avec ses ongles les points à jours de son fichu; et comme son panache flottant le divertit beaucoup, il prend cet ornement pour un joujou et il vient vous montrer avec le plus charmant sourire qu'il a cassé lui-même toutes les plumes de son chapeau... Ainsi, les femmes d'aujourd'hui ont ramené les modes de nos mères, sans ramener les grands airs et l'étiquette qui rendaient ces modes raisonnables; on s'habille en princesse pour sortir à pied, on se couvre de satin et d'hermine pour être bonne d'enfant et femme de ménage, et l'on est forcé de renouveler tous les ans les robes que l'on portait autrefois toute la vie. C'est pourquoi les maris et tous ceux qui leur ressemblent poussent, à cette époque de l'année, des gémissements qui font pitié. Comme ils vantent la mousseline de laine ! avec quelle adresse ils vous disent, en parlant d'une étoffe ruineuse : « C'est fort beau cela, mais cela ne sied pas, le velours *grossit ;* moi, je n'aime que les gazes

légères; la mousseline blanche; le blanc, c'est si joli! »
— Les pauvres femmes disent : « Il fait bien froid pour porter de la mousseline; d'ailleurs avec les fourrures...
— Ah! ne me parlez pas de fourrures, vous êtes trop grasse, ma chère, trop petite; avec un mantelet fourré et un manchon, vous aurez l'air d'un gros chat!.. » Nous croyons, en vérité, que le besoin d'une loi somptuaire se fait sentir. Il y en avait bien du temps du Grand roi. Oui, mesdames, il y a un édit de Louis XIV qui défend les paillettes, les broderies et les *guipures!* ces mêmes guipures qui sont aujourd'hui la folie nouvelle, ces dentelles d'église qui ressemblent au papier à jour qu'on met sur les dragées, elles étaient bannies de cette cour élégante. Si vous doutez de nous, croyez-en Molière; il fait parler ainsi Sganarelle :

> Oh! que je sais au roi bon gré de ces *décris;*
> Et que pour le repos de ces mêmes maris
> Je voudrois bien qu'on fît de la coquetterie
> Comme de la *guipure* et de la broderie!

Ce beau vœu de Sganarelle n'a pas encore été exaucé. On a depuis ce temps fait bien des lois contre beaucoup de choses; on a fait des lois contre les journaux, contre les crieurs publics, contre les associations et contre le faux tabac; on a supprimé les jeux et la loterie; mais on n'a jamais songé au décret que Molière demande. On n'a jamais proposé la moindre loi répressive contre la coquetterie. *Les gouvernements qui se sont succédé en France jusqu'à ce jour* (cette phrase ne nous appartient pas, nous l'empruntons au *Constitutionnel*, au *Journal des Débats*, au *Journal de Paris*, au *National*, au *Courrier Français*, etc., etc., et à quatre-vingt-dix-neuf brochures et opinions politiques), les gouvernements qui se sont succédé en France jusqu'à ce jour, ne se sont pas sentis assez forts pour accomplir cette réforme, beaucoup plus électorale qu'on ne pense; ils ont reculé devant la difficulté; le ministère actuel aura-t-il plus de hardiesse? Nous n'oserions pas le lui conseiller; et pourtant, ce que l'on raconte des séductions féminines de la Coalition nous ferait croire qu'il gagnerait plus qu'un autre à risquer ce coup d'État.

1839.

LETTRE PREMIÈRE.

12 janvier 1839.

Aspect de la Chambre des Députés. — M. Guizot et Moïse. — Le verre d'eau sucrée. — La statue de la Liberté. — L'éléphant de la Bastille. — Inventions nouvelles — Tissus de verre. — Batiste d'ananas. — Daguerréotype.

Cette semaine la politique a envahi toutes les pensées, elle seule s'est emparée de toutes les conversations. On n'entendait que ces mots : Qu'a-t-on fait à la Chambre? étiez-vous à la Chambre? qui a parlé aujourd'hui à la Chambre? enfin cela était si fort que nous–même avons été entraîné et que nous sommes allé aussi à la Chambre; lundi; hélas! c'était lundi. Pourquoi n'était-ce pas hier? nous en serions revenu moins triste. Nous n'aurions pas entendu M. Guizot que nous admirions tant, et nous aurions entendu M. de Lamartine pour l'admirer toujours; mais nous n'avons de bonheur en rien.

Pour un indifférent comme nous, pour un être aussi impartial, disons plus, pour un esprit aussi *impassionnable* que le nôtre, c'est un singulier spectacle que celui de la Chambre des Députés : des hommes qui individuellement sont presque tous capables, et qui réunis semblent paralysés; des hommes qui séparément possèdent, soit en talent, soit en expérience, soit en moyens d'action, une valeur réelle, incontestable, qui chez eux ont intelligence et courage, savoir et richesse, et qui, rassemblés en corps politique au Palais-Bourbon, ne forment plus qu'une masse inquiète, sans puissance, sans prestige et sans dignité ; des chiffres qui ne sont point une somme, des armes qui ne forment point de faisceaux, des fleuves bienfaisants tant qu'ils roulent des flots solitaires, et qui viennent se *noyer* dans un océan capricieux et inutile, mer sans rivage, que soulèvent, comme les vents, toutes les passions impétueuses et toutes les ambitions bouffies, et au fond de laquelle va périodiquement s'engloutir le fragile *vaisseau de l'État*. N'est-ce pas un sujet de méditations éternelles ? Voyez enfin de quels nobles éléments se compose la Chambre ! Là sont de braves généraux auxquels vous confieriez vos armées, et vous feriez bien ; là sont des hommes de finance pleins d'habileté auxquels vous confieriez votre fortune, et vous feriez bien ; là sont d'éloquents avocats auxquels vous confieriez toutes vos causes, et vous feriez encore bien. Et cependant toutes ces expériences associées, ces capacités mariées, ces talents cotisés, ces grands hommes incorporés, ne peuvent parvenir à régler tout simplement les affaires du pays ; inexplicable mystère, d'où cela vient-il ? Cela vient peut-être de ce qu'ils ne s'en occupent pas.

En effet, nous n'avons entendu l'autre jour que des orateurs *personnels*, d'anciens ministres, qui sont venus nous parler d'eux ; de graves historiens qui se sont humiliés jusqu'à ne plus raconter que leurs mémoires ; non-seulement ils rappelaient tout ce qu'ils avaient fait, mais encore ils répétaient tout ce qu'ils avaient dit, et s'ils reprochaient à un autre orateur ce qu'il avait eu jadis l'imprudence d'avancer, c'était encore pour avoir le droit de rappeler ce qu'ils lui avaient répondu. Cette éloquence *rétrospective* nous a fort inquiété : dire, c'est déjà beaucoup; redire, c'est affreux, et toutes ces phrases qui commencent ainsi : je disais à telle époque, je soutins à telle époque, ou bien, alors vous disiez, et alors je répondais, nous ont jeté dans une grande épouvante; nous avons pensé qu'il était possible que l'on vint de même nous répéter encore l'année prochaine tout ce que nous allons entendre cette année-ci. Que devenir? Il n'y a plus de raison pour que cela finisse. Il n'y a qu'un moyen de mettre un frein à cet abus, c'est de faire payer un gage à tout orateur qui se fera son propre écho, et qui redira plus de sept fois la même chose. Les *bavardeurs* seraient ruinés, mais cela simplifierait bien les questions.

M. Guizot s'est servi l'autre jour d'une expression qui nous a fort étonné : « Mes amis politiques, a-t-il dit, j'en atteste mes amis politiques. » Qu'est-ce que c'est qu'un ami politique? la politique est chose absolue qui n'admet point d'affection ; on a en politique des partisans, des associés, des disciples, des élèves, mais on n'a point d'amis. On aurait plutôt des parents politiques, car une idée est une famille; et nous reconnaissons la fraternité des études et l'alliance des convictions, mais cela n'est pas de l'amitié, et nous ne reprochons à M. Guizot cette définition du parti doctrinaire que parce qu'elle est exacte; hélas, oui, M. Guizot, vous avez des amis politiques, et c'est bien là votre malheur; vous avez toujours agi non pas pour le pays, non pas même pour vous, mais pour eux, et c'est pour eux encore que vous agissez aujourd'hui. C'est parce qu'ils sont mécontents que vous vous mettez en colère, c'est pour qu'ils soient quelque chose que vous voulez être tout. Ils ne sont rien sans vous, et votre erreur est de croire que vous ne seriez rien sans eux. Seul vous seriez patient et fort. Vous aimez le pouvoir, mais vous sauriez l'attendre ; car vous êtes certain qu'il ne peut vous échapper. D'ailleurs vous n'avez pas besoin d'être ministre pour être un homme important, vous avez plus d'une gloire à votre arc. On ne peut pas faire que vous ne soyez pas M. Guizot; Achille boudeur, n'en est pas moins Achille ; mais vos amis politiques ne vous laisseront jamais le loisir de bouder, et ils ont raison, ils ne sont pas posés comme vous pour attendre agréablement ; il faut être juste et se mettre à leur place ; si comme le héros grec vous vous retiriez digne et superbe sous votre tente, ce serait très-généreux, très-beau ; mais eux, ils resteraient pauvres et frileux sous la remise, ce qui serait moins noble et ce qui ne leur conviendrait pas du tout. Il faut croire que l'on est fort mal sous le hangar politique, car personne n'y veut rester. Votre dignité les réduirait au néant, votre silence au mutisme ; ils n'ont rien à dire quand vous n'avez point parlé ; si vous demeuriez dans l'ombre ils se trouveraient dans la nuit. Partez donc, remorquez-les avec courage, vos amis politiques, mais marchez vite, et tâchez d'en laisser beaucoup en chemin, tâchez d'arriver seul si vous voulez rester ; les amis politiques donnent de la valeur aux hommes médiocres, mais ils paralysent les hommes de génie. Un homme comme vous, M. Guizot, doit marcher seul, mystérieux et rêveur comme Moïse, qui ne s'expliquait qu'avec Dieu. Il n'a point d'amis, parce qu'il ne peut avoir de liens ; mais il a des disciples qui vont semer au loin les graines de sa pensée, qui vivent de sa parole et non de ses promesses, qui l'écoutent avec confiance, et qui ne lui demandent rien. Les amis en politique sont des tyrans ; malheur à qui s'engage à plaire à quelques-uns. On n'a tout le monde que lorsqu'on n'a personne. Ah ! M. Guizot, croyez-en le plus obscur de vos admirateurs, en politique on est bien fort quand on est seul. Vous avez commis une grande faute : vous étiez chef, vous vous êtes fait meneur ; vous aviez une école, vous en avez fait une coterie.

Mais de quoi nous-mêlons nous ? de venir donner des avis à de si graves personnages. Est-ce donc cela qu'on attend de nous. Devons-nous traiter de pareils sujets ? Non ! mais s'il nous est défendu d'attaquer les illustres parleurs de la Chambre, nous avons bien le droit de critiquer le puissant auxiliaire de leur improvisation, la lyre qui leur donne l'inspiration, le confident de leur faiblesse, le consolateur de leur disgrâce ; en un mot, le verre d'eau sucrée ! Nous serons pour lui sans pitié ; nous l'attaquerons avec violence. Quoi ! ce personnage important, qui joue un si grand rôle dans nos débats parlementaires, le verre d'eau sucrée ne trouve pas moyen d'être plus décent ! Quoi ! méchant verre d'eau, tu n'es même pas en cristal, et tu oses te présenter en public, dans cet état pitoyable, devant la France entière qui t'écoute, et l'Europe qui te contemple ! Un verre de quatre sous, sur assiette blanche fêlée ! Porcelaines de notre beau pays, révoltez-vous. Sèvres, indigne-toi, et vous, plateaux de Chine, plateaux d'argent et de plaqué, faites valoir vos droits ; mines du Creusot, faites briller vos pointes de diamants, renversez du trône parlementaire ce verre de quatre sous, où viennent s'abreuver tous les patriotismes qui bredouillent, toutes les voix indépendantes qui s'enrouent pour la défense de nos lois. Un verre de quatre sous sur une assiette blanche! Voilà donc quel est ce fameux verre d'eau sucrée si vanté dans les fastes de l'éloquence! Comment se fait-il qu'on néglige une partie si importante du discours? A la tribune, mon Dieu, on peut se passer de bien des choses sans doute, on peut se passer de talent et d'esprit, on peut se passer de conviction, on peut se passer d'idée, on peut même se passer de mémoire et répéter toujours les mêmes choses, mais on ne peut pas se passer d'eau sucrée. Nous appelons l'attention de MM. les questeurs sur l'amélioration que nous réclamons au nom des députés représentants de la France, sinon nous répéterons en tous lieux que la Chambre est une maison bien mal tenue.

Une chose nous a frappé pendant l'appel nominal. Tous les députés causaient entre eux et personne n'écoutait les noms, qu'il fallait répéter toujours deux ou trois fois, excepté cependant MM. les ministres-députés et tous les députés qui ont été ministres. Oh! ceux-là n'étaient pas distraits. Tant qu'il ne pouvait être question d'eux, ils parlaient, ils discutaient dans les groupes, mais sitôt que la lettre de l'alphabet qui commence leur nom était en jeu, ils quittaient leur conversation et venaient, muets et attentifs, se poser au pied de la tribune. Ils avaient la docilité de gens expérimentés qui ont étudié le pouvoir; et les voyant ainsi méthodistes et consciencieux, nous disions en nous-même : Il n'y a plus aujourd'hui que ceux qui ont appris à commander qui sachent obéir.... on disait le contraire autrefois.

Pendant que nos hommes d'État bâtissent des gouvernements avec des phrases et de l'eau sucrée, leurs œuvres se coulent en bronze, comme si elles étaient faites pour durer toujours. Ceux qui ont accompli si étourdiment la révolution de Juillet, et qui peut-être plus étourdiment encore sont occupés à la défaire, ne savent peut-être pas que la colonne de Juillet est achevée et qu'on doit la fondre dans huit jours. Nous espérons bien assister à ce travail merveilleux digne des forges de Vulcain. La statue de la Liberté est, dit-on, fort belle, et fait le plus grand honneur à l'artiste qui l'a exécutée, à M. Soyez. La colonne sera plus haute que celle de la place Vendôme; elle sera de bronze massif. Gare à ceux qui voudraient la renverser. La Liberté se fait solide, elle se défie de ses défenseurs.

A propos de cette statue, on nous parlait de l'éléphant de la Bastille, et l'on nous disait, pour nous donner une idée des agréables proportions de cet intéressant animal, que l'on avait pratiqué un escalier dans une de ses jambes; et que, dans l'intérieur de son corps, il y avait un musée. Voilà qui humilie la statue de saint Charles Borromée, dans l'estomac duquel tant de familles anglaises ont déjeuné. Mais aussi, quand un éléphant se mêle d'être colossal, on doit s'attendre à tout.

On parle aussi, quand on ne parle pas politique, de toutes sortes d'inventions merveilleuses : des étoffes de verre qui feront des tentures admirables, puis d'une autre étoffe dont il nous serait bien difficile de donner une définition. Cette étoffe est perméable à l'air et imperméable à l'eau. Ceci nous paraît tenir du phénomène. Ce n'est pas tout : dans l'Inde on vient d'imaginer de faire de la batiste avec de l'écorce d'ananas; nous avons sous les yeux un échantillon de cette merveille, rien de plus charmant, de plus fin, de plus beau. Les anciens appelaient la gaze du *vent tissu ;* nous pourrions nommer la batiste d'ananas de *l'eau tissue ;* car cette toile blanche, lisse et luisante, a la fraîcheur, la transparence et l'éclat de l'onde la plus pure. Les Indiens ont aussi trouvé le moyen d'apprivoiser le thé dans leur climat. Ceci est assez dangereux et menaçant : que deviendrions-nous, grand Dieu ! si l'on allait s'imaginer que le thé pût s'acclimater en France? Naturalistes, préservez-nous de cette affreuse culture ; que d'herbes potagères, que de foin gâté, que d'épinards pâlis on nous servirait le soir avec des gâteaux et des brioches ! Le thé du cru serait quelque chose d'abominable. Savants, préservez-nous des thés du cru. Prouvez bien vite que toute importation serait impossible. Autant vaudrait le thé de madame Gibou.

On s'occupe aussi beaucoup de l'invention de M. Daguerre, et rien n'est plus plaisant que l'explication de ce prodige donnée sérieusement par nos savants de salon. M. Daguerre peut être bien tranquille, on ne lui prendra pas son secret. Personne ne songe à le raconter ; quand on en parle, on ne pense qu'à une chose, c'est à placer avantageusement les quelques mots d'une science quelconque que l'on a retenus au hasard. Ceux qui ont un ami ou un oncle physicien font de cette découverte un phénomène tout physique ; ceux qui ont été amoureux de la fille d'un chimiste, font de cette invention une opération toute chimique ; ceux enfin qui ont souvent mal aux yeux, la réduisent à un simple effet d'optique. Le moyen de se délivrer d'eux et de leurs inconcevables définitions, c'est de les mettre tous aux prises les uns avec les autres ; alors c'est un échange de mots scientifiques, de faux latin et de grec tronqué qui est d'un entraînant irrésistible : quel délire ! quel amphigouri ! il y aurait de quoi rendre fou un imbécile. Jusqu'à présent voilà ce que nous avons compris : la découverte, c'est le moyen de fixer l'image ; ainsi vous obtenez par le reflet un portrait fidèle du pont des Arts, par exemple ; vous tenez votre pont des Arts, bien, vous êtes content, point du tout ; un mari et sa femme passent sur le pont, et sans le savoir ils effacent votre dessin. Prenez donc garde, monsieur ; vous gênez l'artiste qui est là-haut à sa fenêtre.

Vraiment cette découverte est admirable, mais nous n'y comprenons rien du tout, on nous l'a trop expliquée.

LETTRE II.

19 janvier 1839.

Incertitude. — *To be or not to be.* — Aurons-nous des portefeuilles? — Aurons-nous des loges? — Modes anglaises. — Chasses. — *Une Larme du Diable.*

Encore une semaine toute politique. Jusqu'à présent la politique seule a fait les frais du carnaval, et c'est justice; elle nous doit bien au moins quelques distractions en dédommagement des fêtes dont elle nous prive. La situation actuelle jette un si grand trouble dans les esprits, qu'elle retarde l'essor des plaisirs. On s'agite dans le vague, on ne sait si l'on aura demain à s'affliger ou à se réjouir, si l'on sera vainqueur ou vaincu; l'on se regarde, l'on s'écoute; les ministres disent : Attendons; dans quelques jours, nous ne serons peut-être plus ici; les prétendants se disent : Attendons; dans quelques heures, nous serons ministres, et alors..... Alors toute leur existence sera changée; et d'un commun accord, sans cependant s'être entendus pour cela, prétendants et ministres ajournent leurs invitations à dîner. En effet, quelle différence : être ministre ou n'être plus ministre, *to be or not to be;* cela change tout; cela change le dîner quelquefois, et toujours les convives. Que de grands personnages M. Thiers, par exemple, va oser *reprier* à dîner, s'il revient au ministère! que de bavards mal appris M. Molé, au contraire, ne *réinvitera* pas, s'il n'y est plus! L'un prendra tout naturellement la société de l'autre.

On ne sait pas assez la différence qu'il y a de nos jours entre ces deux mots : être ministre ou n'être plus ministre. Si l'on savait cela, on aurait le secret de beaucoup d'empressements inexplicables que vous appelez des ambitions impatientes, et qui ne nous paraissent à nous que de naïves humilités. Nous ne disons pas cela pour M. Thiers ; lui comme M. Guizot serait placé pour attendre ; bien mieux : nous trouvons même que les chutes lui vont très-bien. M. Thiers n'est jamais si grand que par terre ; le piédestal ministériel ne lui est pas avantageux ; la lutte, au contraire, lui donne de la force ; son esprit étincelant, sa parole heureuse, lui rendent subitement le prestige que le ministère lui avait fait perdre. M. Thiers est très-puissant quand il n'est pas au pouvoir. Ainsi ce que nous disions l'autre jour de M. Guizot peut s'appliquer encore à lui. M. Thiers a deux gloires qui le réclament, et il peut se consoler d'être un ministre léger en étant un historien profond. Mais il n'en est pas de même de nos autres hommes d'État et des petits ministres à la suite : ceux-là n'ont de valeur qu'un portefeuille en main. Pour ceux-là, *to be or no to be*, c'est être ministre ou n'être pas ministre ; c'est être quelque chose ou n'être rien. Et pour les femmes, enfin!... pour les femmes d'État, dont nous ne parlons pas, croyez-vous donc qu'il n'y ait pas une grande distance entre la vie commune et l'existence officielle? Recevoir chez soi tout naturellement madame l'ambassadrice d'Angleterre, madame l'ambassadrice d'Autriche, monseigneur le nonce du pape, madame la princesse de L..., M. le maréchal de, etc., etc., etc., être des leurs, les recevoir presque habituellement, leur parler avec confiance ; ou bien tout à coup se voir séparée d'eux par la foule, redevenir simple bourgeoise, de grande dame que l'on était, et ne plus communiquer avec ces nobles personnages que comme le reste des mortels, une ou deux fois par an, les jours de fête, ou, ce qui est plus triste encore, ne plus les recevoir du tout : voilà, vous en conviendrez, deux existences bien différentes ! Être entourée, flattée, ou bien être abandonnée, oubliée, ce n'est pas non plus la même chose ; et puis encore, avoir des loges à tous les théâtres ou bien n'en plus avoir nulle part ; aller au spectacle tous les soirs, ou bien n'y plus aller jamais ; c'est encore très-différent. On a beau dire, entre s'amuser et s'ennuyer, il y a une nuance très-remarquable, qui ne saurait échapper aux personnes qui ont été mises à cette double épreuve. On comprend donc pourquoi les femmes d'État ont tant d'impatience, et pourquoi le ministère pour elles a tant d'attraits. Eh ! comment cela ne serait-il pas ainsi ? les hommes qui ont tous les ennuis du pouvoir aiment le pouvoir et ne peuvent se passer de lui ; comment les femmes ne l'aimeraient-elles pas, elles qui n'en connaissent que les plaisirs ! Or, dans ce moment, l'anxiété de nos femmes d'État est grande : seront-elles ministres ou ne le seront-elles pas ? Faudra-t-il déménager ou rester chez soi ? tout est suspendu. On attend le vote de l'adresse pour toutes choses. « Cette cheminée fume, il faut la faire arranger. — Attendons ; si nous allons au ministère, on fera cette réparation pendant notre absence. — Ce cheval est boiteux, il faut le remplacer. — Attendons ; si nous sommes ministres, nous achèterons les chevaux gris de lord P...; ils sont à vendre. — Mes diamants sont noirs, il faut les faire nettoyer. — Attendez encore ; peut-être nous pourrons les faire remonter. » Ainsi, l'on balance entre l'ombre et le jour, entre les honneurs et la retraite, entre un hiver de succès et une saison de repos, entre le plaisir et l'ennui. Les hommes d'État se demandent : Aurons-nous la conversion ? Aurons-nous l'intervention ? Aurons-nous la guerre ? Les femmes d'État se disent : Aurons-nous de grands dîners d'ambassades ? Aurons-nous des loges ? Puissent ceux-ci ne pas trop agir pour répondre à celles-là !

Et chaque hiver la perplexité est la même. A de certaines époques, les ministres font peau neuve comme les serpents. Même incertitude, même hésitation dans les affaires. Pauvres gens de province qui venez à Paris solliciter, réclamer n'importe quoi, quelle inquiétude est la vôtre ? On vous remet toujours au lendemain, et vous-mêmes attendez aussi à demain, avant de renouveler vos demandes. A quoi bon se rendre favorable un protecteur flottant dont la bienveillance d'aujourd'hui peut vous nuire dans quatre jours. Et l'homme de province se promène, attendant le vote de l'adresse dont son destin dépend. Cette préoccupation politique se trahit dans les simples détails de la vie mondaine ; on prévient ses gens que l'on rentrera tard, parce que l'on veut assister aux séances de la Chambre. On vous réveille le matin plus tôt qu'à l'ordinaire, pour vous remettre une lettre très-pressée ; cette lettre dit à peu près cela : Berryer doit parler aujourd'hui, je voudrais bien l'entendre ; pourriez-vous me faire avoir un billet ? Puis, à six heures, les *épouses* de MM. les députés reçoivent de leurs parentes ou amies des billets ainsi conçus : As-tu des nouvelles de la Chambre, chère sœur ou chère belle ? avons-nous encore des ministres ? M. de Lamartine a-t-il parlé ? — Ou bien : Ma chère Stéphanie, je m'habille pour aller chez madame de Mont., mais on me dit que le ministère en masse a donné sa démission ; cela changerait nos projets de visites ministérielles ; en sais-tu quelque chose ? Dois-je toujours t'aller chercher à huit heures ? — Ce vague universel est affreux. Plaisirs, devoirs, affaires, parure, tout en souffre cruellement. On ne sait qui flatter, on médit en tremblant, on sourit au hasard un peu à tout le monde, on blâme le matin ce qu'on vante le soir ; tour à tour on frémit, on espère, on lève la tête avec orgueil, et puis on baisse les yeux avec confusion. Cet état ne saurait durer plus longtemps. Qu'on se hâte donc de satisfaire toutes les ambitions pour nous rendre enfin à nos amitiés, à nos haines, à nos travaux et à nos plaisirs.

La représentation donnée mardi en l'honneur de Molière avait attiré beaucoup de monde ; tout le comique de cette soirée n'était pas sur la scène. Un monsieur de l'orchestre, seul, ne partageait pas l'hilarité générale inspirée par les naïvetés du *Bourgeois Gentilhomme*. « En vérité, s'écriait-il, c'est détestable, c'est pitoyable, ce sont de grosses farces ; depuis quand donne-t-on ici de pareilles pièces ? — Depuis cent soixante-neuf ans, monsieur, » répondit son voisin d'un air modeste.

Les dandys anglais ont fait invasion à Paris ; leur costume est étrange : habit bleu flottant, col très-empesé, dépassant les oreilles, pantalon de lycéen, dit à la Brummel, gilet à la maréchal Soult, manteau Victoria, souliers à boucles, bas de soie blancs mouchetés de papillons bruns, cheveux en vergette, un œil de poudre, un scrupule de rouge, l'air impassible et les sourcils rasés, canne assortie.

De ces bruits et nouvelles de salon, passons, par un contraste, à quelque chose de plus rude et de plus coloré. — On dit que l'équipage de M. le prince de W..., cette admirable meute, peut-être la plus vite et la mieux créancée (pardon de ce terme de vénerie) qui soit en France, va s'établir pendant quelque temps à Ermenonville pour y chasser plusieurs animaux qui se trouvent dans ces cantons. Voici une terrible rivalité pour les *sportmen de l'Union*. La chasse anglaise et la chasse française seront en présence : la chasse anglaise avec ses daims ou ses renards privés presque caressants, pauvres animaux qui, renfermés toute la semaine dans leur *box*, considèrent les poursuites qu'on leur fait de temps en temps comme une distraction qu'on leur donne, et la prennent fort à leur aise ; — et la chasse française, avec ses beaux cerfs bien sauvages, ses noirs sangliers bien terribles, qu'elle attaque dans la vaste forêt au bruit sonore de la trompe, et qu'elle poursuit ensuite par monts et par vaux avec un art qui défierait les subtilités de ces Indiens dont parle Cooper. Tout en reconnaissant l'élégance, la facilité, la hardiesse de la chasse anglaise, de cette course rapide et *dévorante* qui dure une heure, tout en avouant que rien n'est plus joli que les grandes plaines de vert gazon émaillées d'habits rouges que le vent semble emporter, nous ne pouvons nous défendre d'un sentiment de partialité pour cette belle et antique vénerie française, pour sa science, et même pour ses fatigues, ses dangers, lorsqu'il s'agit de tuer à cinq pas un sanglier furieux ou un cerf aux abois. — Oui, nous aimons à entendre résonner ses nobles fanfares dans la solitude des grands bois ; nous aimons ce costume tout national, tout français des piqueurs et des chasseurs aux jours solennels ; et puis c'est un dernier legs du temps passé, le seul débris qui reste de cette existence de grands seigneurs, qui nous fait honte aujourd'hui. — Voilà pourquoi nous sommes ravi d'apprendre que M. le prince de W..... doit envoyer son équipage demain dans la forêt de Sénart.

La nouveauté littéraire de la semaine, c'est *une Larme du Diable*, par Théophile Gautier. Ce livre d'une grande originalité veut être une raillerie de l'école panthéiste ; mais l'auteur, emporté par la poésie de son sujet, est touchant malgré lui quand il veut n'être que moqueur ; et cette sensibilité involontaire, cette lutte d'un esprit critique et d'une imagination passionnée, sont d'un effet plein de charme. *Une Larme du Diable!* et pourquoi donc le diable a-t-il pleuré ? Parce qu'il a fait une bonne action ; il y a bien de quoi. Pauvre Satan !

Voilà le sujet, il est digne de l'auteur de *Fortunio*. Ah ! *Fortunio*, quelle adorable fantaisie ! Comme cet élégant sauvage apprécie à sa juste valeur notre triste civilisation ! Séduisant enfant de l'Asie, que vous avez raison ! nous avons perfectionné beaucoup de choses, nous avons les coulants *Chazal*, le cuir *Podophile*, l'appareil *Marathuch*, l'encrier *siphoïde*, la pommade au *rhum*, la société *œnophile*, le gaz *sidéral* et le papier *batiste;* mais nous avons laissé aux Barbares d'Orient ces trois choses qu'on ne perfectionne point : l'amour, la beauté et le soleil !

LETTRE III.

25 janvier 1859.

Le luxe des ameublements et la vulgarité des manières. — Le comfortable insupportable.

Paris enfin se réveille, la charité est venue au secours des plaisirs, ce n'est pas vainement que nous l'avons invoquée. On était si triste, qu'on ne pouvait se décider à danser que par générosité. Cette fois, les malheureux ont rendu service aux heureux, ils ont ramené la gaieté et les fêtes, on leur doit beaucoup, ils se sont acquittés d'avance envers leurs bienfaiteurs. Le bal de la Liste civile annoncé pour lundi sera, dit-on, le plus magnifique qu'on ait jamais vu; tous ceux des années précédentes, si beaux, si élégants, si merveilleusement ordonnés, ces pyramides de fleurs, ces murailles de glaces, ces soleils de bougies, ces galeries d'arabesques succulentes, ce souper fleuri, cet orchestre enivrant, cette pompe, cette élégance, cet éclat, tout cela n'était rien en comparaison de ce qu'on nous promet au Cercle des *Deux-Mondes*. Depuis longtemps déjà on nous parlait de ces vastes salons, comme d'un séjour royal, et nous ne pouvions nous empêcher de faire à ce sujet de graves réflexions sur les inconcevables progrès qu'a faits depuis trois ou quatre ans le luxe des appartements; c'est une folie dont rien ne peut donner l'idée. Le moindre canapé vaut cent louis, le moindre lustre vaut douze à quinze mille francs. Les ornements d'une fenêtre représentent la dot d'une fille, les meubles d'un salon coûtent ce que coûterait l'éducation d'un fils, les joujoux du boudoir sont la rançon d'un roi. Les cheminées ont des housses de velours avec des franges d'or, les fauteuils ont des manchettes de dentelle ; les lambris sont cachés sous des étoffes merveilleuses, brodées, brochées, lamées et si épaisses, si fermes, qu'elles se tiennent debout d'elles-mêmes, et pourraient au besoin soutenir les murs qu'elles recouvrent s'ils venaient à fléchir ; ceci n'est pas une plaisanterie, les tentures d'un salon sont en proportion aussi épaisses que les murs sont minces. Les rideaux sont fabuleusement beaux ; on les met doubles, triples, et l'on en met partout. Une porte, on la cache derrière un rideau ; une armoire, on la cache derrière un rideau ; une bibliothèque, on la couvre aussi d'un rideau ; il y a quelquefois huit à neuf rideaux dans une chambre, et comme ils ne sont pas tous pareils, on se croirait admis à visiter une exposition de tapisseries. Les meubles sont tous dorés, les murs aussi sont dorés ; on parle d'un des hôtels les plus élégants de Paris, qui ne compte rien moins que sept salons dorés, tous ornés et meublés de même. L'usage le veut ainsi. Dans les appartements de réception règne une somptueuse uniformité. Dans les salons de conversation, comme on dit en province, l'air artiste est au contraire du meilleur goût. Là rien ne doit être assorti, là règne le caprice, la fantaisie et quelquefois le cœur aussi, car c'est l'asile des souvenirs : là sont des meubles de toute espèce, de tous les siècles ; là l'ensemble n'est plus un devoir. L'harmonie est dans la pensée qui a présidé à cet arrangement. Cette boîte est le legs d'une tante ; cette table à ouvrage est le présent d'un vieil ami ; ceci a été rapporté d'Espagne : cela est venu de Constantinople, d'Alexandrie, d'Alger; ceci a été gagné à une loterie de charité. Ce petit chevalet garni de velours rouge porte un tableau de M. de M.....; cet autre charmant dessin est de Mme D.... Quel est cet affreux portrait? C'est celui de la maîtresse de la maison. Qui l'a fait? C'est une amie qui était aussi une rivale; cette belle *jardinière*, c'est M. de B... qui l'a donnée; ces superbes flacons viennent de Mme X...; et cette magnifique tapisserie? — Je l'ai achetée à une pauvre femme qui mourait de faim. Puis, au-dessus de toutes les inutilités charmantes s'élève orgueilleuse et fanée une petite couronne de lauriers ; ceci est le trésor du sanctuaire; c'est un prix de grec ou de latin, de thème ou de version ; c'est un prix remporté par un enfant chéri ; c'est le triomphe de l'année ; c'est la date d'un jour de fête ; c'est l'heureux talisman qui chasse les déceptions amères, qui préserve des longs ennuis ; c'est la pensée intime, c'est la gloire, c'est l'excuse peut-être aussi. Cette couronne d'enfant, jetée au milieu de ces chinoiseries, de ces écrans, de ces cassolettes, de ces magots, de ces niaiseries de toute espèce, semble demander pardon pour tant de choses futiles, semble dire aux yeux étourdis d'une telle profusion d'inutilités : cette vie élégante n'est point perdue ; elle n'appartient au monde qu'un moment, car elle est donnée tout entière au plus cher devoir, au plus saint amour.

Mais, chose étrange ! à mesure que les demeures s'enrichissent, les mœurs se simplifient et les façons se vulgarisent : les cafés, les théâtres et les cercles sont éblouissants de cristaux, de peintures et de dorures, et les habitués de ces lieux superbes sont mis comme des portiers et parlent comme des cochers de fiacre. Ils gardent tous leur chapeau sur la tête, et quel chapeau! Ils jurent sans colère en se disant bonjour; ils parlent haut pour qu'on entende ce qu'ils savent très-bien qu'il ne faut pas dire; ils boivent avec fracas du mauvais vin; ils fument avec prétention du mauvais tabac, et promènent avec orgueil des femmes laides. L'éclat qui les environne fait encore mieux ressortir le commun de leurs manières; l'illumination est si grande, on les voit si bien! Quels tristes personnages pour un si beau cadre, c'est un Téniers dans une *bordure Louis XV*, mais, hélas! c'est un Téniers vivant.

Ce qui nous déplaît dans ce luxe, c'est qu'il n'est pas du luxe, c'est qu'il est devenu l'absolu nécessaire; c'est qu'on ne vit que pour lui, on ne s'occupe que de lui, on ne parle que de lui. Certes, personne plus que nous n'est partisan du *comfort*, personne plus que nous n'admire une maison bien tenue, cette recherche de tous les détails, cette hospitalité de toutes les richesses, cette bienveillance de tout l'ameublement, cette familiarité de la demeure, où chaque chose paraît avoir été choisie pour vous, où chaque objet semble chargé par le maître de vous séduire particulièrement, et de vous engager à rester chez lui longtemps. Nous faisons le plus grand cas de ce perfectionnement d'une haute civilisation, mais nous ne voulons pas qu'on lui consacre sa vie; nous ne voulons pas que cette préoccupation devienne la pensée dominante; nous ne voulons pas que ce besoin soit un tourment; nous ne voulons pas que la prétention du *bien-être* devienne un *malaise*, un effort, un sacrifice, que l'on vous fasse apprécier à tous moments. On a sans doute très-bien fait d'emprunter aux Anglais leur *comfort*, mais on aurait dû en même temps leur emprunter la *manière de s'en servir*, c'est-à-dire la simplicité, ou plutôt cette noble indifférence, qui leur fait donner au luxe le plus fastueux l'air d'une habitude journalière. Il ne faut pas que ce qui n'est au fond qu'un intérêt de ménage devienne un sujet grave de conversation. Aujourd'hui, pendant tout le temps que l'on prend le thé, on s'entretient de la théière, de la fontaine à thé, du plus ou moins de luxe du service. A dîner, on s'occupe attentivement de l'argenterie et de la porcelaine ; les cristaux ont aussi leur importance ; la tenue des gens, les valets de pied, les chevaux, les cochers poudrés, fournissent à la conversation tout le reste de la soirée. Les convives, on ne s'en inquiète pas ; le dîner lui-même occupe assez peu ; l'important est de savoir s'il est servi à la russe ou à l'anglaise, si vous verrez les plats en nature ou par écrit, si l'on vous donnera un *menu*, si cela se fera comme chez Mme de W..., ou comme chez Mme de L. M... ; toute la question est là. Dernièrement, un de ces faux Anglais priait à dîner fort gracieusement un de nos amis : Venez dimanche, disait-il avec instance ; ce jour-là, nous aurons... Puis quelqu'un vint l'interrompre... Qu'est-ce qu'ils auront à dîner, pensa notre ami ? quelque homme intéressant, Lamartine... ou Balzac, qui revient d'Italie.

Une autre idée lui vint aussi, c'était un gastronome érudit : C'est peut-être du dîner qu'il parle, et non des convives ; il aura un pâté de Strasbourg, de Toulouse, ou un chevreuil qu'il a tué lui-même.

Le faux Anglais revint alors vers notre ami. — Je

tiens à vous, reprit-il; vous viendrez, n'est-ce pas? Nous aurons un service d'argenterie tout nouveau, à la mode, mon cher, à la dernière mode, la mode anglaise; vous verrez, c'est magnifique. Et le jour du dîner il ne fut plus question que du service pour lequel le repas était donné.

Chez de nouveaux mariés nous comprenons cet enfantillage; il nous plaît : tout est gracieux dans un jeune établissement, tout parle d'avenir ; chaque objet du ménage est un gage d'union. Cette joie du luxe n'est pas de l'orgueil, c'est le premier plaisir de la propriété, c'est la vie intime, c'est la famille, c'est quelquefois même l'amour; comme on l'aime cette argenterie et ce beau linge damassé qui vous appartient en commun avec le jeune homme que vous appeliez hier monsieur, et qui vous nommait avec respect mademoiselle! Comme tous ces objets grossiers du ménage deviennent poétiques quand ils vous installent dans votre bonheur, quand ils viennent à chaque instant du jour vous prouver que vous êtes unis pour la vie, et que vous avez le droit de vous aimer! Oh! nous permettons aux jeunes gens de nous parler de leurs ménages, car c'est nous conter leur bonheur ; mais nous ne donnons pas la même liberté à de vieux époux qui se trompent depuis vingt années, si toutefois un mensonge peut parvenir à un âge aussi avancé. Au surplus, le pédantisme de l'élégance n'existe que chez les quasi-grandes dames, que dans la petite fashionabilité. Vous ne le trouverez ni chez la duchesse de N..., ni à l'ambassade d'Angleterre, ni chez Mme de Fl..., ni chez Mme de Roth..... surtout, dont la poétique demeure a plutôt l'air du palais d'un artiste enrichi, que de l'hôtel d'un millionnaire; mais vous le trouverez infailliblement, ce luxe agité, élégance soupçonneuse et inquiète, *comfortable, insupportable,* en ce qu'il est surnaturel et violent, dans tous les salons où l'on n'a pas encore eu le temps de s'y accoutumer.

Oh! l'ennuyeux pays que celui des prétentions! que faire contre un ennemi qui s'arme des plus belles choses, et qui vous les rend odieuses du moment qu'il les a touchées? Les fées malveillantes autrefois disaient : Cet enfant aura toutes les vertus, tous les dons, mais il aura tel défaut qui détruira toutes ses bonnes qualités; eh bien! le mauvais génie de la France lui a dit la même chose : le ciel lui avait accordé toutes les grâces, toutes les puissances, toutes les beautés; l'esprit, la science, le courage et la raison.... et puis voilà le génie malveillant qui est venu et qui lui a donné le défaut qui les gâte toutes, la prétention de tout cela, c'est-à-dire la fatuité, le pédantisme et l'exagération; la manie qui amène le ridicule, le pathos qui amène le dégoût, et l'abus qui amène la réaction. Aussi, chaque fois que nous voyons une amélioration s'introduire chez nous, malgré notre passion du perfectionnement, nous nous affligeons du progrès; car nous sentons que bientôt cet usage qui nous plaisait, et que nous avions nous-même adopté, va nous devenir insupportable par l'application ridicule qu'on va en faire, et par la niaise importance que l'on va y attacher.

LETTRE IV.

8 février 1859.

Il y a deux Frances. — Les paresseux agitateurs et les travailleurs insouciants. — Les mauvais sujets réformés, professeurs de moralité.

L'aspect des salons de Paris est étrange en ce moment ; ce carnaval manqué a des allures de carême qui sont toutes nouvelles. On s'inquiète ; décidément *l'horizon politique s'obscurcit.* Ceux qui n'ont rien à perdre, et qui espèrent gagner, se frottent les mains ; ils vous regardent d'un air très-fin en disant : Il y aura du micmac ; les affaires se gâtent ; je ne voudrais pas être à la place d'un tel ; il se passera d'ici à peu de temps de grandes choses. Ceux qui ont de belles propriétés et qui ne peuvent que perdre à tout changement, commencent à avoir sérieusement peur. Où allons-nous ? s'écrient-ils avec angoisse ; où ces brouillons vont-ils nous mener ? — Où vous voulez, sans doute, puisque vous leur donnez le droit de vous conduire. La France est divisée en deux nations, ou plutôt il y a deux Frances : l'une faible et active, l'autre puissante et passive. La première mène l'autre ; les faibles mènent les forts ; tout le mal est là. Deux peuples différents de goûts et d'instincts luttent ensemble sans cesse : un peuple de paresseux agitateurs, un peuple de travailleurs insouciants. Les premiers n'ont rien et ne font rien, mais ils parlent toujours. Les seconds, au contraire, possèdent tout, font tout, mais ils ne disent rien. Cela explique pourquoi ils n'ont jamais le dernier mot.

La politique française se fait dans les cafés, dans les estaminets, voire même dans les cabarets, et c'est là que les paresseux agitateurs sont tout-puissants, là ils règnent et gouvernent ; leur métier, à eux, c'est de défaire le gouvernement ; ils n'ont pas d'autre état, et ils remplissent celui-là avec conscience ; rien ne les distrait de leurs devoirs politiques ; ils ont supprimé tous les autres ; ils ont cessé de voir leur famille parce qu'elle s'opposait à leur vocation. Selon l'expression d'un spirituel journaliste, ils n'exercent aucun état sous prétexte qu'ils sont hommes d'État ; comme ils n'ont aucune espèce de ménagement à garder, ils sont aventureux et pleins de zèle et d'un dévouement à toute épreuve, d'un dévouement qui fait frémir ; comme ils mentent très-haut, on les prend pour des oracles ; comme ils n'écoutent pas, ils ont toujours raison ; si l'on veut leur répondre, ils s'emportent, ils menacent, ils frappent du pied avec violence, ils disent de gros mots, qui effarouchent la vérité ; car la vérité est une femme, et comme les femmes, pour paraître et se faire entendre, elle n'a de courage qu'aux jours des nobles dangers ; comme ils n'ont point de sentiments réels, ils sont dévorés de haines imaginaires qui suffisent à leur cœur, qui remplissent leurs jours. Ils haïssent, par exemple, M. de G. qu'ils n'ont jamais vu ; ils savent par cœur toutes les calomnies qui obscurcissent et qui, peut-être, honorent son nom ; ils les récitent avec furie, chaque fois qu'on parle de lui ; cet homme est pour eux un monstre, c'est leur ennemi personnel, ils l'ont vu en rêve, c'est un brun, grand, très-fort, très-rouge, qui a des moustaches noires ; ils le reconnaîtraient entre mille à la première vue, cet ogre politique, ce tigre industriel. Ils s'écrient avec rage : « Si je le tenais là, je le jetterais à mes pieds comme cette chaise (ils brisent la chaise); et puis un jour ils l'aperçoivent par hasard au spectacle, à la Chambre des Députés ; ils demandent avec indifférence, quelquefois même avec intérêt : — Quel est ce jeune homme pâle qui est là-bas ? — C'est M. de G. — Quoi! c'est lui! ce n'est pas possible!... Leur surprise est inexprimable; ils sont tout déconcertés; ils ne reconnaissent pas l'homme qu'ils détestent; celui qu'ils poursuivent de leurs injures ne ressemble pas à cela, leur haine est désarmée par l'objet même qui l'inspire. C'est lui, disent-ils avec stupéfaction; quoi! c'est lui! je ne l'aurais jamais reconnu. Peu s'en faut qu'ils n'ajoutent : Je le trouve bien changé.

Ces hommes qui ne font jamais rien sont d'une activité merveilleuse. On les voit partout, ils sont propagateurs de fausses nouvelles, fabricants d'histoires scandaleuses, et missionnaires en calomnie ; ils connaissent tout le monde, ils savent tout ; ils ne sont pas électeurs ou du moins il est très-rare qu'ils puissent l'être ; mais ils connaissent le collége électoral comme un père connait ses enfants. Ils savent que telle infortune a telle échéance qui menace, que telle autre a tel procès à redouter. Ils savent que telle conscience est douteuse, et ils l'attaquent hardiment ; ils savent que telle autre est inflexible, et ils la respectent prudemment. Ils n'ont point d'esprit; mais ils possèdent l'instinct et l'expérience de l'intrigue, et par malheur cela suffit pour entraîner. Les jours d'élections sont leurs grands jours de bataille. Ils se lèvent avec l'aurore ces jours-là ; ils courent sur les chemins et se posent aux embranchements de la route pour guetter les électeurs au passage, et là ils s'efforcent de les *endoctriner* ; ils se vantent quelquefois même de les griser généreusement. Ils font de la politique au vin blanc, au vin rouge ou à la bière ; cela dépend des goûts et des opinions. On parle d'élections au punch qui ont parfaitement bien réussi. Ils se distribuent les électeurs comme un butin qu'ils ont conquis ; celui-ci est à moi, celui-ci est à vous ; je vous laisse le grand Bernard, vous me rendrez le petit Benoît. Ils savent que celui-ci viendra de bonne heure, parce qu'il a affaire à la ville ; ils savent que l'autre viendra tard, parce que sa jument est boiteuse. Ils s'attachent à celui qui ne sait pas écrire, comme à une proie qui peut leur échapper ; ils l'entraînent chez l'électeur de leurs amis qui doit lui servir de secrétaire, et là ils le couvent des yeux ; s'il se lève, ils se lèvent avec lui ; s'il s'assied, ils vont s'asseoir près de lui ; si quelque imprudent laisse la porte ouverte, ils courent la fermer ; si l'électeur qui ne sait pas lire veut se promener dans le jardin, ils le suivent ; et sans se donner le temps de prendre leur chapeau, ils vont se promener avec lui ; ils le tiennent en laisse. Enfin, l'heure de voter arrive : l'électeur secrétaire emmène son confrère, il le tient par le bras, il ne lui échappera pas. Les paresseux agitateurs l'escortent jusqu'à la mairie ; ils ne votent pas, mais ils lui disent : « Vous votez avec nous, mon brave, n'est-ce pas ? — Je crois que oui. — On rit de la simplicité du pauvre homme, mais on n'en rira pas longtemps. L'électeur secrétaire se dispose à écrire pour lui son bulletin. — Merci, dit le naïf paysan, j'écrirai cette fois moi-même. — Quoi, vous savez écrire? — Non; mais ma fille m'a appris à griffonner ce nom-là. — Hélas! c'est le nom du candidat constitutionnel..... Les agitateurs sont furieux; car les agitateurs sont toujours contre les ministres: ils étaient contre M. Laffitte, ils étaient contre M. Guizot, ils étaient contre M. Molé; mais, rassurez-vous, ils reseront contre M. Thiers, ils reseront contre le maréchal Soult, ils reseront contre M. Guizot, ils seraient contre M. Barrot. Ils vivent ainsi dans une opposition continuelle que ne motivent pas même leurs intérêts, et dans une haine permanente qui change tous les ans d'objet. Ils passent leurs jours à fumer et à jouer au billard, en médisant de ceux qui travaillent. Dans les provinces où le bon sens domine, on se moque d'eux; on sait leur vie, ils n'ont aucun crédit; mais dans les pays où les passions sont ardentes, dans les grandes villes où les envieux espèrent, — car il y a des envieux partout, mais ils n'ont pas partout les mêmes chances de succès, et le désespoir les rend tranquilles; — dans les grandes villes, disons-nous, où toutes les ambitions sont excitées, les paresseux agitateurs sont tout-puissants; il faut les craindre. Moins nombreux que leurs adversaires, ils l'emportent cependant sur eux, à force de paroles et de mouvements; ils ne représentent pas le pays, mais ils nomment trop souvent ceux qui doivent le représenter, et qui, choisis par eux, ne retracent que leur pauvre image. Oh! si les *travailleurs insouciants* voulaient un jour se réveiller de leur sommeil d'hommes de bien; s'ils se lassaient de voir toujours leur ouvrage détruit, leur place usurpée, leur avenir perdu; si ceux qui labourent faisaient taire ceux qui pérorent; si ceux qui vendent faisaient enfermer ceux qui doivent; si les abeilles chassaient les frelons, nous serions sauvés. Courage donc, indolents travailleurs! sortez de votre léthargie dédaigneuse; mêlez-vous au bruit, prenez la parole à votre tour; défendez vos droits que l'on usurpe, vos intérêts que l'on oublie, votre repos que l'on compromet; conduisez vous-mêmes les grands travaux politiques; mettez enfin la main à l'œuvre et rivalisez d'activité avec les paresseux.

Il est encore une autre classe d'hommes d'État sans état qui méritent un regard de l'observateur; nous voulons parler de ces mauvais sujets en retraite qui se font puritains de journaux; tout sert à leur vertu, tout jusqu'à leurs plus joyeux souvenirs. Un front chauve avant l'âge, une vieillesse précoce, leur valent une précoce vénération. D'une voix enrouée par les veilles, ils tonnent contre le vice, ils le voient partout, ils le poursuivent avec acharnement; et cela se conçoit, ils ont de bonnes raisons pour lui en vouloir; les coquettes vieillies se font dévotes, les tapageurs retirés se font journalistes vertueux. La carrière est complète; on mène jusqu'à trente-neuf ans joyeuse vie, on abuse de tous les plaisirs, on est le héros de toutes les mascarades, l'orateur de toutes les orgies; on se fait entrepreneur de succès de coulisse et promeneur d'actrices plâtrées, on ne se refuse rien tant qu'on peut ne rien se refuser, et puis quand l'heure de s'arrêter arrive, quand on a perdu dans ce tourbillon de folies, santé, fortune et considération, on se fait homme politique, et l'on s'établit professeur de moralité. — O moralité, il faut que ton autorité soit bien grande pour que ton manteau puisse couvrir les infirmités de tels apôtres. Et toi, public, qu'es-tu donc, niais ou complice?

LETTRE V.

15 février 1859.

Supplice des beaux enfants déguisés. — Apollon transi. — Le ballet des cariatides. — Un père intrigué par sa fille. — Les bals Musard. — Ressource des jeunes légitimistes.

Ce grand bruit de plaisirs nous a toujours fait rêver amèrement. Quand nous étions enfant, les masques nous faisaient une peur si affreuse, et les déguisements étaient pour nous le sujet de tant de larmes, que nous avons conservé contre les fêtes du carnaval une rancune dont les plus beaux bals costumés n'ont pas encore triomphé. Nous avions le malheur d'être un bel enfant. Ah! plaignez ces victimes adorées qui font la gloire de leurs parents. Les jours gras ont pour elles d'horribles supplices inconnus des autres enfants; ceux qui ont le bonheur d'être laids, du moins peuvent s'amuser pendant le carnaval; on les habille en arlequin, en pierrot, en paillasse, et puis on leur dit: Allez.... mais ceux, hélas! qu'un destin ennemi condamne à l'admiration, ceux que l'on pare, et que l'on craint surtout de déguiser, ceux-là ne jouissent d'aucun plaisir. On commence par les mettre en retraite; on les fait coucher plus tôt qu'à l'ordinaire, pendant les deux jours qui précèdent leur triomphe. Si en jouant ils se laissent tomber, ce qui est l'usage, on ne les plaint pas, on les gronde, on ne voit point le coup qui les fait souffrir, on ne voit que la cicatrice qui les défigure; on les gronde, c'est bien, ils pleurent, et puis on les gronde parce qu'ils ont pleuré. Enfin le grand moment arrive, on les affuble d'une façon plus ou moins avantageuse, ils sont charmants, toute la maison accourt et les admire, la nourrice est dans l'extase, le portier verse des larmes d'attendrissement, ce sont des exclamations de joie qui lui font le plus grand honneur. C'est un bijou! c'est un ange! c'est un amour! s'écrie-t-on. Eh, mon Dieu! c'est bien mieux que tout cela, vraiment, c'est un martyr. Le pauvre enfant s'approche de sa mère qui le dévore des yeux. — Maman, dit-il d'une voix plaintive en étendant son petit bras; maman. — Eh bien? — Ça me tire. — On s'empresse, on arrange comme on peut cette manche qui est trop courte. On admire de nouveau l'ensemble; mais l'enfant s'approche de sa tante. — Que tu es beau, mon petit ami. — Ma tante, dit l'enfant que la vanité ne soutient pas encore, ma tante, ça me pince, — et il montre son genou qui est affreusement serré. — Comme il n'y a pas de remède : Marche, petit, dit la bonne tante, en marchant le drap s'élargira. L'enfant qui voit qu'une tante est impitoyable, s'approche de sa grand'mère; elle est faible, il compte sur elle. On peut toujours compter sur la faiblesse. — Bonne maman, dit-il en montrant ses broderies d'or ou tout autre ornement de son costume; bonne maman, ça me gratte. La grand'mère va s'attendrir, on les sépare, et pour étourdir l'enfant bien-aimé, on lui répète de tous côtés qu'il est joli, qu'il est charmant; et pour fermer sa bouche à toutes plaintes, une femme de chambre lui dit à l'oreille : Il faut souffrir pour être beau; maxime admirable, refrain consolateur avec lequel on mène au supplice tous les martyrs de la vanité. Ah! si la beauté se mesure à la souffrance, que nous devions être beau, pitoyablement beau, ce fameux jour où l'on conçut l'aimable idée de nous déguiser en Apollon!... Une longue chevelure dorée avait servi de prétexte à ce déguisement, que le Dieu offensé nous a fait depuis cruellement expier. Comme il s'est vengé de notre insolence! Dès l'instant même il nous a puni. Pauvre enfant frileux, que nous étions peu digne de notre parure immortelle! que cette tunique nous semblait légère, que ces rayons d'or nous semblaient pesants! Et cette malheureuse lyre que nous laissions traîner sur toutes les chaises, que de reproches elle nous attirait, comme elle nous a fait gronder. Que nous avions froid!... On nous trouvait toujours à genoux devant le feu, car nous n'avions pas dérobé le feu du ciel, nos propres rayons ne nous suffisaient point. Ah! sans doute, c'est en nous voyant que les savants ont découvert cette vérité jusqu'alors inconnue : que le soleil n'a point de chaleur! Quel beau rhume nous avons rapporté de l'Olympe. Apollon transi, nous avons fait verser dans la neige le brillant char du Jour, et nous nous sommes toujours ressenti de cette chute-là.

Maintenant que par bonheur, les parents ont moins de poésie dans leurs idées de carnaval, les déguisements d'enfants sont plus commodes ; les costumes de matelots, par exemple, sont fort jolis à voir et très-agréables à porter. Les enfants sont à la fois charmants et heureux en marins ; aussi est-ce le costume à la mode depuis quelques années. Dans un grand bal qui a été donné mardi dernier, un quadrille de sylphides a fait la plus vive sensation. C'étaient de jeunes et belles personnes qui comme cela, disait-on, n'étaient point du tout déguisées. Chaque jour on les voit de même sveltes et gracieuses, vaporeuses et poétiques. Elles avaient mis ce soir-là leurs ailes, et voilà tout. Chaque sylphide avait pour danseur une bête domestique ou féroce. Nous nous hâtons de dire que ces messieurs étaient parfaitement déguisé. Les plus malins étaient en ânes, les plus affables étaient en ours, le moyen de reconnaître personne, et de s'écrier, comme dans *l'Ours et le Pacha* : — *L'ours est votre époux*. Ce quadrille a fort bien réussi à ceux qui l'ont dansé et à celle qui s'en est servi pour la plus folle mystification. Jugez-en plutôt.

Il y a dans le monde des heureux qui ont la manie de tout savoir, d'être de toutes les fêtes, d'appartenir à toutes les sociétés, de connaître toutes les intrigues; cela s'appelle être au courant de tout. Ils font vingt visites dans leur journée, ils savent que madame une telle reçoit tel jour; ils ne vont pas chez elle, mais ils connaissent ses habitudes; ils savent qu'il y a eu un dîner ici, un souper là, ils n'en étaient pas, mais ils vous en diront le menu; ils l'ont retenu mieux que vous qui étiez un des convives. A chaque nouvelle ils vous répondent : Je le savais; ils font tous les mariages, ils condamnent tous les malades, ils mettent leur gloire à n'être jamais surpris; être en retard pour eux, c'est la honte, l'honneur pour eux n'est point d'être un homme bien famé, ou bien aimé; ce qu'ils rêvent c'est d'être jusqu'à leur dernier jour un homme *bien informé*. Il en est un de cette espèce qui pousse la présomption de tout connaître, si loin qu'on ne peut résister au plaisir de le tromper pour le confondre, et d'inventer les mensonges les plus étranges pour le déconcerter dans ses informations. Il va souvent dans le monde, mais cependant il n'est pas de tous les mondes. Les salons du faubourg Saint-Germain, par exemple, lui sont interdits à cause de ses opinions, ou plutôt de ses relations politiques; mais n'importe, il prétend savoir tout ce qui s'y passe, et vraiment il sait beaucoup de choses, et il a du mérite en cela, car il ne questionne jamais. Lui, questionner! Fi donc! une question le perdrait; après un voyage même, il n'oserait risquer cette preuve d'ignorance, l'absence n'a point de secret pour lui, sa correspondance le tient au courant de tout, il attire les nouvelles là où il est; d'ailleurs les grands événements le connaissent, ils l'attendent pour éclater. Il ne questionne point, mais il écoute avec un art inimaginable qui lui a demandé de grandes études; il écoute quatre conversations à la fois, comme César dictait quatre lettres en même temps. Il a de ces oreilles avides qui, selon l'expression d'un auteur anglais, ne sont jamais fermées par la réflexion. Il écoutait donc l'autre jour à sa manière, et madame de R***, impatientée de cette quadruple attention, a voulu lui jouer un tour. — Ce bal était superbe, dit-elle en faisant signe à la personne à qui elle parlait; le quadrille des syphildes était ravissant; madame de... mademoiselle de..., etc., étaient fort à leur avantage; — et au lieu de nommer les charmantes personnes qui ont dansé le quadrille, elle s'amuse à nommer douze femmes antisylphides s'il en fut jamais, les douze femmes les plus solidement belles que l'on puisse imaginer. L'homme bien informé retient ces noms heureux au passage et il s'échappe avec empressement pour aller charmer les divers salons qui l'apprécient, par ce récit exact des fêtes du carnaval. Il va faire une ou deux visites dans la Chaussée-d'Antin, il lance sa nouvelle, on le laisse dire sans trop d'étonnement ; mais il arrive rue Royale, là il recommence ses descriptions merveilleuses ; on lui fait répéter trois fois ces noms étranges ; on l'interrompt par des hourras de surprise. — Qu'est-ce que vous nous dites-là, monsieur ? s'écrie la vieille baronne de P..., madame de... était en sylphide, mademoiselle X... avait des ailes ! et vous appelez cela un quadrille de sylphides, monsieur ; mais c'était un ballet de cariatides !... L'homme bien informe est resté confondu. Cette mystification le rendra prudent, puisse-t-elle le rendre muet !

Les bals de l'Opéra ont été fort nombreux. On parle d'aventures romanesques, de succès rapides et mystérieux, que nous soupçonnons fort de n'être que d'affreuses mystifications. L'histoire de M. de S., arrivée il y a deux ans, s'est, dit-on, renouvelée plusieurs fois cette année, mais comme nous ne pouvons pas vous raconter l'histoire de M. de S., c'est comme si nous ne disions rien. Malgré les plaisants récits que l'on nous fait, nous défions toutes les histoires du bal de l'Opéra de valoir jamais celle d'un célèbre académicien intrigué toute la nuit par sa fille, qu'il avait laissée malade dans son lit, et qu'il était bien loin de croire si près de lui. Un père ne pas reconnaître sa fille, direz-vous, cela est étrange, et cependant cela est très-naturel : un père connaît parfaitement le cœur de son enfant, son caractère et ses goûts, mais il ne connaît jamais complétement son esprit, il est certains aspects qui restent toujours voilés à ses yeux. Un père voit sa fille malheureuse, gaie, inquiète, jalouse même, mais il ne la voit jamais coquette, et l'on sait quel changement le désir de plaire peut opérer dans les manières d'une femme.

On connait toutes les métamorphoses de la coquetterie ; elle fait d'une femme méchante un ange de douceur, elle fait d'une sotte une femme d'esprit ; d'une femme politique une beauté langoureuse, d'une pédante en *us* une étourdie pleine de grâces, d'une mourante de profession une valseuse infatigable, d'une femme bonne et généreuse, enfin, une ingrate, moqueuse et colère.....

Et que méconnaîtrait l'œil même de son père.

Or, le célèbre académicien, qui n'avait jamais vu sa fille coquette, ne la reconnut point ; et il ne pouvait deviner quelle était cette femme si jeune qui savait pourtant tous les événements de sa jeunesse ; qui savait si bien ses habitudes, qui savait par cœur tous ses ouvrages, qui lui parlait de ses auteurs favoris, qui le flattait avec tant d'adresse dans ses goûts et jusque dans ses manies. L'académicien était enivré ; accoutumé à plaire aux femmes, ce succès ne l'étonnait point, il avait dans ses souvenirs des aventures qui rendaient celle-ci très-probable. La nuit se passa en conversation, en étonnement, en ravissements ; être si bien compris, cela est si doux. Vers quatre heures du matin, le charmant domino avoua naïvement qu'il avait faim. On lui offre à souper avec empressement. J'accepte, dit-il, mais je n'ôterai pas mon masque. — Méchante, répond l'académicien ; et l'on soupe gaiement et par une attention délicate on choisit les mets qu'il préfère. On lui prouve que l'on a deviné tous ses goûts et que l'on aime ce qu'il aime. Après souper, il faut partir : Laissez-moi vous reconduire chez vous, madame. — Non, non, c'est moi, dit-elle, qui veux vous ramener chez vous. Je ne veux pas que vous me connaissiez. — La voiture s'arrête devant la porte de la jolie maison de l'académicien. Il descend à regret, croyant descendre seul; mais quelle est sa surprise! le charmant domino l'a suivi, il le voit, furtif et léger, disparaître dans le corridor ; il veut le rejoindre et soupire tout bas : Quoi! madame! tant de bonheur!... Mais le masque l'interrompt par un grand éclat de rire, et une voix bien connue lui crie du haut de l'escalier : « Bonsoir, papa, je te remercie, je me suis bien amusée. A demain! » L'académicien désenchanté eut alors recours à cette exclamation classique toujours frénétiquement applaudie dans les reconnaissances de mélodrame : *Ma fille!* dit-il avec désespoir, et l'écho du vestibule répondit : *Ta fille!*

Les bals de la Renaissance ont été cette année de véritables bals Musard, car Musard a donné son nom à toutes les fêtes qui rivalisent avec lui. C'est un des malheurs du génie, il fait la gloire de ses plagiaires et la fortune de ses rivaux, bien heureux encore quand ceux-ci ne le calomnient pas après l'avoir pillé. Bien heureux Musard si Julien ne le traite pas encore d'immoral; aujourd'hui c'est assez l'usage. Un homme invente une chose qui réussit, vite on l'appelle charlatan, et puis on lui prend son idée.... On ne vit plus aux dépens de ceux que l'on flatte, mais de ceux que l'on calomnie.

Les bals Musard ont toujours la vogue. Le bal Musard est déjà une vieille folie consacrée par le temps et adoptée par l'usage. Les jeunes gens de la meilleure compagnie, les héritiers de nos plus grands noms y vont dépenser l'ardente activité que l'*émigration intérieure* et leurs répugnances politiques leur laissent tout entière; ils dansent, ils galopent, ils valsent avec en thousiasme, avec passion, comme ils se battraient si nous avions la guerre, comme ils aimeraient si nous avions encore de la poésie dans le cœur. Ils ne vont pas aux fêtes de la cour, fi donc! ils y trouveraient leur notaire et leur banquier; mais ils vont au bal chez Musard; là, du moins, ils trouvent leur valet de chambre et leur palefrenier; à la bonne heure! On peut, sans se compromettre, danser en face de ces gens-là. L'esprit de parti a découvert une mine de scrupules inouïs, de délicatesses étranges, auxquels, heureusement, nous ne comprenons rien; aujourd'hui, grâce aux nouvelles susceptibilités de la politique, servir son pays comme officier, comme diplomate, comme magistrat, c'est parjurer sa foi, c'est être indigne de son nom; mais, en revanche, passer sa vie à fumer, à jouer, à boire, à médire avec une danseuse des femmes du monde qui ont eu l'esprit de se moquer de vous; se livrer sans colère aux propos les plus grossiers; ne vivre enfin ni pour l'étude, ni pour le cœur, ni pour la gloire, cela s'appelle garder ses convictions, être fidèle à une noble cause, comprendre enfin tous les devoirs de son rang et de son nom. Oh! noble parti! que vous remplissez bien la mission qui vous est confiée! Qu'il serait fier de vous ce jeune roi dont vous préparez le retour, s'il pouvait vous contempler dans vos jours d'enthousiasme! quel séduisant avenir pour lui que l'espérance d'une cour si chevaleresque et si brillante! et puis quelle sympathie éveilleraient en lui de si touchants tableaux! Quelle heureuse harmonie entre son existence et la vôtre; comme vous marchez bien ensemble au même but, comme vous suivez bien la même route, comme vos pensées sont bien l'écho de ses pensées! Mêmes occupations, mêmes loisirs. Il travaille... Vous jouez aux cartes!... Penché sur de gros livres, il étudie l'histoire, il interroge la science... Penchés sur un billard, vous étudiez un nouveau coup!... Chaque soir il tombe à genoux devant une image du Christ, et, dans l'extase de la prière, il pense à son pays, il pense à vous, à vous ses défenseurs et ses amis... Chaque soir vous tombez aussi.... mais sous une table et dans l'ivresse du vin et de la fumée, vous ne pensez à personne, car vous ne pensez pas du tout. Voilà sa vie, voilà la vôtre. Oh! s'il était revenu il y a deux jours, quel admirable accueil il eût reçu de vous, avec quel empressement vous auriez couru à sa rencontre en descendant de la Courtille, déguisés en troubadours et en charretiers, en bateleurs et en malins, en Roberts-Macaires et en postillons de Lonjumeau! Maintenant que le délire est passé, soyez de bonne foi, messieurs, et dites-le avec nous : ce rôle n'est pas celui qui vous convient. Ce n'est pas ainsi que doit être représenté, dans la capitale de la France, par des hommes, héritiers de noms glorieux, le parti de la vieille monarchie, quand ce parti est si noblement représenté dans l'exil par deux femmes pleines de courage, par deux enfants pleins de dignité. Sans doute, il est de nombreuses exceptions à cette générale folie. Nous connaissons plus d'un jeune fils de duc qui mène une vie laborieuse, et qu'un avenir de dangers et de privations n'épouvante pas. Nous pourrions citer plusieurs exemples de résolutions énergiques que tous les esprits sages doivent admirer; mais ces exceptions trouvent si peu de sympathie, et l'on en parle avec un étonnement si plaisant, qu'elles viennent encore nous donner raison, et prouver que de tous les partis qui divisent le pays, celui qui comprend le moins sa destinée est précisément celui qui devrait être le plus respecté, et qui est le plus respectable, puisqu'il a pour principe le culte sacré des souvenirs.

A propos, on nous écrit d'Allemagne : « La cour de Goritz, en apprenant la mort de madame la duchesse de Wurtemberg, a aussitôt pris le deuil. Un service funèbre a été ordonné. » Quelle différence, ici des intrigues, là-bas des prières! et quelle leçon pour tout le monde; pour ceux qui n'ont point porté le deuil de Charles X. et pour celles qui choisissaient leur robe rose, hier, quand toute la France pleurait. Un jour, on ne voudra pas croire que dans ce pays que l'on appelle généreux, deux partis desséchés par une politique misérable ont eu le courage de refuser leurs larmes à ces deux morts si sacrés : un vieux roi proscrit, et une jeune princesse de génie!

LETTRE VI.

23 février 1839.

Électeurs et candidats. — M. Martin de Strasbourg. — Histoire d'un courrier bigame.

Une seule et même pensée domine depuis huit jours les esprits. Toutes les nuances sont effacées, les rangs, les états sont confondus. Le pays ne reconnaît plus aujourd'hui que deux classes : les électeurs et les candidats. Les affections de famille sont ajournées, les devoirs de cœur sont suspendus. On n'est plus époux et père, oncle et tuteur, juge ou préfet, peintre ou cordonnier, poète ou pharmacien, on est électeur. L'homme ne représente plus une créature mortelle, l'homme n'est plus qu'un bulletin, il n'est plus une âme, il est une voix. Les candidats ne vivent plus sous le regard de Dieu, ils n'agissent, hélas! qu'en vue de l'électeur; l'électeur est à la fois leur juge et leur conscience. Pour lui seul leur ferveur, à lui tout leur encens; les épîtres aux commettants se succèdent. Quel charmant recueil d'*électorales* cela pourra faire un jour! Les *pastorales* sembleront bien froides en comparaison de ces délicieuses poésies fugitives et *représentatives*.

Du reste, rien de nouveau; on ne vit point, on attend pour vivre que le sort de chacun soit décidé; nous-même n'habitons point Paris en ce moment. Nous aussi sommes atteint de préoccupations électorales. Notre pensée est loin d'ici, elle s'égare dans les montagnes de la Marche; elle plane sur les bords chéris du Thorion. Ce n'est point pour nous une question d'existence politique, c'est une question de vie champêtre. Les bulletins d'un collége vont décider de nos plaisirs. Toute la politique se réduit pour nous dans ce seul mot : Passerons-nous l'été à Bourganeuf? Ah! nous l'espérons bien, en dépit de notre ennemi de profession, M. Martin.

Ce M. Martin, que l'on nomme Martin de Strasbourg à Paris, et Martin de Paris à Strasbourg, nous a rappelé l'histoire de ce courrier bigame qui avait une femme à Paris, et une autre femme à Strasbourg. Était-ce un crime? Non; habitant fidèle mais alternatif de ces deux villes, n'avait-il pas le droit d'avoir un ménage dans chacune d'elles? Un seul ne lui suffisait pas; sa vie était si régulièrement divisée : chaque semaine il restait deux jours à Paris, deux jours à Strasbourg; avec une seule femme, il aurait été veuf la moitié du temps. Il avait d'abord vécu plusieurs années marié uniquement à Paris, mais il avait amèrement reconnu les inconvénients de ce système; les soins que lui prodiguait sa femme à chacun de ses retours à Paris, lui faisaient trop sentir l'affreuse solitude qui l'attendait à Strasbourg. Là, une mauvaise auberge, un mauvais souper, la solitude et l'ennui; à Paris, au contraire, un accueil empressé, une chambre bien chaude, un souper tendrement servi. A Paris, tout devenait plaisir, à Strasbourg tout devenait tristesse. Le courrier de la malle interrogea son cœur, et il s'avoua que la solitude était pour lui chose impossible; il fit encore ce raisonnement; il se dit que le mariage étant une admirable institution, on ne saurait trop lui demander de garanties; et comme tout lui prouvait qu'il n'était heureux à Paris que parce qu'il s'y était marié, il se persuada qu'il ne serait heureux à Strasbourg qu'en s'y mariant. Donc il se décida à prendre ou plutôt à reprendre femme à Strasbourg. Pendant longtemps le secret de sa double union fut gardé; rien ne troublait *ses* ménages, il n'avait qu'à s'applaudir de *ses* choix ; ses femmes l'aimaient avec la même ardeur ; son bonheur s'équilibrait merveilleusement, et il trouvait dans cette double affection d'ineffables douceurs que les simples maris ignorent. En faisant le voyage de Paris à Strasbourg, il pensait à sa grande blonde qu'il allait revoir, à *Toinette*, l'Alsacienne au teint rose, aux yeux bleus... il arrivait, il passait deux jours auprès d'elle; il jouait avec ses enfants qu'il appelait ses petits Alsaciens, et il repartait gaiement pour Paris. A peine sur la route, il oubliait Toinette ; il ne se rappelait que sa petite Caroline, la Parisienne aux yeux chinois, aux sourcils noirs, et il songeait à l'avenir de ses deux fils qu'il appelait ses grands enfants de Paris. Caroline préparait-elle son souper : Cuisine française, criait-il en riant. — Toinette servait-elle à dîner : Cuisine allemande, disait-il encore en riant; et il ne voyait rien de coupable dans cette double union. Il trouvait tout simple que les hommes qui habitaient toujours la même ville n'eussent qu'une femme et qu'un ménage; mais il trouvait très-raisonnable aussi qu'on eût deux femmes et deux ménages quand on habitait en même temps deux pays.... Non vraiment, il ne voyait rien de criminel à cela, bien mieux, il se serait battu pour prouver qu'il avait raison, et il aurait donné des coups de fouet à l'insolent qui l'aurait traité de bigame. Le mystère qu'il faisait de sa situation aurait dû l'éclairer sur ce qu'il devait penser de sa conduite; mais il savait répondre à tout. — Je cache cela à cause de ces femmes, se disait-il, qui ne comprendraient pas; les femmes ont là-dessus des idées si folles! Un jour pourtant il commit une imprudence, une très-grande imprudence! Un de ses amis de Strasbourg étant à Paris, il l'amena dîner chez lui; l'ami prit Caroline pour une sœur; il lui parla avec enthousiasme de la belle Alsacienne aux yeux bleus, et des beaux enfants de Strasbourg; il raconta le jour de la noce et se vanta d'avoir été l'un des témoins. Caroline, en véritable Parisienne, savait son Code civil par cœur. D'abord elle s'indigna, mais elle était mère : l'aîné de ses fils avait treize ans. Elle pressentit un procès scandaleux, une condamnation infamante, un nom taché et l'avenir de ses deux fils perdu; elle entrevit le bagne avec horreur; elle comprit qu'ayant été épousée la première, elle était la seule femme légitime, et que cet avantage lui donnait de l'autorité pour agir. Son parti fut bientôt pris : elle prétexta un voyage indispensable, une parente la réclamait, il lui fallait quitter Paris pendant une semaine au moins; elle dit adieu à son mari, puis elle courut à Strasbourg. Elle alla voir Toinette et lui conta toute la vérité. Toinette pleurait, elle ne voulait rien entendre; elle s'écriait avec douleur : « Il nous a trompées, le monstre, il faut nous venger; avoir deux femmes, c'est affreux! — Sans doute, reprit Caroline impatientée; mais si vous criez si fort, il y aura deux veuves; et ce sera plus triste encore, il sera pendu; nos enfants mourront de faim. » Ces mots furent magiques. « Vous l'aimez, dit Caroline. — Oh! oui, je l'aimais trop; mais maintenant... — Maintenant, il faut lui pardonner ; je lui pardonne bien, moi qu'il a trompée pour vous. Soyez donc comme moi généreuse, et entendons-nous pour le sauver. » Et ces deux femmes signèrent un pacte sublime. La justice ignora leur sort, et leur mari lui-même n'apprit que son secret avait été dévoilé et ne connut leur entrevue que quelques heures avant sa mort. Une roue s'étant brisée, la malle versa dans un précipice, le courrier, affreusement blessé, fut transporté à Strasbourg, où il expira après plusieurs jours de souffrances. Au moment de mourir, il fit ses aveux : « Ma bonne Toinette, dit-il, pardonne-moi, je t'ai trompée : quand je t'ai épousée, j'étais déjà marié. — Il y a longtemps que je sais cela, reprit Toinette en fondant en larmes ; ne te tourmente pas, c'est tout pardonné. — Tu le savais ? Et qui te l'avait dit ? — L'autre. — Caroline ? — Elle est venue ici, mon Dieu ! il y aura bientôt sept ans ; elle m'a tout conté, en me recommandant bien de ne faire semblant de rien et d'être toujours heureuse comme autrefois, pour que tu ne sois pas... — Pendu, dit le bien-aimé bigame ; pauvre Toinette, tu es une bonne femme... et l'autre aussi, ajouta-t-il en songeant à la généreuse conduite de Caroline, c'est dommage de quitter ces deux petites commères-là. Toinette, allons, embrasse-moi ; v'là le vrai *départ* qui *arrive*, il faut se dire adieu pour tout de bon ; mais c'est égal, tu peux t'en vanter, ma grosse blonde, je t'ai bien aimée !... et l'autre aussi, ajouta-t-il encore en pensant à celle qu'il appelait sa jolie brunette ; va chercher les petits que je les bénisse ; et dépêche-toi. » Toinette amena ses trois beaux enfants ; le mourant les admira avec orgueil. « V'là de fameux enfants ! les gaillards, ils me ressemblent joliment... et les autres aussi, dit-il encore en mêlant toujours ses affections. Mais les voilà! s'écria-t-il tout à coup en voyant entrer ses deux grands fils qui soutenaient leur mère à moitié évanouie dans leurs bras; ma foi, ça se trouve bien, nous v'là tous réunis. » Toinette et Caroline tombèrent à genoux devant lui. Il tendit à chacune d'elles une de ses pauvres mains mutilées, et les regardant toutes deux avec une égale tendresse : « Adieu, mes petites veuves, leur dit-il tout bas, adieu, courage, consolez-vous ensemble, et priez Dieu qu'il me pardonne comme vous m'avez pardonné. » Puis s'adressant à son fils aîné et lui montrant la malheureuse Toinette dont le désespoir lui déchirait le cœur, il dit tout haut : « C'est ma belle-sœur, François; tu auras soin d'elle et de ses enfants. » Et il mourut. Et ses deux femmes s'embrassèrent en sanglotant, et elles ne se quittèrent plus.

Vous allez nous demander quel rapport il y a entre ce brave bigame adoré à Paris, adoré à Strasbourg, et M. Martin dont on ne veut ni à Paris ni à Strasbourg? Nous vous dirons qu'une différence est une sorte de ressemblance, et que si les extrémités se touchent, les contraires peuvent bien s'accorder. Nous vous répondrons cela, dussiez-vous ne pas le comprendre, ni nous non plus; et puis nous ferons des vœux sincères pour que les épîtres de M. Martin aient le même sort que ses discours, c'est-à-dire ne produisent aucun effet; car nous avons le plus grand désir de passer l'été à Bourganeuf, et de faire les honneurs de nos rochers sauvages à nos illustres et brillants amis de Paris.

LETTRE VII.

6 mars 1859.

Une utopie réalisée : Plus de carrosses, plus de chevaux, plus de velours, plus de bijoux, plus de dentelles, plus de rubans, etc. — Les ouvriers sont libres, ils redeviennent citoyens.

L'émeute n'est encore qu'à l'état de rassemblement; elle n'agit pas encore, mais elle parle. Elle injurie les gens qui passent en voiture. Si elle aperçoit une femme dans sa calèche elle lui crie : Ah! tu ne te gênes pas, tu vas en carrosse, dis donc, est-ce que tu ne peux pas aller à pied comme nous? — Elle s'explique même avec plus d'énergie, mais nous nous contentons de traduire son langage. Ainsi voilà le peuple qui veut qu'on aille à pied! Et pas un sellier n'a réclamé contre cet arrêt. Il est évident qu'au sein de l'émeute les cordonniers avaient la majorité. Plus de voiture soit, faisons-nous piétons politiquement, mais adoptons la réforme dans toute son austérité. Nous supprimons chevaux et voitures, c'est convenu. Allez donc, cochers, grooms, valets de pied, palefreniers, piqueurs et veneurs; nous sommes les amis du peuple, nous ne voulons pas d'un luxe qui l'offense; allez! braves gens, cherchez votre vie ailleurs, nous n'avons plus besoin de vous; quittez l'écurie et redevenez citoyens.

Ce n'est pas tout. Maintenant que nous et nos femmes ne pourrons plus sortir qu'à pied, que ferions-nous de ces ornements inutiles? A quoi bon, par exemple, une robe de satin blanc ou de velours bleu-de-ciel, pour courir sur les trottoirs? une robe de laine suffit. Allez donc, ouvriers de notre bonne ville de Lyon, quittez vos ateliers : allez, vous êtez libres. Nous ne voulons plus d'ouvriers, plus de travail pour vous; soyez heureux et redevenez citoyens.

Mais si nos femmes ne portent plus d'orgueilleuses étoffes, pourquoi porteraient-elles de vaniteuses dentelles? A bas les dentelles! les blanches et les noires, les guipures, les blondes, le point de Paris, le point d'Alençon! A bas toutes ces humiliantes parures! Les femmes du peuple n'en ont point. Nous, l'ami du peuple, nous ne voulons pas que notre femme soit plus belle que son épouse. Donc, plus de voile flottant, réseau folâtre si vite déchiré, si souvent remplacé. Fabricants de dentelles, fermez vos magasins; donnez congé à vos actives ouvrières. Cruels! vous fatiguez leurs yeux par ce travail minutieux : nous sommes plus généreux que vous et nous leur rendons le repos.

Nous avons supprimé les chevaux, les voitures, le velours, le satin, les dentelles; pourquoi donc conserverait-on les bijoux, les insolents bijoux qu'on ne fait briller avec faste que pour exciter l'envie des pauvres qui n'en peuvent porter? A quoi servent les diamants par exemple? A rien, si ce n'est à tenter les voleurs. Comment ose-t-on se couronner de diamants quand tant de malheureux n'ont pas de pain! C'est injuste!... supprimons aussi les diamants. Bijoutiers, fermez vos boutiques; on n'a plus besoin de vous, mes amis; votre art inutile irrite les classes pauvres, vous encouragez le vice en étalant toutes ces richesses. Allez; faites pénitence et redevenez citoyens.

Et les rubans ! — ils sont si légers, si jolis, grâce pour eux. — Les rubans ! pourquoi les épargner ? A quoi donc servent-ils ? Ils n'attachent rien, ni les cheveux ni la robe. Ce ne sont que des ornements, et nous n'admettons plus d'ornements. L'utile, rien que l'utile, c'est notre loi ; l'utile seul est aujourd'hui l'agréable ; nous voulons être vêtus et non parés. Quel besoin, mesdames, avez-vous de porter des rubans ? Pour vous tenir chaud ? Non ; eh bien ! renoncez aux rubans et rendez à la liberté ces milliers de bras qui se fatiguent à Saint-Étienne pour contenter vos caprices ; laissez ces braves ouvriers s'occuper des affaires politiques. Pourquoi passeraient-ils des journées entières à travailler ? Vous prétendez que c'est pour nourrir leurs femmes et leurs enfants, vain prétexte ; c'est pour vous seules qu'ils travaillent, et c'est pour vous fabriquer des pompons, des *choux*, des *fontanges*, des *parfaits contentements*, fantaisies charmantes auxquelles votre inconstance donne chaque année un nom nouveau. Plus de rubans, chers ouvriers, croisez-vous les bras et promenez-vous sur votre beau chemin de fer ; vous êtes de grands citoyens.

Mais puisque nous supprimons le velours, le satin, le reps, le pékin, etc., etc., les manufactures de Lyon, et les rubans de Saint-Étienne, ne pourrions-nous aussi rendre la liberté aux vers à soie ? les malheureux ! on les étouffe, on les maintient sans pitié dans une température qui est devenue proverbiale pour exprimer une chaleur on ne saurait plus désagréable. Leur sort est vraiment affreux : pauvre reptile, notre luxe implacable te faisait prisonnier ; bénis ce grand siècle d'égalité qui va te rendre à toi-même. Le premier siècle de l'ère vulgaire a vu l'affranchissement de la femme, le douzième siècle a vu l'affranchissement de l'esclave; le dix-huitième a vu l'affranchissement du serf; le dix-neuvième siècle est destiné à voir l'affranchissement du ver à soie. Mais un scrupule nous arrête : que fera cet intéressant reptile de sa subite indépendance? n'en serait-il pas d'abord épouvanté? Passer sans transition de l'esclavage éternel à l'état de ver libre (qu'on nous pardonne cet affreux calembour né de la situation), vivre depuis la renaissance du monde dans l'air étouffé de la servitude, et respirer tout à coup l'air enivrant de la liberté, n'est-ce pas un changement trop brusque pour un être si délicat? et puis que fera-t-on de lui quand il sera délivré? car, il faut être raisonnable, on n'émancipe pas ainsi toute une population de chenilles, sans s'inquiéter de son sort; nous ne voulons plus de la soie, bien, mais alors quel emploi donnerons-nous au ver qui la produit? en ferons-nous un citoyen? lui donnerons-nous des droits politiques? Il n'en voudrait pas. Le cas est difficile, nous tâcherons de lui trouver quelque place de papillon dans les jardins royaux, ou bien nous le ferons nommer hanneton dans les forêts du gouvernement.

Oui, plus nous y songeons et plus ce système d'économie nous présente d'améliorations. Que de choses ruineuses vont disparaître, grâce à lui! La parure, étant ainsi par le fait d'une égalité généreuse, la parure étant complétement abolie, à quoi serviraient les glaces, les *toilettes*, les *miroirs*, les *psychés* qui l'encourageaient par leur coupable assistance? Tout cela devient inutile: quand on se sait laid on n'a pas grand plaisir à se regarder. Donc nous supprimons aussi les manufactures de glaces. Voilà encore des ouvriers bien contents qui feront de braves citoyens !

Poursuivons : quand on est laid, si l'on n'aime pas à se voir, on aime encore-moins à être vu, n'est-ce pas ? Alors qu'avons-nous besoin de ces énormes lustres en cristal, de ces grands candélabres en bronze doré, de ces flambeaux *superbes, d'où la flamme s'échappe en lumineuses gerbes ?* Cet éclat serait un contraste ridicule avec la société qu'il éclaire ; des femmes venues à pied en robe de laine ne tiennent point à être si brillamment éclairées ; brisons donc ces lustres, supprimons ces splendeurs inutiles, les amis du peuple ne se plaisent que dans l'obscurité, les lumières de l'esprit suffisent à leurs regards. A bas les lumières ! Voila encore des milliers d'ouvriers qui vont redevenir de joyeux citoyens.

Figurez-vous maintenant ce spectacle admirable : ces carrossiers, ces selliers, ces bijoutiers, ces fabricants de soieries, de dentelles, de rubans, de glaces, de bronze, de cristaux, donnant le bras à leur compagne, et suivis de leurs enfants, se promenant par les villes à jeun et à pied, mais à pied comme tout le monde ; sans argent, mais sans envie ; sans pain, mais sans humiliation ; sans salaire, mais sans maître ; nus, mais libres ; misérables, mais fiers ; n'étant plus offensés par la magnificence des grands de la terre, et savourant à leur tour, dans toutes ses jouissances, le véritable luxe, le plus beau privilége des riches : l'oisiveté !

Alors le vœu des amis du peuple sera exaucé : il n'y aura plus ni pauvre ni riche, car, dans le monde, ce n'est pas l'homme qui possède qu'on appelle le riche, c'est l'homme qui dépense, et cependant ces deux personnages, que l'on daigne confondre, sont quelquefois très-différents; n'importe, l'égalité la plus complète unira les grands et les petits, c'est-à-dire qu'il n'y aura plus que des petits. Voilà ce que rêvent les économistes modernes; et ce rêve plein de libéralité sera réalisé au delà de leurs espérances, et ils seront contents, et ils se frotteront les mains; ils feraient mieux de se les laver; mais depuis longtemps le savon de Windsor, qui vient de Marseille, aura été supprimé comme la plus inutile de toutes les fantaisies; la souveraineté du peuple sera reconnue, le régime démocratique prévaudra. Vous triompherez, messieurs les ennemis de l'opulence; votre système sera établi.... Mais que diriez-vous, profonds spéculateurs politiques, si le triomphe de vos idées amenait précisément la ruine de vos principes? Que nous répondriez-vous si nous vous prouvions, à l'aide de l'histoire et des lois, que ce que vous imaginez de plus ingénieux pour fonder la démocratie est justement la seule chose qui puisse reconstituer l'aristocratie? Brillants historiens, savez-vous l'histoire? graves législateurs, avez-vous étudié les lois? — Peut-être. — Alors vous devez connaître l'origine des *lois somptuaires*, et vous comprenez l'esprit de ces lois. Pourquoi donc à Rome, à Venise, défendait-on le luxe aux classes nobles? c'était pour les sauver de leur ruine; et pourquoi la noblesse de Rome et la noblesse de Venise étaient-elles si puissantes? c'est qu'elles ne s'appauvrissaient point par des folies, c'est qu'elles n'enrichissaient point le peuple de leurs dépouilles. Vous dites, vous, que les riches s'abreuvent de la sueur du peuple, et nous disons, nous, que c'est au contraire le peuple qui s'engraisse des folles dépenses des riches.

C'est parce que le duc de... s'est ruiné en gilets que son tailleur s'est enrichi ; c'est parce que le marquis de... et le comte de... mangent leur patrimoine en chevaux, que *Crémieux* et *Hobbs* feront fortune. Et vous voulez aujourd'hui que ces jeunes élégants sortent à pied ! grand merci ! vous les sauvez de la misère qui les aurait faits vos égaux, et vous privez le peuple qui travaille de tout l'argent que ces insensés allaient lui donner. Bravo, messieurs, vous êtes du moins des gens sages si vous n'êtes pas des esprits prévoyants. Vous accomplissez sans le vouloir ce que vos adversaires n'oseraient tenter ; vous rétablissez au nom du peuple ces fameuses lois somptuaires qui doivent l'écraser. Vous protégez les fortunes anciennes en empêchant leurs possesseurs de les dissiper ; vous étouffez les fortunes nouvelles qui pouvaient, en rivalisant avec celles-ci, maintenir l'égalité ; vous préparez enfin la résurrection de l'aristocratie !... mais on vous pardonnera parce que vous êtes des démocrates enragés.

A propos de luxe, grande nouvelle pour les amateurs d'horticulture ! on attend ces jours-ci, chez M. l'abbé Berlèze, la floraison du plus grand camélia connu, le *New-York*, dont la fleur a six pouces de diamètre. Voilà encore un abus monstrueux !... Six pouces de diamètre! Quelle dimension pour un camélia !..... Comment se fait-il qu'un siècle qui nous donne de si énormes fleurs ne produise que des grands hommes si petits! Cela nous rappelle qu'un de nos amis disait hier, en parlant de l'homme nécessaire, de l'homme du jour, de l'homme de la situation : — Mais c'est un MIRABEAU-MOUCHE.

LETTRE VIII.

22 mars 1839.

Conversations. — Parures des femmes. — Négligé des hommes. — Le Salon. — Portraits ridicules. — Tableaux naïfs. — L'opposition et la bataille de Toulouse.

Voilà donc ce qu'ils voulaient ces grands patriotes de de la Coalition! des portefeuilles et des ambassades. Singulier détour! Ils s'associent à la gauche, ils se font du parti qui médite la suppression de tous les ambassadeurs pour obtenir une ambassade! O misère! ô misère! et ces gens-là nous appellent ambitieux, nous qui ne demandons rien, que de voir le triomphe de nos idées, idées fortes, idées jeunes, idées bien autrement populaires et généreuses que les leurs. Ils nous appellent ambitieux, nous qui vivons de travail au milieu de tant d'intrigues, et d'affections au milieu de tant de haines, car les ennemis ont cela d'aimable qu'ils empêchent les amis de s'attiédir. Bienheureux celui que l'on persécute, les hommes de courage sont pour lui; c'est le petit nombre, sans doute, mais c'est une grande compensation; quand on est aimé par ceux qu'on estime, on se console aisément d'être calomnié par ceux qu'on méprise. Et puis chaque outrage nous vaut de si douces paroles, chaque nouvelle attaque des journaux nous attire de si flatteuses preuves d'intérêt, qu'on nous ferait presque chérir la calomnie, si l'on pouvait chérir une lâcheté, tant elle excite en notre faveur de touchantes sympathies et d'honorables protestations! Quelquefois même, il nous arrive de n'apprendre l'injure que par la réparation ; on nous remet une lettre qui commence ainsi : Je viens de lire telle accusation dans tel journal, j'en suis indigné et tous vos amis, etc., etc. Nous répondons : Merci ; nous n'avons point lu ce journal, mais nous lui pardonnons ses injures qui nous valent un si aimable souvenir de vous. — Vrai, vous pouvez nous en croire, la haine a du bon.

La société parisienne offre aujourd'hui le spectacle le plus bizarre que l'observateur puisse jamais regarder : c'est un mélange de luxe et de grossièreté, de recherche britannique et de négligence française, de ridicules politiques et de terreurs révolutionnaires dont il est difficile de se faire une juste idée. Nous vous avons déjà dit que le luxe des salons était fabuleux... non-seulement des salons, mais des antichambres ; telle antichambre d'un grand hôtel est plus richement ornée que la plus belle salle de la préfecture en province. Là, des laquais plus ou moins poudrés (car il y en a de rebelles qui mettent si peu de poudre qu'on les prendrait plutôt pour des meuniers en livrée que pour des marquis d'antichambre), donc des laquais soi-disant poudrés vous présentent un grand livre recouvert en velours avec des coins de bronze doré, sur lequel vous êtes prié d'écrire votre nom. Si la maîtresse de la maison est visible, vous êtes pompeusement introduit dans le sanctuaire, c'est-à-dire dans le second salon ou parloir, ou cabinet, ou atelier, cela dépend des prétentions de la dame de ces lieux. Un chien quelconque s'élance vers vous, il aboie, il se dispose à vous mordre ; on le calme, il se soumet et regagne en grondant la pourpre de son coussin. Les chiens sont fort à la mode ; ils font, avec le feu, les fleurs, une vieille tante et deux ennuyeux, partie du mobilier vivant d'un salon de bonne compagnie. Comme vous êtes un élégant, vous êtes assez mal mis. Votre habit est plein de poussière, vos bottes sont lamées de boue, vos cheveux sont défrisés. Vous exhalez une forte odeur de tabac. Au premier coup d'œil, toutes ces choses semblent laides, communes et peu élégantes; point du tout : c'est justement ce qu'il y a au monde de plus fashionable; cela veut dire : Je viens de monter le plus beau cheval de Paris, je suis un homme à la mode, et si parfaitement, si hautement placé dans le monde, que je puis aller le matin chez une duchesse *fait comme un voleur*. En revanche, la maîtresse de la maison est charmante. Il faut rendre aux femmes cette justice, qu'elles ne font jamais de la laideur une distinction, et qu'elles n'ont jamais fait consister l'élégance à paraître à leur désavantage. La femme qui vous reçoit est donc mise dans le dernier goût. Un superbe bonnet de dentelles cache ses blonds cheveux, elle porte une douillette de gros de Naples façonné, garnie d'une ruche découpée (plus connue sous le nom de chicorée); ses bas à jours sont d'une finesse merveilleuse, ses souliers sont irréprochables, on devine qu'ils sont signés *Gros* ou *Muller*; ses manchettes de Valenciennes sont d'une coquetterie irrésistible. Tout en elle est soin et recherche; la fraîcheur de sa parure semble une épigramme contre la négligence de la vôtre; on ne comprend pas que cette femme si élégante ait fait tant de frais pour recevoir ce monsieur-là. Et le soir, vraiment, la différence est encore plus grande. Les jeunes gens ne portent plus de bas pour aller dans le monde; cependant, comme ils n'osent pas encore s'y présenter en bottes, ils ont imaginé d'y venir en brodequins, comme des écoliers. Nous sommes dans le siècle du juste-milieu ; et c'est fort bien trouvé. Entre les souliers et les bottes, le brodequin est le juste-lieu. Ces hommes si pauvrement vêtus sont entourés de femmes éblouissantes de bijoux, de diamants ; ce sont des diadèmes, des couronnes, des fleurs en rubis, des agrafes en émeraudes, des opales, des turquoises, des perles de toute beauté. Il est impossible de croire que ces êtres si différemment costumés soient du même pays et de la même société ; et pourtant, tout cela cause et gazouille ensemble ; et quelle singulière conversation ! quel conflit de toutes choses ! quel mélange inexplicable de prévision et d'insouciance, ou plutôt de pressentiment et d'apathie ! — Est-ce que vous aussi, vous croyez à une révolution ? monsieur de P., dit une charmante princesse en déployant son éventail. — Certainement, madame, et j'espère bien que nous en aurons une plus tôt qu'on ne pense. — Que dites-vous, monsieur ? vous me faites frémir. — Auriez-vous donc peur d'une révolution qui ramènerait ce qu'on désire ?... — Non ; mais il y aura de cruels moments à passer. — Pas pour tout le monde. — Bah ! les révolutions ne choisissent pas. Et une fois l'échafaud dressé !... — Comme vous y allez, madame ! les échafauds, on ne les supporterait plus de nos jours ; les temps de la Terreur ne reviendront plus. — Je pense comme monsieur, reprend un jeune dandy en jouant avec un magot chinois qui est sur une table ; je croirais plutôt à la guerre civile. — Et moi je n'y crois pas, vraiment, nous n'avons plus assez d'énergie pour une guerre civile ; maintenant on se fait aider par ses adversaires, et cela refroidit pour les combattre ; comment voulez-vous que l'on frappe le lendemain des ennemis auxquels on a demandé un service la veille — Ainsi nous n'aurons pas la guerre civile, dit un vieux fat en grignotant un *cressini*. C'est dommage. — Mais vous aurez les assassinats à domicile, si cela peut vous consoler... — Et le pillage de Paris? — Le pillage! sans doute; et chacun de s'écrier : Oh bien! si l'on pille, j'en suis. J'irai chez vous, madame, dit l'un; j'emporterai ce beau vase qui me fait une si grande envie. — Moi, je me contenterai, dit un autre, de ces beaux diamants; où les serrez-vous? — Moi, je me borne à l'argenterie. — Moi, je suis ambitieux : je volerai le charmant portrait. — Moi, je n'ai pas d'idée fixe, j'irai chez vous demain, madame, pour choisir. — Mon choix est tout fait, dit encore l'adorable vieux fat d'un air très-fin, je m'emparerai de ce qu'il y a de plus beau dans la maison, prenez garde à vous! — Tout cela sera fort plaisant; cependant, quand le jour viendra, je ne serais pas fâchée d'être en Italie. — Eh bien, partons! — Oui, partons. — Pas encore, mais bientôt... je vous avertirai quand il faudra partir... Et l'on se parle de toutes ces choses horribles, à demi couché sur des canapés de lampas, entouré de fleurs, à la clarté de mille bougies qui brûlent dans des lustres d'or; et ces femmes qui prévoient de si grandes catastrophes, des événements tragiques qui peuvent les séparer de tout ce qu'elles chérissent, de leurs parents, de leurs amis, ont de belles robes toutes garnies de points d'Angleterre, et font les plus jolies petites mines du monde, en disant tous ces mots affreux. C'est qu'en France la vanité est si profonde, qu'elle mène à l'indifférence. La présomption y tient souvent lieu de courage. On croit aux désastres, mais pour les autres, on ne les redoute jamais pour soi;

chacun se dit en lui-même : « Eux... oui, mais moi pas. » Car, en fait de persécutions politiques, de revers de fortune, d'incendie, de maladie même, chacun se croit toujours digne d'une exception. Nous-même enfin, il faut l'avouer, si nous prévoyons un avenir si sombre, c'est aussi par vanité ; nous savons que dans les crises politiques les plus braves sont les plus exposés. Nous nous croyons naïvement en danger, et nous reconnaissons qu'il y a bien de l'orgueil dans nos craintes.

Nous sommes allé au Salon. Dans le genre naïf et gracieux, nous avons remarqué plusieurs portraits :

Une dame d'un âge respectable contemplant avec bienveillance un manchon ; le manchon est plus grand que nature, il a l'air d'un ours doublé en taffetas cerise....

Un monsieur gardant une chaise de paille, sur laquelle il a déposé un mouchoir (un très-beau foulard orange). Ceci nous semble un pléonasme. Que fait là ce monsieur ? Son mouchoir suffit pour garder sa place. Nous conseillons à ce monsieur de s'en aller, le tableau y gagnerait. Quel sujet charmant ! un foulard gardant une chaise ! Comme cela ferait rêver !...

Un autre monsieur, qui a une figure jaune, des cheveux et des favoris jaunes, une redingote jaune garnie d'une fourrure jaune *assortie* à ses cheveux et à ses favoris ; il caresse un chien jaune assorti également à ses cheveux, à ses favoris et à sa fourrure.

Nous avons aussi doucement apprécié un petit tableau, dont le sujet nous a paru bien gracieux et bien naïf : Une tranche de melon (les melons ont beaucoup donné cette année), deux pommes, un écureuil interrogeant une noisette, un lapin goûtant un chou et deux petits cochons d'Inde savourant une carotte. C'est très-simple, cela fait peu de fracas à l'œil ; mais que c'est touchant à la pensée. Toutefois, nous hasarderons quelques critiques : l'écureuil est plus petit que nature, le chou est ressemblant, mais flatté; quant au lapin, il est irréprochable, il est parfait, et nous croyons qu'il serait excellent.

Autres tableaux plus compliqués : une cafetière du Levant est seule sur une table avec un radis noir dont elle semble se défier; elle détourne la tête et ne laisse voir que son profil ; ses traits sont assez réguliers, mais sa taille disproportionnée pèche par trop d'embonpoint. Le radis la regarde d'un air sournois qui est tout à fait piquant....

Dans une vaste forêt, sous des arbres centenaires, au bord d'un étang paisible, un canard colossal se promène d'un pas magistral. Il occupe seul le milieu de la toile. Toute la pensée du peintre est en lui. Un homme d'esprit disait en voyant ce tableau : — C'est l'apothéose du canard.

Au surplus, les canards l'emportent sur tous les autres animaux à l'exposition cette année; on prétendait qu'il y avait abus de lapins blancs, c'est une calomnie, il n'y en a que deux, et certes c'est peu de chose en comparaison des expositions précédentes qui étaient de véritables garennes.

Il y a au salon plusieurs beaux portraits : celui de de M. B..., celui de madame de T..., puis un élégant portrait de madame la duchesse d'Orléans et un autre de la princesse Clémentine. Ces portraits de Winter Halter sont remplis de détails gracieux, mais la mode est de les critiquer amèrement; c'est encore faire de l'opposition.

A propos de l'opposition, voici un mot bien joli que l'on nous a conté hier : Deux soldats causaient ensemble ; le plus naïf disait : J'entends toujours qu'on parle du gouvernement et de l'opposition, de l'opposition et du gouvernement ; qu'est-ce qu'ils veulent dire par là ? — Attends, je vas t'expliquer, reprend l'autre. Un exemple : Le maréchal Soult, tu connais le maréchal Soult ? — Oui. — Eh bien ! quand il est dans l'opposition, il a gagné la bataille de Toulouse ; quand il est dans le gouvernement, il l'a perdue ; v'là ce que c'est. On ne saurait trouver une définition plus ingénieuse.

LETTRE IX.

12 avril 1839.

On ne flatte que la puissance. — A quoi bon flatter un Roi constitutionnel. — Le journalisme est le roi du jour.

Ah! ah! voilà déjà que M. le maréchal Soult commence à avoir perdu la bataille de Toulouse! D'un jour à l'autre, il est tombé du haut rang d'*illustre maréchal* à l'état de *vieux courtisan*. Cela demande une explication. Vieux courtisan, et de qui, s'il vous plaît? — Mais du Roi. — Du roi de Prusse, sans doute; messieurs, vous voulez rire, les rois de notre époque n'ont pas de courtisans, et vous savez bien pourquoi, vous qui les avez faits constitutionnels; flatter, c'est demander, et quel homme assez fou perdrait son temps à implorer un prince qui ne peut rien donner? Hélas! on ne prie Dieu lui-même que parce qu'on le croit tout-puissant.

On flatte ceux dont on craint la colère et la disgrâce; on flatte ceux dont on ambitionne la protection et la faveur; on flatte ceux qui ont la force et dont on redoute le caprice; et vous savez bien que les rois constitutionnels ne peuvent jamais être ni forts ni capricieux. Comment voulez-vous donc que l'on encense de pauvres rois dont on n'a rien à espérer et rien à craindre?

Les ministres ont pour flatteurs les solliciteurs.

Les préfets ont pour flatteurs les conseillers-généraux.

Les conseillers-généraux ont quelquefois pour flatteurs les préfets.

Les percepteurs ont pour flatteurs les contribuables en retard.

Les gardes champêtres ont pour flatteurs les braconniers.

Les banquiers ont pour flatteurs les agents de change.

Les avocats ont pour flatteurs les criminels.

Les médecins ont pour flatteurs les apothicaires.

Les épiciers ont pour flatteurs les marquis républicains.

Les parvenus ont pour flatteurs les pique-assiettes.

Les usuriers ont pour flatteurs les fils de famille.

Les fils de famille ont pour flatteurs les gros joueurs de profession.

Les libraires ont pour flatteurs les auteurs sans nom.

Les auteurs célèbres ont pour flatteurs les libraires.

Les grands acteurs ont pour flatteurs les petits auteurs.

Les bons auteurs ont pour flatteurs les mauvais acteurs.

Les claqueurs ont pour flatteurs les auteurs et les acteurs.

Les électeurs ont pour flatteurs les députés.

Les députés ont pour flatteurs les ministres.

Voilà donc le cercle fermé, et chaque puissance est reconnue et caressée. Nous avons passé en revue toute la gent adulatrice, et dans ces ricochets de flatterie, nous ne trouvons pas une seule flatterie pour la royauté. Où donc sont les flatteurs du Roi? Les poëtes? — Demandez à l'auteur des *Enfants d'Édouard* si ce drame était un hommage à la royauté de Juillet. Les peintres? — Regardez les portraits officiels, et dites-nous si le Roi est flatté. Les orateurs? — Écoutez ces belles harangues de la Chambre qui disent toutes à la couronne avec plus ou moins d'éloquence : « Cachez-vous donc, l'on vous voit. » Oui, nous le prouvons, en France, tout le monde a des flatteurs, excepté le Roi, à moins cependant que vous ne considériez comme des flatteurs ses assassins qui le traitent en Henri IV?

Mais soyons de bonne foi, pourquoi le flatterait-on? On n'encense que le pouvoir, et qu'est-ce qu'un roi constitutionnel a de commun avec le pouvoir? Il a, dites-vous, le droit de déclarer la guerre; soit, c'est fort bien; mais il ne peut faire la guerre sans argent; et comme c'est vous seuls qui pouvez lui en donner, il faut qu'il vous demande la permission de *vouloir* faire la guerre.

N'importe! le droit de déclarer la guerre n'en est pas moins une des prérogatives de la royauté, et l'une des belles vérités de la Charte.

Le Roi nomme les ministres, bien. — Mais si les ministres qu'il nomme constitutionnellement ne plaisent pas à la Chambre, elle les destitue constitutionnellement, et elle prie alors très-respectueusement le Roi de choisir ceux qu'elle lui impose; c'est un droit qu'elle lui reconnaît et que jusqu'à présent on n'a pas encore songé à lui contester; c'est aussi une des belles prérogatives de la royauté, une des meilleures vérités de la Charte.

Le Roi a le droit de faire grâce, c'est-à-dire qu'il peut chaque année rendre à la société dont ils faisaient le plus bel ornement, deux ou trois forçats, et faire d'un parricide quelque peu sensible et délicat un galérien à perpétuité. Encore ce droit sublime lui est-il disputé souvent avec cruauté ; nous l'avons vu naguère après un affreux attentat : le Roi n'a jamais pu obtenir de M. Thiers la grâce d'Alibaud.

Ainsi, ce droit de grâce lui-même n'est qu'une vaine vérité.

Et vous croyez, messieurs, qu'un monarque emmaillotté de la sorte, qui ne peut ni sauver, ni récompenser, ni punir, aura des flatteurs ? ah ! vous savez bien qu'il n'en peut avoir, vous qui l'attaquez. En principe, ce n'est pas le Roi qui a des courtisans, c'est la royauté, et la royauté n'est pas sur le trône. Mais rassurez-vous, il y a toujours en France un pouvoir et des flatteurs, et comme les flatteurs ont un instinct qui ne les trompe pas, ils savent bien découvrir le pouvoir où il est. Ils savent qu'il a changé de sphère ; aussi depuis longtemps ils ont porté leur hommage au dieu du jour, à celui qui donne la renommée, à celui qui consacre la vertu, à celui qui improvise le génie, à celui qui paie l'apostasie, à celui qui vend la popularité, au journalisme !

Et les journalistes ont pour flatteurs tout le monde.

Tous ceux qui écrivent ;

Tous ceux qui parlent ;

Tous ceux qui chantent ;

Tous ceux qui dansent ;

Tous ceux qui pleurent ;

Tous ceux qui aiment ;

Tous ceux qui haïssent ;

Tous ceux qui vivent enfin !

Le journalisme !...

Voilà votre roi, messieurs, et vous êtes tous ses courtisans. C'est encore pour lui plaire que vous nous persécutez, parce que nous seuls avons le courage d'être son ennemi, et qu'il sait bien que notre mission est de le détrôner. Oui, nous nous sommes mis dans ses rangs, mais c'est pour le connaître; oui, nous avons pris ses armes, mais c'est pour le frapper; voilà le vrai tyran, que vous oubliez de haïr; voilà le seul despote, fiers indépendants, contre lequel vous n'osez pas vous insurger, dont vous servez aveuglément toutes les passions, dont vous admirez les faiblesses, dont vous consacrez les mensonges. Ne parlez point de patriotisme, messieurs, vous n'êtes que des esclaves, et nous seuls sommes les défenseurs de la liberté.

LETTRE X.

5 mai 1839.

La fantaisie est la fée du jour. — Fantaisie en musique. — *Je pense à moi*, romance. — Fantaisie en horticulture. — La violette ne veut plus être l'emblème de la modestie.

Paris n'a jamais été plus brillant, plus sémillant, plus pétillant, plus frétillant. L'installation du printemps est une véritable fête. Depuis trois jours tout a fleuri; il faut rendre justice aux femmes, jamais elles n'ont été plus jolies que cette année ; nous ne voulons pas dire par là que les belles femmes d'aujourd'hui soient plus belles que celles d'autrefois ; nous voulons dire que le nombre des jolies femmes est aujourd'hui beaucoup plus considérable qu'il n'était il y a dix ans, il y a huit ans, il y a six ans même; la beauté est en progrès.

Il faut aussi rendre justice à l'industrie parisienne ; le goût français depuis quelques années s'est remarquablement perfectionné; la parure des femmes, leur coiffure, la forme de leur vêtement, ces futilités si importantes, ont acquis ce qui leur manquait : de la légèreté et de l'élégance. Les parures d'autrefois étaient un peu pédantes, si l'on ose s'exprimer ainsi ; les modes de la Restauration avaient dans leur richesse même une roideur insupportable. Les coiffures mignonnes étaient d'énormes bérets en carton qui masquaient tout le devant d'une loge au spectacle. Les boucles de cheveux que les coiffeurs arrangeaient avec d'affreux préparatifs étaient doublées de fer et se tenaient toutes droites sur la tête; les fleurs elles-mêmes s'élevaient droites et roides au-dessus de cet édifice; elles ressemblaient plutôt à un bouquet planté dans le canon d'un fusil pour une fête militaire qu'à une branche de fleurs mêlée à des cheveux. Les plumes sur les chapeaux se posaient aussi toutes droites; la plus jolie tête avait toujours une attitude menaçante qui n'offrait rien de gracieux. Les airs penchés devenaient impossibles; tous les édifices n'ont pas le privilége de la tour de Pise. Ces coiffures monumentales exigeaient un maintien posé. D'ailleurs, au moindre laisser-aller, les manches à *côtes de melon* étaient là pour vous avertir. Ces duègnes malveillantes, intérieurement cuirassées d'une sorte de gaze de carton qu'on appelait d'un nom peu harmonieux, ne vous laissaient aucune liberté; gênantes à double titre, elles vous gardaient, et il vous fallait aussi les garder; en dansant, on ne pensait qu'à elles; nous avions donc raison de dire que les parures de cette époque étaient pédantes. La fantaisie n'y entrait pour rien; et la fantaisie est une fée charmante qui jette un prisme sur tous les objets, qui embellit toute chose, excepté la politique cependant, sur laquelle nous lui trouvons un peu trop d'influence depuis quelque temps.

Mais nous pardonnerons à la fantaisie de régner sur les affaires du pays, parce qu'elle règne partout. Comme nous le disions, elle s'est emparée de la toilette des femmes, elles les a parfumées de coquetterie; ses grâces toutes nonchalantes donnent de la gentillesse aux beautés les plus sévères. La loi nouvelle n'admet aucune ligne droite, ne permet aucune roideur; les coiffures sont très-basses, les fleurs sont très-penchées, les plumes sont pendantes, les boucles sont tombantes, les manches sont flottantes, l'*empois* et l'*apprêt* sont aujourd'hui des mots inconnus.

Le matin, chez elles, les femmes sont étendues dans d'énormes fauteuils ou sur de longs canapés; quand elles sortent, elles se couchent dans leur calèche. La langueur est à l'ordre du jour. Aux modes pédantes ont succédé les modes nonchalantes. La fantaisie le veut ainsi.

La fantaisie a changé tout notre système d'ameublement. Adieu, vénérable table de marbre ornée du classique cabaret de porcelaine, elle t'a chassée du salon. Allez, vases d'albâtre aux fleurs asphyxiées sous un verre inflexible, vous n'habitez plus la cheminée : le velours cramoisi vous a destitués. La fantaisie est entrée dans la demeure, elle a déformé les rideaux, elle a dérangé les cadres, elle a ouvert les armoires, elle en a retiré tous les trésors que dans votre avarice vous y aviez enfouis. Elle a dispersé ces jolies choses sur tous vos meubles; vous ne savez plus où poser votre bougeoir, votre livre, votre chapeau; mais vous êtes à la mode, mais chacun s'écrie en entrant chez vous : C'est charmant, c'est arrangé à merveille.

Du salon, la fantaisie est passée à l'office, elle a changé la forme des cristaux; elle a remplacé les carafes de nos pères par les cruches de nos grands-pères. Les plats étaient ronds, elle les a faits carrés, au grand mécontentement des pâtés chauds, qui se plaignent amèrement de la solitude des angles; elle a importé toutes sorte de recherches anglaises, russes, italiennes, espagnoles ou viennoises, qui donnent au repas une physionomie nouvelle et piquante. Par malheur, elle a aussi pénétré dans la cuisine, et c'est un tort : la cuisine française est une autorité puissante qu'on ne saurait trop respecter. En fait de cuisine, nous partageons les opinions et les haines du *Constitutionnel*, et nous redoutons autant que lui l'*influence de l'étranger*.

La fantaisie enfin est entrée dans les écuries, dans les selleries, dans les remises, et c'est là surtout que ses inspirations ont été heureuses; autrefois, toutes les voitures se ressemblaient à Paris ; elles avaient la même forme et la même couleur, elles étaient toutes régulièment laides, lourdes et de mauvais goût. Aujourd'hui, les calèches légères, les briskas, les cabriolets à quatre roues, et même à six roues, ont remplacé les grandes berlines dites de famille, et les *landaus* massifs, dont la trappe entr'ouverte ne vous laissait apercevoir que le bleu du ciel, et menaçait toujours de vous engloutir en se renfermant sur vous. La fantaisie a paré de fleurs le frontail de vos chevaux ; elle a jeté sur leurs épaules des chaînes d'or et d'argent, c'est-à-dire des harnais couverts de cuivre ; elle a appris à vos cochers qu'ils peuvent être gentilshommes ; enfin, elle a expliqué à vos valets de pied ce que signifiait ce mot : avoir bonne façon ; expression intelligente, que vous semblez ne plus comprendre.

La fantaisie règne en musique. Demandez plutôt à M. Amédée de Bauplan. Est-il rien de plus gracieux que sa dernière romance : *Viens à moi, je t'en supplie*, et de plus follement plaisant que cette parodie de toutes les romances, dont le refrain est si nouveau? On a bien souvent dit : *Je pense à lui*; on a souvent chanté : *Je pense à vous ;* on a souvent gémi : *Je pense à toi*; mais on n'avait pas encore imaginé de dire : *Je pense à moi*. Quel progrès! Il est digne de notre temps. L'air est rempli de mélancolie. Il y a des tenues de son qui vont à l'âme; c'est d'un égoïsme déchirant. Il est impossible de n'être pas ému par cette note d'un mineur si touchant sur laquelle pose le point d'orgue de la fin : Je pen.... en.... en.... se à.... à.... à.... à.... à.... à.... à moi! toujours, toujours (pressez le mouvement), toujours, toujours, toujours, toujours, je pen.... (fioritures, roulades, cadences, selon vos moyens) en.... en.... en.... (avec abandon) se à moi!.... Nous prédisons à cette folie le plus grand succès.

La fantaisie n'a respecté que le théâtre; là elle n'a pas osé, ou du moins elle n'a pas pu pénétrer, cela se comprend. Dans les œuvres d'imagination, on avait naturellement peur d'elle, on la repoussait; on ne l'a laissée venir en politique avec tant de confiance que parce qu'on ne l'attendait pas.

En horticulture, elle a lutté de bizarrerie avec la nature elle-même : l'invention nouvelle est une adorable monstruosité, une anomalie des plus étranges : la *violette arborescente!* toute notre époque n'est-elle pas peinte en ce seul mot : la *violette arborescente!* Quoi! l'humble violette aussi s'est révoltée, elle aussi a reconnu que dans ce temps de présomptions favorisées et d'insolences triomphantes, la modestie était une duperie. La violette s'est faite arbre, et ses douces fleurs, naguère cachées sous l'herbe, aujourd'hui penchent orgueilleusement leurs têtes dans les airs. On dit qu'à ce changement elle a perdu un peu de son parfum. Eh! que lui importe! maintenant qu'elle se montre sur une tige, qu'elle ne se fait plus chercher, elle n'a plus besoin du parfum qui la faisait découvrir. O temps! ô mœurs! la modestie n'a plus d'emblème; quelle humble fleur remplacera donc la violette désormais? Le lis peut-être; il mérite cette survivance puisqu'on l'oblige à se cacher.

Nous poursuivrons ce cours de botanique sentimentale et philosophique en vous parlant des nouveaux trésors dont vient de s'enrichir l'horticulture dans le genre *glembers* (grimpeurs). On croyait avoir tout dit, quand on avait vanté les belles *passiflores* du Brésil et de Cayenne, on n'imaginait rien de plus éclatant que ces larges fleurs luisantes qui brillent de loin comme la plaque en diamant de quelque ordre étranger; mais voilà que de tous les coins de la terre sont arrivés de nouveaux trésors : l'*Ipoméa* est venu du Coromandel, ses fleurs nombreuses en corymbe sont roses à l'extérieur et rouges à l'intérieur.

Le *Stéphanotis floribunda* est venu de l'Inde. Ses fleurs, disposées en ombelles, sont d'un blanc pur, leur parfum rappelle celui de la tubéreuse.

L'*Ekithes*, venu de Madagascar.

Enfin le *Bugainvillea*, enfant d'un autre monde, fier de devoir son nom à notre illustre voyageur, vient de fleurir au Jardin-des-Plantes pour la satisfaction des horticulteurs et pour l'illusion des bêtes féroces.

On va voir aussi chez un de nos plus célèbres amateurs un *Cleanthus* fabuleux. Cette plante, par un ingénieux essai, mise en pleine terre dans une serre, est passée à l'état sarmenteux le plus développé ; ses grappes ponceau, suspendues en guirlande sur toutes les parois de la serre, produisent un effet admirable.

Ces beautés étrangères sont fort estimables sans doute; mais qu'il faut de soins pour les aider à vivre ! Les charmantes frileuses regrettent le soleil natal, il faut leur refaire un climat tous les jours, et c'est fort cher un beau climat ; on n'imite pas les ardeurs du tropique sans beaucoup de frais, et encore reste-t-on toujours bien loin du modèle. Le meilleur tuyau de poêle ne vaut pas un rayon de l'astre du jour, non-seulement pour les poëtes, mais aussi pour les fleurs. Et puis, dans ces fabriques de plantes, un moment d'oubli peut tout perdre : c'est le danger des choses factices ; une heure de vérité, et tout est fini ; et c'est pourquoi, nous qui aimons les sentiments durables, les amis, et même les ennemis sur lesquels nous puissions compter, nous préférons à ces superbes étrangères, dont il faut toujours s'occuper, avec lesquelles on est toujours en cérémonie, auprès desquelles il faut toujours consulter le thermomètre, qui ne permettent pas un oubli, qui se fâchent pour une distraction, belles exilées, qu'il faut toujours tromper, à qui il faut toujours cacher sa froideur, les intempéries de son caractère et les défauts de son climat... nous préférons nos simples *Glimbers* d'autrefois, le naïf chèvre-feuille et le jasmin fidèle. Voilà de véritables amis, des amis dévoués qui n'attendent rien de vous, et qui grandissent pour vous ; qui supportent le vent, la pluie et la neige, et qui les supportent sans vous ; qui croissent au soleil et à l'ombre, que ne découragent ni votre malheur ni votre bonheur ; qui ne vous demandent jamais rien, ni soins ni culture, et qui ne vous révèlent leur présence que par leur parfum. Vous les oubliez pendant des années ; vous admirez d'autres fleurs, et pour ces fleurs si rares, vous faites mille folies, car elles ne vivent qu'à vos dépens ; ce sont les compagnes de votre fortune ; vous leur consacrez tous vos jours heureux ; pour elles vous méprisez toute chose ; qui oserait nommer le chèvrefeuille sauvage devant le *Stephanotis floribunda?* qui pense au jasmin domestique en regardant l'*Ekythès* et l'*Ipomea?* Mais viennent les jours du malheur, mais qu'un revers du destin vous rende brusquement aux douceurs de la vie modeste, ces merveilles, amantes du riche, vous délaissent aussitôt. Vous-même leur dites : Partez, je ne peux vous garder près de moi ; la pauvreté est froide, elle vous ferait mourir, adieu! — Vous les livrez à un amateur qui spécule sur vos regrets, et qui vous les enlève; et tandis qu'appuyé sur votre fenêtre vous les regardez tristement partir, une brise embaumée vous enivre... C'est le chèvrefeuille du bosquet qui vous crie de loin : « Moi, je reste! » Une branche de feuilles légères vous caresse la main doucement, c'est le jasmin fidèle qui vous rappelle sa présence; il a grandi pendant les jours de l'abandon, ses branches protectrices voilent de verdure votre demeure, et s'entrelacent dans le grillage du balcon. Il a grimpé jusqu'à votre fenêtre; il est monté jusqu'à vous pour vous dire : « N'aie pas de remords, tu ne m'as pas oublié, puisque j'ai toujours pour toi des fleurs et des parfums. »

LETTRE XI.

17 mai 1839.

Après l'émeute du 12 mai. — Indignation. — Une parabole. — Pauvre France !

Oh ! le vilain temps que le nôtre ! malheur, malheur à nous d'être nés dans ce siècle-ci. Pauvre et cher pays, où vas-tu ? et qui te mène ? As-tu donc, comme ces tristes enfants des contes de Perrault, de mauvais parents qui ne t'aiment plus, et qui te conduisent dans les bois afin de t'y égarer ? Hélas ! oui, les insensés veulent tous te perdre, chacun avec un espoir différent ; les uns disent : Semons la défiance, jetons le trouble, frappons sans relâche, renversons ce qui est ; et nous nous asseoirons sur les ruines, et nous nous partagerons les richesses ; nous sommes las d'être pauvres. Nous aussi nous voulons de l'or, de beaux chevaux, de grands hôtels ; nous ne voulons pas travailler, nous voulons régner ; dépouillons ceux qui possèdent ; vive l'égalité ! et ils se mettent à l'œuvre avec fureur ; et l'édifice social, qu'ils ébranlent à toute heure, menace déjà d'engloutir le monde sous ses débris.

Les autres, et ceux-là sont les profonds politiques, les regardent faire en souriant, et de temps en temps leur envoient avec malice quelques bienveillants conseils : Frappez de ce côté, disent-ils, cet appui est encore solide, c'est là qu'il faut réunir tous vos coups ; tenez, braves alliés, nous voulons même vous aider ;

allons, frappons ensemble ! ferme ! c'est bien ! vous êtes contents de nous, n'est-ce pas ? Et puis ces profonds politiques se détournent pour rire en cachette de la grossièreté de leurs associés : « Les rustres, pensent-ils, qu'ils sont fourbes et misérables ; quand ils seront vainqueurs, on ne les supportera pas plus d'un jour ; ils mettront tout à feu et à sang, on sera bien heureux alors de nous avoir pour les remplacer. » Pendant ce temps, les autres disent : « Les niais, vous le voyez, ils sont toujours les mêmes : intrigants sans courage, orgueilleux sans dignité. Ah ! quand nous serons là, comme nous les jetterons vite à la porte ! *plus souvent* qu'on leur laissera leurs terres et leurs châteaux ! » Ils parlent ainsi, car ils se haïssent les uns les autres, mais ils frappent ensemble, ils frappent fort et toujours, et le sol tressaille, et les murs se fendent, et les lambris fléchissent, et le faîte déjà s'écroule, et la poudre des décombres, que le vent de leur colère soulève en tourbillons, aveugle nos regards en pleurs.

Et tu vas périr, jeune et belle France, parce que ceux dont l'amour faisait ta force ne t'aiment plus ; ton bonheur n'est plus leur pensée, ta gloire n'est plus leur orgueil, ils ont tous mieux à faire que de t'aimer. Leurs plus beaux sentiments même ne te regardent pas ; tes vieux et nobles parents, ô jeune femme ! oublient que tu es leur enfant, ils te sacrifient à leurs souvenirs ; tu as refusé l'époux qu'ils t'avaient choisi, fille rebelle, et ils ont pris son parti contre toi ; ils appartiennent à sa cause et non plus à la tienne. Tu souffres, tant mieux, c'est ce qu'ils veulent ; ils sèmeront le trouble dans ton ménage, pour te punir de leur avoir désobéi. N'attends de ces orgueilleux parents nulle pitié; ils ne voient plus en toi une fille chérie qu'il faut secourir, qu'il faut protéger, ils ne voient en toi que l'épouse de l'homme qu'ils détestent; et comme tes malheurs sont les siens, ils se réjouissent de tes malheurs; et le jour où le sang coule de tes blessures, ils détournent les yeux avec indifférence; ils disent : « Ce sang n'est plus le nôtre, » et ils passent. Et tu vas périr, pauvre France, parce que tes nobles parents, dont les grands noms pendant des siècles on fait ta gloire, ne t'aiment plus !

Ce n'est pas tout, tes jeunes frères sont venus aussi t'adresser de sévères reproches, ils se sont ligués contre toi. Ah ! les frères sont des censeurs naturels dont l'autorité contestable est d'autant plus impérieuse. Tes frères, ô jeune France ! sont farouches et systématiquement envieux, ce sont de véritables *frères féroces;* ils blâment non-seulement ton mariage, mais encore tous les mariages; ils sont par principes ennemis des engagements; ils ont juré de briser toutes les chaînes, ils n'en tolèrent aucune, sous prétexte de liberté, ni les chaînes d'or de l'hyménée, ni les chaînes de fleurs de l'amour. Pourquoi n'as-tu pas suivi leurs conseils ? ils t'avaient tant recommandé de rester fille! Alors tu n'aurais été dans la dépendance de personne, ou du moins tu aurais pu changer de maître souvent ! Tes frères ne te pardonnent point une alliance qui leur arrache l'empire qu'ils voulaient avoir sur toi; ils sont jaloux de ton mari, et leur unique pensée est de le perdre. Chaque matin, ils accourent à ton lever pour te dire du mal de lui; chaque jour, ils te répètent qu'il est avare, qu'il est perfide et qu'il te trahit toi-même pour une vieille maîtresse étrangère qu'il te préférera toujours ; et tu écoutes leurs mensonges, tu les crois et tu gémis amèrement. Ils te voient convaincue, ils s'adoucissent, et ils ajoutent avec une tendre pitié : Ne pleure pas, ô sœur chérie ! nous veillons sur ton tort, rassure-toi, nous allons tuer ton mari et tu seras heureuse ! — Mais comme cette touchante attention t'épouvante, comme tu repousses avec terreur ces sanglantes consolations, ils s'indignent de ta faiblesse, ils t'appellent esclave ; ils te disent lâche et misérable ; ils te poursuivent de leur rage en criant : Va..... c'est bien fait, souffre, tu n'as que ce que tu mérites ; pourquoi n'as-tu pas voulu nous écouter ? — Et ils fuient en te menaçant !... Et tu vas périr, belle France, parce que tes frères qui devraient défendre ton honneur et soutenir ta jeunesse, gonflés d'orgueil, rongés d'envie, ne t'aiment pas.

Qui donc viendra te secourir, pauvre femme ? tes parents te maudissent, tes frères te persécutent ! Qui donc aura pitié de toi ? Ah ! tes jeunes sœurs, sans doute ; elles, si bonnes et si charmantes, viendront t'aider à supporter tes malheurs ! leur courage est impuissant pour te défendre ; mais leur tendresse, du moins, adoucira l'amertume de tes chagrins ; elles ne peuvent agir pour toi, mais du moins elles vont pleurer avec toi. — On les cherche en vain ; où sont-elles ? Quoi ! tu souffres, et on ne les voit point près de ton lit de douleur ; ton sein est déchiré, ton corps est meurtri, et ce ne sont pas leurs blanches mains qui pansent tes blessures ! Où sont-elles donc ? Il faut les appeler. — C'est inutile, elles ne viendraient pas ; elles sont occupées à de graves affaires : elles s'habillent au son du tambour pour aller sautiller au bal chez des étrangers.

Cependant elles sont inquiètes, non des scènes sanglantes qu'on vient leur conter, mais des retards d'une couturière négligente qui n'a pu terminer à temps les robes qu'elle avait promises, parce qu'elle a veillé toute la nuit son père, tué hier soir dans les rangs de la garde nationale, et les robes ne sont pas prêtes; mais on en met d'autres et l'on part; bientôt les braves danseuses recommencent encore à trembler, non parce qu'elles entendent tirer des coups de fusil dans les rues voisines, mais parce qu'elles ont peur qu'on ne prenne leur voiture pour faire une barricade, et qu'elles seraient fort contrariées d'aller à pied à ce bal. Enfin, Dieu les protège, elles arrivent sans accident; les chapeaux de paille de riz, les capotes en dentelle, sont d'une fraîcheur délicieuse, qui ne trahit en rien l'émeute des faubourgs. Les robes d'organdi sont pures et blanches comme des drapeaux qui n'ont jamais vu le combat : les plumes flottent, les fleurs tremblent, les rubans frissonnent, les mouchoirs brodés jettent au loin de suaves parfums qui remplacent agréablement l'odeur de la poudre et des cartouches brûlées. Cette fête est charmante, vive la valse! elle emporte dans ses tourbillons tous les souvenirs de ce triste jour. Qui dirait jamais, en voyant passer ces jeunes femmes si légères, si gentilles et si coquettes, qu'à l'heure qu'il est on s'égorge dans Paris? Ces coups de feu que l'on entend, ce roulement de tambour, mêlés à la musique de la danse, sont d'un effet ravissant, c'est l'orchestre de Musard avec les coups de fusil au naturel.

Et tu vas périr, belle France, parce que tes jeunes sœurs, qui devraient être entre tes parents et toi un lien d'amour, excitent au contraire entre vous la défiance et la haine, parce qu'elles voient tes pleurs avec indifférence, parce qu'elles ne t'aiment pas.

— Mais, dis-nous, n'as-tu point quelques amis? Que font-ils pour toi, ces conseillers habiles qui t'ont mariée? Ceux-là vont-ils venir à ton secours? Non; ils te boudent et ils conspirent dans l'ombre contre toi. Comme tous les gens qui ont négocié, par leur influence, un mariage quelconque, ils sont mécontents, et ils se plaignent du peu d'égards que l'on a pour eux. Avoir peu d'égards, c'est-à-dire n'avoir pas réalisé toutes leurs chimères, ne leur avoir pas donné tous les profits de l'alliance. Ils s'étaient dit : Ce marié-là sera dans notre intérêt, et nous serons maîtres chez lui; il tiendra une bonne maison où nous aurons nos grandes et nos petites entrées; il donnera des fêtes, dont nous ferons les invitations; nous n'y admettrons que nos femmes et nos maîtresses; il donnera de grands dîners, dont nous serons les convives inamovibles, et auxquels nous ferons prier ceux de nos créanciers qui ont de la vanité; il aura des loges à tous les théâtres, et nous irons au spectacle; nous mènerons alors joyeuse vie. Faisons ce mariage, il ne peut manquer d'être heureux. On a tout fait pour eux, rien que pour eux. On les a tirés du néant; on leur a donné un nom, une fortune, une considération qu'ils n'avaient pas; on les a comblés d'honneurs; on leur a confié les intérêts de la famille; on les admet à présider à toutes les fêtes; ils n'étaient rien; on a tant fait, qu'ils paraissent tout; et comme ils ont pris au sérieux cette splendeur inespérée, ils sont devenus insatiables, et ils disent : Qu'est-ce donc qu'on a fait pour nous? rien, puisque nous ne sommes pas les maîtres; c'est impardonnable, il faut nous venger, en défaisant ce que nous avons fait. — C'est très-facile, j'avais prévu cela, je suis en mesure ; mais d'abord il faut brouiller les époux. — Je m'en charge, au revoir. — Et ceux qui ont fait ce mariage pour eux et non pour le bonheur de la jeune femme, travaillent à le rompre avec ardeur, sans songer aux tourments qui peuvent en résulter pour elle ; que leur importe à ces philosophes, le malheur de leur jeune protégée ? ils ne songent point à elle dans leur projet, la devise de chacun d'eux, c'est : Je pense à moi. Ils parlent d'elle toujours, mais afin de n'y penser jamais... Et tu vas périr, belle France, parce que tes graves conseillers sont des égoïstes avides, qui ne voient dans tes destins que leurs intérêts, parce que tes amis, dont la sagesse devrait te conduire, ne t'aiment pas !

Eh quoi ! si belle, si fière, si brillante, tu vas périr ! Oh ! non, tu ne périras pas ! Tes nobles parents te maudissent, tes frères jaloux te persécutent, tes sœurs t'abandonnent, tes amis perfides te vendent, mais tes pauvres serviteurs te restent ; eux du moins défendront ta demeure jusqu'à leur dernier jour.

Vois ces soldats qu'on assassine, comme ils sont fermes à leur poste ! l'un tombe, un autre sous le feu le remplace, et vient là tomber à son tour ; vois ces marchands qui ferment leur boutique, et qui partent avec leur fusil ; leur femme pleure, ils ne l'écoutent pas ; tu les appelles, ils ne reconnaissent que ta voix. On se moque d'eux, car ce sont des fabricants de bonnets de coton, des épiciers ; mais ils laissent rire ceux qui tremblent, et ils vont, héros anonymes, mourir pour toi. Oui, ce sont les serviteurs obscurs qui te sauveront, belle France ; eux, vois-tu, sont libres de t'aimer, de te servir; il n'ont point de souvenir orgueilleux qui les engage, ils n'ont point de préjugés révolutionnaires qui les enchainent. Ils sont purs de tous sophismes; aucune idée fausse ne les sépare de toi; leur politique, c'est ta gloire; leur ambition, c'est ta joie; ils ne savent point faire pour ton avenir de beaux discours, de beaux projets; mais ils ont gardé intact dans leur cœur ce noble sentiment qui fait la grandeur de ton histoire, cet instinct sublime que les ambitieux ont perdu, ce feu sacré que l'égoïsme vient étouffer; ils ont gardé la tradition de l'amour, et ils te sauveront parce qu'ils t'aiment et parce qu'ils n'aiment que toi !

LETTRE XII.

30 mai 1839.

Fête à l'ambassade d'Angleterre pour la naissance de la Reine. — La princesse Doria. — Les humilités orgueilleuses. — Mot de l'ambassadeur de Turquie.

Nous vous avons sacrifié vendredi dernier, aimables lecteurs, séduisantes lectrices; peut-être ne vous en êtes-vous point aperçus... Oh! si vraiment. Les bavards ont cela d'agréable, qu'ils font de l'effet par leur silence, et le nôtre a dû vous frapper. Toutefois, ne nous accusez point de négligence; en vous sacrifiant, nous agissions encore dans votre intérêt. Vendredi était le jour d'une grande fête, à laquelle nous avons voulu assister, pour notre plaisir un peu, mais surtout pour vous en faire un exact récit. Dans cette belle fête, on célébrait la naissance de la reine d'Angleterre, et le souvenir de cette gracieuse majesté, de cette jeune fille qui tient le sceptre avec tant de force, de cette nymphe couronnée qui donne des leçons de dignité aux vieux rois ses frères, embellissait toute chose, jusqu'à l'étiquette elle-même; comme en Angleterre c'est une femme qui est roi, l'uniforme n'était point porté par les hommes; il était porté par les femmes, et rien n'était plus agréable aux yeux que toutes ces robes blanches parsemées de roses qui rajeunissaient les plus respectables mères de famille. C'était la fête de la rose, et jamais cette royale fleur n'avait brillé de plus d'éclat. Il y avait au coin de chaque porte une montagne de rosiers en fleurs rangés sur des gradins invisibles, c'était charmant ; çà et là on surprenait de jeunes et jolies danseuses cueillant des roses pour remplacer les légers bouquets de leurs robes que les tourbillons de la valse avait emportés. Et ce n'était point une indiscrétion, on peut le croire; il y avait bien là de quoi couronner de roses cent soixante familles anglaises avec leurs dix-huit jeunes filles, Isabella, Arabella, Rosina, Suzanna, Louisa, Elisa, Mary, Lucy, Betzy, Nancy, etc., etc., etc.

On avait fait demander pour les ornements de la fête, outre les fleurs du jardin et des serres qui sont magnifiques, mille à douze cents rosiers ; on n'en a pu placer, dit-on, que huit cents dans les appartements ; mais cela seul peut vous donner l'idée de ces magnificences toutes mythologiques. Le jardin, couvert d'une tente, était arrangé en salon de *conversation*. Mais quel salon ! les larges plates-bandes remplies de fleurs étaient des *jardinières monstres* que chacun venait admirer ; le sable des allées était caché sous de fraîches toiles, pleines d'égards pour les blancs souliers de satin ; de grands canapés de lampas et de damas remplaçaient les bancs en fer creux ; sur une table ronde étaient des livres, des albums, et c'était plaisir de venir rêver et respirer dans cet immense boudoir, d'où l'on entendait, comme un chant magique, le bruit de l'orchestre, d'où l'on voyait passer comme des ombres heureuses, dans les trois longues galeries de fleurs qui l'entouraient, et les jeunes filles folâtres qui allaient danser et les jeunes femmes plus sérieuses qui allaient souper.

Il n'est point de fête sans *lion*, et le lion cette fois était une charmante princesse anglo-italienne dont l'apparition a produit le plus grand effet. Lady Mary

Talbot, mariée il y a deux mois au prince Doria, était arrivée de Gênes quelques heures avant le bal; l'élégante voyageuse ne songeait qu'à se reposer d'une si longue course, l'idée de cette splendide fête n'était pour elle qu'un regret. Arrivée à quatre heures, le moyen de s'imaginer qu'on puisse aller au bal à dix heures du soir! encore si c'était quatre heures du matin, peut-être on aurait eu le temps de se préparer; mais si tard, cela semblait impossible. Tout à coup ces paroles étranges se font entendre : « On apporte une robe de bal pour madame la princesse. » Tel on voit un coursier nonchalamment couché sur le gazon, tout à coup bondir et s'élancer dans la plaine au premier signal de la guerre, telle on vit la jeune voyageuse, nonchalamment couchée sur un lit de repos, s'éveiller tout à coup et s'élancer à sa toilette au premier signal de la coquetterie. D'où venait-elle cette robe si parfaite et si jolie, quelle fée bienfaisante l'avait commandée à ses génies? Cela était facile à deviner. Il n'y a qu'une amie véritable qui sache prendre de pareils soins, et l'on a bien vite reconnu une amie véritable; car c'est une épreuve infaillible. O femmes belles! écoutez ce secret, qu'il vous serve de guide en vos amitiés. Celle qui vous admire vous trompe, celle qui vous fait admirer vous aime!

Et le soir nous avons vu les deux jeunes amies, fières chacune de la beauté de l'autre, errer dans les salons de l'ambassade d'Angleterre, suivies d'un cortége de curieux qui se changeaient bientôt en appréciateurs enthousiastes. Ces deux gracieuses *lionnes*, entourées d'hommages, faisaient rugir de dépit toutes sortes d'*ex-lionnes* en disponibilité. Les magnifiques diamants de madame la princesse Doria (diamants historiques, parmi lesquels on remarque le *doria*, gros comme un petit pavé de juillet, et célèbre dans la famille des diamants) faisaient pâlir plus d'un collier, plus d'un bandeau de diamants parvenus. Cette superbe parure, qui produisait une si grande sensation, était pour nous une ancienne connaissance. Nous l'avions déjà bien admirée, il y a quelque dix années, sur un front aussi beau, mais plus sévère. Alors cette parure était portée aussi par une princesse Doria, belle-mère de celle qui vient d'arriver à Paris ; ce n'était pas une blonde et svelte Anglaise comme lady Talbot, mais une grande et brune Romaine aux traits réguliers, aux regards imposants, digne de Rome antique par la noblesse de sa démarche et la fierté de son caractère, digne de Rome sainte par sa bonté charitable et l'ardeur de sa piété.

Nous l'avons vue un soir, il nous en souvient, parée de ces merveilleux diamants, à un grand *recivimento*, chez M. le comte de C***, ambassadeur extraordinaire du roi des Pays-Bas auprès du saint-siége. — Nous l'avons vue encore une autre fois dans une des salles du Vatican, non en robe de velours et couverte de diamants, mais en robe de laine avec un tablier de toile et lavant dans un baquet véritable les véritables pieds des pèlerines. C'est l'usage à Rome ; les grandes dames, au jour du jeudi saint, s'humilient de la sorte en lavant les pieds poudreux des pauvres filles. Cela est fort édifiant. Mais comme il faut être grande dame pour avoir le droit de s'humilier ainsi, il en résulte qu'on attache à cet acte d'abnégation une très-grande vanité, et nous nous rappelons encore en souriant que les filles de M. de C***, qui étaient alors deux enfants, et qui sont aujourd'hui deux femmes belles et spirituelles, vinrent à cette cérémonie toutes joyeuses et toutes fières, parce que, en leur qualité de filles d'ambassadeur, elles avaient obtenu l'honneur insigne d'aller avec la princesse Doria, et les autres princesses romaines, laver les pieds des pèlerines au Vatican.

Parmi les célébrités politiques qui ornaient le bal de vendredi dernier, on remarquait le président du conseil du 22 février, causant très-coquettement à l'ombre des gobéas avec le président du 15 avril. Et cette conversation probablement très-agréable à entendre, était assez triste à regarder; quoi! M. Thiers, vous avez renversé à force d'injures un ministère qui n'avait que le tort de durer ; vous avez dit pendant trois mois à un homme d'honneur qu'il trahissait son pays, qu'il manquait de dignité, qu'il faisait de la corruption un système ; vous l'avez abreuvé des injures les plus amères, vous l'avez criblé des traits les plus perçants ; et vous venez aujourd'hui, à la face de toute la société, devant tous ces étrangers, qui ont frémi de vos combats, vous venez minauder, ricaner et coqueter politiquement auprès de lui, auprès de ce ministre vaincu par vos intrigues!

Mais vous ne savez donc point les malheurs qui sont résultés de vos luttes? Vous avez donc oublié les quarante faillites qui ont perdu tant de pauvres gens? Vous avez donc oublié cet échantillon de guerre civile qu'on nous a offert il y a quinze jours? Ces hommes ruinés par vos colères ne vous ont donc rien enseigné? ce sang versé pour vos caprices ne vous a donc point répondu? Vous êtes léger, cela dit tout ; et parce que vous êtes léger, il faut que la France soit bouleversée. Vous jetez par terre trône et ministère : vous paralysez toutes les affaires d'un pays ; l'agriculture languit, l'industrie étrangle, l'intelligence étouffe ; tout est suspendu, tout est en souffrance ; c'est vous qui causez tous ces troubles, et vous n'avez pas même des convictions apparentes pour excuse de vos attaques. Vous renversez un ministère avec des injures, et vous n'avez pas même une haine dans le cœur pour explication de vos outrages. C'est misérable, monsieur !

L'ambassadeur de Turquie, à propos de ces hommes qui s'attaquent avec fureur le matin à la Chambre, et qui se promènent en causant gaiement ensemble le soir dans nos salons, disait ce mot charmant, tout brillant de couleur orientale : « Le matin, tigres ; le soir, frères. »

Des hommes qui aimeraient véritablement leur pays, seraient le contraire ; ils seraient frères le matin pour s'entendre sur ses intérêts, ils seraient tigres le soir, si l'orgueil et les rivalités les séparaient ; mais nous vous l'avons prouvé l'autre jour, ils n'aiment point leur pays.

Cela nous rappelle que nous devons hommage et réparation à de nobles femmes que nous avions accusées d'avoir dansé le jour où l'on se battait dans Paris. Quelques-unes sont allées au bal, il est vrai, mais c'est la minorité. Nos plus grands noms se sont abstenus, et nous sommes presque heureux de notre patriotique colère, puisqu'elle nous a valu de si doux reproches et tant d'honorables réclamations. Les femmes que l'orgueil national émeut encore en France ont d'autant plus de mérite, que ce sentiment n'est pas de ceux qu'on entretient dans leur cœur. En Angleterre, l'amour du pays est un culte que l'on enseigne, dès l'enfance, aux hommes et aux femmes ; il fait partie de l'éducation. A Paris on prive de bal nos jeunes filles, selon les partis politiques, quand la reine éprouve un chagrin de cœur, quand madame la duchesse de Berri est prisonnière; cela est naturel, nous approuvons les sentiments de convenances qui dictent ces privations; mais il nous semble que ces égards que l'on a pour une reine affligée et pour une princesse captive, on peut bien les avoir aussi pour une patrie en danger; une dynastie n'a de grandeur qu'autant qu'elle fait cause commune avec le pays, et c'est lui rendre un hommage peu digne d'elle que de la séparer de lui. Nous vous ferons remarquer ceci en passant : chez toutes les nations qui ont gouverné le monde, l'amour de la patrie était inspiré et professé par les femmes, c'est pourquoi nous vous disons de vous défier de la perfide Albion.

LETTRE XIII.

21 juin 1859.

Banalités de la conversation. — Les ennemis naturels.

La conversation parisienne, et même la conversation française, se nourrit, pour tout aliment, d'une vingtaine de banalités qu'il faudrait pourtant bien un jour renouveler, d'abord parce qu'à force d'avoir été rabâchées elles ont cessé d'être piquantes, ensuite parce que les mœurs ayant changé, elles ont cessé d'être vraies.

M. Alphonse Karr est déjà parvenu à détrôner plusieurs préjugés de romances, accrédités d'âge en âge par les troubadours, plusieurs erreurs de naturalistes admises comme dictons dans le langage ; il a démontré, par exemple, au grand désappointement des faiseurs de chansonnettes grivoises, que l'on ne pouvait danser ni sur la fougère ni sous la coudrette ; il a prouvé, au grand désespoir des poëtes, que les papillons n'aimaient pas les roses ; il a découvert, au grand étonnement des naturalistes, que le lézard, ami de l'homme, était au contraire son plus farouche ennemi ; enfin, il a osé attaquer les proverbes ! les proverbes ! la sagesse des nations ! Il a déclaré que plusieurs d'entre eux étaient parfaitemment absurdes ; il a montré que ceux-là, que l'on révérait infiniment, disaient tout le contraire de ceux-ci, que l'on ne révérait pas moins. Faire la guerre aux préjugés, ces erreurs consacrées par les siècles ; attaquer les proverbes, ce code de la prudence, dont les lois éprouvées sont le fruit de l'expérience universelle, c'était courageux. Eh bien! nous serons plus courageux encore, nous attaquerons hardiment ces banalités mensongères, ces lieux communs qui n'ont plus de sens, ces vulgarités qui n'ont plus d'application, ces erreurs monnayées qui courent le monde, qui pénètrent dans tous les esprits, qui usurpent toutes les confiances, et, ce qui est plus terrible encore, qui soutiennent toutes les conversations.

Nous savons bien qu'en supprimant le classique vocabulaire des vieux mensonges dialogués, nous allons d'un mot couper la parole à des milliers de causeurs aimables qui, demain, ne sauront que dire; mais raison de plus, nous n'aimons pas que l'on vive de phrases et d'idées toutes faites, surtout quand elles sont mal faites. Prenez garde, nous crie-t-on avec malice, si vous attaquez la bêtise et le mensonge, vous allez vous faire bien des ennemis... — Eh! mon Dieu! voici déjà une de vos erreurs! On n'a point pour ennemis les imbéciles et les menteurs, parce qu'on les a attaqués violemment; on a tout naturellement les imbéciles et les menteurs pour ennemis, quand on a de l'esprit et que l'on dit la vérité. Nos ennemis sont un produit de notre propre nature, et non une conséquence de nos actions. Ceux que notre conduite a pu blesser nous haïssaient d'avance pour nos qualités; nous n'avions rien à gagner à les ménager. Heureux l'homme qui n'aurait d'ennemis que ceux qu'il se serait faits lui-même, il pourrait facilement se les concilier; mais les ennemis implacables sont les ennemis naturels, et ceux-là ne s'apaisent point: on ne les désarmerait qu'en perdant les avantages qui excitent leur colère; leur pardon coûterait cher.

Il s'est fait bien des ennemis, dit la foule naïve. — Comment cela? — En faisant telle chose, en écrivant tel livre. — Folie! Je vous prouverai, moi, que s'il avait fait, que s'il avait écrit tout le contraire, il aurait eu les mêmes ennemis. Un mot malin que vous lancez vous fait un ennemi de la victime, sans doute; mais, ce même mot, si vous vous privez de le dire, ne vous fera pas moins un ennemi. Cette malice que vous étouffez par bonté d'âme ou par prudence, se trahit dans votre regard, dans votre imperceptible sourire, elle est une conséquence de vos antécédents. Vous avez beau ne pas condamner tout haut telle chose, on sent bien que vous la trouvez ridicule, et l'on ne vous saura aucun gré de vos ménagements; bien plus, on vous aurait pardonné cette plaisanterie spontanée, involontaire, qu'on attendait de vous, et l'on ne vous pardonne point la pitié généreuse, mais humiliante, qui vous la fait réprimer. Ce qu'il y a de plus sage au monde, nous le reconnaissons, c'est de cacher qu'on a de l'esprit; mais quand on a eu la faiblesse de laisser deviner celui qu'on avait, ce qu'il y a de plus prudent, c'est de s'en servir. Avoir des armes, c'est déjà être suspect. Ah! plutôt que d'être timidement et perfidement suspect, soyez donc franchement et honorablement redoutable.

En vain vous serez bon, charitable, généreux, il y aura toujours quelqu'un, quelque part, qui s'offensera, par cela même, de votre conduite. Toute vertu est un reproche, toute qualité est une épigramme. Les méchants ne sont pas tout seuls à faire les méchancetés. Les coups les plus terribles partent souvent des grandes âmes. Les plus beaux caractères sont les plus cruels sans le savoir; chacune de leurs nobles actions est une condamnation sans appel; leur disproportion est une ironie, leur contraste est un outrage. Ainsi un homme d'un beau caractère a pour ennemis naturels tous ceux qui ont de vilains souvenirs à se reprocher. Il a refusé de faire telle action qu'il trouvait indigne de lui; il a pour ennemis tous ceux qui l'ont faite, et qui ont trouvé tout simple de la faire. En vain il voudrait se rapprocher de pareils ennemis; l'alliance est impossible là où il n'y a point de sympathie; qu'il reste dans son isolement, toute conciliation serait infructueuse; jamais ces gens-là ne lui pardonneront l'élévation de ses sentiments, le désintéressement de sa conduite, parce que cette élévation et ce désintéressement sont la satire de leur vie.

De même toute femme qui a fait un mariage d'inclination a pour ennemie naturelle toute fille de vingt ans qui a pris un mari cacochyme par intérêt ou par vanité: en vain la première ferait à l'autre mille prévenances, l'harmonie est impossible entre elles deux. Leurs destinées se composent d'éléments hostiles; jamais l'amitié ne pourra fleurir dans leurs cœurs, parce que la folie généreuse de celle-ci est une satire éternelle du honteux calcul de celle-là.

Tout homme qui s'est noblement conduit dans une affaire d'honneur a pour ennemis naturels tous les hommes qui ont gardé un soufflet sur la joue, et tous ceux qui le garderaient. En vain il leur tendrait la main, et se ferait patient comme eux, jamais ils ne lui pardonneraient son courage, parce que ce courage qu'ils condamnent, qu'ils envient, est une satire de leur lâcheté.

Toute femme d'esprit qui a composé à elle seule d'importants ouvrages, vigoureusement écrits, savamment charpentés, dont le nom est une illustration, dont le talent est une fortune, a pour ennemis naturels tous les Molières de petits théâtres, travailleurs obstinés, à la moustache noire, à la voix forte, aux bras nerveux, aux regards enflammés, nourris de mets succulents, abreuvés de vins capiteux, qui s'unissent par demi-douzaine et s'enferment avec importance pour écrire ensemble un petit vaudeville qui est sifflé. En vain cette femme voudrait traiter ces hommes-là comme des frères, en vain elle s'abaisserait jusqu'à fumer leurs cigares, jusqu'à boire du punch dans leurs verres, ces hommes forts ne pardonneront jamais à cette faible femme sa supériorité et son génie, parce que cette supériorité et ce génie sont la satire de leur impuissance et de leur misère.

Prenons des exemples moins sérieux.

Tout homme qui, dans une orgie, boit autant que les autres et n'est pas ivre à cinq heures du matin, a pour ennemis naturels tous ceux qui sont sous la table ; ils ne le haïront peut-être pas pour cela, mais ils le puniront à leur manière et avec proportion gardée, c'est-à-dire qu'ils ne l'inviteront plus.

Toute personne qui s'ennuie par délicatesse a pour ennemie naturelle toute personne qui s'amuse aux dépens de sa dignité.

Un homme qui dîne à 22 sous a pour ennemis naturels tous les pique-assiettes ; c'est cruel ; mais cela est ainsi, parce que la sobre fierté de l'un est une satire de l'indiscrète avidité des autres.

Nous pourrions vous citer bien des exemples encore.

mais nous préférons vous croire convaincus; vous ne viendrez plus nous dire, n'est-ce pas : Il s'est fait bien des ennemis. Oh! ces ennemis-là, il les avait, et il les aura toujours.

Cependant nous devons être juste, il y a de certaines choses peu importantes qui réellement font beaucoup d'ennemis. Pour les hommes, il y a les chevaux, les grooms et les loges de spectacle. Pour les femmes, il y a les rubans et les fleurs. Posséder un château magnifique et soixante mille livres de rentes en terre, cela ne vous fait point d'ennemis; se promener sur le boulevard en tilbury avec un cheval médiocrement beau, mais bien attelé, conduit par un groom bien tenu, cela vous donne pour ennemis instantanés tous les gens à pied, tous les gens en voiture, voire même ceux qui possèdent soixante mille livres de rentes en terre et un magnifique château.

Avoir une superbe galerie de tableaux, une bibliothèque princière, cela ne fait point d'ennemis; avoir pour ses plaisirs et quelquefois pour ses affaires une place dans une bonne loge à l'Opéra, cela vous fait pour ennemis tous ceux qui se ruinent en tableaux et en livres.

De même pour les femmes, avoir une bonne maison, une bonne table et une bonne voiture, cela ne vous fait pas d'ennemis; avoir un petit salon toujours coquet et rempli de fleurs, cela vous fait pour ennemies toutes les femmes, et surtout celles qui ont une bonne voiture, une bonne table, une bonne maison.

Porter des diamants célèbres, de beaux châles de l'Inde, cela ne fait point d'ennemis; avoir toujours des ceintures nouvelles, savoir choisir les plus jolis rubans de *mademoiselle Delatour* ou de *mademoiselle Vatelin*, cela vous fait pour ennemies toutes les femmes, surtout celles qui ont de beaux châles et de beaux diamants. Ceci est un phénomène que nous tâcherons d'expliquer ainsi : on vous pardonne les solides avantages de la fortune, parce qu'avec de la fortune ces avantages peuvent s'acquérir; mais on ne vous pardonne point les grâces de l'élégance, parce que l'élégance est une qualité personnelle que vous envient également ceux qui ne l'ont point, malgré leur richesse, et ceux qui ne seraient pas très-certains de l'avoir s'ils étaient dans votre position.

Autre banalité : on dit encore, et qui n'a dit cela au moins une fois dans sa vie : *En France, le ridicule tue tout;* et la foule de s'écrier : Ah! c'est bien vrai! Eh bien! nous, dût-on nous faire servir à prouver que cela est, nous vous dirons que cela n'est point. En France, le ridicule n'a jamais tué personne; il n'a jamais su ôter à un talent véritable une parcelle de sa valeur. En France précisément, le ridicule n'a aucun empire. Voyez ces hommes qu'il a poursuivis de ses traits les plus mordants, ils sont là, debout, pleins de force, et pourtant on a bien souvent fait rire à leurs dépens, on les a *ridiculisés* dans leurs ouvrages, dans leurs plus belles idées, dans leurs plus nobles rêves. On s'est moqué de leur style, de leur parole, de leurs aventures, des moindres détails de leur vie privée. Voyez M. de Chateaubriand, on a remplacé son grand nom par les sobriquets les plus risibles. A ses débuts, Chénier, spirituel comme le doute et amer comme le remords, Chénier l'a frappé d'un coup que l'on croyait mortel; rien de plus plaisant que son compte-rendu d'*Atala*. Le *nez du père Aubry aspirant à la tombe*; le *Crocodile de la fontaine*; cette chanson sauvage : *Réjouissons-nous, nous serons brûlés au grand village*; et cette fameuse phrase : *Orage du cœur, m'écriai-je, est-ce une goutte de votre pluie?* Toutes ces expressions y étaient relevées de la façon la plus comique? Quel style a été plus parodié, plus critiqué! Que de bons mots heureux et pénibles ont été faits contre ce beau talent! Vous le savez, depuis trente ans, les sots tournent en ridicule l'auteur de *René*; et cependant quand il passe dans la rue et qu'on le reconnaît, les jeunes gens le portent en triomphe et le proclament le génie de notre époque.

N'a-t-on pas aussi abreuvé de ridicule et d'ironie l'orateur sublime *amant d'Elvire?* ne lui a-t-on pas crié comme une injure son beau titre de poëte chaque fois qu'il montait à la tribune? n'a-t-on pas traité ses plus nobles sentiments de fictions et de chimères? On lui a dit qu'il plantait des betteraves dans les nuages, que *sa conversion* des rentes ne valait pas sa conversion de *Jocelyn*, et mille autres niaiseries semblables..... Et cependant cet homme, dont l'éloquence fut si longtemps tournée en ridicule à cause de ses qualités mêmes, est aujourd'hui un des premiers orateurs de la Chambre, celui que les étrangers, les hommes de province, sont le plus curieux d'écouter, celui qu'ils cherchent sur les bancs avec le plus d'empressement, celui pour qui ils disaient, il y a quelques jours, avant la fin de la séance, ce mot si flatteur que nous avons entendu : Allons nous-en, M. de Lamartine n'y est pas.

Et Victor Hugo! ne l'a-t-on pas aussi quelquefois tourné en ridicule? Vous rappelez-vous la pâte de guimauve que l'on faisait manger à Hernani dans la parodie du Vaudeville, et le *vieil as de pique* pour le *vieillard stupide*, et cette plaisanterie si rebattue : *Oui, je suis de ta suite, de ta suite j'en suis?* Eh bien! ces folles plaisanteries n'ont-elles pas été impuissantes? Non-seulement Victor Hugo n'a rien perdu de son rang poétique, mais il est le fondateur reconnu et le chef d'une école régénératrice; non-seulement il a des admirateurs, des imitateurs, des sectateurs, mais il a plus encore, il a des séides comme Mahomet.

Chose étrange! ces trois hommes que le ridicule a le plus constamment persécutés sont justement les seuls hommes en France qui aient du prestige... et vous viendrez encore nous dire : *En France, le ridicule tue tout*... Non, non, vous ne nous direz plus cela.

On disait encore : *L'esprit court les rues*. Mensonge! — Quelqu'un a répondu : Il court donc bien vite qu'on l'attrape si rarement. Ce quelqu'un avait raison : rien de si rare que l'esprit, demandez plutôt à ceux qui en achètent et surtout à ceux qui en vendent.

On dit enfin : *Il est si difficile de se faire un nom à Paris!* Mensonge! rien n'est plus facile aujourd'hui. Il paraît chaque matin, il s'imprime chaque semaine cent journaux ennemis et vingt revues rivales qui ne savent que dire, et qui s'estiment trop heureux quand vous voulez bien leur fournir gratis quelques pages amusantes, quand vous leur donnez l'occasion de dire un peu de mal de leur ennemi en vous vantant. Rien n'est plus facile pour un jeune homme de talent que de se faire un nom dans les journaux. Demandez plutôt à ces vieux journalistes sans talent qui sont si célèbres.

LETTRE XIV.

26 juillet 1859.

Le bonheur d'être compris. — Les ridicules d'été. — La fausse absence.

Qu'il est doux de se faire entendre de tout un peuple de lecteurs, de communiquer avec lui par l'intelligence, de lui faire partager ses idées, de l'initier à ses découvertes, de l'associer à ses plaisirs, de le rendre l'innocent complice de ses moqueries, de l'amuser des choses ridicules que l'on remarque, de l'édifier par les beaux sentiments que l'on surprend, de pleurer et de rire avec lui; qu'il est doux enfin d'être compris! Eh bien! ce bonheur ineffable qui encourage et qui inspire, qui fait les éternelles amitiés et les invincibles amours; ce bonheur tant cherché, tant apprécié, ce grand bonheur... n'est pas le nôtre! Hélas! non, et nous ne saurions nous faire plus longtemps illusion. Il faut bien l'avouer. Nos lecteurs si spirituels, si malins, si fins, si profonds, ne nous comprennent point. Quand nous faisons une plaisanterie, ils la prennent au sérieux, et nous accusent d'exagération. Quand nous parlons sérieusement, ils s'imaginent que nous plaisantons, et ils se mettent à rire aux éclats. Il y quelque tems, nous prétendions follement que nous portions malheur à l'été, et que le froid venait dès l'instant où nos tapis étaient enlevés. Le croirait-on? On a imaginé que nous citions cela comme une expérience astronomique, et des personnes raisonnables ont contesté le fait gravement. « Quel rapport, disaient-elles en haussant les épaules de pitié, quel rapport peut-il exister entre les changements de l'atmosphère et les tapis d'un appartement? Il est reconnu que l'on chasse les nuages à coups de canon ; c'est un moyen que l'empereur Napoléon a souvent employé pour se rendre le ciel favorable. On assure encore que le branle des cloches attire le tonnerre; ces deux effets peuvent s'expliquer par des lois physiques; mais comment ose-t-on soutenir que d'ôter les tapis d'un petit appartement dans une grande ville comme Paris, cela puisse influer sur la température, et changer tout à coup le vent du sud en vent du nord? cela est absurde. » — En effet, lecteurs éclairés, si vous avez cru que nous disions cela, c'est absurde.

L'autre jour, nous n'avons pas été mieux compris. Nous avions dit que l'on prenait à Tortoni des glaces *tabac* et *vanille* qui étaient excellentes ; ces glaces vanille et tabac ont été prises au sérieux, et d'honnêtes gens s'étonnaient naïvement que nous les eussions trouvées bonnes. J'en ai mauvaise idée, ajoutaient les plus pénétrants, ce doit être fade; le tabac sucré doit perdre de son parfum. Ils appelaient cela un parfum ! Pour prévenir de nouvelles erreurs, désormais nous ferons suivre nos innocentes plaisanteries d'une explication détaillée. Nous dirons : Le mot glaces au tabac est une amplification ironique destinée à tourner en ridicule les deux cents fumeurs qui peuplent le boulevard des Italiens. La vapeur *cigarine* est si forte dans toutes ces régions élégantes, que les parfums les plus enivrants soudain s'y métamorphosent en tabac. Une jeune femme croit tenir un bouquet de roses dans sa main... erreur : au bout d'un instant elle ne tient plus entre ses jolis doigts qu'un paquet de cigares. L'eau *de bouquet du comte d'Orsay*, qui parfume son mouchoir brodé, se change en une affreuse essence de tabac. Ses beaux cheveux, sa capote de dentelle, son écharpe légère et son châle aux mille couleurs s'imprègnent en un instant d'un délicieux parfum de corps-de-garde; enfin, les glaces mêmes qu'on lui sert dans ce nuage odorant, les glaces aux fraises, au citron, aux abricots, à la vanille, se métamorphosent d'elles-mêmes en excellentes glaces au tabac. Voici l'explication; vous comprenez maintenant que c'était une plaisanterie, et qu'il aurait fallu en rire. Si vous allez à Tortoni, de grâce, ne demandez point un sorbet au tabac, on se moquerait de vous, et nous serions au remords de vous avoir rendus ridicules. Chose étrange! ce sont les Parisiens que nous trouvons les plus rebelles en intelligence *feuilletonesque* ou *feuilletonine*. Les gens de la province nous entendent tout de suite, et ils nous écrivent quelquefois des lettres fort spirituelles sur les folies que nous disons. Ce sont nos meilleurs lecteurs; les Parisiens n'ont pas le temps de comprendre, ils ont plutôt fait de juger. Parisiens, ceci est une épigramme contre vous.

La session est terminée, nos vieux écoliers sont en vacances. Ils n'ont pas trop bien travaillé cette année, et si l'on était juste, ils auraient peu de prix au grand concours; mais ils ont su prendre leurs mesures, et pour être certains d'avoir quelque chose, ils se sont chargés eux-mêmes des distributions. — Ceci est une allusion pleine de malice contre les députés qui se distribuent, avec un désintéressement si patriotique, toutes les places lucratives de l'administration.

La Chambre des Pairs siége encore; sa tâche n'est

point terminée. Un ministre député, un des coryphées de la coalition, déplorait l'autre jour cette prolongation de travail, et disait à un noble pair : « C'est ce maudit procès qui est cause de ce retard.

— Oui, répondit le noble pair, mais tout s'enchaîne ; le procès a causé ce retard, l'émeute a causé le procès, et la coalition a causé l'émeute. Comme ces mots étaient une épigramme contre lui, le ministre éprouva le besoin de changer de conversation.

Paris est tout occupé de la question d'Orient. Les sultans plus ou moins empoisonnés, les pachas plus ou moins étranglés, voilà les héros du jour. On se perd dans cette nomenclature de généraux et d'amiraux musulmans. Quand on n'est pas fort en turc comme un Turc, on a peine à comprendre ces récits de guerre et à suivre ces grands capitaines dans leurs évolutions ; Abdul-Meschid, Ahmet-Fethi, Halil-Pacha, Hafiz-Pacha, Chosrew-Pacha, sont des noms assez compliqués pour une mémoire parisienne. Qu'est devenu le temps où les nouvelles d'Orient se bornaient à ces simples mots que le *Constitutionnel* publiait tous les trois mois régulièrement : « Ali-Pacha, fils d'Ali-Pacha, est mort ; il a pour successeur Ali-Pacha. » C'était simple, précis, il ne pouvait y avoir confusion. La politique de ce temps-là valait celle du nôtre. — Réflexion ironique.

La question des sucres vient après la question d'Orient. On raconte tout bas, et il nous plaira peut-être bien un jour de raconter tout haut, les scandaleuses intrigues des chevaliers de la betterave, qu'un homme d'esprit a surnommés les *raffinés*. — Jeu de mot historique. Voir les mémoires du temps.

A propos de bon mot, celui-ci nous semble agréable.

On parlait des *Scènes de la Vie de province* et du talent prodigieux de M. de Balzac. « Je ne partage pas tout à fait votre admiration, dit une jeune femme d'un petit air prétentieux ; j'aime beaucoup son style, mais je n'aime pas sa manière d'écrire. » — Ceci est une niaiserie qu'il ne faut pas prendre pour un trait d'esprit.

A propos de style, on remarque cette pensée dans un recueil que lady Blessington vient de publier à Londres, sous le titre de *Desultory thoughts and reflexions*. « Louer le style d'un écrivain plus que ses pensées, c'est faire l'éloge de la toilette d'une femme au détriment de sa beauté. Comme le costume, le style doit n'être qu'un accessoire, et ne pas détourner l'attention de ce qu'il est appelé à orner. »

Cette pensée est ingénieuse, mais elle n'est pas juste. Ce n'est pas détourner l'attention de la beauté que de la faire valoir. Victor Hugo parlait dernièrement style et poésie en jouant avec une de ces épingles à la mode, ces mouches naturelles montées en or. « Tenez, disait-il, voilà justement ce que c'est que le style : seule, cette mouche n'est qu'un insecte, avec la monture c'est un bijou. « Cette définition nous séduit davantage, car rien n'empêche de mettre un diamant dans la monture.

On parle toujours beaucoup dans le monde du *Pèlerinage à Goritz*. Le silence de quelques journaux légitimistes sur cette publication donne lieu à diverses conjectures. Pour nous, il n'a rien d'étonnant. Les partis, qui se sont hâtés de se reconnaître de l'esprit, n'ont aucun instinct, ils ne savent jamais ce qui les sert ; soit maladresse, soit envie, ils ont une méfiance obstinée contre tout ce qui leur est favorable. Nous ne serions pas étonné que le *Pèlerinage à Goritz*, — qui nous semble, à nous, un livre dangereux, en ce qu'il inspire un vif intérêt pour ceux qu'on veut faire oublier, en ce qu'il fait aimer ceux qu'on ne veut pas aimer, en ce qu'il détruit beaucoup de préjugés et répond à beaucoup de mensonges, — parût aux yeux des légitimistes une grande imprudence politique. Les gens passionnés ne comprennent jamais ce qui est habile; il faut dire comme eux, tout à fait comme eux, sous peine de blasphèmes; ils ne sentent pas que pour se faire entendre de ses adversaires, il faut parler leur langage. En politique comme en religion, il s'agit bien moins d'édifier les dévots que de convertir les incrédules. — Ceci est une observation profonde qu'il ne faut pas prendre pour une plaisanterie.

Une chose qui aide encore le livre de M. de Larochefoucauld à jeter le trouble dans la société, c'est qu'on y trouve l'éloge de presque tout le monde. Remarquez bien ce *presque*, il n'est pas indifférent. Nous avons expliqué naguère le danger des éloges, et l'inconvénient qu'ils ont de mécontenter ceux-là même qu'ils veulent flatter. Ainsi, vous dites : « Madame une telle si douce, si vertueuse; madame une telle, si jolie, si spirituelle; » la première se fâche et dit : « On me nomme douce et vertueuse, je suis donc laide et sotte; » la seconde s'inquiète et dit : « On me désigne comme spirituelle et jolie... je suis donc méchante et compromise. » On ne loue jamais bien une femme quand on en loue deux. Les louanges se détruisent mutuellement; il n'y a qu'un seul moyen de faire un bel éloge d'une femme... c'est de dire beaucoup de mal de sa rivale.

Les plaisirs de la saison consistent à courir les concerts. On va chez *Musard*, au *Chalet*, au *Casino*, dont les cygnes se sont, dit-on, changés en pélicans, au grand étonnement des promeneurs. Singulière idée! se servir de l'oiseau du désert pour attirer la foule. (Rapprochement ingénieux.)

Aux Champs-Élysées, les jeux sont très-variés : il y a des sauteurs, des faiseurs de tours, des chanteuses voilées et des arracheurs de dents. Le cri des victimes se mêle au chant des virtuoses. Un dentiste fameux attire surtout les flâneurs; il arrache les deux premières dents gratis, on ne paie qu'à la troisième; mais le perfide, de gré ou de force, n'en arrache jamais moins de trois. Il est vrai qu'il s'écrie : « Je n'arrache pas les dents, je les cueille. »

Voici les plaisirs d'été. Nous avons maintenant, selon l'expression d'une femme bien spirituelle et bien aimable, nous avons les *ridicules d'été*. Il y en a de plus d'une espèce : les gens qui se promènent le chapeau à la main, offrant aux zéphyrs un front chauve; les vieux créoles en chapeau de paille et en besicles d'or; les infortunés dont la cravate désempesée a complétement disparu; les causeurs qui se chauffent devant une cheminée pleine de fleurs en prenant de grandes précautions pour ne point brûler, au feu des hortensias, les basques de leur habit; les coiffures *Moyen-Age* qui se changent en perruques à la *Mathurin*, et mille autres plus étranges dont il ne faut point parler; mais, sans contredit le plus comique de tous, est celui que nous appellerons « la fausse absence. »

A cette époque de l'année, l'usage veut que l'on s'en aille; les uns vont dans leur terre, les autres vont aux eaux, quelques personnes même entreprennent de grands voyages. Des élégants qui se respectent ne peuvent rester à Paris, sous peine de passer pour des épiciers ou des journalistes, pour des ministres ou des portiers. Il faut donc quitter la capitale à tout prix. Mais pour aller dans ses terres, il faut avoir des terres; pour voyager convenablement, il faut avoir beaucoup d'argent en portefeuille. Or, quand on n'a ni fermes ni argent comptant, que devenir?

On ne peut pas faire un voyage, soit; mais on peut toujours faire des adieux. L'élégance n'exige pas que vous soyez à Bagnères ou à Bade, elle exige que vous ne soyez pas à Paris, et il y a un moyen de n'y pas être, c'est de n'y point paraître en y restant. Rien n'est plus facile : vous fermez vos jalousies, et l'on déclare à votre porte que vous êtes parti. Vous vous enfermez toute la journée, seul avec madame votre femme, dans une petite chambre solitaire tout au fond de la cour. Vous restez là trois mois, pendant lesquels vous voyagez. Vous n'écrivez à personne, et vos amis se plaignent de vous. Ils s'amusent, disent-ils; ils nous oublient, c'est tout simple. Quand minuit a sonné, vous offrez le bras à votre compagne de voyage, et vous sortez avec elle pour vous promener un moment. Un jour vous êtes censé être à Dieppe, vous respirez l'air de la mer; le lendemain, vous êtes à Chamouny, vous savourez l'air des montagnes. Si vous rencontrez dans la rue un de vos parents, vous détournez la tête avec horreur. En vain il vous reconnaît et veut vous parler, vous ne lui répondez pas, et vous continuez à être absent. S'il insiste, vous lui annoncez votre retour pour le mois prochain, et le mois suivant, en effet, vous reparaissez dans la capitale, un peu fatigué du voyage, mais enchanté, riche de souvenirs et pas du tout bruni. Peut-être ne vous êtes-vous pas extrêmement amusé ; mais, du moins, vous êtes resté irréprochable comme élégance, et vous pouvez crier très-haut à ceux que des affaires ou des affections enchainent misérablement ici : « Comment peut-on passer un été à Paris ? » La fausse absence n'est pas une plaisanterie; c'est bien mieux, c'est une vérité plaisante.

LETTRE XV.

2 août 1839.

L'anniversaire du 29 Juillet aux Champs-Élysées. — Fête populaire. — Feu d'artifice. — Musique. — Jeux. — Supplices d'été. — L'arrosage à la pelle.

La semaine a commencé par un bombardement des plus horribles. Jamais pareil tapage n'avait étourdi nos oreilles : les maisons tremblaient, les vitres frémissaient, les chevaux bondissaient, les chiens gémissaient, les enfants pleuraient. On avait bien de la peine à leur faire comprendre que ce bruit épouvantable était un plaisir. Le feu d'artifice tiré lundi 29 juillet, a duré quarante-trois minutes. En l'écoutant, — car nous n'avons pas vu le feu d'artifice, nous n'avons fait que l'entendre, mais nous l'avons parfaitement bien entendu, — nous pensions à ces pauvres malades que le moindre bruit fait tressaillir, dont la moindre commotion redouble les souffrances, et nous nous demandions si la paille qu'on avait étendue devant leur porte les protégeait suffisamment contre ce vacarme. Nous nous hâtons de dire à nos lecteurs parisiens que nous nous sommes répondu négativement. Un feu d'artifice qui dure si longtemps perd tout son charme; son rôle, c'est de briller un moment, d'éblouir et de s'éteindre. Son destin est d'être admiré par des heureux plus ou moins au supplice, il faut avoir égard à cela; excepté une centaine de personnes privilégiées, les spectateurs d'une semblable fête sont des martyrs ; ce sont des femmes montées sur des chaises de paille, et se tenant avec effort sur la pointe des pieds ; des enfants grimpés sur les épaules de leurs parents, des ouvriers perchés dans les arbres, des portiers assis sur les toits, position qui doit être bien pénible pour un portier. Quand le plaisir dure un temps raisonnable, le supplice est facile à supporter ; l'admiration fait qu'on oublie ; mais quand le plaisir abuse de l'admiration, ce n'est plus la fête qui dure, c'est la souffrance qui se prolonge, et l'on s'impatiente au lieu de s'enthousiasmer. Le danger des situations se fait alors sentir. Les femmes serrées trop longtemps dans la foule sont près d'étouffer ; les parents sensibles succombent sous le poids des enfants trop curieux ; les ouvriers à cheval sur une branche commencent à perdre l'équilibre et s'inquiètent ; les portiers retenus par une cheminée, accotés contre un paratonnerre, commencent à se fatiguer de cette pose, et à perdre de leur désinvolture ; ils mesurent l'abime avec épouvante, et tremblent d'aller tomber devant leur propre porte, sans trouver personne pour leur ouvrir ; chacun pense à ses peines et l'intérêt du spectacle est compromis. Nous conseillons aux entrepreneurs des fêtes de Juillet d'être à l'avenir moins libéraux ; c'est être impitoyable que de se montrer si généreux.

L'illumination de la grande allée des Champs-Elysées était admirable, cette double rangée de gros lustres en verres de trois couleurs faisait un effet à la fois magnifique et charmant. On y voyait clair comme en plein jour. La foule était si nombreuse qu'on ne pouvait faire un pas. Dans les contre-allées il y avait autant de marchands que d'acheteurs, autant de jeux que de joueurs, autant de virtuoses que d'auditeurs ; à chaque arbre une boutique de gâteaux, de joujoux, de bijoux, de tableaux ou de statuettes ; la peinture et la statuaire étaient faibles, l'art avait péniblement hésité entre la nature et l'idéal. Sur chaque table, il y avait un concert ; ici, deux adolescentes vêtues d'une robe de jaconas rose, coiffées d'une capote rose, s'escrimaient à jouer du violon ; là, un jeune homme aveugle jouait du violon ; plus loin, un vieillard infirme terminait sa carrière en jouant du violon, tandis que deux petits enfants de trois à quatre ans préludaient aux fêtes de la vie en jouant du violon. Or, tous ces violons, d'âge et de sexe différents, étaient accompagnés par autant de basses et de soi-disant clarinettes, dont l'ardeur n'était jamais en retard : chaque instrument tenait à paraître le digne soutien de la vieillesse et de l'enfance. Quelle harmonie ! quelle symphonie ! c'était un concert monstre, s'il en fut jamais. La bière coulait à longs flots : bière *anglaise*, bière *lyonnaise*; l'esprit de concurrence avait passé des fabricants aux consommateurs ; des boudins énormes s'enroulaient autour de grands plats comme des serpents fabuleux. On entendait sauter les bouchons, pétiller les lampions, et gazouiller les fritures.

Des jeux de bague faisaient tournoyer des familles entières : les petits garçons se tenaient fiers et superbes à cheval sur un cygne de bois ; le papa, comprimé dans un fauteuil trop étroit, serrait sur ses genoux *la petite*, et la maman fermait les yeux pour ne pas être étourdie par cette course de manége ; et le dialogue s'engageait de cygne à fauteuil : « Tu te tiens bien, petit ? — Oui, papa, c'est bien amusant ! — Et toi, petite, tu n'as pas peur? — Tu n'as pas mal au cœur, mon ami? — Non; et toi? — Moi, je ne me sens pas bien du tout. »

Des sociétés complètes s'amusaient à naviguer sur des vaisseaux aériens. Ce jeu-là est plus aventureux que le jeu de bague. Les navires, assez grands, contiennent deux passagers. Mademoiselle Agathine s'embarque avec M. Frédéric, mademoiselle Céleste avec M. Victor, mademoiselle Amanda avec M. Achille. On s'amuse, on rit, on a peur, on crie. Mais peu à peu on s'accoutume aux agitations du navire; et lorsqu'on met le pied à terre, si quelqu'un dit : J'aime mieux ce jeu-là que le jeu de bague, tout le monde est du même avis.

Il y a aussi toutes sortes d'amateurs qui se font peser; on les voit assis très-gravement dans un fauteuil, occupés à être lourds ou légers. Quand on a vérifié leur poids et qu'on leur apprend ce qu'ils valent, ils s'étonnent tout haut avec la plus charmante naïveté, et ils se perdent dans la foule en disant : 109, je croyais peser plus que cela, c'est peu... Ou bien : Quoi, je pèse 200 ! je ne me serais jamais cru si lourd; c'est beaucoup, je ne m'étonne plus si l'alezan est... Les femmes sont toutes furieuses, elles se disent des injures : Comment, s'écrie l'une, je pèse 140 livres, autant que toi qui es si grosse? — Oui, ma chère, on a beau être maigre comme une araignée, on est lourde; c'est que ce sont les os qui pèsent, vois-tu.

L'imagination des inventeurs de jeux est merveilleuse. Tout leur devient billard; et quels billards! Vous voyez six hommes groupés autour d'une espèce de banc. Que font-ils? Ils jouent au billard, billard fantastique dont les billes microscopiques viennent parfois caramboler avec le nez des promeneurs. Le jeu de la carabine, devenu classique à Tivoli, avait là aussi beaucoup d'amateurs. Mais comme la foule était grande et que ses oscillations étaient capricieuses, il arrivait que le vainqueur se voyait tout à coup chassé et déplacé au moment du triomphe ; alors le petit Amour de carton qui s'élance poussé par un ressort dès que le but est atteint, au lieu de couronner le vainqueur, s'en allait, en Amour aveugle, déposer sa couronne de roses sur la tête d'un promeneur ignorant, qui, ne comprenant rien à sa gloire, croyait qu'on lui prenait son chapeau et se mettait à crier au voleur comme un insensé. La rumeur était grande à ce cri, le faux vainqueur riait en découvrant son erreur ; mais au bout de l'allée, une vieille femme s'en allait disant : On vient d'arrêter un voleur dans la foule. — Oui, reprenait une autre persuadée, j'ai vu deux sergents de ville qui l'emmenaient. Voilà comme on écrit l'histoire.

Nous ne saurions vous dire rien de plus, et c'est encore bien méritoire à nous d'avoir vu tant de choses en si peu de temps ; malgré notre bonne volonté, et le désir que nous avions de vous dépeindre cette fête, nous n'avons pu rester là plus d'un quart d'heure. Il régnait dans ce séjour de délices un parfum d'huile, de suif, de *grillades*, qui nous a fait quitter la partie. Ah ! ce soir-là, nous avons bien regretté les cigares embaumés du boulevard des Italiens.

A propos, nous devons une réparation au cigare. Ce n'est pas lui, l'innocent, que nous poursuivons de nos épigrammes. Fumer n'est pas un crime pour nous. Après de longues fatigues, de longs travaux d'esprit, quand on a tenu tout le jour le pinceau ou la plume, nous comprenons que le cigare soit une récréation, et que l'on se repose d'une trop vive préoccupation de la pensée dans l'ivresse somnolente que donne le tabac. Nous connaissons de grands peintres et de grands écrivains qui fument un ou deux cigares après leur dîner, et jamais nous ne leur reprochons ce plaisir comme un travers. Le cigare considéré comme délassement des travaux de la journée, nous l'admettons; mais quand le cigare est le travail, quand fumer est la seule occupation d'une jeune vie, nous nous indignons avec justice. Nous songeons à l'influence pernicieuse du tabac fumé sur l'intelligence, et nous adressons cette demande aux fumeurs de profession : Si la vapeur du tabac produit un engourdissement salutaire qui repose les gens dont l'esprit travaille trop, que produira-t-elle donc sur l'intelligence de ceux qui n'ont pas même à se reposer?... Plusieurs fumeurs célèbres nous ont déjà trop répondu.

Après les ridicules d'été, viennent les supplices d'été : l'arrosement à la pelle est une calamité que les habitants de la province ignorent, et dont il faut leur faire sentir l'horreur pour les consoler de vivre loin de la capitale. Deux fois par jour, à peine la borne-fontaine a laissé couler ses pleurs, qu'un bataillon de portiers, de portières et autres arroseurs d'office, se précipitent dans la rue, armés de pelles menaçantes. Ils se mettent à l'œuvre et lancent dans l'espace, en lames vagabondes, l'eau du ruisseau. Cette onde est-elle pure, est-elle boueuse, un teinturier voisin l'a-t-il rougie, un vitrier perfide l'a-t-il jaunie? peu leur importe, c'est un détail qui ne les regarde pas; on leur dit d'arroser, ils arrosent; on n'exige pas que ce soit avec de l'eau; et les pauvres passants sont inondés des pieds à la tête et de la tête aux pieds alternativement; car si l'on est près de l'arroseur on reçoit la soi-disant pelletée d'eau sur les pieds; si on est loin de l'arroseur, on la reçoit sur la tête. Adieu bottes vernies, adieu gentils brodequins en taffetas couleur poussière, adieu chapeau gris, adieu capote rose et robe de mousseline blanche à trois volants; vous êtes sortis tout joyeux, pleins de confiance dans ce beau soleil qui vous protégeait, vous ne saviez point que la pelle d'un misérable menaçait votre beauté, c'est-à-dire votre vie. En voiture, on n'est pas plus en sûreté; les lames d'eau parviennent là comme ailleurs, et, ce qui est plus triste, elles y restent. On est sorti dans une calèche, on revient dans une baignoire, et c'est une voiture peu saine qu'une baignoire à deux chevaux. Les bains involontaires ont toujours été dangereux. Paris n'en est pas moins un séjour charmant, que l'on habite et que l'on quitte avec le plus grand plaisir.

LETTRE XVI.

10 août 1859.

Un nouveau système. — Les parures sont des aveux. — Le béguin orgueilleux. — Le panache modeste. — Les diamants pénibles. — Le chapeau d'une envieuse.

Rien de nouveau cette semaine. Le monde parisien n'a point changé d'aspect depuis huit jours, on n'a entendu aucun bombardement, les rues n'ont brillé d'aucune clarté officielle ; la physionomie de la grande cité n'a révélé aucun événement.

N'ayant rien de nouveau à dire, nous ne trouvons, hélas ! aucun prétexte pour ne point bavarder sur les modes et sur les chiffons ; c'est là le plus pénible de notre tâche. N'allez pas croire cependant que cette étude de la parure des femmes soit pour nous sans intérêt ; au contraire, prise au sérieux, cette étude a un très-grand charme, et nos observations nous ont souvent amené à des découvertes très-curieuses. Grâce à elles, nous sommes parvenu à établir un système complet dont la profondeur philosophique vous épouvanterait. Lavater devinait les passions du cœur aux plis du visage ; telle ride lui disait : Il a souffert ; telle autre : Elle a aimé ; tel sourire, symptôme de franchise, l'attirait ; tel autre indice d'une nature perfide l'éloignait. Il reconnaissait le nez d'un bon père, le front d'un honnête magistrat, le menton d'un jaloux. Pour juger un homme, pour connaître son caractère, ses goûts, ses sentiments, ses vices, ses vertus, il lui suffisait de le regarder.

Le docteur Gall devinait les passions du cœur aux bosses du crâne; ce moyen d'observation était moins commode, mais aussi plus certain; car lorsqu'on est assez lié avec les gens pour qu'ils vous permettent de leur tâter le crâne pendant un quart d'heure, on connaît déjà parfaitement leur caractère, leurs goûts et leurs talents; reste seulement à savoir s'ils ont la bosse du meurtre ou celle du génie, détail inutile, puisque, pour la plupart du temps, les heureux possesseurs de ces deux bosses remarquables négligent de s'en servir. Il est pénible, n'est-ce pas, de manquer aux ordres de son propre crâne, de ne pas suivre la destinée qui vous était tracée par la science! Faire mentir ses bosses! c'est affreux! Eh bien! nous l'avouons, ce tort grave est le nôtre; nous faisons des vers, nous faisons des feuilletons; et cependant, un disciple de Gall, un célèbre phrénologue, consulté dans notre enfance par nos parents, a reconnu que nous avions, très-prononcée, la bosse des arts mécaniques!

Voici donc deux beaux systèmes à l'aide desquels on pénètre dans les abimes du cœur. Le nôtre est moins savant, mais il est peut-être plus ingénieux. Il a, sur celui de Lavater et sur celui du docteur Gall, cet avantage, qu'il peut être mis très-facilement à la portée de tout le monde. Vive la science des ignorants! elle est limpide; les découvertes dues au hasard de leur esprit sont les plus certaines. Un ignorant devine souvent des choses admirables et d'une grande utilité. Les sages se sont écriés tristement : Qu'est-ce donc qu'être savant? C'est savoir qu'on ignore. — Nous pourrions leur répondre peut-être avec raison : Qu'est-ce donc qu'être ignorant? C'est ignorer que l'on sait.

Or, notre système, le voici : moyen infaillible de reconnaître le caractère, les goûts, les manies, les prétentions, les sentiments d'une femme, par un seul coup d'œil jeté sur sa parure.

Depuis trois mois d'études obstinées, nous ne nous sommes pas trompé une seule fois. Pour nous tout est symptôme. Chaque objet nous révèle une pensée ; les détails les plus insignifiants ont un langage que nous entendons ; il est de grands et terribles événements que nous ont appris les remarques les plus puériles. Oui, dernièrement nous avons compris qu'il venait d'arriver un affreux malheur à la marquise de R... Le matin même, son frère s'était blessé dangereusement en tombant de tilbury. Elle allait le voir quand nous l'avons rencontrée à quelques pas de chez lui. — Ah! mon Dieu! nous sommes-nous écrié, ce pauvre Alfred! — Hé bien? — Il lui est arrivé quelque accident ; sa sœur vient d'entrer chez lui. — Cela n'a rien d'étonnant, elle y va tous les jours ; elle aime son frère passionnément. — Je vous dis qu'Alfred est blessé gravement ou très-malade. — A quoi donc devinez-vous cela? — Madame de R... n'a pas de manchettes, — et pour que cette femme si coquette, si élégante, coure les rues à cette heure sans avoir mis des manchettes, il faut qu'il y ait un grand malheur dans sa vie.

Quant aux secrets des caractères, rien n'est plus facile à deviner. Depuis le chapeau d'une femme jusqu'à ses souliers, il n'est pas une pièce de sa toilette qui ne soit un aveu ; la fortune ou la pauvreté n'y change rien ; le petit bonnet de la repasseuse dit toutes ses pensées, comme le turban de la duchesse dit tous ses projets. Le regard ment, le sourire est perfide; la parure ne trompe jamais.

Il est des béguins pleins d'orgueil que vous n'avez jamais compris, et des panaches pleins de modestie dont vous n'avez jamais apprécié la délicatesse et la dignité. — Expliquez-vous, nous dira-t-on. — Ecoutez donc : ce béguin est orgueilleux à force de simplicité, car une femme de millionnaire peut seule porter dans une brillante soirée cette coiffure modeste, bonnet de pensionnaire à l'infirmerie. Ce furieux panache, au contraire, est plein d'humilité; car la femme d'un employé à mille écus d'appointements peut seule avoir le noble courage, pour venir chez la femme de son supérieur, de s'affubler de cette toque à plumage jauni, qui compte des hivers de souffrance, dont les proportions sont démesurées, dont l'envergure est fantastique, mais dont l'âge et le ridicule même trahissent la plus généreuse abnégation, la plus pure conduite et les plus tendres sentiments. Ce béguin ne vous disait rien, mais, à nous, il tient ce langage; voilà ce qu'il signifie pour nous : « J'ai un million de rentes, le plus bel hôtel et les plus beaux chevaux de Paris. Mes diamants ont fait leur effet, mon collier d'émeraudes est connu, mes opales sont classiques; j'avais l'autre jour une robe de dentelle qui a fait le sujet de la conversation de toutes ces femmes pendant trois jours. Je veux leur prouver que je puis produire beaucoup d'effet dans un salon sans ces merveilles, et que je n'ai pas besoin de tout cela pour être plus jolie qu'elles. »

Cette vieille toque, pauvre mais honnête, qui ne vous disait rien à vous, nous dit à nous : « Je sais bien que cette coiffure est très-laide, et qu'elle n'a jamais été à la mode sous aucun règne; mais qui me regarde? et d'ailleurs, qu'importe qu'on me regarde? je suis une bonne mère de famille, et j'aime mieux acheter une capote neuve à ma petite fille que de beaux chapeaux pour moi. Que le monde est ennuyeux et triste! quelle corvée qu'une visite de devoir! Il me tarde d'être à la maison pour coucher moi-même le petit; ce cher amour est si délicat! un rien l'enrhume. » N'avons-nous pas raison de dire: béguin orgueilleux, panache modeste; la simplicité de l'un n'est-elle pas de l'insolence? l'étalage de l'autre n'est-il pas, au contraire, de la déférence et du respect? Les femmes pauvres sont obligées de se parer pour aller dans une grande soirée; là, il n'est permis qu'aux femmes immensément riches de faire des excès de simplicité.

En général, les toilettes ridicules, le frou frou, les garnitures historiées, les pouffes, les coiffures mirobolantes, les turbans à trois étages, les chapeaux à la polichinelle, les *péruviennes* en marabout, les chicorées exagérées autour des manches et de la jupe, les pompons, les rosettes jetées à profusion sur les robes, annoncent une grande aménité de caractère, de la générosité même: les femmes fagotées de la sorte sont rarement méchantes; par la même raison, les femmes véritablement méchantes sont rarement ridicules.

Défiez-vous des femmes qui s'adonnent aux *lisérés de couleur* avec persistance. Nous ne parlons pas de celles qui ont eu dans leur vie une ou deux robes garnies de cette manière, quand c'était la mode; nous parlons de ces femmes qui portent toujours, et sans raison, des robes jaunes lisérées de rouge, des robes lilas lisérées de vert, des robes bleues lisérées de noir, des robes carmélites lisérées de bleu; ce sont des sournoises qui n'osent pas avouer qu'elles aiment la toilette avec fureur. Défiez-vous d'elles, surtout si elles ne sont point jolies, car elles cachent d'innombrables prétentions : ce sont des coquettes hypocrites qui n'entendent pas la plaisanterie. Dites-leur vite que leur robe est charmante; elles ne vous pardonneraient jamais de ne pas l'avoir remarquée. Ne leur dites pas deux fois que vous les aimez; elles désirent vous croire.

Défiez-vous des femmes à toilettes jansénistes, de ces robes montantes et collantes qui dessinent tous les contours de la taille comme un corset avec une pudeur si malintentionnée. Ces femmes sont pleines d'orgueil et de jalousie. Elles ont un caractère de fer et les passions de feu. Rien n'échappe à leurs regards toujours baissés.

Défiez-vous des femmes à parures tragiques, à turbans improvisés, qui ont toujours dans un salon l'attitude de Roxane reconnaissant l'écriture de Bajazet; ces femmes-là sont dévorées du besoin de produire de l'effet, cette manie les mène très-loin; quand les moyens permis sont épuisés, elles arrivent à ne plus choisir, et Dieu sait jusqu'où peuvent aller ces actrices de salon !

Défiez-vous des femmes qui, avec une fortune médiocre, ont de magnifiques diamants. Vous ne savez pas ce qu'il leur en coûte pour arriver à cet éclat. Elles se privent de tout, même d'enfant; elles ont une cuisinière pour femme de chambre, un domestique hebdomadaire pour frotter leur appartement, et un mari facticement nourri de pommes de terre et de haricots, pour leur donner la main et les mener dans le monde, couvertes de leurs diamants. « Vous avez là une superbe agrafe, leur dit-on. Ces diamants sont d'une très-belle eau. — J'aimerais mieux de bon vin, » dit le mari. On prend cela pour une plaisanterie assez vulgaire, mais on en rit par politesse. « Puis les haricots sont bien indigestes, » ajoute-t-il en soupirant ; et l'on n'y comprend plus rien. Nous qui connaissons les misères de cette splendeur, nous vous les expliquons.

Voulez-vous savoir ce que nous appelons « toilette d'envieuse? » C'est un assemblage de couleurs vagues et fausses dont le destin est d'exprimer une modestie implacable; la robe d'une envieuse n'est ni rose, ni bleue, ni verte, ni noire, ni rouge, ni blanche : elle est en mousseline de laine tourterelle à dessins brouillés ; son châle est couleur suie; son chapeau est marron, orné de rubans glauques à filet brun ; elle ne porte jamais de volants pour pouvoir lancer contre eux de vertueuses épigrammes. Elle a des brodequins noirs lacés soir et matin, nuit et jour, des gants de fil écru ; cette toilette lui sert à trouver toutes les femmes coupables, et plus ou moins causes de la ruine de leur mari.

Voulez-vous savoir à quelle toilette nous reconnaissons les femmes très-dévouées, courageuses, paresseuses, ennuyeuses, menteuses, vaniteuses, vertueuses, heureuses ou malheureuses? Oui, sans doute; mais c'est là notre secret, et nous ne disons pas nos secrets.

LETTRE XVII.

6 septembre 1839.

Le Lion véritable; définition de ce mot. — La Saint-Louis à Versailles. — Le tournoi d'Eglington. — Le cheval d'Auriol. — Les faux chasseurs.

Il est venu le jour où le Parisien lui-même rougit de Paris. Le mois de septembre est la saison maudite, la véritable saison morte de la grande ville. Courageux est l'homme indépendant qui ose se montrer sur le boulevard à cette époque. C'est maintenant que la *fausse absence* est une nécessité, un devoir d'élégance dont tout *lion* qui se respecte ne saurait s'affranchir. A l'heure qu'il est, il ne doit plus y avoir dans Paris d'autres lions que ceux de la Porte-Saint-Martin. Ceci nous fait penser que ce mot anglais si promptement adopté ne signifie rien ici comme on l'emploie. Depuis quelque temps, toute personne élégante est honorée du titre de *lion*; on compte une vingtaine de lions par coterie: toute femme qui a de beaux diamants, de hautes dentelles, de grands chevaux et un bon cuisinier, qui se montre au spectacle, aux courses et aux fêtes brillantes, est classée parmi les *lionnes*, sans information préalable et sans jugement motivé; tout homme qui porte une coiffure à la Henri III, une barbe à la Pluton, des moustaches à la Cromwell et une cravate à la Colin, qui fume un cigare colossal à côté d'un groom microscopique, qui crie très-haut dans un nuage de fumée : « *Bojou, mon cher*, comment ça va? et à qui une autre voix répond dans une *gloire* de tabac : *Ça vá pás mal*, et toi ? » est soudain reconnu et déclaré lion par on ne sait quelle autorité.

Et puis lions et lionnes se réunissent pour s'admirer entre eux, et, sans savoir les droits et les exigences de la dignité qu'ils s'arrogent, ils se disent avec orgueil : Je suis un lion, tu es un lion, nous sommes des lions, elles sont des lionnes ; eh bien ! nous aussi, nous allons conjuguer cet étrange verbe. Et nous vous répondrons : vous n'êtes pas des lions, elles ne sont pas des lionnes. Vous êtes des *dandys*, des *beaux*, des *muguets*, des *incroyables*, des *fashionables*, des *merveilleux*, des *merveilleuses* si vous voulez ; mais vous n'êtes pas des *lions*. Moralement, qu'est-ce qu'un *lion ?* Définition : un lion *moral* est une bête curieuse. Or, par le mot bête curieuse on n'entend pas un animal indiscret qui veut tout voir, mais un animal extraordinaire que tout le monde veut voir. Ainsi, le lion du Jardin-des-Plantes, dont personne ne se soucie, n'est pas un lion. Malgré ses prétentions légitimes à cette dénomination, malgré sa longue crinière, malgré ses ongles, malgré ses dents, ce roi des déserts n'est pas un lion ; le cheval chinois, au contraire, malgré ses jambes courtes, son allure plaisante, sa robe si laide, le cheval chinois est un lion, parce que tout le monde accourt pour le voir au Cirque des Champs-Élysées. Il en est de même dans nos salons. Le *lion* d'un raout n'est pas le jeune élégant dont la tournure est la plus extravagante, dont les poses sont les plus étudiées, dont les manières sont les plus prétentieuses ; c'est quelquefois un homme très-simple, qui n'a pas le moindre ridicule à faire valoir, mais que tout le monde veut connaître, parce qu'une grande célébrité le recommande à l'attention générale : parce qu'il a fait un voyage des plus périlleux, parce qu'il a enlevé plusieurs mères de famille en Angleterre, parce qu'il a prononcé la veille un éloquent discours, parce qu'il vient de faire un magnifique héritage, parce qu'il a couru sur un cheval pur sang avec une casaque de jockey, parce qu'il descend de ballon à l'instant même, et qu'il rapporte des nouvelles toutes fraîches de l'empyrée, parce qu'il est légèrement soupçonné d'avoir empoisonné sa femme, ou quelquefois pour bien moins que cela ; quelquefois c'est tout bonnement parce qu'il vient de publier un livre plein de génie qui a obtenu un immense succès. Mais on n'est lion qu'un moment dans sa vie ; la charge de lion n'est pas une place inamovible. Être le lion de la soirée, c'est être l'*atout* de la partie, et, vous le savez, la royauté de l'*atout* cesse quand le coup est joué.

Ne dites donc plus inconsidérément : Nos lions ont adopté telles modes, toutes nos lionnes assistaient à cette représentation. C'est comme si vous disiez : Trèfle et carreau sont atouts; c'est comme si vous disiez, et cela vous le dites souvent : Une foule de personnes distinguées, etc., etc. Ne confondez pas le dandy et le lion, la merveilleuse et la *lionne*; ils ne sont point de la même famille : le dandy est celui qui veut se faire voir, le lion est celui qu'on veut voir; la merveilleuse est celle qui cherche tous les plaisirs, la *lionne* est celle que toutes les fêtes réclament, et sans laquelle il n'est point de plaisir. *The lion* (prononcez l'*ane*) est dans une brillante soirée ce que la mariée est dans une noce, ce que le nouvel élu est dans une réception académique, ce que le Parisien est dans une petite ville de province, ce que l'accusé est dans un procès, ce que la victime est dans un sacrifice, ce que la girafe est au Jardin-des-Plantes, enfin, ce qu'était autrefois le lion dans la ménagerie. Exemple : à la Porte-Saint-Martin, qui est le lion ? Ce n'est pas le tigre, ce n'est pas le léopard, ce n'est pas l'agneau, ce n'est pas le lion ; c'est M. Van Amburgh.

Nous disons donc que la solitude de Paris est extrême, et que nul en ce moment n'ose l'habiter. Le dimanche est le jour de l'abandon général ; non-seulement ce jour-là il n'y a plus personne dans Paris, mais vous ne trouvez même plus de voitures pour vous conduire hors de Paris. Fiacres, cabriolets, citadines, milords, carrosses de remises, tout a disparu ; vous parcourrez en vain la ville dans tous les sens, vous dépêcherez en vain les messagers les plus actifs, vous interrogerez en vain toutes les places de fiacres, vous resterez à pied du matin jusqu'au soir ; les wagons eux-mêmes vous repousseront. Voyez ! cinq mille personnes attendent leur billet à la porte du débarcadère. Les uns tiennent sous le bras un pain de quatre livres, d'autres un melon ; ceux-ci balencent un pâté suspendu dans une serviette, ceux-là tiennent religieusement un poulet maigre dans un papier gras. Plusieurs emportent un panier de pêches à la campagne ! Les pêches de Paris sont si bonnes ! ils ont raison ; quelques-uns emportent un myrte... ou un géranium. La Saint-Louis, c'est la fête de tout le monde, des *Louis* et des *Louise* quelquefois, mais le plus souvent des Alfred, des Achille, des Melchior, des Palmyre et des Paméla. Plus on a un nom prétentieux à faire valoir, et plus on s'appelle Louis ou Louise secrètement. Le chemin de fer, ce jour-là, avait à transporter, outre tous les habitants de la capitale, tous les comestibles et tous les pots de fleurs de Paris. Que de pâtés dévorés dimanche dans les bosquets de Versailles! La *salle de marbre* était jonchée de gastronomiques débris, d'enveloppes de jambons, de cornets de sel, de papiers à sucre, de manches de gigots, d'os de poulets, de carcasses de dindons. Quelle foule! quel bruit! Nymphes, avec orgueil vous répandiez vos ondes pour charmer les yeux du peuple-roi. Qu'était Louis XIV auprès de ce nouveau maître? la volonté de l'un a pu créer ces merveilles en un jour; la volonté de l'autre pourrait les détruire en une heure. Belles statues si fières de vos grâces antiques, de vos pieds de marbre, de vos bras si coquettement arrondis, tremblez devant ce souverain terrible, redoutez son enthousiasme sauvage : il est capable, dans son empressement admiratif, de vous abattre et de vous briser pour vous admirer de plus près. Le désordre était si grand à huit heures du soir, lorsque ces trente mille personnes, venues dans le courant de la journée, ont voulu retourner ensemble à Paris, que le préfet et toutes les autorités de Versailles ont été forcés de venir mettre le holà. Nos réjouissances populaires ont toujours un faux air d'émeute qui leur prête beaucoup de charme. En France, la révolte est le principe de toutes les fêtes. On ne croit pas s'être amusé quand on ne s'est pas un peu insurgé contre ceux-là même dont le métier est de protéger les plaisirs. Et puis c'est en toute chose une mauvaise foi attristante; l'esprit de fraude préside à tous ces innocents marchés; le besoin d'usurpation est le moteur de tous ces jeux : on s'entasse huit dans un fiacre qui ne peut contenir que six personnes; le cocher crie, on n'en tient compte; on lui dit des injures et on le bat; si l'on voit une haie ou une barrière, on la franchit : les haies et les barrières ne sont faites que pour être escaladées; personne n'attend son tour, personne ne reste à sa place; la plus mauvaise place paraît toujours la meilleure quand elle est déjà prise. Tricher, usurper, enfreindre, voilà chez nous le vrai plaisir; l'amour lui-même subit cette fatale loi : on n'aime passionnément sa maîtresse que quand elle est la femme d'un autre. Écoutez au hasard la conversation des passants qui reviennent le soir d'une fête, vous entendrez toutes phrases comme celles-ci : Il m'avait d'abord demandé vingt sous; j'ai dit : Merci! je n'ai que quatre sous... je m'en vas. Alors il m'a crié : Le v'là pour quatre sous... — Ou bien : Ils me disaient comme ça : On ne passe pas! — Mais je leur ai donné de bons coups de poing, et je suis entré tout de même. Le plaisir de la fête se réduit donc à n'avoir payé que quatre sous ce qui valait un franc, et à être parvenu par la violence là où il était défendu d'arriver. Un tel peuple nous paraît assez difficile à gouverner.

Les conversations parisiennes ne se soutiennent depuis huit jours que grâce aux correspondances. Toutes les choses que l'on raconte sont précédées de ces mots : On m'écrit de Londres, on m'écrit de Bade. Entre autres récits, nous avons recueilli de plaisants renseignements sur le tournoi d'Eglington; ils sont extraits d'une lettre confidentielle. Plusieurs chevaliers, dans une des répétitions laborieuses qui ont eu lieu avant le grand jour, avaient reçu des coups de lance si terribles, qu'ils avaient la poitrine et les bras meurtris; ils voulaient combattre cependant, et, résolus à vaincre sans mourir, voilà ce qu'ils avaient imaginé : « L'action la plus belle est de faire voler sa lance en éclats, se sont dit les prudents héros ; eh bien ! nous ferons voler nos lances en éclats, et pour cela nous n'aurons pas besoin de nous donner des coups affreux ; rien de plus simple, nous allons casser nos lances d'avance, ou plutôt nous allons les faire scier très-proprement en trois ou quatre endroits ; puis on recollera les morceaux, et l'on cachera les jointures sous des bandes de papier peint de la couleur du bois. » Ils dirent, et leurs lances, brisées paisiblement et avec intelligence, furent raccommodées aussitôt par un discret écuyer. Mais les vainqueurs, *assurés* contre les blessures et les revers, ne s'étaient pas fait assurer contre la pluie et le mauvais esprit de leurs coursiers. L'eau qui tombait en abondance avait décollé le papier trempé, et les chevaux qui ruaient sans cesse, dans leurs brusques mouvements, imprimaient aux bras des chevaliers des secousses fatales aux raccommodages de leur lance. A chaque ruade, un des morceaux se détachait et tombait honteusement dans l'arène aux applaudissements ironiques des spectateurs. Quand les chevaliers en vinrent à s'attaquer, il ne leur restait plus qu'un tronçon dépareillé dans la main. Leurs lances *pipées* s'étaient brisées en détail au lieu de se briser en éclats.

Les courses d'hier au Champ-de-Mars ont été fort brillantes, tous les vrais amateurs de chevaux y assistaient. La troupe Franconi et Jolibois s'y faisait remarquer. Mesdames Cuzent et Camille étaient en calèche découverte ; Auriol était en tilbury, conduit par le fameux cheval si heureusement apprivoisé, qui agite la sonnette comme un président de Chambre, qui boit du vin par rasades comme un garde champêtre, qui dîne à table avec une serviette attachée autour du cou comme un enfant bien élevé. Ce qui nous étonne, c'est qu'un cheval qui sait faire tout cela sache aussi traîner un tilbury. Il est, de plus, galant comme un marquis, comme un marquis d'autrefois. Une jeune étrangère, une Américaine, ayant laissé tomber son mouchoir, le cheval empressé s'est précipité pour le relever, et le lui a rendu avec beaucoup de grâce. Merci, monsieur, a dit la jeune fille sans lever les yeux.

Nous avons accusé, il y a quelque temps, les plaisanteries d'Auriol d'être un peu monotones : nous lui devons la justice de dire qu'il les varie maintenant délicieusement. Il a une manière de jeter des poids de cinquante livres sur la tête des spectateurs, qui est tout à fait agréable ; l'illusion est complète, on se croit mort. Un cri d'effroi retentit dans toute la salle. Auriol, suspendu dans les airs, regarde le public en riant, et le poids de cinquante livres, emporté par une petite ficelle, disparaît sans avoir assommé personne. Eh bien ! ce poids en carton semble si lourd, et Auriol le soulève avec des efforts si parfaitement bien imités, que ceux mêmes qui savent la ruse ne peuvent s'empêcher de frémir quand il le laisse tomber par terre ; il en est de cette parade comme de bien d'autres comédies qui se jouent en ce monde. On sait le fond des choses, et pourtant on se laisse entraîner par les apparences. On fait l'aumône à un faux aveugle qu'on sait être un voleur espion. On offre une place dans sa voiture par pitié à un vieil avare qui pourrait avoir dix chevaux dans ses écuries, et l'on s'empresse d'aller consoler un égoïste d'un affreux chagrin qu'il ne sent pas.

La grande mode, en ce moment, c'est d'aller à Saint-Germain déguisé en chasseur; déguisé est le mot : la veste grise, la casquette et le carnier surtout, voilà le costume de voyage. On tient son fusil sous le bras et l'on monte dans un wagon. On est censé devoir chasser toute la journée dans les forêts environnantes. Le soir, en revenant à Paris, on feint de succomber sous le poids d'un gibier énorme. Le carnier est enflé comme une outre. Le chasseur orgueilleux semble avoir dépeuplé la contrée; tout cela a très-bonne façon. Nous nous sommes trouvé, il y a quelques jours, au débarcadère de Saint-Germain, avec un de ces Nemrod de banlieue. Le carnier monstrueux qu'il portait fièrement sur son dos excitait notre étonnement et un peu aussi notre défiance. Un très-jeune écolier qui nous accompagnait jetait sur cette magnifique proie des regards d'envie; à cet âge, la passion de la chasse a toute l'ardeur d'un premier amour, le gibier a tout l'attrait d'une première victime; la seule vue d'un lapin mort fait battre le cœur. Et notre écolier, voyant ce carnier si bien rempli, ne put résister au désir d'admirer ce qu'il contenait. Il saisit le moment où le chasseur distrait regarde fumer la chaudière que l'on est en train d'atteler, se place derrière lui, et d'une main légère soulève le dessus du carnier; il en examine l'intérieur avec attention, puis il se met à rire en s'éloignant doucement. Hé bien ! lui dit sa mère, ce monsieur a-t-il tué beaucoup de perdreaux, de faisans? — Non, ma mère; mais, c'est égal, c'est un chasseur bien adroit. — Il a tué des lièvres, des lapins? — Non, ma mère. — Alors quoi donc? — Il a tué un paletot et deux paires de bas.

Vous devinez quelle fut notre joie en découvrant cet étrange gibier. M. de B., qui était avec nous, se pâmait de rire; le tour est ingénieux, disait-il, et cela me donne une idée : chaque fois que mon frère va à la chasse il m'emprunte mon carnier; bien, la prochaine fois, je lui prêterai mon sac de nuit.

LETTRE XVIII.

13 septembre 1859.

La monomanie de l'égalité et la passion du luxe. — La République et la Régence. — *Les Catons rococos.*

Le caractère distinctif de notre époque est l'étrange combat que deux passions rivales, rivales en apparence, mais associées en réalité, opposées de langage, mais fraternelles d'origine, se livrent dans les esprits à l'insu même de ceux qu'elles entraînent. La première et la plus impérieuse est ce besoin d'égalité qui dévore tous les orgueils et dont la susceptibilité ridicule commence à dégénérer en monomanie; la seconde et la plus dangereuse, parce qu'elle explique l'autre misérablement, est ce besoin du luxe qui bouleverse toutes les classes; luxe risible, d'un anachronisme monstrueux, qui ne s'accorde avec rien dans notre siècle, et qui semble n'avoir d'autre but que de faire ressortir la mesquinerie de nos fortunes, la bourgeoisie de nos mœurs, la grossièreté de nos manières et l'inconséquence de nos institutions. Voulez-vous savoir ce qu'ils font, nos jeunes et farouches républicains, aussitôt qu'ils ont gagné quelque argent?

Ils se font meubler un appartement à la Louis XV.

Tout le siècle est là.

Et ils composent leurs plans de république: ils suppriment la royauté et la pairie, ils anéantissent la famille, abolissent la propriété, et demandent des milliers de têtes, assis nonchalamment dans un fauteuil doré, devant une élégante table à pieds de biche, couverte de porcelaine de Saxe et de magots de la Chine; et ils plongent galamment leur plume dans une écritoire de Boule, pour ajouter sur leur liste de proscriptions votre nom à côté du nôtre.

Est-il rien de plus bouffon, de plus sot, de plus lourdement naïf, de plus niaisement inconséquent que la lutte de ces deux passions? Voyez-vous d'ici ces Catons *rococos*, frisant leurs cheveux devant un miroir de Venise? Dites, n'est-il pas charmant de pouvoir rajeunir la belle phrase antique, en criant à un vengeur en retard : « Tu dors, Brutus, dans des rideaux de lampas, et Rome est dans les fers? » Brutus en *débraillé*, imitant Louis XV et lui soufflant madame de Pompadour, Brutus quittant la chaise curule pour le canapé séducteur aux ornements *chantournés* et *tarabiscotés* (expressions du temps retrouvées par M. Petrus Borel, auteur de *madame Putiphar*), Rome sévère se souvenant de la Régence, les vertus farouches donnant la main aux vices coquets, la Liberté se faisant complice des libertés, madame Dubarry causant chiffons et bijoux avec la mère des Gracches, et Lucrèce expliquant sa conduite à Sophie Arnould : tout cela est nouveau et très-piquant; notre époque seule pouvait amener de pareils mélanges; les époques de transition ont cela d'agréable, que rien ne leur appartenant en propre, elles ont le droit de piller dans le passé tout ce qui les séduit; cet assemblage des choses les plus contraires, ce désordre, ce manque d'unité, leur donnent peu de caractère, il est vrai; mais ces choix étranges sont eux-mêmes de si naïfs aveux, qu'on leur pardonne la confusion qu'ils jettent dans les coutumes du présent, en faveur des révélations qu'on leur doit sur l'avenir.

Rassurez-vous donc : ce n'est point pour supprimer les chevaux, les diamants, les riches étoffes, les lustres d'or et toutes les splendeurs des palais royaux, que les républicains veulent renverser les trônes et bouleverser la France; non, c'est seulement pour posséder eux-mêmes toutes ces belles choses et les acquérir le plus tôt possible, par des moyens politiques, c'est-à-dire sans travailler. Avec quelques bons coups de fusil adroitement tirés, on est bien vite aux affaires; il ne faut que deux ou trois jours pour cela, tandis que pour faire fortune il faut des années; et encore n'est-on pas certain de réussir. Laissez-les venir sans crainte, ils ne sont pas si dangereux que vous le croyez; ils ne veulent rien détruire, on les calomnie : votre magnifique hôtel, monsieur le duc, ils ne veulent point le brûler, ils veulent seulement l'habiter; votre excellent cuisinier, monsieur l'ambassadeur, ils ne veulent pas en faire un homme libre, ils veulent seulement vous le prendre et goûter aussi de ses plats; vos immenses terres si bien cultivées, monsieur le marquis, ils veulent qu'on les divise, mais c'est sans intentions mauvaises; ils comprennent mieux qu'on ne le suppose les droits de possession, et s'ils veulent que l'on partage, rassurez-vous, c'est pour avoir ce qui leur manque.

O candides républicains de la province, venez donc un peu visiter vos coryphées de Paris; car nous vous rendons justice à vous : la passion du luxe n'est pas votre faiblesse, vos chandelles mélancoliques, vos mouchettes toujours actives, prouvent assez que le progrès des lumières est tout intellectuel chez vous. Le besoin de l'égalité est un de vos rêves, mais le besoin du luxe vous tourmente peu. Venez un jour contempler vos chefs au sein de leur opulence, allez voir dans toute leur gloire les grands hommes de votre parti ; mais ayez soin de vous faire chaudement recommander, sinon ils vous feront faire antichambre chez eux pendant deux heures, après lesquelles on vous fera dire qu'on n'est pas visible pour vous. Ces vertueux citoyens sont les amis du peuple, mais les amis du peuple en masse ; ils n'entrent point dans le détail de l'amitié ; ils ne commencent à être polis envers leurs inférieurs que l'avant-veille d'une émeute. Dans l'habitude de la vie, ils sont d'une dignité exemplaire ; ils traitent leurs fournisseurs comme des manants, leurs domestiques comme des nègres, et leurs solliciteurs comme des chiens. L'homme indépendant est tellement au-dessus des autres hommes, qu'il lui est bien permis de leur faire sentir sa démocratique supériorité ; prodiguer le mépris, cela est si doux pour une âme rongée d'envie ! On a souvent parlé de la morgue des grands seigneurs, de l'insolence des parvenus, de l'outrecuidance des pédants ; eh bien ! c'est du mélange heureux de ces qualités-là que se compose la bonhomie patriarcale d'un grand homme républicain.

Il ne faut point vous faire illusion, braves Cincinnatus des bords du Rhin, des rives du Rhône et de la Loire, on vous exploite avec des mots superbes, on vous nourrit de droits politiques, de réforme électorale ; on vous montre dans l'avenir un âge d'or d'égalité ; et ce n'est rien de tout cela qu'on vous prépare ; les républicains de 1839 sont fils des libéraux de 1829. Ces intraitables libéraux, il vous en souvient, combattaient pour la liberté individuelle, pour la liberté de la presse, pour la liberté de la tribune..... Et ils ont mis Paris en état de siége, et ils ont demandé les lois de septembre, et ils ont recommencé, en la voilant de lâcheté, l'exclusion de Manuel! Les farouches républicains combattent aujourd'hui pour l'égalité et pour la souveraineté du peuple, et les voilà déjà qui se logent comme des marquis dans le velours et dans la soie, et qui paient leurs tailleurs et leurs serruriers avec des coups de pied d'opéra! Les libéraux devenus ministres ont des chasseurs! Encore un peu de temps, et les républicains auront des pages.

Hélas! nous autres, nous ne verrons point ce beau jour, car avant d'arriver à ce magnifique résultat, il y aura bien du sang répandu, et c'est une pensée amère que celle-ci : Trente-trois millions d'hommes vivent dans le doute et dans la crainte pour l'ambition de quelques-uns; l'avenir d'un grand peuple est compromis parce qu'il y a dans son sein dix mille paresseux qui veulent être riches. Oh! le luxe est une belle chose, mais il faut pour cela qu'il soit véritablement le luxe, c'est-à-dire qu'il ne demande aucun effort. Ayez des chevaux tant que vous pourrez en avoir, sans remords et sans préoccupation ; mais si dans une année de revers vous vous apercevez qu'ils sont chers à nourrir, vendez-les vite, afin de les racheter plus tôt. Si nous blâmons cette passion du luxe qui s'est manifestée depuis quelque temps à Paris, c'est qu'elle est précisément la passion des gens qui n'ont point de fortune. Les capitalistes sont ceux qui l'éprouvent le moins, et c'est parmi les pauvres qu'elle exerce ses ravages. N'est-ce pas un des effets bizarres de l'esprit de contradiction, qu'on ne sente le plaisir d'avoir le superflu que lorsqu'on manque du nécessaire ? A Paris, les millionnaires sont fort tristes : une seule chose les fait rire, c'est la prodigalité des pauvres diables. Ici, moins on possède et plus on dépense. Avec deux mille livres de rente on mange vingt mille francs par an. On fait le contraire en province : avec vingt mille livres de rente on mange deux mille francs par an. Ceci n'est qu'une simple observation de mœurs ; et cependant, si nous étions un personnage politique, nous verrions dans cette différence la cause de tous nos malheurs, et nous chercherions à résoudre ce problème, qui, lui-même, en résoudrait bien d'autres : donner aux Parisiens le bon sens des habitants de la province, donner aux habitants de la province le bon goût des Parisiens.

Nous vous disions l'autre jour que les correspondances faisaient les plaisirs du moment ; voici une rencontre épistolaire qui ne laisse pas que d'être assez piquante. Deux femmes qui ont passé quarante-cinq ans, mais qui se sentent toujours jeunes, madame de S... et madame de B..., voyagent ensemble. Ce sont deux nouvelles amies qui, ne se connaissant point depuis l'enfance, espèrent se tromper mutuellement sur leur âge, et c'est entre elles une émulation de jeunesse charmante à voir. Il y a quelques jours nous allons faire une visite chez une aimable femme que nous surprenons riant comme une folle. Ah ! nous dit-elle, je viens de recevoir la lettre la plus amusante du monde ; madame de S... m'écrit : Je suis enchantée de ma compagne de voyage ; madame de B... est une femme adorable ; elle a pour moi des soins tout à fait maternels. « Comment trouvez-vous ce mot-là ? des soins maternels! connaissez-vous rien de plus plaisant? — Oui, madame, répondons-nous en riant nous-même de bon cœur, il y a mieux que cela, c'est la lettre de madame B... qui dit, de son côté, la même chose. Elle écrit à son frère que madame de S... est une femme excellente, qui a pour elle des soins tout à fait maternels. » Ces deux voyageuses, d'un âge raisonnable, rivalisant d'ingénuité dans les auberges, et n'ayant d'autre idée que de passer chacune pour la fille de l'autre, nous ont paru un groupe du ridicule le plus exquis, et nous n'avons pu résister au désir de vous le faire admirer.

LETTRE XIX.

27 septembre 1859.

Les romans inconnus de la vie bourgeoise. — Voulez-vous être reine?
Je vous aime et je suis roi.

Oui, notre époque est le siècle des inconséquences, et chaque jour nous découvrons dans nos usages de nouvelles anomalies, de nouveaux contrastes. Nous l'avons déjà dit, on rêve aujourd'hui le luxe en demandant l'égalité, mais ce qui est plus étrange encore, c'est qu'on trouve moyen de mener l'existence la plus romanesque avec les mœurs les plus platement bourgeoises. Il y a quelques années, un jeune homme de nos amis, homme d'esprit, de cœur et de croyance, absolu dans ses jugements comme tous les auteurs de vingt ans, a publié un livre rempli de talent, intitulé *les Romans et les Mariages*. Le but de cet ouvrage éminemment moral, était de tourner en ridicule les femmes incomprises, les âmes méconnues et toutes ces belles victimes de l'oisiveté qui versent des larmes amères dans un salon doré et parfumé, maudissent le destin en attachant sur leurs cheveux un magnifique bandeau de diamants, déplorent leur jeunesse perdue en cueillant un bouquet de fleurs exotiques dans la serre la plus élégante, promènent leur mélancolie dans une excellente voiture au bois de Boulogne, et vont étaler leur désenchantement dans une bonne loge à l'Opéra, avec une boule d'eau chaude sous leurs pieds. — Quel est donc leur chagrin?

— L'ennui! — Leur malheur, c'est d'être trop heureuses. Leur imagination exaltée, faussée par la lecture des romans du jour, ne rêve qu'agitation, qu'événements dramatiques; la vie mondaine les fatigue, le repos de leur existence leur paraît une offense; elles méritaient mieux que cela, un sort si calme ne convenait point à leur âme ardente. Être belle, intelligente, et languir ainsi oubliée du destin! A vingt-cinq ans n'avoir causé encore aucun malheur, n'avoir fait naître aucune passion délirante, n'avoir troublé aucun ménage, n'avoir inspiré aucun quatrain, n'avoir jamais été la première pensée de personne, n'avoir pour toute affection qu'une mère qui vous chérit, un père qui vous gâte et un mari qui vous honore : qu'est-ce que cela? Pendant deux grandes années ne compter qu'un seul événement fâcheux : le renvoi d'une femme de chambre qui faisait les robes dans la perfection. Vivre ainsi ce n'est pas vivre; c'est végéter! Le jeune auteur avait raison : ces chagrins-là ne sont point touchants, et ils ressemblent fort à des ridicules. Ces observations étaient spirituelles, amusantes, elles ont fait le succès de l'ouvrage; mais, par malheur, elles étaient *ingénieuses*, c'est-à-dire qu'elles n'étaient pas justes; et nous l'avons dit à l'auteur lui-même très-franchement; sa surprise était grande lorsque, pour justifier notre critique, nous lui prouvions que les aventures de la vie privée n'avaient été dans aucun temps plus romanesques qu'aujourd'hui. Il voulait douter encore et cherchait à nous confondre par des exemples, et il appelait les noms propres à son secours. Cette discussion avait lieu au Théâtre-Français, dans un des entr'actes d'un drame d'Alexandre Dumas : il y avait ce soir-là beaucoup de monde dans la salle, et surtout beaucoup de personnes de notre connaissance ; nous avions beau jeu : à chaque citation de notre antagoniste, nous trouvions une réponse triomphante. « Je voudrais bien savoir, par exemple, nous disait-il en riant, ce que vous trouvez de romanesque dans l'existence de madame N..., que j'aperçois là-haut aux troisièmes loges en face; croyez-vous que cette petite femme toute ronde, qui passe sa vie à gronder sa cuisinière et à raccommoder les bas de son mari, ait dans ses souvenirs des aventures bien poétiques? — Oui, sans doute; cette petite femme-là, je la connais à peine, mais je sais d'elle le trait le plus touchant qu'on puisse imaginer. Cette femme est un ange. — Quoi! cette femme qui a un bonnet noir avec des rubans feu est un ange! qu'a-t-elle donc fait de si touchant? — D'abord, vous saurez que c'est la femme de mon notaire, et que mon notaire, qui est, du reste, un très-honnête homme, a eu le malheur, dans sa jeunesse, d'être un bel homme, adoré des femmes. Retenez bien ceci. En 1821, il se maria, et sa femme fit comme toutes les autres femmes, elle l'adora. Son époux et deux beaux enfants, *gage d'une union chérie*, se partageaient son cœur. Elle était heureuse, parfaitement heureuse. Une voisine, une cousine bien intentionnée, souffrait de ce bonheur comme toute voisine et cousine bien intentionnée; cette joie si pure lui faisait mal, elle sentait le besoin de la troubler; elle court donc un jour chez son amie, et, la voyant toute joyeuse, elle vient lui serrer la main affectueusement, lève aux cieux des regards pleins d'une pitié cruelle, et laisse tomber ces simples mots : Pauvre femme! Être heureuse et s'entendre traiter de pauvre femme, c'est apprendre un

malheur. — Qu'est-il arrivé? s'écria l'épouse inquiète.
— Rien, dit la voisine en feignant de dissimuler; puis elle ajouta d'un air faussement indifférent : Ton mari est sorti? — Oui, il est allé voir le fils de M. D..., dont il est le subrogé-tuteur. — Il te dit cela, mais ce n'est pas le fils de son client qu'il est allé voir. — Qui donc? — C'est son fils, malheureuse, un enfant qu'il a eu avant son mariage; la mère est morte, c'est madame Dutillois, une femme superbe qu'il aimait comme il n'a jamais aimé aucune femme. — Quoi, mon mari a eu un fils avant son mariage? — Le petit a déjà huit ans, est dans une pension à Vaugirard. Il est ravissant, on ne peut pas voir un plus bel enfant. — Ah! mon mari, dit la jeune femme avec émotion; c'est bien mal! — Oui, c'est bien mal, s'écrie à son tour la voisine, se méprenant sur le sens de cette exclamation. Que veux-tu, ma chère, les hommes sont des monstres, ils n'en font pas d'autres. Je suis fâchée de t'avoir appris ce secret; mais j'ai pensé qu'il valait mieux que tu en fusses instruite; une femme aime toujours à savoir ces choses-là. Et disant ces mots, elle s'éloigne satisfaite du chagrin qu'elle croit avoir causé, pour laisser à son amie le loisir d'en souffrir amèrement. Mais à peine est-elle partie, que la jeune épouse met son châle et son chapeau, envoie chercher un fiacre et court à la pension de Vaugirard. Là, elle se nomme et fait demander le fils de son mari, et elle ordonne qu'on transporte chez elle la couchette, le linge et tous *les effets* de l'enfant; puis elle le ramène chez elle, l'embrasse tendrement, et l'envoie jouer dans le jardin avec son frère et sa sœur. Le soir, vers six heures, M. N..... rentre pour dîner, et voit qu'on a mis cinq couverts : Eh bien! ma femme, s'écria-t-il, nous avons donc du

monde à dîner aujourd'hui? je vois un couvert de plus. Quel est le convive? — Un convive charmant, répond madame N..., que j'ai invité moi-même, et que tu aurais dû depuis longtemps m'amener. M. N... vit alors dans le jardin son fils aîné qui jouait avec ses autres enfants; mais ce qu'il y a de plus beau, c'est que cet enfant, qui est maintenant un grand jeune homme, ne sait que depuis le jour où il a été appelé par la loi de recrutement à tirer au sort, que madame N... n'est pas sa mère. N'ai-je pas raison de dire que cette femme est un ange? le roman de sa vie vaut bien tous ceux que l'on invente pour nous amuser. » Cette histoire que nous vous contons longuement aujourd'hui, mais que ce soir-là nous avions dite en quelques mots, n'avait pu convaincre notre adversaire. « Ce roman, disait-il, a déjà quinze ans de date; il ne prouve rien. Ce sont les mœurs actuelles que je trouve vulgaires, et je vous défie de me citer une aventure romanesque arrivée hier, et dans votre société. » En cet instant, une belle jeune femme entra dans sa loge. « Voici précisément madame de R... qui vient m'inspirer. — Madame de R..., une héroïne de roman? cette jeune folle qui rit toujours et qui se croit coquette parce qu'elle se moque de nous. — Madame de R..., je vous le dis, est l'héroïne du plus beau roman que vous puissiez rêver, l'objet de la plus vive passion que jeune et belle femme ait jamais inspirée. — Et qui donc l'aime si tendrement? — Alfred de G... — Ah! c'est très-joli! Alfred de G... qui est en Amérique depuis deux ans! Il aime donc par correspondance? — Alfred, — mais n'en dites rien, — Alfred est en Amérique pour tout le monde, pour sa famille, pour ses créanciers, pour ses amis, et surtout pour le mari de madame de R... Mais pour elle, il est ici, et il n'a pas quitté la France un seul jour. — Comment savez-vous cela? — Par un hasard suivi d'une indiscrétion. — Je n'aurais jamais cru Alfred capable d'un tel dévouement; lui si élégant, si merveilleux, se résigner à vivre *incognito* à Paris! — A Paris? dites donc aux Batignolles. Mais il commence à se lasser de son exil. J'ai vu ce matin une lettre de lui datée de Philadelphie, par laquelle il fait pressentir son prochain retour en Europe. — C'est probablement pour cela que madame de R... paraît si joyeuse ce soir. J'en conviens, le roman est plein d'intérêt. — Je vous en raconterais de plus admirables encore, si l'on pouvait tout dire; mais regardez cette charmante personne qui lorgne de notre côté: c'est une jeune femme de province, encore une héroïne de roman. Elle était un soir paisiblement rêveuse à sa fenêtre, lorsqu'on lui remit un billet conçu en ces termes : « Madame, voulez-vous être reine?.. Je vous aime et suis roi. » Ce billet était signé : Adolphe Ier. Après l'avoir lu, la subite reine, par la grâce de l'amour, leva les yeux, et aperçut à la fenêtre d'une maison située en face de la sienne, un jeune homme d'une figure pâle et maladive, qui la regardait tendrement en posant la main sur son cœur. Une femme d'un âge mûr était assise près de lui, et faisait à notre héroïne des signes d'intelligence qui voulaient dire : Ne vous fâchez pas. Le lendemain, cette bonne dame vint voir la fausse reine pour lui demander pardon des extravagances de son fils. Ayez pitié de lui, madame, disait en pleurant cette pauvre mère; il est fou, et sa folie est de se croire roi et de vous aimer; il passe des journées entières à regarder vos fenêtres, à vous envoyer les plus tendres paroles; s'il voit entrer chez vous quelque habitant de la ville, il tombe dans des accès furieux de jalousie; il vous écrit de longues lettres de reproches, je les brûle; mais alors il se désole parce que vous ne lui répondez pas. De grâce, souriez-lui doucement quand il vous reverra; un sourire lui fera tant de bien! « Cette situation singulière, cet homme devenu fou par amour pour elle, ce roi imaginaire qui lui donnait un trône dans sa pensée, ont inspiré à notre belle provinciale des vers très-gracieux, que nous voudrions pouvoir citer entièrement; ils commencent ainsi :

> Depuis longtemps une pâle figure
> Restait toujours pensive auprès de moi.
> Si je fuyais j'entendais un murmure;
> Sa voix plaintive augmentait mon effroi.
> A son salut s'il me voyait sourire,
> Si je semblais comprendre sa douleur,
> Il paraissait heureux jusqu'au délire,
> Et demandait grâce pour son bonheur.

Après ce récit, que nous avions, comme l'autre, fort abrégé ce soir-là, nous pensions avoir persuadé notre incrédule auteur, lorsqu'il nous dit avec malice, en désignant un grand monsieur à cheveux gris, qui paraissait très-respectable : — Voilà enfin un personnage antiromanesque; il n'a jamais eu d'aventure, ce brave homme-là. — N'en jurez rien, ce brave homme est un avoué de province, et il a eu, dans sa vie honorable, un petit roman qui aurait bien pu l'envoyer aux galères, si ses ennemis, moins généreux, s'étaient donné la satisfaction de le publier. — Ah! mon Dieu! qu'a-t-il donc fait? — Il a séduit une pauvre jeune fille dont il était tuteur, et, après l'avoir déshonorée, il a refusé de l'épouser. — Un tuteur séduire sa pupille! mais c'est une infamie pour laquelle on va aux bagnes... — ou l'on se fait professeur de moralité. Vous le voyez, tout est roman aujourd'hui ; on se dédommage de la vulgarité des moyens par l'extraordinaire des circonstances ; on fait en action ce que M. de Sainte-Beuve a fait en poésie. Les poëtes allaient jadis chercher les Muses sur le Pinde ; lui les a attirées rue Saint-Jacques et dans nos modestes faubourgs. On faisait des vers avec les plus beaux mots, les voiles, les étoiles, les fleurs, les pleurs, l'onde et le monde ; on chantait la fureur des flots, la hauteur des palmiers, les roses, les abeilles, les papillons ; lui a célébré les humbles capucines d'un cinquième étage, la tristesse des rues, les mœurs bourgeoises de la Cité, et il a mis dans ces naïves peintures une charmante couleur de poésie, et il a créé un genre nouveau plein de grâce et d'originalité. Ainsi l'on fait aujourd'hui, on appelle le roman à soi ; on le fait marcher de front avec ses travaux ; on l'attire dans sa retraite au lieu de l'aller chercher par le monde, comme don Quichotte, la lance au poing ; maintenant il porte une blouse et une calotte grecque au lieu d'un casque de chevalier ; il ne s'effraie d'aucune vulgarité ; il se promène en cabriolet de place et en *milord découvert*; il va au concert Musard, il dîne à trente-deux sous; rien ne le désenchante, rien ne le rebute. Bien mieux encore! il poétise les choses les plus froidement commerciales : les annonces de journal, par exemple. — En vérité! et que peut dire, en amour, une annonce de journal? je vous aime pour la vie? — Non, mais je vous attendrai rue de..., n° tant, depuis telle heure jusqu'à telle heure.—Et comment dit-on cela?—On fait une annonce quelconque, qui se termine par ces mots : « S'adresser, pour les renseignements, à M. Lefebvre ou Bernard, rue de... — Ah! puisque les annonces de journaux sont des lettres d'amour, j'en conviens, tout le monde aujourd'hui est romanesque... si ce n'est pourtant les femmes sentimentales; laissez-moi du moins cette exception. — De grand cœur, car je hais comme vous ces héroïnes obstinées d'un roman rebelle, qui passent leur vie à étudier des poses de mélancolie et à débiter tous les lieux communs imprimés sur l'amour depuis des années; qui font de l'érudition polyglotte à propos de toutes les peines du cœur ; qui citent en italien un passage de Mansoni à propos d'amants séparés, une pensée de la *Cassandre* de Schiller à propos d'un présage dédaigné, et des vers de Byron à propos de tout; femmes sans cœur qui profanent la religion du cœur, femmes sans imagination que dévore l'imagination des autres, amantes sans amour, folles sans folie, navires sans voiles, chimères sans ailes, roses manquées qui ne doivent jamais fleurir ; je vous les abandonne très-volontiers. Je m'intéresse peu aux égoïstes que tourmente le besoin d'aimer.

Trois ans à peine se sont passés depuis cette conversation, et déjà bien des événements sont venus nous donner raison : le jeune auteur incrédule a été lui-même le héros de plus d'une aventure, et dernièrement encore, un jaloux poursuivant un rival et trompé par une ressemblance, a failli le tuer. Conclusion : bizarrerie de notre temps, événements romanesques et mœurs bourgeoises; ceci vous explique l'origine du roman intime.

LETTRE XX.

22 novembre 1859.

Récits des plaisirs de l'été. — Je me suis amusé. — Je me suis ennuyé. — L'embonpoint capricieux.

Paris commence à revenir de la campagne, et nous revenons avec lui. Que pouvions-nous dire en son absence? A quoi sert d'être écho fidèle quand on n'a rien à répéter? Maintenant tout se ranime, la morte-saison est passée, voilà l'hiver, réjouissons-nous; la pluie tombe par torrents, le vent souffle avec fureur, vivent le déluge et l'aquilon, heureux présages des plaisirs!

La conversation des salons en ce moment est une longue suite de questions pour la plupart sans réponse. Les arrivés d'hier disent avec empressement : Je ne sais rien, que fait-on? que lit-on? que joue-t-on? de quoi parle-t-on? quelle pièce faut-il aller voir? quelle est l'étoffe à la mode?

Les habitants de Paris reprennent : D'où venez-vous? qu'avez-vous vu? quelle nouvelle rapportez-vous? étiez-vous à R. en même temps que madame de P...? avez-vous rencontré aux eaux d'Aix la duchesse de F...? avez-vous joué la comédie au château de G***.

Dans les premiers moments du retour, le dialogue est fort embrouillé; bientôt, heureusement, la médisance l'éclaircit. J'ai passé un mois chez les Demersac, dit l'un; Dieu! que j'ai eu froid dans leur vieux manoir! C'est très-beau, le donjon est admirablement bien conservé, mais c'est un vrai grenier. — Oh! ce devait être affreux; le Moyen-Age n'est supportable qu'avec un poêle dans chaque chambre. — Un poêle! bah! nous n'avions pas même un fagot dans la cheminée. Demersac est un homme administratif; jamais chez lui on n'allume de feu avant la Toussaint, c'est la règle. Ce n'est point par avarice, c'est par système; car une fois la Toussaint venue, il mettrait le feu à la maison sans y regarder. Ses gens vous accablent des combustibles les plus variés, de bûches énormes, de charbon de terre, de sarments, de mottes, de pommes de pin; ils ne vous refusent plus rien, la Toussaint est venue! — Eh bien! l'année prochaine, arrangez-vous pour n'aller chez Demersac qu'après la Toussaint. — Je me suis déjà arrangé pour l'année prochaine; je compte n'y pas aller du tout.

— Moi, reprend un autre voyageur, j'ai passé mon été très-agréablement, tantôt chez ma cousine de Bellerive, tantôt chez mesdames Letelloy, toutes femmes éminemment spirituelles (il y a des gens qui ne connaissent que des femmes éminemment spirituelles, et qui, par malheur, ne racontent jamais d'elles que les plus lourdes niaiseries); je me suis fort amusé; par exemple, dans nos promenades, ma cousine de Bellerive était insupportable. Elle a l'horreur des crapauds, elle en voit partout; elle me rendait l'homme du monde le plus malheureux, à chaque instant elle m'appelait : Mon cousin, un crapaud, un crapaud, mon cousin! J'avais beau lui dire : C'est une grenouille, elle s'enfuyait, et il nous fallait prendre un autre chemin; et puis elle ne peut pas marcher sur l'herbe ni sur le chaume, ça lui fait mal au cœur. De sorte que nous ne pouvions jamais nous promener que sur la grande route, ce qui n'était pas toujours très-champêtre. Mesdames Letilloy, c'est tout autre chose : elles sont braves, ces deux jeunes femmes. Ce ne sont point de petites-maîtresses, elles n'ont peur ni des crapauds ni des couleuvres; ça me va, ces femmes-là. Ce sont de vraies voyageuses, elles sont ravissantes à la campagne; seulement, madame Édouard est un peu mauvaise joueuse, elle a de grandes prétentions au billard, et quand elle perd, elle entre dans des fureurs épouvantables. C'est de l'orgueil, mais c'est égal, elle est quelquefois bien dure : un jour, elle a voulu me faire accroire que j'avais triché, vraiment; et puis, une autre fois que sa belle-sœur l'avait gagnée, elle était si fâchée contre elle, qu'elle est allée jusqu'à lui reprocher sa naissance; madame Auguste est la fille d'un charcutier, mais riche, riche, riche; ça m'a fait bien de la peine. Cette pauvre petite madame Auguste, qui est si élégante, si distinguée, et qui justement n'a pas du tout l'air d'être la fille de son père! elle en a pleuré, et ces dames sont restées brouillées pendant huit jours. Elles faisaient semblant d'être malades, et restaient toute la journée dans leur chambre, elles me laissaient dîner seul; mais leurs deux enfants ont eu la fièvre scarlatine, et ça les a tout de suite réconciliées.

— Quoi! monsieur, vous appelez cela passer l'été très-agréablement! Quels charmants plaisirs! se promener sur la grande route, jouer au billard avec des femmes qui se disputent, dîner seul et soigner des enfants qui ont une fièvre rouge! vous n'êtes pas difficile à amuser. — Ce n'étaient que de petits nuages qui ne nous ont pas empêchés de nous divertir infiniment; d'abord ces deux dames sont éminemment spirituelles.

— Moi, dit un troisième interlocuteur, j'avoue que je me suis fort ennuyé : j'ai passé deux mortels mois chez les Chèvremont, des vaniteux avares! c'est tout dire. Rien n'est plus triste, à mon avis, que d'être affreusement mal chez des gens qu'on envie malgré soi à tous moments, que de souffrir toutes sortes de privations, entouré d'un luxe admirable. Figurez-vous un château magnifique où l'on manque de tout, un immense salon où l'on ne se tient pas parce qu'il est trop bien meublé. On habite les petits appartements, c'est-à-dire qu'on s'entasse dix personnes dans un boudoir où l'on ne serait bien qu'en tête-à-tête, en se plaisant et en s'aimant beaucoup : on y étouffait. Aussi la petite baronne de R. et moi nous passions notre temps dans le jardin. Figurez-vous une salle à manger, longue comme un réfectoire, sculptée, ornée de la plus riche façon, et point de tapis sous la table! Du vin de cabaret dans des cristaux dignes d'un roi ; du linge de toute beauté mal blanchi, mal repassé ; des assiettes du Japon mal essuyées ; du pain humide et grisâtre, affectant des formes parisiennes ; des ragoûts exigus, mystérieux et prétentieux, dont l'origine est impénétrable, mais dont l'horrible assaisonnement est certain. Oh! ne me parlez pas de ces gens qui veulent être à la fois grands seigneurs et raisonnables ; ils se permettent un cuisinier, mais c'est à condition qu'il sera mauvais. J'oubliais de vous dire que, sous prétexte de sa santé délicate, madame de Chèvremont nous envoyait tous coucher à neuf heures. On éteignait les lampes, on fermait les fenêtres ; à dix heures tout le château était plongé dans le sommeil, excepté nous, cependant ; nous nous réunissions trois ou quatre dans l'appartement de la petite baronne ; c'est une femme assez gentille et qui ne cause pas mal. Là, nous tâchions de nous dédommager quelques moments des ennuis de la journée. Fagerolles était des nôtres, et sa folle gaieté nous était d'un grand secours ; il a le talent de contrefaire tout le monde, il contrefait madame de Chèvremont de la manière la plus plaisante. Je ne sais comment il fait pour lui ressembler ainsi, mais c'est à mourir de rire. Un soir, il avait emprunté un châle et un bonnet à la baronne ; la vieille femme de chambre de madame de R. lui avait aussi confié un tour de cheveux orange tout à fait pareils à ceux de madame de Chèvremont, et voilà que, sans nous prévenir, il est entré tout à coup à une heure du matin comme nous étions en train de prendre du thé ; nous avons cru que c'était elle. Il nous a fait une peur ! ah ! nous en avons bien ri ! Le frère de la baronne a fait sur cette mystification une chanson ravissante qu'il est allé chanter sous les fenêtres de madame de Chèvremont, en s'accompagnant de sa guitare. De son côté, la baronne, qui ne dessine pas mal, a fait du vieux Chèvremont une charmante caricature. Le brave homme est représenté à cheval en bonnet de nuit et en robe de chambre sur son poney ! Il est délicieux ; vous verrez cela dans mon album.

Mais il me semble, monsieur, que vous vous êtes fort amusé dans ce château si ennuyeux ? Vous passiez la journée à vous promener avec la petite baronne ; le soir, vous vous réunissiez chez elle avec de joyeux compagnons. Vous restiez là jusqu'à une heure du matin à rire, à faire des chansons, des caricatures. Je doute que les plaisirs de votre hiver vaillent les ennuis de votre été.

— Vous avez l'air de m'envier, monsieur ; je vois

que vous n'êtes pas très-satisfait de la manière dont vous avez joui de la belle saison.

— Moi, monsieur, répond le quatrième interlocuteur, vieillard assez spirituel, qui s'est accordé le droit de tout dire, je ne suis ni content, ni mécontent; je ne me suis ni amusé ni ennuyé. A mon âge, respirer un air pur et regarder un beau paysage, c'est le seul plaisir que l'on demande à la campagne. J'étais chez madame du Treillage, une très-aimable personne que je connais depuis longtemps, et chez laquelle je suis traité tout à fait en ami de la maison, un peu trop même, et j'aurais le droit de m'en plaindre, ajouta le malin vieillard, car il est de certaines attentions que madame du Treillage avait pour les gens qui lui rendaient visite et qu'elle supprimait pour moi. Oui, je m'explique : pour tout le monde elle est grasse et bien faite, et pour moi elle osait être maigre à faire peur. Vous riez, mais c'est la vérité. Le matin à déjeuner nous étions seuls ensemble, elle apparaissait en simple peignoir : c'était une ombre, un vrai squelette; les plis de sa robe tombaient droits jusqu'à terre, elle me faisait pitié; et puis tout à coup, à dîner (il y avait toujours grand monde à dîner), elle revenait avec la plus jolie taille, ronde, coquette, gracieuse; c'était charmant. Dans cette subite métamorphose je remarquais des variétés qui m'amusaient beaucoup. La beauté de sa taille augmentait en proportion de l'importance et de la dignité des personnes qu'elle attendait. Elle fait grand cas des titres, vous le savez. Or, pour un comte, elle n'était que potelée et rondelette; pour un marquis, c'était la Vénus de Milo; pour un lord, elle se faisait une tournure circassienne; pour un duc, ses grâces allaient presque jusqu'à l'obésité ; et pour moi, rien... pour moi, qui suis un vieil ami de sa famille, moi qui ai rendu de si grands services à son mari, elle ne faisait pas les moindres frais ; c'était humiliant. Je méritais qu'elle eût pour moi plus d'égards et plus..... d'embonpoint.

— Que vous êtes tous méchants ! s'écrie la jolie madame H***, et que c'est mal de médire ainsi des châtelains qui vous ont si bien reçus ! Ne vous ont-ils donc invités à venir tout l'été chez eux que pour y étudier plus à votre aise leurs défauts?

— Oui, sans doute, puisqu'ils ne nous ont pas offert d'autres plaisirs.

— Mais vous-même, madame, n'avez-vous pas découvert quelques petits ridicules chez les Montbert pendant les trois mois que vous êtes restée chez eux ?

— Ah! monsieur, je ne pensais guère à chercher leurs ridicules. Cette pauvre Stéphanie est si malheureuse, que je ne songeais qu'à la consoler.

— Madame de Montbert est malheureuse ! quel chagrin a-t-elle donc ?

— Quoi ! vous ne savez pas cela ? Elle devait épouser Adolphe, le fils aîné du général G..; elle l'aimait à la folie ; mais sa mère s'est opposée à ce mariage, et l'a forcée à épouser Armand, qu'elle déteste. Armand a su par Frédéric que Stéphanie aimait Adolphe ; il a chargé Ferdinand de les espionner, et, par malheur, une lettre d'Adolphe à Stéphanie est tombée dans les mains de ce maudit Ferdinand. Je crois, moi, que c'est Caroline qui lui a envoyé cette lettre. Ferdinand a donné la lettre à Armand, qui a fait une scène épouvantable à Stéphanie, et lui a défendu de jamais revoir Adolphe.

C'étaient des larmes, des cris! Ah! nous avons passé un été bien triste!

— J'en conviens, vous valez mieux que nous, madame : dénoncer les ridicules de ses amis, c'est affreux; mais trahir leurs secrets, c'est très-charitable.

La morale de tout ceci est qu'on est bien fou de se gêner pour recevoir à la campagne des importuns qui ne trouvent souvent chez vous que le plaisir de s'amuser à vos dépens; qu'il ne faut admettre dans la vie intime que les amis que l'on connaît depuis longtemps et sur qui l'on peut compter. Pour nous, en écoutant de tels récits, nous nous réjouissions sincèrement d'avoir refusé les agréables invitations qui nous ont été faites; il est cruel d'aller s'enfermer un mois chez des amis pour découvrir qu'ils sont beaucoup moins aimables qu'on ne le croyait; qu'ils ont toutes sortes de manies, de prétentions, de défauts; qu'ils sont avares, qu'ils sont vaniteux, et surtout qu'ils sont ennuyeux. Il vaut mieux passer l'été à Paris et garder ses illusions; la santé y perd, mais l'amitié y gagne, et elle mérite bien qu'on lui fasse un tel sacrifice. Les amis qui peuvent supporter l'épreuve de la campagne sont si rares, et ceux qui la supportent avec avantage sont si dangereux! Après trois mois de solitude dans un château, il faut se haïr ou s'aimer. C'est à Paris seulement qu'on peut résoudre ce beau problème des douces relations sans intimité, qu'on peut se voir tous les jours avec le plus grand plaisir et la plus parfaite indifférence. Paris a pour les affections un climat vague, ni chaud, ni froid, ni bon, ni mauvais; c'est moins qu'une serre tempérée : c'est une atmosphère d'orangers où rien ne fleurit, mais où rien ne meurt.

LETTRE XXI.

20 décembre 1839.

Les prétentions. — Voyageuses célèbres. — Mademoiselle d'Angeville. — Mademoiselle Améric Vespuce. — *Décivilisation* des Turcs.

L'heure du réveil général va sonner, le délire parisien s'annonce par les plus aimables symptômes; les angoisses du premier jour de l'an déjà se font sentir; les orchestres de bal déjà se font entendre; tout le monde est à son poste, chacun prépare ses moyens d'effet; les orateurs politiques s'exercent et font des phrases, les confiseurs font des pastilles et des devises, les conspirateurs font des cartouches. Les acteurs étudient des rôles nouveaux pendant que les hommes d'État tâchent d'oublier ceux qu'ils ont joués autrefois; chacun s'arme, les uns pour séduire, les autres pour nuire; et tout le monde se change pour tromper; les jeunes femmes achètent des robes de velours et des chapeaux à panaches pour se donner l'air respectable; les femmes de trente ans achètent des robes de gaze et des guirlandes de fleurs pour se donner l'air enfantin. Paraître ce qu'on est, c'est un crime; paraître ce qu'on n'est point, c'est un succès. Les prétentions seules animent la vie; sans elles, on n'aurait rien à faire et l'on se mourrait d'ennui. Faire valoir la beauté qu'on a, faire briller l'esprit qu'on possède, dépenser une fortune réelle, et se parer d'un vrai talent, c'est bientôt fait; il ne faut pas beaucoup d'imagination pour cela; mais se recomposer une figure, se faire une mine grave quand on a un minois chiffonné;

dépenser beaucoup quand on n'a rien ; se poser en homme de science quand on est dandy, ou bien en Céladon quand on est homme de science ; se faire papillon quand on est né abeille, ou se faire tigre quand on est né mouton ; passer pour une femme politique parce qu'on valse bien, ou pour une évaporée parce qu'on est mère de famille ; faire croire qu'on est financier parce qu'on est astronome, et que l'on est auteur français parce qu'on est né en Allemagne : voilà ce qui est amusant, voilà ce qui occupe l'existence. Supprimez les prétentions dans ce cher pays de la franchise et du naturel, et vous n'aurez plus qu'une population d'oisifs ennuyés.

Les prétentions tiennent lieu des passions en France, ce sont elles qui font les révolutions ; personne ne veut rester à sa place, chacun veut embrasser la profession de son voisin ; on a horreur de ce qu'on sait, et l'on ne cultive avec plaisir que le talent que l'on n'a pas. Les hommes politiques s'épuisent à chercher la cause de nos troubles éternels ; ils se demandent pourquoi les Français sont maintenant impossibles à gouverner : c'est que depuis cinquante ans, en détruisant chez nous toutes les croyances, on a excité toutes les prétentions ; c'est qu'il est bien difficile d'administrer un pays où personne ne veut faire ce qu'il sait faire, où l'on ne trouve pour exercer avec empressement telles ou telles fonctions que des ignorants, qui justement ne seraient propres qu'à des fonctions opposées ; c'est enfin que les hommes politiques qui se préoccupent de ces difficultés ne sont pas eux-mêmes à la place où ils devraient être. Or, comme il faut, avant que l'ordre se rétablisse, avant que le bon sens revienne, avant que les militaires consentent à être des militaires, que les gens d'affaires se résignent à être des gens d'affaires, que les financiers se bornent à être des financiers ; comme il faut avant cela qu'il se passe au moins cinquante autres années de querelles, de bouleversements et de sanglantes explications, nous prenons la politique en patience, et nous constatons seulement la cause de toutes ces crises gouvernementales, en disant : La France n'est le pays des révolutions que parce qu'elle est le pays des prétentions. Le jour où chacun de nous mettra son orgueil dans les qualités qu'il tient de Dieu, nous serons guéris, et le monde se reposera.

Mais voilà que nous-même nous sortons de notre rôle. Hâtons-nous vite d'y rentrer. Les salons commencent à se repeupler ; à chaque moment on apprend le retour de quelque beauté célèbre. Des voitures de poste traversent Paris dans tous les sens. Les femmes nouvellement arrivées reçoivent de flatteurs compliments : Que l'air de la campagne vous a fait du bien ! que vous êtes embellie, madame ! disent les empressés. — Que vous êtes heureuse, ma chère ! reprend une amie ; moi je ne suis ici que depuis deux jours, et je me sens déjà malade horriblement. Puis on parle des pièces nouvelles, des concerts donnés, des plaisirs qu'on est censé avoir manqués, et il se trouve que cette personne, arrivée seulement depuis deux jours, est au courant de tout. Elle a déjà vu les *Premières Armes de Richelieu*, les *animaux de M. Carter*, *Clémence*, *Un cas de conscience;* elle a entendu mademoiselle Garcia, madame Garcia, la symphonie de Berlioz, les concerts de Pleyel, etc., etc., etc. Alors on se met à rire de cette naïve inconséquence, et quelque moqueur dit avec malice : « Ah !

madame, si vous avez vu et entendu tout cela en deux jours seulement, je ne m'étonne plus que vous soyez un peu souffrante et fatiguée. »

Le *lion* du monde fashionable et intelligent est en ce moment la célèbre mademoiselle d'Angeville, cette voyageuse intrépide qui, l'année dernière, a gravi le Mont-Blanc, la première et la seule femme qui ait accompli ce dangereux pèlerinage. Chacun veut la voir ; on l'entoure, on l'interroge, et mademoiselle d'Angeville répond aux nombreuses questions dont on l'accable avec beaucoup de bonne grâce et d'esprit. Les privilégiés, c'est-à-dire ceux qui vont au-devant de toutes les distinctions, ont eu le plaisir d'admirer un fort bel album rapporté par mademoiselle d'Angeville, et qui contient le récit pittoresque de son voyage. C'est une collection des dessins faits à Genève, d'après les croquis que mademoiselle d'Angeville elle-même, tout en gravissant le Mont-Blanc, a pris d'après nature, si toutefois on peut appeler *nature* une suite de phénomènes plus étranges les uns que les autres, des ponts de neige dont on ne peut s'expliquer la formation, des glaciers bleu de ciel, des précipices lilas, des rochers vert-pomme, de la neige rouge comme du feu ! Les premiers dessins représentent le départ de Chamouny ; les habitants du pâle hameau regardent tristement s'éloigner la voyageuse et ses guides. Quelques vieillards haussent les épaules et disent : « La folle ! quelle idée !... » L'ascension commence ; on gravit successivement les pics, *les dents, les aiguilles, les dômes, les cols* ; on franchit les crevasses ; on gèle de froid, on étouffe de chaud. Les yeux sont enflammés, les regards ne savent où se reposer ; le soleil les brûle, la neige les éblouit. Telle page représente le moment où l'un des guides, attaché par une corde, éprouve un pont de neige ; telle autre page représente le moment où la caravane s'arrête pour cueillir de fantastiques fleurs sur un petit gazon frais et riant, venu là on ne sait comment, et entouré de glaces éternelles. Mais de tous ces tableaux si intéressants, celui qui cause le plus d'impression, c'est celui où l'on voit la terrible muraille de glace qu'il faut gravir avant d'atteindre le sommet du Mont-Blanc : c'est sans doute l'escalier fatal qui a jadis tenté l'orgueil des géants. Trois cent cinquante marches taillées dans la glace ! et il faut grimper à cette affreuse échelle après de longues journées de fatigues, après de froides nuits sans sommeil, quand l'air est mortel, quand l'assoupissement léthargique vous gagne, quand vos guides si intrépides s'évanouissent, quand votre chien lui-même se décourage et refuse de vous suivre ! gravir cette échelle glacée... Oh ! c'est impossible, la volonté manque, une femme ne peut obtenir d'elle un tel effort : — Laissez-moi dormir, je suis lasse, je n'y vois plus, je n'entends rien, de l'air, de l'air ! je ne peux plus respirer, je meurs... — Et la voyageuse s'endort... Elle est au milieu de la gigantesque muraille, elle a déjà gravi cent soixante-quinze marches, il en reste encore autant à monter. Il faut choisir maintenant entre le ciel et l'abîme ; on la réveille, elle lutte péniblement, elle ne se souvient plus de son entreprise, elle fait bon marché de son héroïsme, elle ne sait plus qu'une chose, c'est qu'elle est sans abri et qu'il fait bien froid... Mais soudain une pensée d'orgueil la ranime : elle se rappelle qu'on la regarde à Chamouny, que cent lunettes d'approche sont braquées sur le Mont-Blanc pour y guetter son arrivée, alors toutes ses forces reviennent. Elle repart avec courage, et bientôt les habitants de la vallée aperçoivent au sommet du Caucase *savoyard* le grand chapeau de paille de la pèlerine triomphante. Mademoiselle d'Angeville, revenant à Châmouny, fut reçue avec transport, tout le village courut à sa rencontre ; on lui offrit des bouquets, on chanta ses louanges. Ah ! mademoiselle d'Angeville le dit elle-même, le succès change tous les noms ; on me nommait folle au départ, on m'appelait héroïne au retour.

Les femmes ont-elles donc maintenant le monopole des entreprises courageuses ? Pendant que mademoiselle d'Angeville franchissait le Mont-Blanc, la belle et spirituelle Améric Vespuce parcourait le Nouveau-Monde, entourée d'hommages et de respects. Des souscriptions s'organisent déjà dans les principales villes des États-Unis, afin de donner à la petite-fille d'Améric Vespuce les moyens d'acquérir des terres dans cette partie du monde que son aïeul a nommée. Les Américains généreux ont senti le besoin de reconnaître enfin les grands services que cette ancienne famille a rendus, et qui n'ont jamais été récompensés. On nous dépeint toujours les habitants des rives du Mississipi et de l'Ohio comme des sauvages, ou bien comme des négociants avides. Vous voyez qu'ils sont artistes comme nous, puisqu'ils se laissent séduire comme nous par le talent et la beauté.

Nous venons de parcourir les magasins de Giroux, de Susse, de Cresson, et ce qui nous a frappé dans les nouveautés de l'année, c'est une tendance à la fois effrayante et flatteuse vers le genre oriental. On voit que le commerce est lui-même vivement préoccupé de la question d'Orient. Ce sont des sachets orientaux, excellents pour donner la migraine, des boites de parfums orientaux, des vases enveloppés de filigranes d'or comme les tasses à café des Orientaux. Le genre gothique s'oublie, le Louis XV s'éloigne, le genre oriental l'emporte décidément. Depuis que la Charte est devenue une vérité turque, le luxe asiatique est devenu une vérité, c'est-à-dire une vanité française. Lequel de ces deux peuples, turc ou français, doit gagner au change? L'avenir nous répondra. Enfants de Mahomet, portez donc fièrement nos étoffes constitutionnelles, notre drap libéral et radical fait à Louviers, et cédez-nous vos magnifiques châles et votre drap d'or, manteau du despotisme; donnez à vos femmes des chapeaux de la rue Vivienne, et des bonnets *à la fermière*. Les nôtres ont déjà pris le turban. O grand peuple! quelle est ton erreur! que de peines tu te donnes pour te déciviliser! Crois-tu donc que nous sommes libres parce que nous sommes laids, et penses-tu trouver l'indépendance dans un habit qui te gênera? Tu avais du moins la liberté de tes bras, c'est la meilleure, et tu la changes, pour quelle liberté, grand Dieu! Tu avais trouvé le bonheur sur la terre; tu avais inventé un vêtement à la fois commode et superbe; par une convention des plus ingénieuses, tu avais su réunir le cérémonial au sans-gêne, tu avais une robe de chambre pour parure et des pantoufles pour chaussure d'honneur; et tu vas quitter ce bien-être, qui faisait, à nous, notre envie, pour toutes les mesquineries et les pauvretés de notre civilisation! Tu avais un dolman... tu as voulu une redingote! tu avais des babouches royales... tu as voulu des bottes plébéiennes! tu avais un turban armé d'une aigrette orgueilleuse... tu as voulu une calotte de drap terminée par une humble mèche!... tu avais une odalisque nonchalante... tu veux maintenant une grisette bavarde! tu avais des croyances, et tu as voulu des institutions! tu avais une religion, et tu n'as plus qu'une Charte!... Une Charte! mais sais-tu bien ce que signifie ce mot fatal en langue turque? Il en dit aussi long que le fameux *Belmen* du *Bourgeois gentilhomme*. Belmen disait : « Allez vite vous préparer pour la cérémonie, afin de « voir ensuite votre fille et de conclure le mariage. » Eh bien! le mot Charte veut dire encore plus que tout cela; il signifie : Dieu est toujours Dieu, mais Mahomet n'est plus son prophète!

LETTRE XXII.

28 décembre 1839.

L'homme à la mode. — La femme à la mode. — L'animal à la mode.

On s'agite toujours beaucoup dans la grande ville, mais on ne s'amuse pas encore. L'émeute qui devait avoir lieu cette semaine a été contremandée; on l'annonce maintenant pour le 6 janvier, jour des Rois, — à-propos rempli de délicatesse.

Les bals, les raouts ont commencé, mais la collection des élégantes Parisiennes n'est pas encore complète. La *rentrée* dans nos salons de ces beautés célèbres est aussi remise après les premiers jours de janvier. Les astres doivent suivre les lois du monde; les lampes vulgaires, les flambeaux humains, peuvent être allumés à toutes les heures; mais l'étoile de Vénus ne doit briller que pour annoncer le jour.

Les étrangères sont donc seules, en ce moment, reines de nos raouts. Les Russes, les Espagnoles se disputent le sceptre de la mode; mais une jeune Anglaise le possède déjà depuis longtemps, et rien ne fait penser qu'elle doive le perdre cette année. La mode est une déesse bien calomniée à qui il faut enfin rendre justice. La mode n'est pas du tout inconstante dans ses affections, elle change le moins qu'elle peut, et garde longtemps près d'elle les mêmes favoris. Nous connaissons des vieillards du Directoire qui sont encore des jeunes gens à la mode. Une fois qu'on a été à la mode, c'est pour la vie. On est à la mode tant qu'on veut, mais il faut vouloir, il faut s'en occuper, c'est-à-dire se renouveler sans cesse. Il ne faut point se négliger, c'est un travail de toutes les heures qui demande de sévères études ; pour rester à la mode *toujours*, pour se maintenir jeunes, beaux, séduisants et dangereux, malgré les ans implacables et malgré les révolutions capricieuses, il faut s'imposer de très-grands sacrifices. Le métier de papillon est un rude métier, tout rempli d'épineuses difficultés : être toujours léger et jamais étourdi, — ne s'intéresser à rien et savoir tout, — penser à sa toilette pendant des journées entières, pour paraître n'y avoir point pensé, — se montrer à la même minute dans quatre salons différents, — arriver à l'Opéra juste pour voir le pas de la danseuse nouvelle, ou pour entendre l'air du virtuose en faveur, — connaître toujours la femme que tout le monde lorgne, — entrer dans un bal en homme qui y est attendu, — faire de la coquetterie avec ses supérieurs, de la bonhomie avec ses inférieurs, de la cordialité avec ses égaux, — bien voir sans trop regarder, — tout apprendre sans questionner, n'adopter exclusivement aucune idée, et ne porter cependant que des jugements absolus, — *utiliser* tous ses défauts, les ériger en droits acquis, — pousser la gourmandise jusqu'à la pédanterie et l'égoïsme jusqu'à l'importance, — croire en soi, avoir la religion de soi-même, et la professer, — ne s'abandonner à aucune manie personnelle, mais être toujours prêt à prendre toutes les manies du moment, — savoir quitter vite ce qui plaît le plus, — éviter scrupuleusement de s'attacher jamais, car s'attacher à quelqu'un, à quelque chose, à une idée, à un projet, c'est se rouiller, c'est se vieillir, c'est donner une date, c'est dire son dernier mot. — Pour se maintenir à la mode, il faut renier le passé franchement, le renier en tout et en détail. Hier a toujours tort aux yeux d'un papillon de bonne compagnie : aujourd'hui seul doit occuper, aujourd'hui seul est infaillible. Si pour plaire aujourd'hui il faut avoir de l'esprit, l'homme à la mode aura beaucoup d'esprit ; si au contraire il faut être niais et ridicule, il sera niais et ridicule sans effort. Il sait tourner à tous les vents comme une girouette docile, ou plutôt comme une girouette intelligente qui tourne volontairement. C'est pourquoi cet homme privilégié n'a pas d'âge ; ce sont les souvenirs qui vieillissent, et l'homme à la mode ne se permet pas d'avoir des souvenirs, non par légèreté ou par ingratitude, mais par instinct de conservation. Pour vivre, il faut que l'homme à la mode marche, marche sans cesse : s'arrêter, pour lui, serait périr; c'est le Juif-Errant de la frivolité. Comme le Juif-Errant il est éternel ; comme lui il a obtenu de vivre toujours, mais à condition de ne se reposer jamais.

Pour les femmes, le métier est moins pénible : un joli visage, une situation romanesque, suffisent souvent pour mettre une femme à la mode, et l'y maintenir pendant de longues années. La vivacité et la nonchalance conviennent également à ce rôle, qui n'a pas de lois bien précises. Ne rien cacher que son esprit, voilà à peu près tout ce qu'il demande ; car c'est une très-grande puissance que celle de la supériorité voilée ; il est cependant un moyen de devenir promptement et de rester longtemps une femme à la mode, ce moyen n'a jamais manque son effet : c'est d'être sage avec une mauvaise réputation.

Nous sommes effrayé en ce moment d'une transition tout à fait impertinente que nous cherchons à éviter, mais cela est difficile. Courage donc, abordons le sujet franchement. Nous voulons dire que si la mode reste longtemps fidèle aux personnes, elle se montre assez inconstante envers les animaux. Jadis la chatte ondoyante et soyeuse était l'ornement des boudoirs; mais les chattes passent pour aimer les souris d'une façon cruelle, et les gouttières d'une manière inconvenante; on les trouve perfides et légères : on n'en veut plus.

Naguère, la levrette folâtre animait nos élégants parloirs; mais les levrettes sont frileuses, il faut toujours s'occuper de leur habillement; on les a laissées aux femmes sensibles. Les élégantes n'ont pas le temps de s'occuper même de l'objet de leur caprice. Une levrette demande presque autant de soins qu'un enfant; les levrettes sont jalouses, passionnées, caressantes, elles veulent qu'on les aime, qu'on les comprenne : on n'en veut plus.

Les singes ont eu un moment favorable dans l'histoire des animaux à la mode; dans le temps où ils ressemblaient aux hommes on s'amusait de leurs grimaces; mais depuis que ce sont les hommes qui leur ressemblent, ils ont perdu le piquant du contraste : on n'en veut plus.

Les perroquets ont de même été fort appréciés aux jours du despotisme. On leur apprenait à crier toutes sortes de paroles séditieuses qu'on n'osait pas dire. C'étaient des gazettes emplumées qui obtenaient de grands succès. Aujourd'hui que l'on peut tout dire excepté la vraie vérité, aujourd'hui que l'éloquence est reine du pays, les perroquets donnent de l'ombrage, on a peur de la concurrence : on n'en veut plus.

Quel est donc l'animal qu'on aime? La mode est-elle déjà venue d'élever dans les salons de jeunes tigres, de petits ours, des lionceaux, de mignonnes panthères? — Non; l'animal dont il s'agit est très-peu bruyant, il a des mœurs très-pacifiques; c'est tout simplement une tortue, mais une toute petite tortue rapportée ou envoyée d'Afrique; car cet animal qui n'a point de cri est cependant lui-même un langage, il signifie : J'ai un ami, un frère, un oncle en Algérie; il m'a envoyé des écharpes de cachemire, des burnous arabes, des flacons d'essence de jasmin et des portefeuilles en brocart d'or, toutes choses qui viennent ordinairement avec les tortues. Cet animal a un très-grand avantage sur tous les autres favorisés jusqu'à ce jour. On n'a jamais besoin de penser à lui. On oublie de lui donner à manger pendant un mois, il n'y prend pas garde, il ne vous en veut pas. On le laisse tomber par la fenêtre, il ne s'en porte que mieux. On marche dessus, il ne le sent pas. C'est l'idéal de la demoiselle de compagnie, supportant toutes sortes de mauvais traitements sans se plaindre, et sachant vivre dans l'abandon sans jamais paraître s'ennuyer. C'est enfin la seule fantaisie d'affection que puisse admettre l'égoïsme de notre siècle; une société pour laquelle on n'est obligé de faire aucuns frais, un favori qui ne tient pas à être aimé.

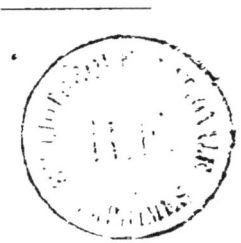

TABLE.

ANNÉE 1836.

LETTRE PREMIÈRE. — Evénements du jour. — Paris provincial. — L'Ennuyeux et l'Ennuyé. — Esméralda. — Thémistocle et Scipion l'Africain dénoncés au commandant de la garde nationale.. 1
LETTRE II. — Les déménagements d'automne. — Marie. — Portrait de M. Vat.. 8
LETTRE III. — Récit anticipé d'une réception à l'Académie. — Modes. — Un nouveau roman de M. de Latouche. — Le prince Louis Bonaparte... 15
LETTRE IV. — Charles X. — Il voulait régner, sous prétexte qu'il était roi. — La cour ne porte point le deuil............ 25
LETTRE V. — Commérage. — Les Jeunes Filles ambitieuses. — Junie épouserait Néron. — Virginie épouserait M. de Labourdonnaie... 28

1837.

LETTRE PREMIÈRE — L'Ascension de M. Green. — Bal de l'ambassade d'Autriche. — Bal sournois du faubourg Saint-Germain. — Bal Musard....................................... 35
LETTRE II. — Vite une fausse nouvelle! une niaiserie! un mensonge! la conversation se meurt! il faut la soutenir à tout prix 42
LETTRE III. — Bal masqué de l'Opéra; plaisir d'imagination. — Les femmes ne dansent plus, elles improvisent. — Triomphe de Musard.. 49
LETTRE IV. — Les nymphes affamées. — L'enfantillage des hommes chauves. — L'alliance de M. de Lamennais et de George Sand... 60
LETTRE V. — Le monde parisien qui s'ennuie toujours, le monde parisien qui s'amuse toujours. — Chasse à Chantilly. — Modes.. 68
LETTRE VI. — Carême. — Une foule privilégiée. — Salon de 1837. — Portraits bourgeois. — Droits des femmes............ 76
LETTRE VII. — Crise ministérielle. — La grippe. — Promenade de M. le duc de Bordeaux. — Modes. — Les visites du matin. 85
LETTRE VIII. — Rondeau ministériel. — Dans un bal costumé, les Anglaises ne sont pas toutes jolies. — Statuette de mademoiselle Taglioni. — Le théâtre de M. de Castellane. — Les Mémoires de M. le vicomte de La Rochefoucault................ 94
LETTRE IX. — Malveillance des Parisiens contre le printemps. — Le rossignol n'est qu'un gazouilleur périodique. — Les journalistes et les salons. — Un véritable poëte n'est pas responsable de ses inspirations.. 105
LETTRE X. — Promenades. — Tulipes de M. Tripet — Le faubourg Saint-Germain. — Un étrange pari....................... 111
LETTRE XI. — Arrivée de la princesse Hélène à Paris........ 120
LETTRE XII. — Dédain de convention. — Fêtes populaires. — Définition du bonheur — La princesse Hélène. — Victor Hugo. 127

LETTRE XIII. — Invocation à la liberté. — Versailles sauvé des rats et des députés. — Tournoi de Tivoli. — Modes......... 135
LETTRE XIV. — Le public de l'Opéra — Danseur décoré. — Serrurier glorifié et ruiné. — Franconi. — Promenade. — LE PASSANT... 143
LETTRE XV. — Légèreté française. — Constance de la mode.. 154
LETTRE XVI. — Inauguration du chemin de fer de Paris à Saint-Germain. — Boulevards illuminés. — Trop de musique et trop de singes.. 159
LETTRE XVII. — La pluie. — Les femmes courageuses. — Une course à Saint-Germain par le chemin de fer. — Négligences des employés. — Tout le monde a mieux à faire que son devoir.... 165
LETTRE XVIII. — Imprécations à l'automne. — A vendre séparément deux inséparables !.................................... 171
LETTRE XIX. — Une absence. — Paris vu de loin. — Les Parisiennes à la campagne. — Le bitume. — Nouvelles littéraires. — Nouvelles étrangères... 176
LETTRE XX. — Mort de la reine Hortense, duchesse de Saint-Leu... 185
LETTRE XXI. — Classification. — Les races. — Les bilieux et les sanguins. — Les meneurs et les menés. — Les gens qui se lavent les mains et les gens qui ne se lavent pas les mains. — Les hommes-chats et les hommes-chiens............................. 187
LETTRE XXII. — Imprudence. — Prise de Constantine. — Jacqueline.. 196
LETTRE XXIII. — Nouvelle colère. — Le vrai savant et le faux savant. — Symptômes — Chasses de l'*Union*................ 202
LETTRE XXIV. — La poésie et la gaieté française retrouvées dans les élections. — M. Arago. — M. de Lamartine. — L'astronome et le poëte. — Bons mots et naïvetés 209
LETTRE XXV. — Ouverture de l'Odéon. — Mlle Mars, Mlle Anaïs, Mlle Mante. — La prise de Constantine. — Le grand roi aux *petits points*. — Une erreur causée par une faute. — Une bonne phrase de roman. — Une bonne bêtise d'Anglais....... 214
LETTRE XXVI. — Première représentation de *Caligula*. — Les gens du monde chassés de la salle. — Les défauts de prononciation.. 222

1838.

LETTRE PREMIÈRE. — Le retour. — Paris et ses ruisseaux. — Bourganeuf et ses torrents. — Un cheval de fantaisie. — Le *jargon* de Racine. — Mlle Rachel. — Causeries............. 231
LETTRE II. — Une découverte. — Lamartine. — Victor Hugo. — Histoire de l'AME HUMAINE. — L'école des *Élus*. — L'école des *Parias*.. 241
LETTRE III. — *La Popularité*, comédie. — Une lecture à l'Abbaye-aux-Bois. — M. de Chateaubriand. — *A Jaunting car*... 249
LETTRE IV. — Luxe des parures. — Les guipures défendues par un édit de Louis XIV... 256

1839.

LETTRE PREMIÈRE. — Aspect de la Chambre des Députés. — M. Guizot et Moïse. — Le verre d'eau sucrée. — La statue de la Liberté. — L'éléphant de la Bastille. — Inventions nouvelles. — Tissus de verre. — Batiste d'ananas. — Daguerréotype..... 262

LETTRE II. — Incertitude. — *To be or not to be.* — Aurons-nous des portefeuilles? — Aurons-nous des loges? — Modes anglaises. — Chasses. — *Une Larme du Diable*.................. 271
LETTRE III. — Le luxe des ameublements et la vulgarité des manières. — Le comfortable insupportable..................... 278
LETTRE IV. — Il y a deux Frances. — Les paresseux agitateurs et les travailleurs insouciants. — Les mauvais sujets réformés, professeurs de moralité.. 285
LETTRE V. — Supplice des beaux enfants déguisés. — Apollon transi. — Le ballet des cariatides. — Un père intrigué par sa fille. — Les bals Musard. — Ressource des jeunes légitimistes. 291
LETTRE VI. — Électeurs et candidats. — M. Martin de Strasbourg — Histoire d'un courrier bigame...................... 302
LETTRE VII. — Une utopie réalisée : Plus de carrosses, plus de chevaux, plus de velours, plus de bijoux, plus de dentelles, plus de rubans, etc. — Les ouvriers sont libres, ils redeviennent citoyens.. 308
LETTRE VIII. — Conversations. — Parures des femmes. — Négligé des hommes. — Le Salon. — Portraits ridicules. — Tableaux naïfs. — L'opposition et la bataille de Toulouse....... 315
LETTRE IX. — On ne flatte que la puissance. — A quoi bon flatter un Roi constitutionnel. — Le journalisme est le roi du jour... 325
LETTRE X. — La fantaisie est la fée du jour. — Fantaisie en musique. — *Je pense à moi*, romance. — Fantaisie en horticulture. — La violette ne veut plus être l'emblème de la modestie. 328
LETTRE XI. — Après l'émeute du 12 mai. — Indignation. — Une parabole. — Pauvre France!............................. 336
LETTRE XII. — Fête à l'ambassade d'Angleterre pour la naissance de la Reine. — La princesse Doria. — Les humilités orgueilleuses. — Mot de l'ambassadeur de Turquie............. 344
LETTRE XIII. — Banalités de la conversation. — Les ennemis naturels.. 351
LETTRE IV. — Le bonheur d'être compris. — Les ridicules d'été. — La fausse absence...................................... 360
LETTRE XV. — L'anniversaire du 29 Juillet aux Champs-Élysées. — Fête populaire. — Feu d'artifice. — Musique. — Jeux. — Supplices d'été. — L'arrosage à la pelle....................... 369
LETTRE XVI. — Un nouveau système. — Les parures sont des aveux. — Le béguin orgueilleux. — Le panache modeste. — Les diamants pénibles. — Le chapeau d'un envieuse............. 376
LETTRE XVII. — Le LION véritable; définition de ce mot. — La Saint-Louis à Versailles. — Le tournoi d'Eglington. — Le cheval d'Auriol. — Les faux chasseurs.............................. 385
LETTRE XVIII. — La monomanie de l'égalité et la passion du luxe. — La République et la Régence. — *Les Catons rococos*.. 393
LETTRE XIX. — Les romans inconnus de la vie bourgeoise. — Voulez-vous être reine? Je vous aime et je suis roi............ 400
LETTRE XX. — Récits des plaisirs de l'été. — Je me suis amusé. — Je me suis ennuyé. — L'embonpoint capricieux............. 409
LETTRE XXI. — Les prétentions. — Voyageuses célèbres. — Mademoiselle d'Angeville. — Mademoiselle Améric Vespuce. *Décivilisation* des Turcs..................................... 417
LETTRE XXII. — L'homme à la mode. — La femme à la mode. — L'animal à la mode.. 425

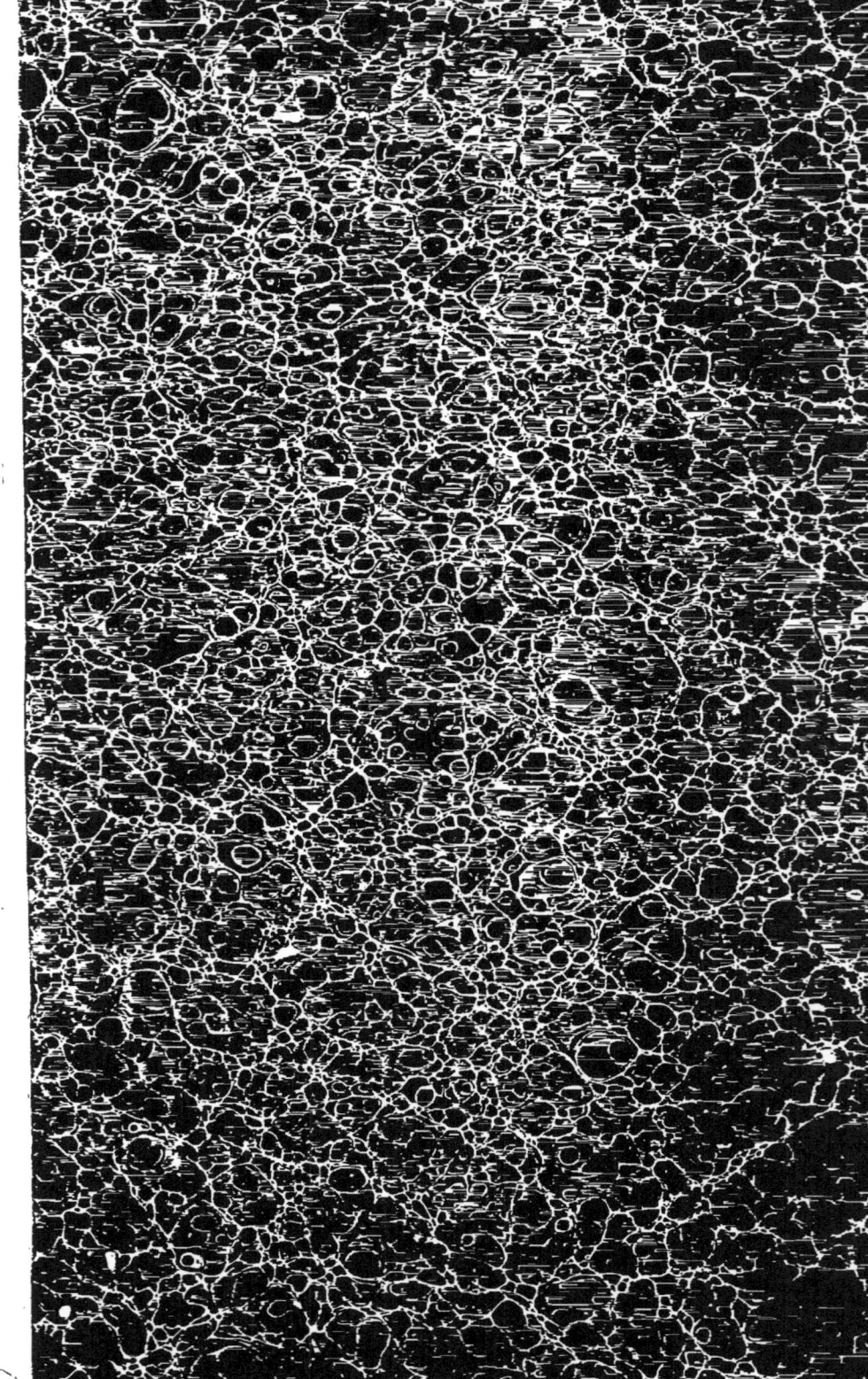

www.ingramcontent.com/pod-product-compliance
Lightning Source LLC
Chambersburg PA
CBHW060933230426
43665CB00015B/1931